Schriftlichkeit - Interdisziplinär

Voraussetzungen, Hindernisse und Fördermöglichkeiten

Schriftlichkeit - Interdisziplinär

Voraussetzungen, Hindernisse und Fördermöglichkeiten

herausgegeben
von

Argyro Panagiotopoulou
Monika Wintermeyer

Johann Wolfgang Goethe-Universität
Frankfurt am Main 2006

Frankfurter Beiträge zur Erziehungswissenschaft
Reihe Kolloquien

im Auftrag des Dekanats
des Fachbereichs Erziehungswissenschaften
der Johann Wolfgang Goethe-Universität
herausgegeben von
Frank-Olaf Radtke

© Fachbereich Erziehungswissenschaften der
Johann Wolfgang Goethe-Universität
Frankfurt am Main 2006

Hergestellt: Books on Demand GmbH

Bibliografische Information der Deutschen Bibliothek

Die Deutsche Bibliothek verzeichnet diese Publikation in der Deutschen Nationalbibliografie; detaillierte bibliografische Daten sind im Internet über http://dnb.ddb.de abrufbar

ISBN 978-3-9810879-0-1

Inhaltsübersicht

I. Einleitung

Argyro Panagiotopoulou & Monika Wintermeyer
Schriftlichkeit - Literalität - Interdisziplinarität 7

Helmuth Feilke
Literalität: Kultur, Handlung, Struktur 13

II. Erwerb und Förderung von Schriftlichkeit im Vorschul- und Grundschulalter

Peter Marx
Fördermöglichkeiten der Vorläuferfertigkeiten des
Lesens und Schreibens 30

Monika Wintermeyer & Annerose Keilmann
Schriftsprachliche Förderung im Vorschulalter 47

Argyro Panagiotopoulou
Erwerb von Schriftlichkeit und Umgang mit Heterogenität im
Anfangsunterricht 64

Hans Brügelmann
Entwicklung der Lesekompetenz - ihre Prognose und
Förderung 81

Eva Burwitz-Melzer
Lesen und Schreiben im Englischunterricht in der
Grundschule: immer noch ein Tabu? 99

III. Förderung von Schriftlichkeit in der Sekundarstufe

Judith Mokhlesgerami & Andreas Gold
Leseförderung bei Zehn- bis Zwölfjährigen:
Das Unterrichtsprogramm „Wir werden Textdetektive" 123

Astrid Neumann
Textproduktion in der Adoleszenz - Analytisches Konzept und
erste Ergebnisse der Studie Deutsch-Englisch-
Schülerleistungen International (DESI) 141

Andrea Bertschi-Kaufmann
Im Buch lese ich, wenn ich Zeit habe - am Computer bin ich
schneller. Lese- und Schreibentwicklungen von
Heranwachsenden zwischen Buch und Bildschirm...................155

IV. Schriftlichkeit als Problem und Herausforderung

Irit Wyrobnik
Als kleiner Junge wollte ich, wenn ich einmal groß wäre, ein
Buch werden - Zur Bedeutung von Leseautobiographien aus
erziehungswissenschaftlicher Perspektive............................173

Birte Egloff
Erwerb von Schriftlichkeit im Erwachsenenalter -
Analphabetismus trotz Schulbesuchs?...............................194

Simone Straub
Schriftspracherwerb aus sonderpädagogischer Sicht - ein
Erklärungsversuch zum professionellen Selbstverständnis von
Sonderpädagoginnen und -pädagogen..............................216

Christian Rachner
Leseentwicklung und Mehrsprachigkeit - Was wir nach PISA
und IGLU nicht wissen 232

Argyro Panagiotopoulou & Monika Wintermeyer

I. Einleitung

Schriftlichkeit - Literalität - Interdisziplinarität

Der vorliegende Band der Reihe „Frankfurter Beiträge zur Erziehungswissenschaft" dokumentiert eine Ringvorlesung, die im Wintersemester 2004/2005 an der Johann Wolfgang Goethe-Universität Frankfurt am Main unter dem Titel „Schriftlichkeit - interdisziplinär: Voraussetzungen, Hindernisse und Fördermöglichkeiten" stattgefunden hat. Die Veranstaltung sollte sowohl Studierenden als auch Kolleginnen und Kollegen einen Überblick über neue Entwicklungen, ausgewählte Forschungsarbeiten und Förderansätze geben und Einblicke in dieses komplexe Feld ermöglichen.

„Schriftlichkeit - interdisziplinär" haben wir also die Ringvorlesung überschrieben und obwohl wir keine einheitliche Terminologie beabsichtigt haben und diese auch nicht in den verschiedenen Vorträgen der von uns eingeladenen Expertinnen und Experten zu erwarten war, möchten wir im Folgenden auf diese beiden Begriffe etwas näher eingehen, um auf diese Weise den vorliegenden Band in die gegenwärtige Diskussion einzuordnen und die heterogenen Beiträge kurz vorzustellen.

Begrifflichkeiten und Unklarheiten

Die im Anschluss an die international vergleichenden Leistungsstudien PISA und IGLU/PIRLS intensivierte Diskussion um *Literalität* (als die eingedeutschte Version des Begriffs *literacy)*, täuscht darüber hinweg, dass der umfassende Begriff *Schriftlichkeit* seit den 80er und der 90er Jahren mehr oder weniger etabliert war. Zu jener Zeit wurden im deutschsprachigen Raum internationale und interdisziplinäre Forschungserkenntnisse und -ergebnisse im Zusammenhang mit Stichworten wie *Funktionen geschriebener* bzw. *schriftlicher Sprache, Erwerb von Schriftlichkeit, Partizipation an Schriftlichkeitsprozessen, Schriftlichkeit statt Alphabetisierung* etc. thematisiert (vgl. exemplarisch Glück 1987, Sting 1998). Dies dokumentierte sich beispielhaft in diversen Veröffentlichungen der Deutschen Gesellschaft für Lesen und Schreiben[1] sowie in zwei umfangreichen, von Hartmut Günther und Otto Ludwig 1994 und 1996 herausgegebenen Bänden mit dem passenden Titel „Schrift und Schriftlichkeit. Ein interdisziplinäres Handbuch internationaler Forschung". Das Ziel der Herausgeber bestand damals darin den interdisziplinären Austausch zu fördern bzw. zu intensivieren und gleichzeitig auf Lücken der einschlägigen Forschung aufmerksam zu machen (vgl. ebd. VII und XXI). Die Entscheidung für die Verwendung des Begriffs Schriftlichkeit begründeten die Herausgeber wie folgt:

„Die Verwendung von *Schriftlichkeit* als Oberbegriff scheint eine deutsche Eigentümlichkeit zu sein. Seine Verwendung zur Kennzeichnung einer spezifischen Verfasstheit von Individuen, Gesellschaften, Kulturen und Texten geht auf den englischen Begriff *literacy* zurück, der seinerseits entstanden ist im Zusammenhang mit dem Gegensatz zu *orality*, ins Deutsch teilweise als „Mündlichkeit/Schriftlichkeit", oft auch als „Literalität/Oralität" übersetzt. Dies führt bisweilen zu Unklarheiten, weil die deutschen Ausdrücke *Literalität* und *Schriftlichkeit* nicht in jedem Kontext austauschbar sind" (Günther/ Ludwig 1994, IX; *Hervorhebungen i. O.)*

Auch für unsere Anknüpfung an den Begriff Schriftlichkeit lag die Erkenntnis zugrunde, dass Literalität und Schriftlichkeit nicht beliebig austauschbar sind, viel mehr werden die beiden Fachbegriffe in der interdisziplinären Diskussion der letzten Jahre mit unterschiedlichen Bedeutungszuschreibungen und Bedeutungskontexten in Verbindung gebracht, wie Stephan Sting (2003) in seinem Artikel „Stichwort: Literalität - Schriftlichkeit", unter anderem in Auseinandersetzung mit dem Begriff *literacy* nach dem PISA-Modell, herausgearbeitet hat:

„Die Autoren der PISA-Studie merken zu Recht an, dass sich dieses Begriffsverständnis nur schwer ins Deutsche übersetzen lässt. Die Übersetzung als „Literalität" reduziere „literacy" auf das Bild der elementaren Alphabetisierung; die Übersetzung als „Grundbildung" reiche wiederum zu weit, das dies auch inhaltliche Aspekte der Kulturvermittlung und der Weltorientierung mit beinhalte (vgl. Deutsches PISA-Konsortium 2001, 20). Literalität im Sinne von „literacy" bedeutet also mehr als Lesen und Schreiben und zugleich weniger als eine auf bestimmte Bereiche und Inhalte bezogene Bildung. Sie bezeichnet kulturunabhängige und inhaltsneutrale kognitive Kompetenzen, die in verschiedenen Wissensgebieten und Lernbereichen zur Anwendung kommen sollen" (Sting 2003, 322).

Konsequenterweise stehen auch die verschiedenen literacy-Konzeptionen, etwa *reading literacy, mathematic literacy, scientific literacy, digital literacy, media literacy* etc. „nicht mehr in unmittelbarem Zusammenhang mit Schriftlichkeit" (vgl. ebd.), da sie eher auf konkrete, grundlegende und zu erwerbende Kompetenzen verweisen, ohne jedoch schriftkulturelle Kontext- bzw. Erwerbsbedingungen zu beschreiben bzw. berücksichtigen zu müssen.[2] Dem-

---

1 Vgl. exemplarisch das DGLS-Jahrbuch 1997: Sprachen werden Schrift – Mündlichkeit – Schriftlichkeit – Mehrsprachigkeit; herausgegeben von Heiko Balhorn und Heide Niemann.
2 Angesichts der gegenwärtigen Etablierung von vielfältigen (teilweise neuen) literacy-Konzeptionen und aufgrund ihrer Standardisierung und Überprüfung anhand von vordefinierten Kompetenzstufen und entsprechenden Messverfahren hat Husfeldt (2001, S. 76;

gegenüber ist „Schriftlichkeit" nicht kulturunabhängig und auch nicht inhaltsneutral oder abstrakt, sondern „nur in Relation zur jeweiligen Schriftkultur" (Sting ebd., 325) zu betrachten. Der Begriff Schriftlichkeit scheint in diesem Zusammenhang unabdingbar für die gegenwärtige erziehungswissenschaftliche Diskussion zu sein, insbesondere wenn es dabei um die Beschreibung, Erforschung oder Förderung schriftkultureller Bildungsprozesse und um die Teilhabe der Heranwachsenden an Schriftlichkeitsprozessen innerhalb einer literalen Gesellschaft gehen soll (vgl. A. Panagiotopoulou 2001, 54ff.).

Interdisziplinäre Zugänge zu einem komplexen Phänomen

In der Zusammensetzung der unterschiedlichen Beiträge des vorliegenden Bandes spiegelt sich unsere Überzeugung wider, dass eine adäquate Behandlung dieser komplexen Thematik innerhalb der Erziehungswissenschaft auf der Grundlage ihrer unterschiedlichen Teildisziplinen - von der allgemeinen Erziehungswissenschaft und Schulpädagogik (Vor- und Grundschulpädagogik) bis hin zur Sonder- und Sozialpädagogik - und ihrer Bezugswissenschaften - hier insbesondere der Linguistik, Sprachdidaktik und der pädagogischen Psychologie - ermöglicht werden könnte bzw. sollte.

Wenn wir ernst nehmen, dass Kinder, Jugendliche und Erwachsene vor, während und sogar trotz der schulischen Förderung besondere Schwierigkeiten beim Erlernen und Gebrauch von Schriftsprache aufweisen, müssen wir auch bedenken, dass sie eine qualitative Unterstützung bzw. professionelle Förderung in pädagogischen Institutionen brauchen. Die verschiedenen Disziplinen mit ihren unterschiedlichen Fragestellungen und Forschungsmethoden haben in den letzten Jahren Wissen zusammen getragen, das es zu bündeln gilt. Einerseits, weil keines der einzelnen Fachgebiete bisher von sich behaupten kann, die Lösung aller Probleme bei Erwerb und Förderung von Schriftlichkeit gefunden zu haben. Andererseits aber auch, weil das Phänomen selbst so facettenreich und vielfältig ist, dass nur die Kombination verschiedener Zugangsweisen und eine Gesamtbetrachtung aller an diesem Entwicklungsprozess beteiligten Faktoren Erkenntnisgewinne versprechen.

---

hier zit. nach Sting, ebd.) einen konzeptionellen Zusammenhang zwischen Literalität (im Sinne von literacy) und Intelligenz festgestellt. Diese Entwicklung scheint aus mehreren Gründen interessant zu sein und ist, so unsere These, aus erziehungswissenschaftlicher Perspektive bezüglich möglicher Konsequenzen von besonderer Bedeutung. Denn diese Entwicklung kann nicht nur zu einem *neuen Begriff* von Intelligenz führen (so z.B. Sting, ebd.), sondern auch die „Wiederentdeckung" eines *alten, aber leider nicht veralteten, Vorurteils* begünstigen: eine mangelnde Literalität, ein Mangel an basalen Grundkompetenzen im Sinne der vordefinierten literacy-Konzeption(en) könnte dann mit einer angeblich mangelnden Intelligenz und nicht (auch) mit verpassten bzw. fehlenden Bildungschancen in Verbindung gebracht werden.

In der Ringvorlesung sollten also verschiedene Aspekte des *Schriftlichkeitserwerbs bzw. lernförderliche Voraussetzungen und didaktische Bedingungen, aber auch Hindernisse, Probleme und Herausforderungen* fokussiert werden. Dabei interessierten nicht nur kognitive Lernvoraussetzungen und Lernleistungen, sondern auch einschlägige lernbiografische Erfahrungen, linguistische, schrift- und sprachdidaktische Überlegungen, reflexives Umgehen mit Förderansätzen innerhalb von Erziehungs- und Bildungseinrichtungen etc.

Folgende Themenbereiche, und zugleich *Facetten von Schriftlichkeit* wurden in den Vorträgen der von uns eingeladenen Expertinnen und Experten behandelt und werden im vorliegenden Band dokumentiert:

- schriftspracherwerbstheoretisch relevante Voraussetzungen, genauer gesagt: Fähigkeiten und Fertigkeiten, die als „Vorläufer" des Schriftspracherwerbs gelten und/oder durch Forschungsarbeiten der letzten Jahre hinsichtlich ihrer Relevanz für den schulischen Schriftspracherwerb geprüft werden. Das Ziel besteht vor allem darin, Möglichkeiten und Grenzen einer Förderung vor der Schule auf zu zeigen (siehe die Beiträge von Peter Marx, Monika Wintermeyer und Annerose Keilmann)
- schriftspezifische, teilweise ambivalente, Erfahrungen von Lernenden sowohl im familiären Kontext als auch während, trotz oder wegen ihres Schulbesuchs; Erfahrungen, die sich in der autobiografischen Betrachtung seitens der Betroffenen als besonders bedeutsam ergeben und zugleich eine besonders wichtige pädagogische Herausforderung erkennen lassen (siehe die Beiträge von Birte Egloff und Irit Wyrobnik)
- schriftkulturelle Alltagspraktiken, literale Praxen von Kindern und Jugendlichen, ihre Lese- und Schreibaktivität, ihre Buch- und Medienwahl oder ihre Auseinandersetzung mit didaktischen Arrangements in heterogen zusammengesetzten Lerngruppen (siehe die Beiträge von Andrea Bertschi-Kaufmann und Argyro Panagiotopoulou)
- schriftspracherwerbstheoretische und -didaktische Überlegungen und Reflexionen von SonderpädagogInnen über so genannte schwierige Schriftspracherwerbsverläufe (siehe den Beitrag von Simone Straub)
- schrift- und sprachspezifische, auf den Englischunterricht in der Primar- und Sekundarstufe bezogene Kompetenzen und Schwierigkeiten von Kindern und Jugendlichen, teilweise im internationalen Vergleich oder im Zusammenhang mit didaktischen Überlegungen zur Verbesserung von Lernbedingungen (siehe die Beiträge von Eva Burwitz-Melzer und Astrid Neumann)
- schriftsprachliche Lernleistungen im (inter-) nationalen Vergleich, insbesondere Leseleistungen, die zwar Schwierigkeiten von Kindern und Jugendlichen deutlich werden lassen, aber zugleich positive Prognosen zulassen und Fördermöglichkeiten, u.a.zur Vermittlung von Lesestrategien,

thematisieren (siehe die Beiträge von Hans Brügelmann, Judith Mokhlesgerami und Andreas Gold)

und schließlich
- sprachwissenschaftliche und sprachdidaktische Aspekte, teilweise mit Blick auf Mehrsprachigkeit und in Auseinandersetzung mit Begriffen und Konzepten der PISA- und IGLU-Studien, zum Aufbau eines theoretischen Rahmens in Bezug auf Schriftlichkeit und/oder Literalität (siehe die Beiträge von Helmuth Feilke und Christian Rachner).

Aufgrund ihres interdisziplinären Charakters sollte also die Ringvorlesung Begriffe, Forschungsthemen und Befunde aus unterschiedlichen Blickwinkeln beleuchten und auf diese Weise ein vielschichtiges Bild zum heutigen Diskurs entstehen lassen. Dennoch ist es uns bewusst, dass wichtige Bereiche eher unberücksichtigt geblieben sind; und einige davon sind weiterhin als nicht ausreichend erforscht zu betrachten, obwohl für manche Fragen vielleicht der Schlüssel zur Klärung: etwa der Zusammenhang von laut- und schriftsprachlichen Kompetenzen bei ein- und mehrsprachigen Vorschul- und Grundschulkindern oder die zunehmende „Macht" literaler Praktiken innerhalb der schulischen Institution, die Mechanismen einer auf den Schriftlichkeitserwerb basierenden Selektion bereits vor der Einschulung und über die gesamte Schulzeit hinweg etc.

Die gegenwärtige Diskussion um mögliche Bildungsstandards (vgl. exemplarisch Bremerich-Vos 2004, Köster 2005), macht diese Forschungslücken teilweise noch deutlicher, sie lässt darüber hinaus die Vermutung zu, dass Schriftlichkeit insbesondere für Disziplinen, die mit Erziehungs- und Bildungsprozessen bzw. mit Erziehungs- und Bildungsinstitutionen unmittelbar zu tun haben, weiterhin ein wichtiges Thema bleiben wird.

Danksagung

Wir danken dem Fachbereich Erziehungswissenschaften, dem Institut für Allgemeine Erziehungswissenschaft und dem Institut für Pädagogik der Elementar- und Primarstufe der Johann Wolfgang Goethe-Universität für die finanzielle und organisatorische Unterstützung zur Durchführung der Ringvorlesung. Den zahlreichen, mehrheitlich studentischen TeilnehmerInnen der einzelnen Vorlesungen danken wir für ihr Interesse, die anregenden Diskussionen und das kritische Begleiten der heterogenen Reihe. Und selbstverständlich geht unser Dank nicht zuletzt an die ReferentInnen der Vorlesungsreihe, die sich auf das interdisziplinäre Wagnis eingelassen haben und mit ihren Beiträgen einzelne Facetten des Themas vorgestellt, beleuchtet und vertieft haben.

Mit der vorliegenden Zusammenstellung der Beiträge wollen wir einerseits die Veranstaltung dokumentieren und die Texte breiter zugänglich machen, andererseits aber auch entstandene Kontakte, Anregungen zu interdisziplinärer Perspektive und Möglichkeiten zukünftiger Zusammenarbeit fördern. Wir freuen uns über Rückmeldungen, Anknüpfungen oder Fortsetzungen, die von der Lektüre dieses Bandes ausgehen.

A. P. & M. W.

Koblenz und Frankfurt im November 2005

Literatur

Balhorn, H.; Niemann, H. (Hrsg.) (1997): Sprachen werden Schrift - Mündlichkeit - Schriftlichkeit - Mehrsprachigkeit. Lengwil am Bodensee: Libelle Verlag.
Bremerich-Vos, A. (2004): Rechtschreibstandards, Kompetenzstufen und IGLU - einige Anmerkungen. In: Bremerich-Vos, A.; Löffler, C.; Herné, K.-L.: Neue Beiträge zur Rechtschreibtheorie und Didaktik. Freiburg in Breisgau, S. 85-104.
Glück, H. (1987): Schrift und Schriftlichkeit. Stuttgart.

Helmuth Feilke

Literalität: Kultur, Handlung, Struktur

1. Interdisziplinarität und Aktualität

Interdisziplinarität

Zur Frage, was Schriftlichkeit eigentlich ist und was an ihr im Blick auf Bildungsprozesse das Wichtige und Relevante ist, gibt es wissenschaftlich verschiedene Vorstellungen und Antworten. Man denke etwa an den Textbegriff in der Theologie oder der Rechtswissenschaft oder den Schriftbegriff in der Kalligraphie, der Kunst des „schönen" Schreibens. Es gibt sehr unterschiedliche disziplinäre Kulturen des Nachdenkens über Schrift und Schriftlichkeit, die zum großen Teil auch gar nicht im Gespräch miteinander stehen. Unter dem Stichwort Interdisziplinarität ist diese Einschränkung notwendig, wenn im Folgenden aus sprachwissenschaftlicher und sprachdidaktischer Sicht ein theoretischer Rahmen zur Diskussion von Schriftlichkeit und Literalität vorgeschlagen wird.

Aktualität

Die öffentlichen Vorzeichen, unter denen wir heute über Schriftlichkeit und Literalität sprechen bilden einen zunehmend restriktiven Verständigungskontext. Das öffentliche Interesse an der Literalität hat sich innerhalb kurzer Zeit auf eine Gretchenfrage zugespitzt, die heißt: Was genau muss die Gesellschaft, muss die Schule, müssen die Lehrerinnen und Lehrer dafür tun, dass deutsche Schüler in der jeweils nächsten Runde bei PISA und DESI, IGLU und VERA besser abschneiden? Wer wollte nicht, dass sie besser abschneiden? Aber im Zuge der wichtigen Debatte dazu geht leicht unter, dass die den bildungspolitischen Diskurs beherrschenden Großuntersuchungen die öffentliche Diskussion über Literalität in Deutschland sehr stark kanonisieren. Die Debatte über Schriftkompetenzen findet aktuell unter den Vorzeichen des effizienten pädagogischen Mitteleinsatzes (Kernaufgaben) und der vergleichenden Leistungsmessung und -beurteilung statt. Ganz offenkundig ist hier vieles versäumt worden, denn sonst hätte der Schule nicht entgehen können, wie viele Schüler in der Tat von der Literalitätsentwicklung der Gesellschaft im Ganzen abgeschnitten zu sein scheinen und trotz, ja sogar wegen der Schule, zu Illiteraten werden.

Mit der neu gewonnenen Aufmerksamkeit für die Defizite aber sind die Gefährdungspotentiale für die Entwicklung von Illiteralität keineswegs gebannt. Sie könnten sogar steigen, und zwar als Folge der Aufklärung und falsch verstandener Fürsorge selbst: Die Standards des Erhebens und Messens in den so genannten large scale-Untersuchungen erzwingen vielfach ein methodisches Vorgehen und eine Art der Aufgabenkonstruktion und Produktauswertung, die - sollte sie „Schule" machen – literalitätsdidaktisch in hohem Maße problematisch wäre:

- Man interessiert sich nur für die Produkte, kaum aber für die Prozesse des Lesens und Schreibens. Hier widerspricht beim Schreiben der methodische Erhebungsstandard in den sogenannten Aufsatzstudien den Forderungen der Bildungsstandards, die ausdrücklich Prozesskompetenzen fordern.
- Man wertet nur, was in einer knapp bemessenen Zeiteinheit produzierbar ist. (z.B. vs. Portfolio, Lerntagebücher etc.)
- Man wertet nur, was zu einem bestimmten Zeitpunkt produziert wird, berücksichtigt aber nicht die Kompetenzentwicklung. Das heißt die Leistungsmessung ist nicht auf den Erwerbsprozess bezogen, und lässt damit einen in Linguistik und Sprachdidaktik selbstverständlichen Aspekt der Messung und erst recht der Bewertung sprachlicher Leistungen außer Betracht.
- Man berücksichtigt nur Produkte individueller Leistungsabfragen, nicht aber Gesichtspunkte kooperativer und kollaborativer Leistungsfähigkeit (z.B. Tandemlernen, kollaboratives Schreiben, Schreibkonferenz).
- Man wählt aus pragmatischen Gründen forschungsmethodisch handhabbare, aber didaktisch fragwürdige Instrumente, etwa das Lehrerdiktat zur Überprüfung der Rechtschreibfähigkeit und den Aufsatz zur Überprüfung der Schreibfähigkeit. Hier sind Lernbeobachtungen und aufgabendifferenzierte Schreiberhebungen didaktisch wesentlich informativer.
- Schließlich interessiert man sich *unmittelbar* nur für die Ergebnisse der Leistungsmessung; nur *mittelbar*, in der Regel aber *überhaupt nicht* dagegen für die Bedingungen einer erfolgreichen Rückkopplung von Leistungsbewertung und nachfolgend zu verändernden Lernprozessen.

Es mag sein, dass large-scale-Untersuchungen anders einfach nicht zu machen sind. Das wäre zu prüfen. Es ist auch richtig, dass die Erhebungsformen in large-scale Untersuchungen nicht als Muster für die Formen unterrichtlicher Leistungserbringung und -bewertung intendiert sind.

Es muss aber auch zu denken geben, wenn Erhebungen zur Leistungsmessung rein aus forschungspragmatischen Erwägungen zu Erhebungsformen kommen, die den Ansprüchen lernpsychologischer und fachdidaktischer Professionalität nicht genügen können. Dies ist umso bedenklicher angesichts der zunehmenden - und seitens der Schule und der Lehrer allzu verständlichen - Bestrebungen, die unterrichtlichen Produktions-, Rezeptions- und Bewertungsformen den Formen der Leistungsmessung möglichst weitgehend anzupassen.

2. Aspekte der Literalität und literaler Kompetenz

Obgleich leicht erkennbar lateinischer Herkunft ist das Wort „Literalität" eine Entlehnung aus dem Englischen. *Literacy* meint alltagssprachlich die „ability to read and write" oder einfach Alphabetisiertheit. Manchmal tritt als weitere Bedeutungskomponente auch „Belesenheit und literarische Bildung" hinzu. Den ins Deutsche übertragenen Begriff „Literalität" dagegen findet man nur im Fachwörterbuch. Selbst das entsprechende deutsche Wort *Schriftlichkeit* wird z.b. im Duden-Universalwörterbuch mit dem Gebrauchshinweis „selten" versehen.

Der Fachbegriff Literalität im Sinne von „Schriftlichkeit" hat viel zu tragen. Er ist, insbesondere in pädagogischen und didaktischen Zusammenhängen, Projektionsfläche für bildungstheoretische Kernideen und Hoffnungen ebenso wie für Befürchtungen zum Versagen im Bildungsprozess. Ein Hauptgrund dafür ist auch die Schlüsselrolle, die dem erfolgreichen Schriftspracherwerb für die Schul- und Bildungsbiographie insgesamt zukommt.

Die folgenden Ausführungen sind in drei Hauptteile gegliedert, die jeweils unterschiedliche Aspekte von Literalität thematisieren. Diese Aspekte stehen untereinander in einem Bedingungszusammenhang, der für das Verständnis der Entwicklung literaler Kompetenz stets als ganzer im Auge zu behalten ist. Ich unterscheide im Blick auf die Literalität im Folgenden

- einen Kulturaspekt mit der Leitfrage: Was bedeutet Schriftlichkeit?
- einen Handlungsaspekt mit der Leitfrage: Wie funktionieren Schreiben und Lesen?
- und einen – sprachlichen – Strukturaspekt mit der Leitfrage: Was eigentlich ist die schriftliche oder geschriebene Sprache?

Diese Aspekte sind nicht unabhängig voneinander, aber sie umfassen jeweils sehr verschiedene Problemzusammenhänge und sie binden jeweils unterschiedliche weitere Begriffe. Ich möchte die Aspekte beispielhaft erläutern:

So kann jemand in einer Schriftkultur leben, aber illiterat und von der Teilhabe an schriftkulturellen Praxen einer Gesellschaft ausgeschlossen sein. Weniger dramatisch, dafür aber vielleicht für den akademischen Kontext alltäglicher: Ein Studierender soll eine wissenschaftliche Hausarbeit schreiben, hat aber keinen Vorstellung davon, was hier „wissenschaftlich" eigentlich heißt und was erwartet wird. Das wären Probleme der Kulturebene.

Jemand kann sich sprechend unter Umständen sehr eloquent ausdrücken, hat aber große Probleme beim Schreiben, und wiederholt landet der gerade begonnene Text im Papierkorb. Schreiben funktioniert anders als Sprechen, ein Problem der Handlungsebene.

Und schließlich kann es auch sein, dass jemand leichthin, vielleicht sogar eloquent formuliert, das Produkt aber sprachlich den Ansprüchen an einen schriftlichen Text oder an die spezielle Textsorte nicht genügt. Wenn man etwas zwar sagen, aber so nicht schreiben kann, dann ist das ein Problem der sprachlichen Mittel, der Kenntnis von Formen und sprachlichen Normen schriftlicher Kommunikation.

Deshalb werden die Ebenen Kultur, Handlung und Sprachstruktur unterschieden. Auf diese drei Ebenen gehe ich in den folgenden Kapiteln ein. Ausgangspunkt dafür ist jeweils eine begriffliche Hauptunterscheidung bzw. Leitdifferenz. Im Weiteren werden die jeweils zugeordneten Kompetenzen und ihre Entwicklung erörtert.

3. Literalität - der Kulturaspekt

Schriftlichkeit und Literalität rufen als Fachbegriffe die im Wortfeld gegebenen Abgrenzungen auf. Die Leitdifferenz für den Kulturaspekt ist der bis in die antike Philosophie zurückreichende Gegensatz von Oralität und Literalität, Mündlichkeit und Schriftlichkeit. Literalität bezeichnet in dieser Abgrenzung die Gesamtheit von Einstellungen und Fähigkeiten, gesellschaftlichen Rollen und Institutionen, die für den Fortbestand einer Schriftkultur gebraucht werden. Schriftlichkeit ist keine anthropologische Konstante. Sie fällt uns nicht mit der Geburt in den Schoß, wie man es für die Sprachfähigkeit jedenfalls zum Teil annehmen kann.

Literal verfasst ist eine Gesellschaft, die ihr Wissen vor allem in *Texten* niederlegt und aus Texten bezieht, und die ihre Institutionen – Bildung, Religion, Wissenschaft, Recht – auf Texttraditionen und Textkritik aufbaut. Für die Schule und für Unterricht ist das elementar. Die Schule entsteht als Institution mit der Umstellung des Lernens von einem „learning by doing" auf ein Lernen aus Texten. Literale Kompetenzen, das sind entsprechend die sozialen, emotionalen, kognitiven und sprachlichen Fähigkeiten, die zur Kommunikation mit Texten gebraucht werden. *Literalität* setzt also *literacy* voraus, ist aber mehr als die bloße Möglichkeit, sich schriftlich mitzuteilen. Sie schließt ein verändertes Verhältnis der Menschen zur Sprache, zu sich selbst und zur Gesellschaft ein.

Schriftlichkeit ist kulturell ein spätes Produkt in der Geschichte der Menschheitsentwicklung (seit ca. 5000 v. Chr.) (Ehlich 1980, Haarmann 1994). Und historisch ist die Schrift in Gesellschaften schon lange entwickelt, bevor es in diesen Gesellschaften dazu kommt, dass die Angehörigen beginnen, mit (heiligen) Texten zu kommunizieren und schließlich das gesellschaftliche Wissen über kanonische Texte reproduziert, kritisiert und erneuert wird (ca. 200 n. Chr.) (Assmann 2000, 93ff., 118ff.). Die Umstellung der kulturellen Reproduktion auf ein in Texten niedergelegtes Wissen gibt es also erst seit etwa 1800 Jahren. Bis diese Texte nicht mehr nur rituell zelebriert, sondern individuell gelesen werden -ein wichtiger Punkt ist hier die Umstellung auf das leise Lesen - vergehen noch einmal ca. 500 Jahre. Ein weiterer historischer Schritt - im Deutschen noch einmal ca. 800 Jahre später und also gerade mal 400 Jahre her- ist der Übergang von der Literalität als Elitenbildung zur Literarisierung der Bevölkerung und der Ausbildung verbreiteter Lesekompetenz. Noch einmal deutlich später etabliert sich der Anspruch auf verbreitete Schreibkompetenz. Damit erst setzt auch sprachlich die Verschriftlichung der Volkssprachen und die Entwicklung einer „schriftlichen Sprache" ein (Ehlich 1994, 28ff.). Ein Literalisierungsstandard, der den Anspruch umfasst, in einem „eigenverantwortlichen Schreibprozess ... ziel-, adressaten- und situationsbezogen" eigene Texte verfassen zu können, wie es in den seit Dezember 2003 vorliegenden Bildungsstandards der KMK für mittlere Schulabschlüsse im Fach Deutsch heißt (Bildungsstandards 2003, 16ff.), ist menschheitsgeschichtlich gerade einmal 150 Jahre alt. Die folgende Übersicht zeigt in starker Vereinfachung noch einmal die Entwicklung der Erwartungen an die literale Kompetenz:

Ca. 5000 v. Chr.: Schrifterfindung
Ca. 200 n. Chr.: kanonische Texte / Textkommunikation
Ca. 700 n. Chr.: individuelles / leises Lesen
Ca. 1500 n. Chr.: allgemeine autonome Textrezeptionskompetenz
Ca. 1850 n. Chr.: allgemeine autonome Textproduktionskompetenz

Eine literale Gesellschaft ist anders verfasst als eine orale Gesellschaft. Damit sind kommunikative Standards, Ansprüche an Texte bzw. Äußerungen und damit wiederum spezifische Erwartungen in der Sozialisation verknüpft. So darf ein Vortragender in der Universität z.B. erwarten, dass man ihn ausreden lässt, selbst dann, wenn die Zuhörer vielleicht schon unruhig sein und Einwände haben sollten. Das liegt daran, dass die Universität eine durch und durch literal geprägte Institution unserer Gesellschaft ist, in der ein Institutionsangehöriger in den speziell dafür vorgesehenen Kontexten (z.B. einer Vorlesung) anders als in der mündlichen face-to-face-Kommunikation alleiniges Rederecht beanspruchen darf. Die Textsorte 'Vortrag' ist institutionell an bestimmte Kontexte gebunden und sie ist durch diese Kontexte selbst im soziologischen Sinne eine Institution, die zuverlässig Erwartungen organisiert. Die Erwartungen der Hörer sind in diesem Sinn durch die schriftkulturelle Institution geprägt. Sie dürfen erwarten, dass Ihnen ein einigermaßen geplanter, das heißt inhaltlich gut strukturierter Vortrag geboten wird, der in der Substanz wie ein schriftlicher Text funktioniert. Der Vortrag ist zwar *me-*

dial mündlich, aber was die Hörer inhaltlich und von der Form her erwarten ist orientiert an der Norm *konzeptioneller* Schriftlichkeit. Das heißt die Hörer haben literale Textsortenerwartungen und entsprechend darf Ihnen keine Frühstücksplauderei abgeliefert werden. Das gehört schon zu den sprachlichen Konsequenzen des kulturellen Aspekts. Wissenschaft als Institution ist eine besonders prominente Ausformung eines Aspekts von Schriftkulturen. Dort, wo Literalität die kulturelle Reproduktion mitbestimmt, ob im Recht, der Religion, der Wissenschaft oder der Bildung wird sie selbst zur sozialen Institution: Es hängen bestimmte Rollenerwartungen daran, an die sich Verhaltensnormen und schließlich auch sprachliche Kompetenzen in der Beherrschung bestimmter Sprachformen anschließen.

Unter dem kulturellen Aspekt wichtig ist aber auch, dass das Vorhandensein und der Gebrauch von Schrift nicht an sich schon bestimmte Verhaltenskonsequenzen, sprachliche und kognitive Konsequenzen haben. Diese hängen vielmehr immer von den kulturell vermittelten Gebrauchsweisen, den „literalen Praktiken" (Barton 1993), ab. Erst in Abhängigkeit davon entwickeln sich unterschiedliche Werte, Interessen und kognitive Schemata des Umgangs mit der Schrift. Berühmt geworden ist eine Untersuchung von Michael Cole und Sylvia Scribner (1981) mit dem Titel: „The Psychology of Literacy". Die beiden Psychologen hatten die Schriftlichkeit bei dem Volk der Vai in Liberia untersucht. Die Vai sind deshalb besonders interessant für Schriftlichkeitsforscher, weil sie in drei verschiedenen Sprachen schreiben, und zwar schreiben sie Englisch in der Schule, VAI für private Zwecke und Arabisch für kultische und religiöse Zwecke. Bis zur Untersuchung Scribners und Coles hatte man angenommen, der Schriftgebrauch habe generell bestimmte kognitive Effekte auf das Lernen. So verband man besonders mit den Alfabetschriften die Fähigkeit zu analytischem Denken (Lautanalyse) und zum willkürlichen und bewussten Operieren mit Symbolen. Weil Schrifttexte weniger kontextgebunden sind, wurde gefolgert, das Schreiben führe zu kontextentbundenem und abstrahierendem Denken. Weil die Kommunikation mit Texten in der Neuzeit eine komplexe Syntax mit vielfältigen logischen Verknüpfungsformen für Aussagen hervorbringt, wurde gefolgert, das Textschreiben führe zu logischem Denken. Analytisches, abstraktes und logisches Denken erschien als unmittelbare Konsequenz der Literalität (Goody et al. 1968/1986).

Scribner und Cole konnten nun nachweisen, dass die bis dahin dem Schriftgebrauch allgemein zugeschriebenen kognitiven und sprachlichen Konsequenzen eindeutig spezifische kulturelle Voraussetzungen haben: Auch die Vai in Liberia zeigen zwar einen abstrakten und analytischen Sprachgebrauch in der beschriebenen Form, aber sie zeigen ihn nur in ihren englischen, das heißt in ihren schulischen Texten, nicht in den privaten VAI-Texten und auch nicht in den religiösen arabischen Texten. Nur die *geschulte* englische Schriftsprache zeigte Tendenzen kognitiver Verallgemeinerung, abstrakter Begriffsbildung etc. wie oben beschrieben. David Olson (1977) hat deshalb auch von einer „schooled language" gesprochen, einer Sprache und einem Denken, die eben erst durch eine bestimmte Praxis des Umgangs mit Schrift und Texten in der Schule entstehen. Entscheidend für Fragen des Denkens und Lernens ist also die literale Praxis, die jeweilige *Kultur* des Umgangs mit der Schrift. Sie prägt unsere Schemata der Schriftwahrnehmung, z.b. die Wahrnehmung von Geschriebenem als Text und die Wahrnehmung von Texten als einer Größe, die für mich nicht nur lesbar, sondern für mich als lesendes Individuum auch bedeutsam sein kann. Das ist nicht selbstverständlich. Solche Schemata gab es bis vor 500 Jahren kaum. Bis dahin gab es im deutschen Sprachraum fast nur einen kanonischen Text. Der aber war nicht auf Deutsch, sondern in einer fremden Sprache - nämlich lateinisch - geschrieben. Und offenkundig war dieser Text - vielmehr dieses Buch - nicht zur individuellen Sinnentnahme gedacht, sondern wurde primär verwendet als ein heiliger Gegenstand, der rituell zelebriert wurde (vgl. Illich 1991). Für den mittelalterlichen Klosterschüler hatten die Schrift und seine Sprache nichts miteinander zu tun und die Heilige Schrift war für ihn wie für die meisten seiner Zeitgenossen und -genossinnen kein Text in unserem Sinn.

Unter dem Kulturaspekt ist der Erwerb literaler Kompetenz als 'literale Sozialisation' zu bestimmen. Wenn man über literale Sozialisation spricht, dann sucht man Erklärungen für den Erwerb mit Hilfe soziologischer Begriffe: *Werte, Normen, Rollenverhalten* z.B. in *Geschlechtsrollen, soziale Klasse, Schicht, Milieu* etc. gehören hierher. Aber auch der Sozialpsychologie zugeordnete Kategorien wie *Erwartungen, Interessen, Identifizierungen, personale Identität, Gruppenidentität* etc. sind zentral für die Erklärung literaler Sozialisation. Der zentrale Lerntyp unter dem Aspekt literaler Sozialisation ist das Modelllernen, das heißt die Orientierung an Menschen, die in der eigenen Umgebung literale Praxen modellhaft vorleben (Bandura 1979).

Als Beispiel für das Gewicht des Kulturaspekts ziehe ich die Unterschiede zwischen Jungen und Mädchen im Schriftspracherwerb heran. Nach den Untersuchungen von Bettina Hurrelmann zur Lesesozialisation ist die Entwicklung des Leseinteresses der Kinder in der Familie durch die Mütter als primäre Handlungsmodelle geprägt: Diese lesen selbst mehr als die Väter, ihr Lesen ist stärker durch die Leselust selbst motiviert und vor allem, sie lesen mehr gemeinsam mit den Kindern. Das Handlungsmodell aber wirkt sich in erster Linie auf die Mädchen aus, während sich die Jungen stärker am Väterverhalten orientieren (vgl. Hurrelmann et al. 1995; Hurrelmann 2004). Die Konstellation betrifft nicht nur das Lesen. Die Untersuchung von Sigrun Richter (1996) zum Rechtschreiberwerb bei Jungen und Mädchen zeigt u.a. Folgendes: Unter den 10% der leistungsstärksten Schüler bei Diktaterhebungen sind die Jungen mit etwa einem Drittel vertreten. Unter den 10% der schwächsten Schüler aber sind die Jungen mit einem Anteil von drei Vierteln deutlich überrepräsentiert. Besonders beunruhigend ist, dass nach Sigrun Richters Ergebnissen die Grundschule als Lernumgebung das Schriftvermeidungsverhalten der Jungen eher verstärkt als den Schriftspracherwerb zu stützen. Die Ursachen sieht sie vor allem in einer mangelnden Berücksichtigung der Sachinteressen von Jungen im Lese- und Schreibunterricht der Grundschule. Dazu kommt, dass auch hier - wie in der Familie - in der Regel nur wenige Lehrer als männliche literale Handlungsmodelle für die Jungen zur Verfügung stehen. Die aktuelle Debatte zur Literalität und mangelnder literaler Kompetenz nach PISA hat ursächlich vor allem mit dem schlechten Abschneiden der Schüler zu tun, die aus vergleichsweise schriftfernen Sozialisationsmilieus stammen und deren Abstand zu einer „schooled language" bereits in der vorschulischen Sozialisation vergleichsweise stark ausgeprägt ist.

4. Schreiben und Lesen: der Handlungsaspekt

Die Leitdifferenz unter dem Handlungsaspekt ist der Gegensatz von Schreiben und Sprechen bzw. von Lesen und Hören. Schreiben funkioniert nicht als bloße Übertragung des Sprechens in das Medium der Schrift und ebenso wenig ist das Lesen erklärbar als eine Handlungsform, die über Grundkategorien des Hörens als Handlung erklärt werden könnte. Schreiben und Lesen funktionieren als Handlungen sehr verschieden von Sprechen und Hören. Dies hat unser Begriff von literaler Kompetenz zu berücksichtigen und ebenso der damit verbundene Entwicklungsbegriff.

Sprechen:

Schreiben:

kommunikativer Aspekt:
- situativer Kontext (ich-hier-jetzt)
- Interaktion/Dialog
- konkreter Adressat
- flüchtiges Produkt

kommunikativer Aspekt:
- kein situativer Kontext
- Monolog
- abstrakter Adressat
- konstantes Produkt

semiotischer Aspekt:
- analog verbale, paraverbale, nonverbale Produktion

semiotischer Aspekt:
- rein verbale Produktion
- aber auch: Typographie, Layout,

temporaler Aspekt:
- Artikulationsrate: 4.51 (S/S)
- Kompositionsrate: 2.92 (S/S)
- Ca. 200 W/M

temporaler Aspekt:
- Artikulationsrate: 0.89 (S/S)
- Kompositionsrate: 0.51 (S/S)
- Ca. 20 W/M

Die vorstehende Darstellung beschränkt sich auf einen Vergleich von Sprechen und Schreiben und auch hier nur auf einige wenige Punkte (vgl. Wrobel 1995, Günther/Pompino-Marshall 1996, Inhoff/Rayner 1996). Aus der Gegenüberstellung wird leicht ersichtlich: Sprechen und Schreiben unterliegen in kommunikativer, semiotischer und temporaler Hinsicht als Handlungen sehr verschiedenen Bedingungen. Das Schreiben ist eher monologisch, mit allen daraus resultierenden Konsequenzen. Es ist stärker sprachlich bestimmt und es ist sehr viel langsamer als das Sprechen. Es verlangt damit Fähigkeiten - z.B. Planungsfähigkeit, Überarbeitungsfähigkeit - hier etwa auch die Trennung von Oberflächenkorrektur und eigentlicher Textüberarbeitung-, die als Schreibprozesskompetenzen unzweifelhaft zum Begriff einer literalen Kompetenz dazu gehören.

Die für das Schreiben geforderten Fähigkeiten können nicht einfach als Ergebnis eines Sozialisationsprozesses aufgefasst werden, da in der Regel hierzu überhaupt keine Sozialisation stattfindet. In der Forschung zur Literalität stand in den 80er Jahren des 20. Jahrhunderts deshalb vor allem die nun neue Handlungsperspektive im Vordergrund. Schreiben und Lesen wurden als besonders prominente Beispiele für so genanntes *'problemlösendes Handeln'* angesehen.

Die Schreibsituation ist ein komplexer Problemraum, den es zu strukturieren gilt. Er gliedert sich bei näherer Betrachtung in zwei Hauptproblemräume, den so genannten „content space" - hier geht es vor allem um Fragen der Inhaltsorganisation und der Bereitstellung von Wissen beim Schreiben- und den so genannten „rhetorical space" - hier geht es um die Fragen der Situations- und Adressatenorientierung (vgl. Bereiter/Scardamalia 1987). Unter dem Handlungsaspekt werden Fragen gestellt wie: Worin unterscheidet sich das Vorgehen guter und schlechter Problemlöser? Mit welchen Begriffen kann man die Entwicklung von Problemlösefähigkeit beschreiben? etc. Gute Problemlöser etwa können über den Schreibprozess und ihre Problemlösemöglichkeiten sprechen; sie haben dafür ein Vokabular. Der Schreibprozess guter Problemlöser ist entsprechend strukturiert und läst sich in Phasen gliedern. Gute Problemlöser haben eine eher globale Problemlöseperspektive, z.B. den Blick auf den ganzen Text und können dem lokale Problemlösungen zuordnen etc.

Den Handlungsproblemen des Schreibens korrespondieren jeweils auch besondere Chancen für die Entwicklung, wie sie die folgende Gegenüberstellung zeigt:

Probleme	Chancen
• Abwesenheit des konkreten Adressaten (fehlendes Kommunikationsmotiv und fehlende Rückmeldung)	• Entwicklung sozialer Phantasie: abstrakte und verallgemeinerte Adressatenkonzepte, epistemisches Schreiben
• fehlender situativer Kontext Problem des Hintergrundwissens	• sprachliche Kontexterzeugung, Explizitheitserwartung
• fehlende Lautlichkeit (Abstraktheit & Willkürlichkeit der Schrift)	• Ablösung von der Mündlichkeit, Ausbildung einer auf das Lesen angelegten Sprachstruktur
• Gegenwärtigkeit des bereits geschriebenen Textes	• Verantwortlichkeit für den Text, Überprüfbarkeit, Kohärenzerwartung, Überarbeitungsmöglichkeit & -notwendigkeit, Sprachreflexion
• Langsamkeit des Schreibens	• Planungsnotwendigkeit und -möglichkeit

Aus dieser Problemlöse-Perspektive resultierte eine Sicht auf das Schreiben- und Lesenlernen, die sich weniger für das Erfüllen bestimmter Produktnormen interessierte als für die Frage, auf welchen Wegen die Schreiber etwa bestimmte Textsortenschemata oder auch orthographisches Regelwissen aufbauen. Nicht das Produkt, sondern der Prozess des Schreibens wie auch der Entwicklung von Schreibfähigkeit stand im Zentrum der Aufmerksamkeit.

Im Blick auf den Entwicklungsprozess konnte man z.B. zeigen, dass komplexen Formen der Beschreibung oder des Argumentierens in Texten stets Phasen vorausgehen, in denen die Sätze assoziativ und listenbildend oder in Form einer „und-dann-Verknüpfung" angeordnet wurden. Das „und-dann-Schema" erlaubt es einem Schreiber, überhaupt zunächst einmal Sätze zu verknüpfen und einen Text zu bilden; die Differenzierung dieser rein zeitlichen Sequenz in weitere, z.B. argumentative Aussagenrelationen wie „Grund und Folge" (weil, denn, da) oder gar adressatenbezogen „Einwand und Entgegnung" (zwar - aber) baut erst darauf auf (Schmidlin 1999).

Ein enger Zusammenhang zwischen der Entwicklung des Problemlösens und der entsprechenden sprachlichen Fähigkeiten in der Kompetenz der Schreiber wurde deutlich. Besonders spektakulär war dabei die Beobachtung, dass zwischen der Verwendung sprachlicher Mittel im Sprechen und einer entsprechend kompetenten Verwendung derselben Mittel im Schreiben stets ein größerer Entwicklungszeitraum lag. Das ist ein deutlicher Beleg dafür, dass das Schreiben zu einer tiefgreifenden Umstrukturierung des sprachlichen Wissens selbst führt, die eben Entwicklungszeit beansprucht. Es zeigte sich auch, dass die Schritte in der Entwicklung der Problemlösefähigkeit nicht einfach altersgebunden waren, sondern von der Dauer der Schreiberfahrung selbst abhingen. Erwachsene Analphabeten durchliefen die gleichen Stadien der Problemlösung wie sehr viel jüngere Schüler. Dies ist ein Hinweis darauf, dass es sich beim Literalitätserwerb nicht um einen Reifungsprozess handelt, sondern um einen kulturabhängigen, stark eigengesetzlichen Kompetenzaufbau.

Ein weiterer Aspekt ist wichtig: Problemlösendes Handeln ist strukturell kreativ. Auch Schreiben als problemlösendes Handeln führt stets zu unterschiedlichen Lösungen verschiedener Schreiber. Didaktisch bedeutet dies: die Gestaltung schulischer Schreibanlässe wäre für divergierende Problemlösungen nicht nur im Sinne einer Fehlertoleranz offenzuhalten, sondern geradezu daraufhin anzulegen.

Unter dem Handlungsaspekt spielt also das kognitive Problemlösen in unterschiedlichen Problemräumen eine zentrale Rolle. Der Erwerb wird als kognitive und sozialkognitive Entwicklung mit der Begrifflichkeit der Entwicklungspsychologie analysiert und beschrieben. Unterschiedliche Strategien des Problemlösens werden aufeinander aufbauend ausdifferenziert. Es geht also nicht lediglich um die Internalisierung von sozial vorgegebenen Normen und Werten der Literalität (Kulturaspekt), sondern um stark innengeleitete und konstruktive Prozesse der Entwicklung von Problemlösestrategien und Regeln. Didaktisch kommt es vor allem auf eine *entwicklungsorientierte Analyse* und eine *lernersensitive Beurteilung* der Problemlösewege der SchreiberInnen und LeserInnen an. Diese Seite der literalen Kompetenz wird bei der aktuellen Diskussion über Lese- und Schreibfähigkeiten meines Erachtens zu wenig berücksichtigt.

5. Schriftliche Sprache - der Strukturaspekt

Wir sind es gewohnt, von der 'Schriftsprache' zu sprechen, aber linguistisch ist es gar nicht selbstverständlich, dass Schrift und sprachliche Kompetenz irgendetwas Wesentliches miteinander zu tun haben sollten. Im Gegenteil: Bis in die 80er Jahre des 20. Jahrhunderts, galt praktisch unbestritten die Lehrmeinung, die Schrift sei lediglich ein Medium, das Sprache festhalte, so wie eine Photographie eines Gegenstandes diesen abbildet. Mit dem Verhältnis von Schrift und Sprache befasste man sich deshalb allenfalls kritisch, das heißt nur unter der Perspektive, wie denn die Schrift unsere Sprachwahrnehmung verzerre. Schriftlichkeit aber fordert eine literale Sprachstrukturierung. Seit etwa 20 Jahren ist hierzu eine grundsätzliche Neuorientierung zu beobachten, die dazu führt, dass Schrift und Sprache heute in einem sehr engen Zusammenhang gesehen werden. Das Aufkommen von Schriftlichkeit verändert in der historischen wie der individuellen Entwicklung die Sprache und die sprachliche Kompetenz selbst. Wichtig in der Diskussion ist dabei die Unterscheidung von *geschriebener Sprache, schriftlicher Sprache* und *Schriftsprache* (Ludwig 1983, Ehlich 1983). Der Begriff *geschriebene Sprache* bezieht sich zunächst nur darauf, dass Sprache aufgeschrieben werden kann. Er bezieht sich auf den rein medialen Aspekt der Schriftlichkeit. Kinder, die im ersten Schuljahr mit dem Schreiben beginnen, produzieren zunächst „geschriebene Sprache", und auch in der historischen Entwicklung steht am Anfang der Verschriftlichung der Volkssprachen zunächst rein medial „geschriebene Sprache".

Bei dem Beispiel auf der folgenden Seite aus dem ersten Schuljahr. handelt es sich um (auf)*geschriebene Sprache*. Nur wer weiß, worum es geht, kann diesen Text lesen und verstehen. Interessanterweise hat der Schüler selbst noch einen Kommentar zu seinem Text geschrieben, der sich im Original rechts vom Haupttext befindet. Der Kommentar ist in der Verschriftung kursiv wiedergegeben. Die Einheiten des sprachlichen Verstehens sind grammatisch strukturierte Sätze mit Wörtern, die ihrerseits wieder regelhaft gebaut sind. Wenn wir orthographisch Wörter schreiben, die voneinander durch Zwischenräume getrennt sind, haben wir bereits eine grammatische Analyse des Sprechens, eine Zerlegung des Lautstroms vorgenommen. Der Text des Schülers zeigt bereits Ansätze für eine solche grammatische Interpungierung des Lautstroms, und zwar dort, wo der Schüler in seiner scriptio continua Einheiten durch Rahmen graphisch kennzeichnet und voneinander abgrenzt. Die Forderung literaler Strukturierung gilt auch für die Binnengliederung der Wörter, die eine morphologische und phonologische Analyse verlangt. Die Großschreibung der nominalen Kerne und der Satzanfänge, ebenso wie die Binnengliederung durch Interpunktion tut das ihrige dazu. Während geschriebene Sprache rein *medial schriftlich* ist, ist die sich allmählich entwickelnde „schriftliche Sprache" zunehmend *konzeptionell schriftlich* (vgl. Koch/Oesterreicher 1994).

POKeMON TAUSeNT

PRAUCHeCH

HONDATGOGOS

BRAUCHeCH *DASENTGOGOS-
DAWODEAF*
KROSePOKeMON *AILENZAI
KT
DISAF
AILDEAD*
KATeN *AOBENE
S*
DIGIMONS
BRAUCHeCH
*DASENTPOKeM
ON*
MILIONeN SE *DIZWAI
BUSTABNWANF
ALSCH*

Abbildung 1: Valentins Brief ans Christkind, 1. Schuljahr, Junge; rechts Haupttext rechter, Kommentar kursiv. Der Haupttext kann wie folgt ′übersetzt′ werden:

„Pokemon tausend brauche ich, hundert Gogos brauche ich, große Pokemonkarten, Digimons brauche ich Millionen." Der Kommentartext (kursiv): "Das sind Gogos, da wo der Pfeil hinzeigt, dieser Pfeil, der da oben ist. Das sind Pokemon. Die zwei Buchstaben waren falsch."

Schriftliche Sprache trägt also im Unterschied zu bloß geschriebener Sprache eigenständige Formmerkmale und erleichtert dadurch das Verstehen. Sie trägt eigenständige Formmerkmale, die das Lesen und Verstehen unterstützen, was an der folgenden Gegenüberstellung leicht zu erkennen ist:

- DASENTGOGOSDAWODEAFAILENZAIKTDISAFAILDEADAO-BENES
- Da sind Gogos, da, wo der Pfeil hinzeigt, dieser Pfeil, der da oben ist.

Die zweite Form der Äußerung ist medial und konzeptionell schriftlich und greift dafür auf spezifische sprachliche Mittel zurück: scriptio discontinua, grammatische und morphologische Gliederung, Interpunktion, Großschreibung der Satzanfänge und nominalen Kerne.

Unter der *Schriftsprache* schließlich versteht man die historisch tradierte Form einer schriftlichen Sprache, die mit ihren stilistischen und grammatischen Obligationen auch auf das Sprechen zurückwirkt. Weil die formale

Einheit auch der deutschen Sprache zuerst und eigentlich auch nur in der Schrift erreicht wird, wird die Schriftsprache zur standardsprachlichen Varietät einer Sprache, das heißt ihre sprachlichen Merkmale werden verbindlich auch für das so genannte hochsprachliche Sprechen. Denken Sie an Beispiele wie: „Ich bekomme etwas geschenkt vs. ich kriege etwas geschenkt" oder die bekannte obligatorische Nebensatzwortstellung bei der Konjunktion „weil" oder auch solche Verdikte wie: „Wer brauchen ohne *zu* gebraucht, braucht brauchen gar nicht zu gebrauchen".

Ich möchte noch einmal den entscheidenden Punkt hervorheben: Literale Kompetenz heißt nicht Beherrschung der Zeichen, mit denen ich das Sprechen aufschreiben kann, sondern Beherrschung der Formmerkmale schriftlicher Sprache, die das Verstehen schriftlicher Wörter, Sätze und Texte möglichst kontextfrei ermöglichen. Mit dieser Bestimmung bin ich bei einem für die jüngere Diskussion zur Literalität zentralen Begriff angelangt, der bereits mehrfach angesprochen wurde. Das ist der Begriff „konzeptionelle Schriftlichkeit".

Zielpunkt des Erwerbs literaler Kompetenz ist entfaltete konzeptionelle Literalität. Das ist weit mehr als die Fähigkeit, Schrift lesen und Buchstaben, Wörter und Sätze aufschreiben zu können. Der Kern konzeptioneller Literalität ist - linguistisch gesehen - die Orientierung an und die Konstruktion von sprachlichen Explizitformen auf praktisch jeder Ebene der Sprache, vom Laut über das Wort und den Satz bis zum Text. Sprachliche Explizitformen sind diejenigen Formen, die ein kontextunabhängiges Sprachverstehen ermöglichen. Ich habe das eben am Beispiel des Briefs ans Christkind demonstriert. Valentins Brief ist lesbar, er ist verstehbar. Er genügt insofern eigentlich den minimalen Bedingungen für das Verstehen und insofern könnte man sagen, er ist gerade so explizit wie nötig. Aber er genügt nicht den Ansprüchen konzeptioneller Literalität.

Hauptkennzeichen konzeptioneller Schriftlichkeit ist die maximale formale (sprachstrukturelle) Absicherung des Verstehens bzw. maximale Kontextunabhängigkeit *für alle sprachlichen Formebenen* (Wort, Satz und Text).

Die Explizitformenerwartung bedeutet eine ungeheure und in vieler Hinsicht völlig unpraktische Forderung für die Schüler, nämlich: Sei so explizit wie möglich! Konkret heißt das:

Expliziere die Wörter im Text!
Expliziere alle Laute, die du an einem Wort wahrnimmst!
Expliziere auch die Laute, die du nicht wahrnimmst, die aber phonologisch zur Wortform gehören!
Expliziere die bedeutungstragenden Formteile von Wörtern!

Expliziere die Sätze deines Textes!
Expliziere deren Gliederung!
Expliziere deren Beziehungen!

Expliziere einen Kontext für deine Kommunikation!
Expliziere das Textthema!
Expliziere das Ziel deiner Kommunikation!

Den Versuchen, diesen Forderungen zu entsprechen, begegnet man in den Schülertexten auf Schritt und Tritt. Ein Schüler, der *Hempt* statt *Hemd* schreibt, expliziert die Wahrnehmung seiner Artikulation sehr genau, genauer jedenfalls als die orthographisch korrekte Schreibung.

Dabei ist die Explizitheitserwartung durchaus ambivalent, jenachdem, auf welche Ebene der Struktur sie bezogen wird. Die Berücksichtigung der phonologischen Wortform etwa verlangt gerade davon abzusehen, dass z.b. <tor> phonetisch stets schwach vokalisch und keineswegs auf ein /r/ auslautet. Die Wortform aber, der morphologische Stamm, bezieht seine phonologisch konstanten Eigenschaften von der Explizitform her, z.B. /to:re/.

Ein Schüler, der das Wort *Musketier* als *Muskeltier* verschriftet, versucht die Binnenstruktur des Wortes semantisch transparent zu machen und zu explizieren. Ein Schüler, der *Haus auf gaben* statt *Hausaufgaben* schreibt, expliziert zwar einerseits am Kompositum beteiligte Wörter, aber er berücksichtigt für die Schreibung noch nicht die syntaktisch bestimmte Einheit des Wortes. Die Orthographie expliziert in der Getrennt- respektive Zusammenschreibung auch diese Struktur.

„Du hälst es nicht aus" können Sie ohne Probleme lesen. Darauf aber kommt es unter dem Gesichtspunkt konzeptioneller Schriftlichkeit nicht alleine an. Die Verschriftung des Sprechens führt nicht zum Ziel. So können wir das hier geforderte „t" in „hältst" niemals hören, ebenso wenig wie die Spatien zwischen den Wörtern oder die Groß-/ und Kleinschreibung. Verlangt ist normativ die Konstruktion der sprachlichen Explizitform. Diese ist funktionalpragmatisch begründet in den Bedingungen schriftlicher Kommunikation. Zu den Explizitformen können die Kinder nur kommen, indem sie eine „literale Sprachbewusstheit" entwickeln. Es geht dabei nicht um Sprachbewusstheit schlechthin, diese ist auch in oralen Kulturen und unter Abwesenheit von Schrift durchaus beobachtbar. Bei literaler Sprachbewusstheit geht es um Sprachbewusstheit unter den Vorzeichen der Explizitformenerwartung. Nicht Spracherfahrung und Sprachaufmerksamkeit schlechthin ist hier die Ressource für Erfolg im Schriftspracherwerb, sondern Schriftspracherfahrung und Schriftsprachaufmerksamkeit.

Empirische Untersuchungen zeigen hier interessante Ergebnisse: Schweizerdeutsche Kinder, die von Kindesbeinen an, die Schriftsprache als eine Sprache erfahren, die anders ist und anders funktioniert, als die, die sie sprechen haben verglichen mit Kindern der gleichen Altersgruppe aus dem süddeutschen Sprachraum deutliche Vorteile im Schriftspracherwerb. Sie orientieren sich frühzeitig etwa an den phonologischen Explizitformen der gesprochenen Schriftsprache, sie geben die so genannte „und-dann-Reihung" in ihren Texten früher auf als die deutschen Kinder usw. (vgl. Schmidlin 1999).

Im Vergleich des Orthographieerwerbs von norddeutschen, süddeutschen und Schweizer Schülern zeigt sich deutlich, dass die süddeutschen Schüler, die im Dialekt-Hochsprache-Kontinuum aufwachsen, die größten Schwierigkeiten haben, während sowohl die kontrasterfahrenen Schweizer Kinder als auch die an der Schriftlautung orientierten Hamburger Kinder deutlich besser abschneiden (vgl. Schmidlin 2002).

Solche Ergebnisse fasse ich im Hinblick auf die Erwerbsvoraussetzungen zusammen zur „Kontrasthypothese", die ich einer „Kontinuitätshypothese" gegenüberstelle.

Kontrasthypothese:
Die Aufmerksamkeit für Elemente konzeptioneller Schriftlichkeit ist im Erwerb umso größer, je größer der wahrgenommene *Kontrast* zwischen Mündlichkeit und Schriftlichkeit ist. Je kontinuierlicher die Beziehungen zwischen Mündlichkeit und Schriftlichkeit in der Lernumgebung sind, desto schwieriger ist der Erwerb.

Eine Didaktik der Literalität fordert einen schriftspracherwerbsorientierten Unterricht, der die Schrift- und Texterfahrung zum primären Bezugspunkt macht und von Beginn die Beherrschung konzeptioneller Schriftlichkeit anstrebt.

6. Literatur

Assmann, J. (2000): Das kulturelle Gedächtnis Schrift, Erinnerung und politische Identität in frühen Hochkulturen. 3. Auflage. München.
Bandura, A. (1979): Sozial-kognitive Lerntheorie. Stuttgart.
Barton, D. (1993): Eine soziokulturelle Sicht des Schriftgebrauchs. In: Balhorn, H. & Brügelmann, H. (Hrsg.) Bedeutungen erfinden - im Kopf, mit Schrift und miteinander. Konstanz: S. 214-219.
Bereiter, C.; Scardamalia, M. (1987): The Psychology of written composition. Hillsdale N.J.
Bildungsstandards im Fach Deutsch für den Mittleren Schulabschluss. (2003). Beschluss der KMK vom 4.12.2003. Sekretariat der Ständigen Konferenz der Kultusminister der Länder in der Bundesrepublik Deutschland Ref. IV A, Bonn.
Ehlich, K. (1980): Schriftentwicklung als gesellschaftliches Problemlösen. In: Zeitschrift für Semiotik 2, S. 335-359.
Ehlich, K. (1994): Funktion und Struktur schriftlicher Kommunikation. In: Günther, H.; Ludwig, O. (Hrsg.). Schrift und Schriftlichkeit. Writing and Its Use. Bd.1, Berlin/New York (de Gruyter), S. 18-41.
Goody, J.; Watt, I.; Gough, K. (1968/1986): Entstehung und Folgen der Schriftkultur. Frankfurt a.M.
Günther, H.; Pompino-Marschall, B. (1996): Basale Aspekte der Produktion und Perzeption mündlicher und schriftlicher Äußerungen. In: Günther, H.; Ludwig, O. (Hrsg.) Schrift und Schriftlichkeit. Writing and Its Use. Berlin et al.: S. 903-917.

Haarmann, H. (1994): Universalgeschichte der Schrift. Frankfurt a.M.
Hurrelmann, B.; Hammer, M & Nieß, F. (Hrsg.). (1995): Leseklima in der Familie. Eine Studie der Bertelsmann-Stiftung. 2. Auflage. Gütersloh.
Hurrelmann, B. (2004): Informelle Sozialisationsinstanz Familie. In: Groeben, N.; Hurrelmann, B. (Hrsg.) Leesozialisation in der Mediengesellschaft. Ein Forschungsüberblick. Weinheim/München: S. 169-201.
Illich, I. (1991): Im Weinberg des Textes. Als das Schriftbild der Moderne entstand. Frankfurt a.M.
Inhoff, A.W.; Rayner, K. (1996): Das Blickverhalten beim Lesen. In: Günther, H.; Ludwig, O. (Hrsg.) Schrift und Schriftlichkeit. Writing and Its Use. Berlin et al.: S. 942-957.
Koch, P.; Oesterreicher, W. (1994): Schriftlichkeit und Sprache. In: Günther, H.; Ludwig, O. (Hrg.). Schrift und Schriftlichkeit. Writing and Its Use. Bd.1, Berlin/New York (de Gruyter), S. 587-603.
Ludwig, O. (1983). Einige Vorschläge zur Begrifflichkeit und Terminologie von Untersuchungn im Bereich der Schriftlichkeit. In: Günther, H.; Günther, K.B. (Hrsg.): Schrift - Schreiben - Schriftlichekit. Arbeiten zur Struktur, Funktion und Etwicklung schriftlicher Sprache. Tübingen: S. 1-15.
Olson, D. (1977): From utterance to text: The bias of language in speech and writing. In: *Harvard Educational Review* 47: S. 257-281.
Richter, S. (1996): Unterschiede in den Schulleistungen von Mädchen und Jungen. Regensburg.
Schmidlin, R. (1999): Wie Deutschschweizer Kinder schreiben und erzählen lernen. Tübingen/Basel.
Schmidlin, R. (2002): Zum Orthographieerwerb bei norddeutschen, südwestdeutschen und schweizerischen Kindern: Schärfungsmarkierung und r-Schreibung. Ergebnisse einer empirischen Untersuchung. In: Tophinke, D.; Röber-Siekmeyer, C. (Hrsg.): Schärfungsschreibung im Fokus. Baltmannsweiler, S. 170-185.
Scribner, S. & Cole, M. (1981): The Psychology of Literacy. Cambridge.
Wrobel, A. (1995): Schreiben als Handlung. Tübingen, S. 43ff.

Peter Marx

II. Erwerb und Förderung von Schriftlichkeit im Vorschul- und Grundschulalter

Fördermöglichkeiten der Vorläuferfertigkeiten des Lesens und Schreibens

In diesem Beitrag zu den Vorläuferfertigkeiten des Schriftspracherwerbs wird die phonologische Bewusstheit im Mittelpunkt stehen. Das soll jedoch nicht darüber hinwegtäuschen, dass neben der phonologischen Bewusstheit weitere Voraussetzungen für den Schriftspracherwerb zu beachten sind. Eine besondere Stellung kommt der phonologischen Bewusstheit vor allem deshalb zu, da sie sich bereits vor Schuleintritt erfolgreich fördern lässt und sich durch eine solche Förderung bessere Startchancen für das Erlernen des Lesens und Rechtschreibens herstellen lassen. Die vorschulische Förderung der phonologischen Bewusstheit stellt den Schwerpunkt des vorliegenden Beitrags dar. Die Würzburger Trainingsprogramme „Hören, Lauschen, Lernen" (Küspert & Schneider 2003) und „Hören, Lauschen, Lernen 2" (Plume & Schneider 2004) werden vorgestellt und es wird auf ältere und aktuelle Studien zur Überprüfung der Wirksamkeit eingegangen.

Vorläuferfertigkeiten des Schriftspracherwerbs

Zur Einordnung der Vorläuferfertigkeiten soll ein Blick auf die Stufenmodelle des Schriftspracherwerbs vorangestellt werden. Das wohl einflussreichste Modell von Frith (1985) ging von drei Stufen aus, die sich jeweils durch die beim Lesen und Schreiben verwendeten Strategien kennzeichnen lassen. Anhand der logographemischen Strategie werden Wörter auch ohne Buchstabenkenntnis erlesen, indem hervorstechende Merkmale wiedererkannt werden. Die Beziehungen zwischen Lauten und Buchstaben werden erst bei der alphabetischen Strategie genutzt. Hierdurch können dann auch unbekannte Wörter erlesen werden. Aufgrund der zunehmenden Schrifterfahrung erfolgt der Übergang zur orthographischen Strategie, bei der die Kinder auch die orthographischen Regelmäßigkeiten beachten und sich zudem einen Sichtwortschatz aufbauen.

Als entscheidende Hürde für Kinder mit Lese-Rechtschreibschwierigkeiten (LRS) gilt das Erlernen der alphabetischen Strategie. Die Prozesse, die beim alphabetischen Lesen bzw. Schreiben zu leisten sind, sollen nun etwas genauer betrachtet werden. Beim Lesen müssen die Buchstaben erkannt und die zugehörigen Laute abgerufen werden. Die Laute eines Wortes müssen dann im phonologischen Arbeitsgedächtnis behalten und miteinander verbunden werden. Schließlich muss aufgrund der Lautverbindung das Wort erkannt werden. Beim Schreiben muss das Wort in die einzelnen Laute aufgeteilt werden, damit die entsprechenden Buchstaben zugeordnet werden können. Die alphabetische Strategie erfordert somit vor allem Leistungen aus dem Bereich der phonologischen Informationsverarbeitung. Darunter versteht man die Nutzung von Informationen über die Lautstruktur bei der Auseinandersetzung mit gesprochener bzw. geschriebener Sprache (Wagner & Torgesen 1987). Sie lässt sich aufteilen in die phonologische Bewusstheit, das phonologische Arbeitsgedächtnis und den Abruf aus dem Langzeitgedächtnis. Diese drei Bereiche entwickeln sich bereits vor Schuleintritt und stellen wesentliche Vorläuferfertigkeiten des Lesens und Schreibens dar. Es herrscht zunehmend Einigkeit darüber, dass die Probleme der weitaus meisten Kinder mit LRS im sprachlichen (v.a. im phonologischen) Bereich liegen.

Der Einfluss der drei Bereiche der phonologischen Informationsverarbeitung auf den Erfolg im Lesen- und Schreibenlernen konnte in einer Vielzahl von Längsschnittstudien nachgewiesen werden. Eine erfolgreiche vorschulische Förderung, die einen Transfer auf den Schriftspracherwerb nach sich zieht, konnte bisher jedoch nur für die phonologische Bewusstheit realisiert werden. Für das phonologische Arbeitsgedächtnis und die Geschwindigkeit des Abrufs aus dem Langzeitgedächtnis erscheint dies weniger erfolgversprechend. Was versteht man nun unter phonologischer Bewusstheit? Hiermit ist die Einsicht in die Struktur der Lautsprache gemeint, wozu man sich vom Inhalt der Sprache lösen und der Form zuwenden muss. Kindergartenkinder werden beispielsweise die Frage, ob sich die Wörter „Maus" und „Haus" ähnlich sind, verneinen, wenn sie auf die Bedeutung der Wörter und nicht auf ihre Lautstruktur achten.

Zur Charakterisierung der Beziehung zwischen phonologischer Bewusstheit und Schriftspracherwerb ist die Aufteilung in eine phonologische Bewusstheit im weiteren Sinne und eine phonologische Bewusstheit im engeren Sinne nach Skowronek und H. Marx (1989) hilfreich. Während Kindergartenkinder ohne Schrifterfahrung in der Regel bereits die Fähigkeiten erwerben, größere Einheiten wie Wörter und Silben zu differenzieren bzw. zu segmentieren oder Reime wahrzunehmen (phonologische Bewusstheit im weiteren Sinne), wird die Fähigkeit, Einzellaute in Wörtern zu erkennen und zu unterscheiden (phonologische Bewusstheit im engeren Sinne), gewöhnlich erst durch den Schriftspracherwerb ausgebildet. Insgesamt kann von einem reziprok-kausalen Wirkungsmuster zwischen phonologischer Bewusstheit und Schriftspracherwerb gesprochen werden (Schneider 1989).

Die Bedeutung der phonologischen Bewusstheit für das Erlernen des Lesens und Schreibens wurde durch verschiedene Untersuchungsdesigns eindrucksvoll belegt. So zeigt sich nicht nur eine hohe Korrelation zwischen beiden Bereichen in Querschnittstudien, sondern auch eine recht hohe Vorhersagekraft von Leistungen im Bereich der phonologischen Bewusstheit, erhoben bei Kindergartenkindern ohne Schriftkenntnisse, für deren spätere Lese- und Rechtschreibleistungen. Darüber hinaus ließ sich zeigen, dass ältere Kinder mit LRS in der phonologischen Bewusstheit schwächer abschneiden als nach den Leseleistungen parallelisierte jüngere Kinder, was auf einen kausalen Einfluss hinweist. Von besonderer Bedeutung ist aber der Nachweis, dass eine Förderung der phonologischen Bewusstheit im Kindergarten zu einem Transfer auf die schulischen Lese- und Rechtschreibleistungen führt.

Förderung der phonologischen Bewusstheit

Die Wirksamkeit von Trainingsprogrammen der phonologischen Bewusstheit ist inzwischen in Metaanalysen aufgezeigt worden (Bus & van IJzendoorn 1999; Ehri et al. 2001). Bus und van IJzendoorn (1999) fassten die Ergebnisse von 36 Studien mit über 3000 Kindern zusammen und ermittelten eine durchschnittliche Effektstärke von $d = 1.04$ auf die phonologische Bewusstheit und von $d = 0.44$ auf das Lesen. Die Effektstärke d ist die Differenz zwischen den Mittelwerten der Trainings- und der Kontrollgruppe, dividiert durch die Standardabweichung. Zur Interpretation lässt sich die Angabe von Cohen (1988) heranziehen, nach der Effektstärken von $d = 0.2$ als klein, von $d = 0.5$ als mittel und von $d = 0.8$ als groß eingestuft werden können. Bemerkenswert ist, dass sich bei Bus und van IJzendoorn (1999) in den sechs Studien, in denen das phonologische Training mit einem Training der Buchstaben-Laut-Zuordnung kombiniert wurde, ein größerer Erfolg ermitteln ließ als in den elf Studien, in denen ein rein phonologisches Training stattfand. Erstere zeigten eine große Effektstärke von $d = 1.74$ auf die phonologische Bewusstheit und immerhin noch eine mittlere bis große Effektstärke auf das Lesen ($d = 0.66$), während die entsprechenden Werte für letztere bei $d = 1.19$ und $d = 0.18$ lagen. Ein erfolgreicher Transfer auf den Schriftspracherwerb scheint somit zum Teil vom Einbezug von Buchstaben abzuhängen.

Für den deutschen Sprachraum entwickelten Küspert und Schneider (1999) aufbauend auf ein erfolgreiches skandinavisches Training (Lundberg, Frost & Petersen 1988) das Programm „Hören, Lauschen, Lernen" zur vorschulischen Förderung der phonologischen Bewusstheit, das mit dem Training der Buchstaben-Laut-Zuordnung „Hören, Lauschen, Lernen 2" von Plume und Schneider (2004) kombiniert werden sollte. Vorgesehen sind tägliche

Trainingseinheiten von etwa 15 Minuten, die von den Erzieherinnen mit Kleingruppen von vier bis acht Kindern im letzten Kindergartenjahr 20 Wochen lang durchgeführt werden, z.B. von Januar bis Juni. An jedem Tag werden zwei Übungseinheiten bzw. Sprachspiele durchgeführt, die im Handbuch detailliert beschreiben sind. In der ersten Woche erfahren die Kinder durch Lauschspiele, dass es um das genaue Hinhören gehen wird. Die ersten Übungen aus dem Bereich der Reime verlangen bereits von den Kindern, Parallelen in der Lautstruktur zu erkennen. Im dritten Übungsbereich wird an Sätzen und Wörtern erstmals das Prinzip von Analyse und Synthese von Sprache angewandt und im vierten Übungsbereich auch auf Silben übertragen. Deutlich schwieriger für die Kinder aber auch für die Erzieherinnen sind die Übungen der folgenden Trainingsbereiche, da es nun um die phonologische Bewusstheit im engeren Sinne geht. Diese Übungen beginnen in der achten Trainingswoche. Anfangs lernen die Kinder den Anlaut eines Wortes herauszuhören, ab der elften Trainingswoche dann auch Wörter in die einzelnen Laute aufzuteilen bzw. einzelne Laute zu einem Wort zu verbinden. Parallel zu diesem letzten Übungsbereich erhalten die Kinder einen Einblick in das Prinzip der Buchstaben-Laut-Zuordnung, indem sie 12 Buchstaben-Laut-Verbindungen lernen. Dabei werden keine Buchstaben geschrieben und auch noch keine Wörter gelesen. Die Integration des Buchstaben-Laut-Trainings ist aufgrund der Ergebnisse verschiedener Studien sehr zu empfehlen (Bus & van IJzendoorn 1999; Roth 1999) und wurde auch von den weitaus meisten Trainingsleiterinnen unserer aktuellen Studie als positiv eingeschätzt. Hingewiesen werden soll an dieser Stelle auf das Problem des Wortmaterials, das zu teilweise heftiger Kritik am Trainingsprogramm führte, da einige orthographische „Fallen" (Kalmar 2002, Schmid-Barkow 1999) auftauchen. In einer in Vorbereitung befindlichen fünften Auflage dürften diese Fallen weitgehend vermieden sein.

Während das Würzburger Training für den Vorschulbereich konzipiert wurde, wurden inzwischen auch Maßnahmen für den Erstleseunterricht entwickelt. Das Programm „Leichter lesen und schreiben lernen mit der Hexe Susi" (Forster & Martschinke 2001) kann ab Schulbeginn mit einzelnen Kindern, bei denen Förderbedarf in der phonologischen Bewusstheit festgestellt worden ist, aber auch mit der ganzen Klasse - begleitend zum Unterricht - durchgeführt werden. Einerseits kann es als Gesamttraining eingesetzt werden, andererseits können auch einzelne Trainingsbausteine aus den Übungsbereichen „Lausch- und Reimaufgaben", „Aufgaben zur Silbe einschließlich Wortkonzept", „Aufgaben zu Phonemen" (inklusive Lesetraining und Schreibtraining) und „Aufgaben zum schnellen Lesen" herausgegriffen werden.

Studien zur Überprüfung der Wirksamkeit des Würzburger Trainingsprogramms

Würzburger Studien aus den 1990er Jahren

Das reine Training der phonologischen Bewusstheit „Hören, Lauschen, Lernen" wurde in den 1990er Jahren in zwei Studien mit unausgelesenen Stichproben evaluiert. In der ersten Studie (Schneider, Visé, Reimers & Blässer 1994) zeigten sich zwar Vorteile der trainierten Kinder gegenüber einer Kontrollgruppe hinsichtlich der phonologischen Bewusstheit; der erhoffte Transfer auf die Lese- und Rechtschreibleistungen in der Schule konnte jedoch für die Gesamtgruppe nicht nachgewiesen werden. Dies lag vermutlich daran, dass einige Kindergärten das Training nicht konsequent zu Ende gebracht hatten. Darauf wies zumindest der Befund hin, dass für die konsistent trainierten Kinder auch Effekte auf die Schriftsprachleistungen ermittelt werden konnten. In einer zweiten Studie wurde daher größerer Wert auf die Supervision der Erzieherinnen gelegt, was sich schließlich auch in Vorteilen der trainierten Kinder nicht nur in der phonologischen Bewusstheit selbst, sondern auch im späteren Lesen und Rechtschreiben niederschlug (Schneider, Küspert, Roth, Visé & H. Marx 1997).

In erster Linie soll das Training jedoch den Kindern helfen, die gefährdet sind, beim Schriftspracherwerb zu scheitern. Daher wurden die Trainingsteilnehmer einer dritten Studie anhand des Bielefelder Screenings (BISC; Jansen, Mannhaupt, H. Marx & Skowronek 1999) ausgewählt. Die nach BISC-Kriterien ermittelten „Risikokinder" wurden dann drei verschiedenen Trainingsversionen zugeteilt. Aufgestockt wurde die Gruppe durch weitere Kinder, die in den BISC-Untertests zur phonologischen Bewusstheit unterdurchschnittlich abgeschnitten hatten. Aus 729 Kindern wurden so 208 Trainingskinder ausgewählt, von denen 82 am Training der phonologischen Bewusstheit („HLL"), 49 am Buchstaben-Laut-Training („BLT") und 77 an einer kombinierten Trainingsversion teilnahmen („Komb"). Als Kontrollgruppe (KG) wurde eine unausgelesene Stichprobe von 146 Kindern herangezogen. Vor und nach dem Training wurden Tests zur phonologischen Bewusstheit im engeren Sinne und zur Buchstabenkenntnis durchgeführt. Hinsichtlich der Phonemsynthese und der Phonemanalyse zeigten sich signifikante Trainingseffekte von HLL- und Komb-Gruppe gegenüber den beiden anderen Gruppen. Alle drei Trainingsgruppen verbesserten sich in der Anlautidentifikation stärker als die KG. In der Buchstabenkenntnis profitierten erwartungsgemäß Komb- und BLT-Gruppe vom Training. Zu beachten ist, dass die KG in den Aufgaben zur phonologischen Bewusstheit im engeren Sinne zwischen Vor- und Nachtest fast keine Zuwächse zeigte. Jeweils gegen Ende der ersten drei Schuljahre wurden die vier Versuchsgruppen Lese- und Rechtschreibtests unterzogen. Dabei ergab sich ein relativ einheitliches Bild (Roth 1999; Roth &

Schneider 2002): Die KG schnitt jeweils am besten ab, was nicht verwundern muss, da es sich hier ja um eine unausgelesene Gruppe handelte. Auf dem zweiten Platz folgten in der Regel die kombiniert trainierten Kinder, die sich nicht signifikant von der KG unterschieden. Etwas schwächere Leistungen - wenn auch nicht signifikant von der Komb-Gruppe verschieden - zeigte dann die HLL-Gruppe, während die BLT-Gruppe am schwächsten abschnitt und teilweise auch signifikant hinter der KG und im Rechtschreiben in der ersten Klasse auch hinter der Komb-Gruppe zurückblieb. Besonders interessant ist nun die Frage wie hoch der Anteil der Kinder in den vier Gruppen war, die in der Grundschule Rechtschreibschwierigkeiten bekamen. In der zweiten Klasse zeigte sich vor allem für die Komb-Gruppe ein sehr erfreuliches Bild, da nur 3 von 48 Kindern (6 %) im DRT 2 unter Prozentrang (PR) 25 lagen. Dies war bei 20 % der HLL-Gruppe, bei 22 % der BLT-Gruppe und bei 8 % der KG der Fall. In der dritten Klasse lagen dann allerdings auch 21 % der kombiniert trainierten Kinder unter PR 25 im DRT 3. Berücksichtigt man, dass die Kinder aufgrund von Defiziten im BISC ausgewählt worden waren, ist dieser Anteil jedoch immer noch als gering zu werten. Die Frage, was die Kinder kennzeichnet, die trotz des Trainings Schwierigkeiten beim Erlernen des Lesens und/oder Rechtschreibens haben, veranlasste uns jedoch zu einer neuen Studie, auf die im Folgenden näher eingegangen werden soll.

Aktuelles DFG-Projekt: Möglichkeiten und Grenzen der frühen Prognose und Prävention schulischer Lese-Rechtschreibprobleme: Zur Relevanz von Merkmalen gestörter Sprachentwicklung

Trotz der international in Metaanalysen und für den deutschen Sprachraum in den eben genannten Würzburger Studien nachgewiesenen Effektivität der vorschulischen Förderung der phonologischen Bewusstheit hat ein Teil der trainierten Kinder in der Schule mit LRS zu kämpfen. Die Gründe für eine Trainingsresistenz sind bislang noch weitgehend unklar, da in den meisten bisher vorliegenden Trainingsstudien in den Vortests neben der phonologischen Informationsverarbeitung kaum weitere Variablen erfasst wurden. In der aktuellen Studie sollten daher Faktoren identifiziert werden, die unmittelbare oder langfristige Trainingserfolge verhindern. Denkbar sind prinzipiell zwei Szenarien, in denen Kinder trotz des Trainings LRS bekommen. Zum einen könnte sich ihre phonologische Bewusstheit durch das Training nicht ausreichend fördern lassen bzw. nur ein kurzfristiger Effekt vorhanden sein. Zum anderen könnten sie trotz guter phonologischer Bewusstheit aufgrund anderer Faktoren Schwierigkeiten haben. Als Ursachen dafür, dass Kinder entweder nicht vom Training profitieren oder trotz eines erfolgreichen Trainings LRS bekommen, kämen unter anderem Fremdsprachigkeit, Sprachentwicklungsstörungen oder auch Gedächtnisdefizite in Frage. Bisherige Studien zu „Risikokindern" haben gezeigt, dass das Training auch für diese Kinder sowohl unmittelbar als auch hinsichtlich der späteren Lese- und Rechtschreibleistungen effektiv sein kann (Roth 1999; Bus & van IJzendoorn 1999). Allerdings wurde in den meisten dieser Studien das Risiko über ein Defizit in der phonologischen Bewusstheit (bzw. im BISC) bestimmt. Es liegen noch kaum Studien zu Trainingseffekten bei Risikokindern vor, bei denen Faktoren außerhalb der phonologischen Informationsverarbeitung auf ein Risiko schließen lassen.

In einer eigenen Studie richteten wir unser Augenmerk nun auf Kinder, die Deutsch als Zweitsprache erworben hatten (DaZ) sowie auf Kinder mit Sprachentwicklungsstörungen (SES). Unsere Stichprobe umfasste 606 Vorschulkinder, darunter 499 Kinder aus Regelkindergärten (Regelstichprobe) und 107 Kinder aus schulvorbereitenden Einrichtungen (SVE) von vier Sprachheilschulen. Diese SVE-Stichprobe umfasste sechs Gruppen mit insgesamt 56 Kindern, die am kombinierten Training Hören, Lauschen, Lernen 1+2 teilnahmen, und sechs Gruppen mit 51 Kindern, die als KG dienten. Alle 499 Kinder der Regelstichprobe nahmen am Training teil, immerhin 411 dieser Kinder konnten am Ende der ersten Klasse im Lesen und Rechtschreiben getestet werden. Die Drop-out-Quote von unter 20 %, die als recht gering angesehen werden kann, kam in erster Linie durch die Nichteinschulung von Kindern zustande. Bei 305 Kindern war die Muttersprache Deutsch, bei 58 Kindern konnten wir aufgrund der Angaben der Eltern, Erzieherinnen und/oder Lehrkräfte davon ausgehen, dass sie Deutsch als Zweitsprache erworben hatten und nicht von Geburt an in der Familie mit der deutschen Sprache konfrontiert worden waren („DaZ-Kinder"). Weitere 33 Kinder wurden von uns als „mehrsprachig" klassifiziert, da in der Familie neben einer weiteren Sprache bereits seit den ersten Lebensjahren der Kinder auch Deutsch gesprochen wurde.

Zum Ablauf der Studie: Zwischen September und Dezember 2002 wurden in Vortests u.a. die Leistungen in der phonologischen Informationsverarbeitung und der Stand der Sprachentwicklung erfasst. Als Aufgaben zur phonologischen Bewusstheit im weiteren Sinne wurden das Reimen, das Silben Segmentieren und die Laut-zu-Wort-Aufgabe aus dem BISC eingesetzt. Zur Erfassung der phonologischen Bewusstheit im engeren Sinne dienten Aufgaben zum Erkennen des Anlautes, zur Restwortbestimmung (bei Weglassen des Anlautes), zur Phonemanalyse und zur Phonemsynthese. Diese Aufgaben wurden im Nachtest analog eingesetzt. Im Vortest wurden zudem die Grammatikkenntnisse über Subtests aus dem Heidelberger Sprachentwicklungstest (H-S-E-T; Grimm & Schöler 1991) und der Wortschatz über den entsprechenden Subtest aus dem Hannover-Wechsler-Intelligenztest für das Vorschulalter (HAWIVA; Schuck & Eggert 1975) erfasst. Die Durchführung des Präventionsprogramms „Hören, Lauschen, Lernen 1+2" erfolgte zwischen Dezember 2002 und Juni 2003 durch die Erzieherinnen in den Kindergärten bzw. durch die HeilpädagogInnen in den SVE-Gruppen. Direkt nach dem Training fanden im Juni und Juli 2003 die Nachtests statt. Zu Beginn des ersten Schuljahres wurde die phonologische Bewusstheit nochmals mittels eines Gruppentests untersucht (eigens konstruierter Test zur Phonemsynthese und zwei Subtests aus dem PB-LRS, Barth & Gomm 2004). Am Ende der ersten Klasse wurden der Diagnostische Rechtschreibtest für erste Klassen (DRT 1; Müller 1990) und ein Pseudowörterdiktat sowie die Würzburger Leise Leseprobe (WLLP; Küspert & Schneider 1998) zur Erfassung der Lesegeschwindigkeit und der Untertest D3 aus der Testbatterie „Lesen und Verstehen" (LUV; Kalb, Rabenstein & Rost 1979) zur Erfassung des Leseverständnisses eingesetzt.

Zuerst sollen nun die Ergebnisse in der Regelstichprobe dargestellt werden. Ein erstes Ergebnis besteht darin, dass nur bei einem relativ geringen Prozentsatz unterdurchschnittliche Leistungen im DRT 1 und in der WLLP auftraten. So lagen im DRT 1 nur 2,2 % und in der WLLP nur 6,3 % der Kinder unter PR 15, dem üblichen Kriterium für Rechtschreibschwierigkeiten. Unter PR 25 lagen im DRT 1 9,5 % und in der WLLP 12,4 % der Kinder. Somit lagen deutlich weniger Kinder im unterdurchschnittlichen Bereich als es aufgrund der Testnormen zu erwarten wäre. Als Kriterium für Rechtschreibschwierigkeiten wurde daher im Folgenden der PR 25 verwendet.

Wodurch lassen sich nun die Kinder vorhersagen, die trotz des Trainings Rechtschreibschwierigkeiten aufweisen? Aus Tabelle 1 wird ersichtlich, dass dies anhand des BISC kaum gelingen kann.

Tabelle 1: Vorhersage von Rechtschreibschwierigkeiten durch das BISC (aus P. Marx, Weber & Schneider, in Vorb.)

Sensitivität: 24 % Spezifität: 95 % RATZ-Index: 25 %		DRT 1		Gesamt
		< PR 25	> PR 25	
BISC	Risiko	9 (32 %)	19 (68 %)	28
	Kein Risiko	29 (8 %)	347 (92 %)	376
Gesamt		38 (9 %)	366 (91 %)	404

Nur 9 der 38 rechtschreibschwachen Kinder wurden entdeckt, was einer Sensitivität von 24 % entspricht. Zudem erwiesen sich 68 % der Risikokinder als „falsche Alarme". Trotz der hohen Spezifität (Anteil richtig vorhergesagter unauffälliger Kinder) von 95 % kann die Vorhersage daher nicht zufrieden stellen. Darauf weist auch der niedrige RATZ-Index (relative Anstieg der Trefferquote gegenüber der Zufallstrefferquote; siehe H. Marx, 1992) von 24 % hin. Da es gerade das Ziel des BISC ist, dass dort auffällige Kinder so gefördert werden, dass sie keine LRS bekommen, spricht dieses Ergebnis nicht gegen das BISC an sich. Allerdings scheint das BISC bei den hier vorliegenden Instruktionsbedingungen, gekennzeichnet durch die Förderung der phonologischen Bewusstheit und einen analytisch-synthetischen Erstleseunterricht, keine gute Vorhersage von Rechtschreibschwierigkeiten zu ermöglichen. Zu beachten ist in diesem Zusammenhang, dass auch in anderen Studien in der Regel nicht mehr als die Hälfte der späteren LRS-Kinder durch das BISC identifiziert werden konnten, und dass (zumindest) die Hälfte der „Risikokinder" in der Schule keine LRS entwickelte, wobei die Vorhersagekraft des BISC möglicherweise von der Art des Erstleseunterrichts abhängt (P. Marx & Weber 2004; Brügelmann 2005; Schabmann & Klicpera 2001).

Uns stellte sich nun die Frage, ob unter den im BISC unauffälligen Kindern mit späterer LRS ein hoher Anteil an Kindern Defizite im Bereich der Grammatik aufweist. Wie aus Tabelle 2 ersichtlich konnten wir zwar anhand der Grammatiktests etwa die Hälfte der späteren LRS-Kinder ausfindig machen. Dies war jedoch zum Teil zurückzuführen auf die höhere Anzahl an Kindern, denen wir ein Risiko zuschrieben, und ging somit auf Kosten der Spezifität.

Tabelle 2: Vorhersage von Rechtschreibschwierigkeiten durch die Grammatik (aus P. Marx, Weber & Schneider, in Vorb.)

Sensitivität: 51 % Spezifität: 8 6% RATZ-Index: 41 %		DRT 1		Gesamt
		< PR 25	> PR 25	
Grammatik	Risiko	19 (28 %)	49 (72 %)	68
	Kein Risiko	18 (5 %)	310 (95 %)	328
Gesamt		37 (9 %)	359 (91 %)	396

Unser besonderes Interesse galt auch der Gruppe der Kinder mit nichtdeutscher Muttersprache. Während die Kinder, die mehrsprachig aufgewachsen waren, sich kaum von den einsprachig-deutschen Kindern unterschieden, war bei den DaZ-Kindern ein leicht erhöhter Anteil an Rechtschreibschwierigkeiten festzustellen. Mit 3 von 58 DaZ-Kindern (5,2 %) unter PR 15 war der Anteil jedoch immer noch sehr gering, mit 15 DaZ-Kindern (25,9 %) unter PR 25 entsprach er genau den Testnormen für Kinder mit deutscher Muttersprache, lag damit jedoch signifikant höher als bei den deutschsprachigen Kindern unserer Stichprobe (siehe auch Weber, P. Marx & Schneider, in Vorb.). Die unmittelbaren Auswirkungen des Trainings bei den DaZ-Kindern sind denen bei Kindern mit deutscher Muttersprache vergleichbar (siehe Abbildungen 1 und 2).

Abbildung 1: Leistungen der Kinder mit Deutsch als Muttersprache (DaM), der DaZ-Kinder und der mehrsprachigen Kinder in der phonologischen Bewusstheit im weiteren Sinne (nach Weber et al., in Vorb.)

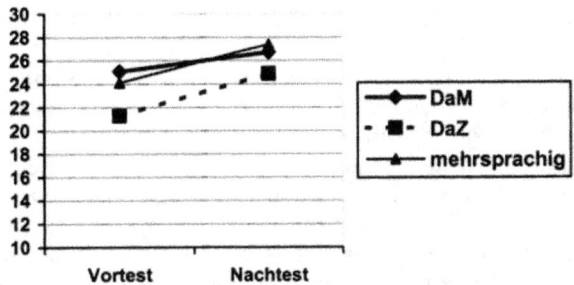

Abbildung 2: Leistungen der Kinder mit Deutsch als Muttersprache (DaM), der DaZ-Kinder und der mehrsprachigen Kinder in der phonologischen Bewusstheit im engeren Sinne (nach Weber et al., in Vorb.)

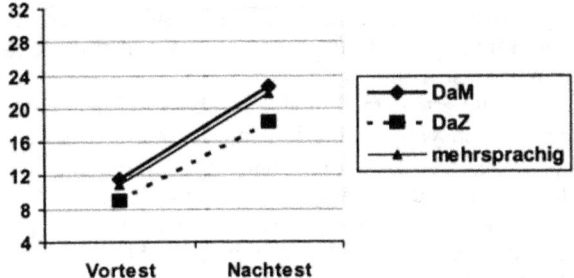

In den leichteren Aufgaben zur phonologischen Bewusstheit im weiteren Sinne können sie ihren Rückstand aus den Vortests dabei teilweise aufholen; in den Aufgaben zur phonologischen Bewusstheit im engeren Sinne, v.a. in den schwierigsten Aufgaben Restwortbestimmung und Phonemanalyse haben sie dagegen nicht im selben Umfang wie die Kinder mit deutscher Muttersprache profitiert (Weber et al., in Vorb.). Gegenüber untrainierten Kindern mit deutscher Muttersprache haben sie aber in diesen Aufgaben nach dem Training einen deutlichen Vorsprung.

Die phonologische Bewusstheit lässt sich somit auch bei DaZ-Kindern durch ein vorschulisches Training erfolgreich fördern. Ist aber die phonologische Bewusstheit bei diesen Kindern für den Schriftspracherwerb überhaupt relevant? Dies lässt sich aufgrund der relativ hohen Korrelation zwischen der nach dem Training erreichten phonologischen Bewusstheit im engeren Sinne und der Leistung im DRT 1 bejahen. Der Zusammenhang lag mit $r = .49$ für die DaZ-Kinder in derselben Höhe wie für die Kinder mit deutscher Muttersprache (r = .48).

Die Ergebnisse aus der SVE-Stichprobe wurden bereits von P. Marx, Weber und Schneider (2005) publiziert. Hintergrund des Einbezugs dieser Gruppe in unsere Studie war die in der Literatur beschriebene große Überlappung zwischen LRS und SES. Die Art der Beziehung zwischen SES und LRS liegt dabei noch weitgehend im Dunkeln. Dasselbe gilt für die Wirksamkeit einer Förderung der phonologischen Bewusstheit bei SES-Kindern. In einer Studie von Hartmann (2002) hatte sich ein unmittelbarer Trainingseffekt auf die phonologische Bewusstheit gezeigt, allerdings war dieser nur kurzfristig vorhanden und es hatte sich kein Transfer auf die nach vier Monaten Unterricht erfassten Leseleistungen gezeigt. Da sich Hartmann zwar am Würzburger Trainingsprogramm orientiert hatte, das Training jedoch in Schweizer Mundart und nur ein- bis zweimal pro Woche stattfand, erscheint die Übertragbarkeit auf Regionen, in denen die gesprochene Sprache mit der Schriftsprache stärker übereinstimmt, durchaus fraglich.

Im Gegensatz zu unserer Regelstichprobe hatten wir in der SVE-Stichprobe eine Kontrollgruppe zur Verfügung, durch die Trainingseffekte abgesichert werden konnten. So zeigte sich, dass sich die trainierten SVE-Kinder gegenüber den untrainierten im Reimen, im Anlauterkennen, in der Phonemanalyse, in der Phonemsynthese und in der Buchstabenkenntnis stärker verbesserten. Die größten Auswirkungen hatte die Trainingsteilnahme dabei auf das Anlauterkennen und die Buchstabenkenntnis. Da die Gruppe der SVE-Kinder keine homogene Gruppe darstellte und insbesondere nicht alle SVE-Kinder SES aufwiesen, unterteilten wir die SVE-Stichprobe nochmals nach dem Vorliegen von Defiziten im Grammatikbereich bzw. nach dem Vorliegen eines Defizits im Wortschatztest.

Abbildung 3: Leistungen in der phonologischen Bewusstheit im engeren Sinne der SVE-Stichprobe, aufgeteilt nach Grammatikleistungen (Gr+ = unauffällige Grammatik; Gr- = Grammatikdefizit) und nach Versuchsgruppe, sowie der Regelstichprobe, aufgeteilt nach Grammatikleistungen (siehe P. Marx et al., 2005)

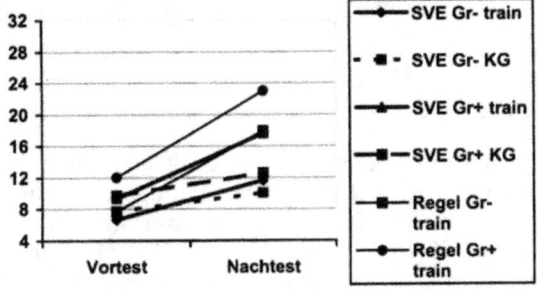

Abbildung 4: Leistungen in der phonologischen Bewusstheit im engeren Sinne der SVE-Stichprobe, aufgeteilt nach Wortschatzleistungen (WS+ = unauffälliger Wortschatz; WS- = Wortschatzdefizit) und nach Versuchsgruppe, sowie der Regelstichprobe, aufgeteilt nach Wortschatzleistungen (siehe P. Marx et al., 2005)

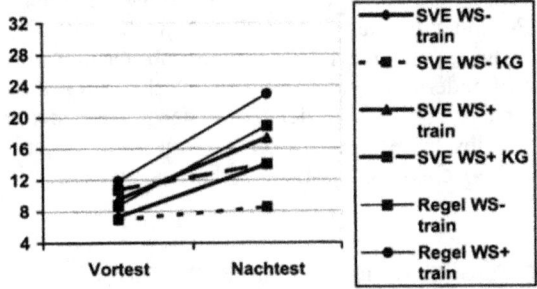

Aus den Abbildungen 3 und 4 ist jeweils ersichtlich, dass sich die Leistungen der trainierten SVE-Kinder unabhängig vom Vorliegen eines Grammatik- bzw. Wortschatz-Defizits vom Vor- zum Nachtest stärker verbesserten als die Leistungen der untrainierten. Der Zuwachs fällt jedoch geringer aus als in der Regelstichprobe, die hier ebenfalls nach dem Vorliegen von Defiziten im Grammatikbereich bzw. im Wortschatztest unterteilt wurde. So liegen die Leistungen der trainierten SVE-Kinder im Nachtest kaum höher als die Leistungen der Regelstichprobe im Vortest. Man muss also einen insgesamt geringeren - wenn auch signifikanten - unmittelbaren Trainingseffekt in der SVE-Stichprobe konstatieren. Bevor darauf eingegangen wird, wie sich dieser geringere kurzfristige Trainingseffekt hinsichtlich der schulischen Leistungen ausgewirkt hat, muss noch erwähnt werden, dass sich die SVE-Stichprobe auf drei verschiedene Schultypen verteilte (siehe Tabelle 3).

Tabelle 3: Verteilung der Trainings- und Kontrollgruppe auf die drei Schultypen

	Trainingsgruppe	KG	Gesamt
Grundschule	10 (21 %)	18 (40 %)	28 (30 %)
Sprachheilschule	26 (55 %)	19 (42 %)	45 (49 %)
Diagnose-Förder-Klasse	11 (23 %)	8 (18 %)	19 (21 %)
Gesamt	47	45	92

Beachtet werden muss der höhere Anteil an Grundschulkindern in der KG. Im nach etwa zwei Monaten Unterricht durchgeführten Gruppentest zur phonologischen Bewusstheit erreichte die Trainingsgruppe zwar mit 19,6 Punkten einen geringfügig höheren Mittelwert als die KG (17,9 Punkte), der Unterschied ist jedoch nicht signifikant. Auch der knappe Vorsprung der trainierten SVE-Kinder im Rechtschreiben am Ende der ersten Klasse (21,6 Punkte gegenüber 20,9 Punkten der KG) verfehlt die Signifikanz deutlich. Im Pseudowörterdiktat und in den Lesetests konnten ebenfalls keine Trainingseffekte nachgewiesen werden. Somit stellt sich die Frage, ob die phonologische Bewusstheit für die SVE-Kinder für den Schriftspracherwerb nicht dieselbe Bedeutung besitzt wie für Regelkindergartenkinder oder ob der unmittelbare Trainingseffekt bei diesen Kindern zu schwach war. Aufschluss darüber sollen Ergebnisse zur Vorhersage von LRS in der SVE-Stichprobe geben. Hier zeigte sich, dass Rechtschreibschwierigkeiten sehr gut durch die Leistungen im Gruppentest zur phonologischen Bewusstheit vorhergesagt werden konnten (siehe Tabelle 4).

Tabelle 4: Vorhersage von Rechtschreibschwierigkeiten in der SVE-Stichprobe durch den zu Schulbeginn durchgeführten Test zur phonologischen Bewusstheit

Sensitivität: 95 % Spezifität: 70 % RATZ-Index: 90 %		DRT 1		Gesamt
		< PR 25	> PR 25	
Phon. Bew. Schule	Risiko	20 (61 %)	13	33
	Kein Risiko	1 (3 %)	31	34
Gesamt		21	44	496

Sicherlich lässt sich eine solch hohe Sensitivität kaum replizieren. Allerdings lag sie auch hinsichtlich unterdurchschnittlicher Leseleistungen und bei Verwendung eines Defizits in der phonologischen Bewusstheit im engeren Sinne im Nachtest als Prädiktor deutlich über 50 %. Aus diesem Ergebnis lässt sich schließen, dass eine gute phonologische Bewusstheit auch bei SES-Kindern Schutz vor Rechtschreibschwierigkeiten bieten kann. Vergleicht man die Entwicklung der SVE-Kinder mit und ohne Rechtschreibschwierigkeiten in der phonologischen Bewusstheit im engeren Sinne vom Vor- zum Nachtest, so zeigt sich, dass die Kinder ohne Rechtschreibschwierigkeiten einen deutlichen Zuwachs durch das Training zu verzeichnen hatten (9,9 auf 17,1 Punkte), während die inzwischen rechtschreibschwachen Kinder kaum dazu gewonnen hatten (8,1 auf 10,3 Punkte). Fraglich bleiben muss natürlich, ob bei letzteren durch ein intensiveres Training ein größerer Zuwachs erreicht werden könnte, und ob dieser dann zu besseren Rechtschreibleistungen führen würde. Bemerkenswert ist, dass in der SVE-Stichprobe weder die Grammatik noch die nonverbale Intelligenz der Kinder eine Vorhersage von Rechtschreibschwierigkeiten ermöglichte.

Zusammenfassung und Ausblick

In unserer Regelstichprobe hatten am Ende des ersten Schuljahres nur sehr wenige Kinder Schwierigkeiten im Lesen und Rechtschreiben. Dies ist sicherlich nicht alleine auf das Training zurückzuführen, da auch in einer älteren, untrainierten Kohorte die Leistungen deutlich über den Testnormen lagen. Welche Regelkindergartenkinder hatten nun trotz des Trainings Rechtschreibschwierigkeiten? Das BISC erwies sich unter den vorliegenden Bedingungen nicht als guter Prädiktor. Aber auch Grammatikprobleme erlaubten keine zuverlässige Prognose, obwohl immerhin die Hälfte der rechtschreibschwachen Kinder Defizite im Grammatikbereich aufwies.

Hinsichtlich der Relevanz des Trainings der phonologischen Bewusstheit für DaZ-Kinder erscheinen vor allem zwei Befunde wesentlich: Auch bei DaZ-Kindern zeigten sich deutliche Zuwächse in der phonologischen Bewusstheit, die nur in den schwierigsten Aufgaben etwas geringer ausfielen als bei den Kindern mit deutscher Muttersprache. Die nach dem Training erreichte phonologische Bewusstheit im engeren Sinne hing bei den DaZ-Kindern genauso eng mit den späteren Rechtschreibleistungen zusammen wie bei den Kindern mit deutscher Muttersprache.

Auch in der SVE-Stichprobe konnte ein unmittelbarer Trainingseffekt nachgewiesen werden, der allerdings nicht so stark ausfiel, wie üblicherweise in den Regelkindergärten. Vermutlich deshalb konnte in dieser Stichprobe weder ein längerfristiger Effekt nach zwei Monaten Unterricht noch ein Transfer auf den Schriftspracherwerb abgesichert werden. Da jedoch fast alle rechtschreibschwachen SVE-Kinder zu Beginn der ersten Klasse ein Defizit in der phonologischen Bewusstheit hatten, scheint auch für diese Kinder die phonologische Bewusstheit eine entscheidende Voraussetzungen für den Erfolg im Schriftspracherwerb. Möglicherweise müsste die zweite Trainingshälfte mit den Übungen zur phonologischen Bewusstheit im engeren Sinne und zur Buchstaben-Laut-Zuordnung für einen großen Teil der SVE-Kinder und auch der DaZ-Kinder noch intensiver sein, worauf bereits von HeilpädagogInnen aus einigen SVE-Gruppen hingewiesen wurde. Gerade für erfahrene TrainingsleiterInnen sollte ein flexibler Umgang mit dem Trainingsprogramm und der Einbezug zusätzlicher Übungsmaterialien durchaus möglich sein.

Abschließend soll nochmals darauf hingewiesen werden, dass die phonologische Bewusstheit zwar eine wesentliche, keinesfalls jedoch die einzige Vorläuferfertigkeit des Lesens und Schreibens darstellt, und dass auch das hier in den Mittelpunkt gestellte Würzburger Trainingsprogramm nicht die einzige Fördermöglichkeit dieser Fertigkeit ist.

Literatur

Barth, K.; Gomm, B. (2004): Gruppentest zur Früherkennung von Lese- und Rechtschreibschwierigkeiten: Phonologische Bewusstheit bei Kindergartenkindern und Schulanfängern (PB-LRS). München: Ernst Reinhardt.
Brügelmann, H. (2005): Entwicklung der Lesekompetenz - ihre Prognose und Förderung. Vortrag am 14.01.2005 an der Universität Frankfurt.
Bus, A. G.; van IJzendoorn, M. H. (1999): Phonological awareness and early reading: A meta-analysis of experimental training studies. Journal of Educational Psychology, 91, S. 403-414.
Cohen, J. (1988): Statistical power analysis for the behavioral sciences. Hillsdale, NJ: Lawrence Erlbaum.
Ehri, L. C.; Nunes, S. R.; Willows, D. M.; Schuster, B. V.; Yaghoub-Zadeh, Z. & Shanahan, T. (2001): Phonemic awareness instruction helps children learn to read: Evidence from the National Reading Panel's meta-analysis. Reading Research Quarterly, 36, S. 250-287.
Forster, M.; Martschinke, S. (2001). Leichter lesen und schreiben lernen mit der Hexe Susi. Donauwörth: Auer Verlag.
Frith, U. (1985): Beneath the surface of developmental dyslexia. Are comparisons between developmental and acquired disorders meaningful? In Patterson, K. E.; Marshall, J. C.& Coltheart, M. (Hrsg.), Surface Dyslexia (S. 301-330). London: Erlbaum.
Grimm, H.; Schöler, H. (1991): Heidelberger Sprachentwicklungstest (2., verbesserte Auflage). Göttingen: Hogrefe.
Hartmann, E. (2002): Möglichkeiten und Grenzen einer präventiven Intervention zur phonologischen Bewusstheit von lautsprachgestörten Kindergartenkindern. Fribourg: Sprachimpuls.
Jansen, H.; Mannhaupt, G.; Marx, H. & Skowronek, H. (1999): Bielefelder Screening zur Früherkennung von Lese-Rechtschreibschwierigkeiten (BISC). Göttingen: Hogrefe.
Kalb, G.; Rabenstein, D. & Rost, D. H. (1979): Lesen und Verstehen. Braunschweig: Westermann.
Kalmar, M. (2000). Praxis der (meta)phonologischen Analyse. In Kongressbericht der XXV. Arbeits- und Fortbildungstagung der Deutschen Gesellschaft für Sprachheilpädagogik (dgs), Kongress 2002 „Phänomen Sprache - Laut- und Schriftsprachstörungen unter veränderten Kommunikationsbedingungen", Halle/Saale 3.-5. Oktober 2002, Würzburg 2002, S. 308-321.

Küspert, P.; Schneider, W. (1998): Würzburger Leise Leseprobe (WLLP). Göttingen: Hogrefe.

Küspert, P.; Schneider, W. (1999): Hören, Lauschen, Lernen: Sprachspiele für Kinder im Vorschulalter; Würzburger Trainingsprogramm zur Vorbereitung auf den Erwerb der Schriftsprache. Göttingen: Vandenhoeck & Ruprecht.

Küspert, P.; Schneider, W. (2003): Hören, Lauschen, Lernen: Sprachspiele für Kinder im Vorschulalter; Würzburger Trainingsprogramm zur Vorbereitung auf den Erwerb der Schriftsprache (4. Auflage). Göttingen: Vandenhoeck & Ruprecht.

Lundberg, I.; Frost, J. & Petersen, O. P. (1988): Effects of an extensive program for stimulating phonological awareness in preschool children. Reading Research Quarterly, 23, S. 263-284.

Marx, H. (1992): Methodische und inhaltliche Argumente für und wider eine frühe Identifikation und Prävention von Lese-Rechtschreibschwierigkeiten. Diagnostica, 38, S. 249-268.

Marx, P.; Weber, J. (2004): Wie gut lassen sich Lese-Rechtschreibschwierigkeiten bereits im Kindergarten vorhersagen? Neue Ergebnisse zum Bielefelder Screening. In A. Möckel, E. Breitenbach, W. Drave & H. Ebert (Hrsg.), Lese-Schreibschwäche - Vorbeugen, Erkennen, Helfen (S. 194-208). Würzburg: bentheim bildung.

Marx, P.; Weber, J. & Schneider, W. (2005): Phonologische Bewusstheit und ihre Förderung bei Kindern mit Störungen der Sprachentwicklung. Zeitschrift für Entwicklungspsychologie und Pädagogische Psychologie, 37, S. 80-90.

Marx, P.; Weber, J. & Schneider, W. (in Vorb.). Vorschulische Vorhersage von Lese- und Rechtschreibleistungen bei analytisch-synthetischem Erstleseunterricht.

Müller, R. (1990): Diagnostischer Rechtschreibtest für 1. Klassen (DRT 1). Weinheim: Beltz.

Plume, E.; Schneider, W. (2004): Hören, Lauschen, Lernen 2 - Sprachspiele mit Buchstaben und Lauten für Kinder im Vorschulalter. Göttingen: Vandenhoeck & Ruprecht.

Roth, E. (1999): Prävention von Lese- und Rechtschreibschwierigkeiten: Evaluation einer vorschulischen Förderung der phonologischen Bewußtheit und der Buchstabenkenntnis. Frankfurt: Lang.

Roth, E.; Schneider, W. (2002): Langzeiteffekte einer Förderung der phonologischen Bewusstheit und der Buchstabenkenntnis auf den Schriftspracherwerb. Zeitschrift für Pädagogische Psychologie, 16, S. 99-107.

Schabmann, A.; Klicpera, C. (2001): Vorhersagbarkeit von Lese- und Rechtschreibleistungen durch die phonologische Bewußtheit im Kindergarten als eine Funktion der Unterrichtsmethode im Erstleselehrgang. Poster präsentiert auf der 8. Fachtagung für Pädagogische Psychologie in Landau 2001.

Schmid-Barkow, I. (1999): „Phonologische Bewusstheit" als Teil der metasprachlichen Entwicklung im Kontext von Spracherwerbsprozessen und Spracherwerbsstörungen. Die Sprachheilarbeit, 44, S. 307-317.

Schneider, W. (1989): Möglichkeiten der frühen Vorhersage von Leseleistungen im Grundschulalter. *Zeitschrift für Pädagogische Psychologie, 3*, S. 157-168.

Schneider, W.; Küspert, P.; Roth, E., Visé; M. & Marx, H. (1997): Short- and longterm effects of training phonological awareness in kindergarten: Evidence from two German studies. *Journal of Experimental Child Psychology, 66*, S. 311-340.

Schneider, W.; Visé, M.; Reimers, P. & Blässer, B. (1994): Auswirkungen eines Trainings der sprachlichen Bewußtheit auf den Schriftspracherwerb in der Schule. *Zeitschrift für Pädagogische Psychologie, 8*, S. 177-188.

Schuck, K.-D.; Eggert, D. (1975): *Hannover-Wechsler-Intelligenztest für das Vorschulalter.* Bern: Huber.

Skowronek, H.; Marx, H. (1989): The Bielefeld longitudinal study on early identification of risks in learning to write and read: Theoretical background and first results. In Brambring, M.; Lösel, F. & Skowronek, H. (Hrsg.), *Children at Risk: Assessment, Longitudinal Research, and Intervention* (S. 268-294). New York: De Gruyter.

Wagner, R. K.; Torgesen, J. K. (1987). The nature of phonological processing and its causal role in the acquisition of reading skills. *Psychological Bulletin, 101*, S. 192-212.

Weber, J.; Marx, P. & Schneider, W. (in Vorb.). *Die Prävention von Lese-Rechtschreibschwierigkeiten bei Kindern mit Migrationshintergrund durch ein Training der phonologischen Bewusstheit.*

Monika Wintermeyer & Annerose Keilmann

Schriftsprachliche Förderung im Vorschulalter

Die Einschulung ist nicht der Beginn der kindlichen Auseinandersetzung mit Schriftsprache. Von Geburt an sind Kinder umgeben von Schrift und unterschiedlichen Formen der Beschäftigung mit ihr. Sie wachsen innerhalb ihrer Familien und der Gesellschaft in eine kulturelle Praxis des Umgangs mit Schriftsprache hinein und bringen ganz spezifische Vorerfahrungen mit, wenn sie eingeschult werden. Manchen Kindern helfen diese Vorerfahrungen, den Schriftspracherwerb spielend zu meistern, sie kommen z.b. aus Elternhäusern in denen gelesen und vorgelesen wird, Sprache und Schrift eine große Bedeutung zugemessen wird. Andere Kinder werden mit Erwartungen konfrontiert, die ihnen fremd sind, sie kommen z.b. aus so genannten bildungsfernen Elternhäusern, besitzen vielleicht kein eigenes Buch oder haben ihre Eltern nie vertieft in Lektüre wahrgenommen. Kinder können unterschiedlich gut sprechen und haben unterschiedliche Hörerfahrungen, auch das sind wichtige Voraussetzungen für den Schriftspracherwerb. Kurz gesagt, jedes Kind bringt seine eigene „schriftsprachliche Biographie" mit in die Schule - und nach kurzer Zeit soll aus dieser heterogenen Gruppe eine Klasse werden, in der sich durch Unterricht alle Kinder die Schriftsprache aneignen und sie spätestens am Ende der Grundschulzeit beherrschen. Dass dies nicht wie erwünscht funktioniert, wissen viele von uns schon lange und PISA (Baumert u.a. 2001) hat es noch einmal eindrücklich vor Augen geführt. Von den vielen Diskussionssträngen, die PISA auch in Bezug auf den Schriftspracherwerb angestoßen hat, möchten wir hier auf den Aspekt der schriftsprachlichen Förderung vor der Schule eingehen. Der Fokus richtet sich auf Fördermöglichkeiten im Kindergarten am Beispiel des Trainings der phonologischen Bewusstheit und seiner Auswirkungen auf das Lesen- und Schreibenlernen.

Im Rahmen unserer Zusammenarbeit haben wir ein Projekt[3] ausgewertet, das den Einsatz von Trainingsprogrammen zur Prävention von Lese- Rechtschreibschwächen untersuchte. Diese Auswertung wurde ergänzt um Expertinneninterviews mit den beteiligten Erzieherinnen.[4] Einige ausgewählte Er-

---

3   Projektleitung: Klinik und Poliklinik für Kommunikationsstörungen, Mainz, Prof. Heinemann, Prof. Keilmann, C. Gundlach, C. Freude, B. Friese; Drittmittelgeber: Leopold Klinge Stiftung, Externe Partner: Frau Dr. med. Sigrist Hohorst, Gesundheitsamt Wiesbaden, Projektbeschreibung unter: http://www-klinik.uni-mainz.de/Kommunikation/
4   Die Interviews sind Teil des Dissertationsvorhabens einer der Autorinnen (MW).

gebnisse dieser Untersuchung werden wir präsentieren, diskutieren und mit einem Ausblick abschließen. Voranstellen möchten wir einen Blick auf den Stand der schriftsprachlichen Förderung in der institutionellen Erziehung vor der Schule, den Kindergärten.

1. Stand der schriftsprachlichen Förderung im Kindergarten

Einen eigenständigen Bildungsauftrag, der mit dem Bildungsauftrag der Schule vergleichbar wäre, hat der Kindergarten in der (west)deutschen Tradition[5] nicht. Sein Auftrag umfasst „die Betreuung, Bildung und Erziehung des Kindes. Das Leistungsangebot soll sich pädagogisch und organisatorisch an den Bedürfnissen der Kinder und ihrer Familien orientieren." (Sozialgesetzbuch, Achtes Buch, Kinder und Jugendhilfe, in der Fassung der Bekanntmachung vom 7.Mai 1993, § 22 (2)). Eine solche Formulierung wäre für den Bildungsauftrag der Grundschule undenkbar. Hier wird deutlich, dass der Kindergarten zwar auch mit einem Bildungsauftrag ausgestattet wurde, jedoch nach wie vor eine Institution der Jugendhilfe mit entsprechender Orientierung auf soziale Unterstützungsmaßnahmen ist.[6] In der öffentlichen und politisch-administrativen Wahrnehmung dominierte bisher der Betreuungsauftrag, was sich dann auch in den Anforderungen an die Ausbildung des pädagogischen Personals niederschlägt.[7] Inzwischen wird an einer Neubewertung des Bildungsauftrags gearbeitet, dazu gehört u. E. auch die ernsthafte Auseinandersetzung mit der Frage der Verortung des Kindergartens[8] und eine Veränderung der Prioritäten[9] im deutschen Bildungswesen.

Die institutionelle Trennung von Kindergarten und Grundschule hat Konsequenzen. Die seit langer Zeit geforderte und wünschenswerte Zusammenarbeit von Kindergarten und Grundschule funktioniert nur in Einzelfällen. Häufig stehen Berührungsängste, institutionelle Barrieren oder schlicht Unkenntnis der jeweils anderen Arbeitsbedingungen einer konstruktiven Zu-

---

5 Dies gilt vor allem für die alte Bundesrepublik, in den neuen Bundesländern gab es andere Konzepte, die inzwischen aber weitestgehend angeglichen wurden.
6 Das Recht auf einen Kindergartenplatz wurde erst in der Folge der Diskussionen um eine Veränderung des § 218 eingeführt und die Erweiterung von Öffnungszeiten wird seit langem unter dem Aspekt der besseren Vereinbarkeit von Familie und Beruf diskutiert. Hier zeigt sich die Wahrnehmung des Kindergartens in Politik und Öffentlichkeit als Jugendhilfeinstitution, als Antwort auf soziale Probleme.
7 „Die Ausbildung von Erziehern, bei allem Lob für ihre praktische Arbeit, ist weit unterhalb des heutigen Wissensstandes über frühkindliche Entwicklungspotenziale." schreibt z.B. Priddat und erklärt: „Weil wir es für kalt halten, Kinder früh wegzugeben, lassen wir nur Herzersatzdienstleister an die Kinder, keine Kognitionsexperten." (Priddat, Birger (2002): Mama macht Überstunden. In: Die Zeit 35/2002).
8 Dabei lohnt ein Blick in andere europäische Länder, vgl. z.B. Oberhuemer 2003.
9 Damit ist sowohl die Verteilung der Mittel für die einzelnen Teilbereiche als auch die Forschungsförderung gemeint.

sammenarbeit im Weg. Bei der Vorbereitung auf den Schriftspracherwerb haben Grundschullehrerinnen lange Zeit die Position vertreten, dass der Kindergarten nur Voraussetzungen für den Anfangsunterricht vermitteln solle, „z.B. still sitzen, Arbeiten zu Ende machen, einen Bleistift halten, mit der Schere umgehen, aber nicht lesen, schreiben, rechnen können. Lehrerinnen möchten nicht, dass der Kindergarten ‚ihnen schon alles vorwegnimmt' und sie den Kindern gar nichts Neues mehr bieten können." (Portmann 1995, 151/152).

In den letzten Jahren ist diese Diskussion von mehreren Seiten neu angestoßen worden. Die Empfehlungen des Forum Bildung[10] (Ergebnisse des Forum Bildung II, 2002) und neue Erkenntnisse der Hirnforschung haben u.a. den Blick auf frühe Förderung gelenkt und dem Kindergarten eine wichtige Stellung dabei zugedacht.

„Wenn die Erfahrung, dass Lesen zum selbstverständlichen Bestandteil der sozialen Wirklichkeit gehört, nicht in der Familie gemacht wird, sind soziale Netzwerke und Institutionen gefragt, um diese Erfahrungen zu ermöglichen und die Lesekompetenz zu fördern." (Baumert u.a. 2001, 134), so wird in PISA die familienergänzende, schriftsprachliche Förderung im Kindergarten gefordert. Aufgeschreckt durch die öffentlichen Diskussionen, verunsichert durch neue Qualitätsansprüche und angeregt durch das vermehrte Angebot moderner, erprobter Trainingsprogramme hat in den Kindergärten eine Phase des Ausprobierens neuer Konzepte begonnen. In Bezug auf die schriftsprachliche Förderung hat vor allem das Würzburger Trainingsprogramm „Hören, lauschen, lernen" (Küspert/Schneider 1999) zur Förderung der phonologischen Bewusstheit eine starke Verbreitung gefunden (vgl. den Beitrag von Marx in diesem Band).

Welche Auswirkungen diese Umorientierung auf die Kindergartenarbeit haben wird, ist noch offen. In den vielen, weltweit durchgeführten Trainingsstudien aus psychologischer Perspektive sind die Auswirkungen auf die Leistungen und Lernerfolge der Kinder dokumentiert. Eine Einbettung in den institutionellen und sozialen Kontext des Kindergartens erfolgt hier jedoch nicht. Dies ist eine der Fragen, denen im genannten Dissertationsvorhaben nachgegangen werden soll. Dazu sollen die statistischen Ergebnisse der Projektauswertung mit den Erkenntnissen aus den Expertinneninterviews verknüpft und in Bezug auf die aktuellen Forschungsdiskussion reflektiert werden.

---

10 Eingerichtet als Konsequenz aus der Delphi-Befragung 1998 zur Zukunft der Bildung

2. Das Projekt „Förderung der phonologischen Bewusstheit bei Kindern im Vorschulalter mit Sprachentwicklungsstörungen und Teilleistungs-störungen zur Prävention von Lese-Rechtschreibschwächen"

In 19 Wiesbadener Kindertagesstätten wurde vom 01.04.2001 bis zum 31.12.2003 mit 216 Kindern das Projekt „Förderung der phonologischen Bewusstheit bei Kindern im Vorschulalter mit Sprachentwicklungsstörungen und Teilleistungsstörungen zur Prävention von Lese-Rechtschreibschwächen" durchgeführt und von der Klinik und Poliklinik für Kommunikationsstörungen der Johannes Gutenberg-Universität Mainz wissenschaftlich begleitet (siehe Fußnote 1). In der Zeit von Oktober 2001 bis Mai 2002 erhielten 165 Kinder ein phonologisches Training (Küspert & Schneider 1999) und 51 Kinder ein Wahrnehmungstraining (Mertens 1988) durch die Erzieherinnen der beteiligten Kindertagesstätten. Zuvor wurden alle Kinder durch die Ärzte, Logopädinnen, audiologischen Assistentinnen und einen Psychologen der Klinik untersucht. Sie erhielten eine Hörprüfung, eine Überprüfung ihres Sprachvermögens sowie eine Überprüfung der visuellen Wahrnehmung (Lockowandt 1996). Zudem wurden der CPM (Schmidke / Schaller / Becker 1980), das Bielefelder Screening (Jansen / Mannhaupt / Marx / Skowronek 1999) und Teile von IDIS (Schöler 1999) eingesetzt.

Im Sommer 2003 wurden alle noch erreichbaren Kinder (131) mit der Würzburger Leise Leseprobe (Küspert & Schneider 1998) und der Hamburger Schreib-Probe (May 1998) überprüft. Um den Erfolg des Programms bewerten zu können, erfolgte jeweils der Vergleich der Kinder, die am Würzburger Programm teilgenommen hatten, mit denen, die die allgemeine Wahrnehmungsförderung erhalten hatten. Dieser Vergleich wurde für die ganze Gruppe und dann auch für die Kinder, bei denen in den Voruntersuchungen eine Sprachentwicklungsstörung, eingeschränkte Deutschkenntnisse bei mehrsprachiger Erziehung oder eine visuelle Wahrnehmungsstörung vorlagen, vorgenommen. Kinder, bei denen rezidivierende Mittelohrprobleme berichtet worden waren oder die auffällige Befunde in den Hörprüfungen aufwiesen wurden ebenfalls mit den übrigen verglichen.

Die Leseleistung wurde mit der Würzburger Leise Leseprobe (WLLP) überprüft, das Ergebnis in Rohwertpunkten angegeben. Aus der Normentabelle für die WLLP würde 40 bei Jungen und 44 bei Mädchen einem Prozentrang von 50, also einer durchschnittlichen Leistung entsprechen.

Zur Beurteilung der Rechtschreibleistung wurde die Hamburger Schreibprobe 1+ (HSP) eingesetzt. Im ersten Untertest wurde die Anzahl richtiger Grapheme (Graphemtreffer, HSPG) bestimmt. Der Wert „Alphabetische Strategie" (HSPA) gibt Auskunft über die Fähigkeit der lauttreuen Verschriftung, der Wert „Orthographische Strategie" (HSPO) ob auch schon davon abweichende orthographische und morphematische Prinzipien und Regeln (z.B.

Spiegel oder Mäuse) beherrscht werden. Zusätzlich wurde jeweils die Anzahl richtig geschriebener Wörter (HSPR) festgehalten. Kinder am Ende der ersten Klasse erreichen im Durchschnitt bei den Graphemtreffern 48 Punkte, bei der „Alphabetischen Strategie" 13 Punkte, bei der „Orthographischen Strategie" 3 Punkte und schreiben im Mittel 7 Wörter richtig.

Für die jeweils betrachteten Gruppen wurden Mittelwerte der Rohwerte berechnet. Mit einer einfaktoriellen Varianzanalyse wurden dann die Ergebnisse der Risikogruppe mit den Ergebnissen der restlichen Kinder verglichen. Wenn die Gruppe groß genug war, wurden auch die verschiedenen Trainingsgruppen der auffälligen Kinder verglichen. Genauer betrachtet wurde die auffällig weite Spanne der Leistungen in der WLLP.

2.1. Zu den Ergebnissen im Lese- und Rechtschreibtest:

Zunächst ist festzuhalten, dass die Kinder als Gesamtgruppe von dem phonologischen Training profitiert haben. Sowohl in der WLLP wie auch in der HSP schnitten die phonologisch trainierten Kinder besser ab, wie ein vergleichender Blick auf die erzielten Mittelwerte der einzelnen Teilgruppen zeigt.

		Phon. Training	Wahrnehmungstraining	Alle
WLLP		40,02	38,41	39,75
HSPG	Graphemtreffer	47,49	46,55	47,33
HSPA	Alphabetische Strategie	13,09	13,09	13,09
HSPR	Richtig geschriebene Wörter	6,84	6,18	6,73
HSPO	Orthographische Strategie	3,8	2,45	3,57

(N=131)
Erklärung der verwendeten Abkürzungen:
WLLP: Würzburger Leise Leseprobe
HSPG: Hamburger Schreibprobe / Graphemtreffer
HSPA: Hamburger Schreibprobe / alphabetische Strategie
HSPR: Hamburger Schreibprobe / richtig geschriebene Wörter
HSPO: Hamburger Schreibprobe / orthographische Strategie

Vergleicht man die Ergebnisse unserer Projektgruppe mit den Normentabellen der WLLP und der HSP1+, so wird allerdings deutlich, dass die Projektkinder insgesamt im Mittel keine überdurchschnittliche Leistung erzielt haben. Lediglich der Mittelwert der phonologisch trainierten Mädchen (N=48) entspräche einem Prozentrang über 50.

2.2. Vergleich der Risikogruppen

2.2.1. Sprachauffällige Kinder

Als sprachauffällige Kinder wurden folgende, sich überschneidende Gruppen zusammengefasst:
- Kinder, die den Dativ nicht beherrschten (N=21)

15 dieser Kinder erhielten das phonologische (13-78 Punkte in der WLLP, 37,4 im Mittel), 6 das Wahrnehmungstraining (25-38 Punkte, 32,5 im Mittel). Auch in der HSP erzielten diese Kinder unterdurchschnittliche Ergebnisse, außer in einem Subtest erzielten die phonologisch trainierten Kinder bessere Ergebnisse als die Kinder mit dem Wahrnehmungstraining.
- Kinder, die die Präpositionalphrase nicht beherrschten (N=8)

Die 8 phonologisch trainierten Kinder erreichten im Mittel 34,17 Punkte (14-49), die beiden Kinder mit dem Wahrnehmungstraining 25 und 28 Punkte in der WLLP. Auch in der HSP erzielten diese Kinder unterdurchschnittliche Ergebnisse, außer in einem Subtest erzielten die phonologisch trainierten Kinder bessere Ergebnisse als die Kinder mit dem Wahrnehmungstraining. Im Vergleich mit den Kindern, die den Dativ nicht beherrschen sind die Ergebnisse dieser Teilgruppe noch schlechter.
- Kinder, die Nebensätze nicht beherrschten (N=9)

Die 8 phonologisch trainierten Kinder dieser Gruppe erreichten im Mittel 31,75 Punkte (14-49) in der WLLP, das Kind mit dem Wahrnehmungstraining 28 Punkte. In der HSP schnitten die phonologisch trainierten Kinder besser ab als das Kind mit dem Wahrnehmungstraining. Insgesamt sind jedoch alle Ergebnisse deutlich unterdurchschnittlich.

Der Vergleich der Ergebnisse der sprachauffälligen Kinder insgesamt (N=25) (WLLP 34,8, HSPG 43,6) im Lese- und Rechtschreibtest mit den Ergebnissen der restlichen Kinder (N=106) (WLLP 40,9, HSPG 48,2) (WLLP p= 0,106, HSPG p= 0,012) durch eine einfaktorielle Varianzanalyse zeigt, dass die Schwierigkeiten der Kinder auch nach dem Training fortbestehen und zwar weitestgehend unabhängig von der Art des erhaltenen Trainings. Wenn auch nur einzelne Unterschiede statistische Signifikanz erreichen, liegen doch alle Teilergebnisse der sprachauffälligen Kinder im Mittel unter denen der Restgruppe. Die breite Streuung der Leseleistung bei den phonologisch trainierten Risikokindern weist schließlich darauf hin, dass die Kinder in sehr unterschiedlicher Weise von dem Training profitiert haben.

	Training	N_{S1}	Mittelwert	N_R	Mittelwert	p*	P2*
WLLP	1	19	35,52	90	40,97	0,231	
	2	6	32,50	16	40,62	0,155	0,656
HSPG	1	19	43,21	90	48,39	**0,019**	
	2	6	45,00	16	47,13	0,377	0,742
HSPA	1	19	12,00	90	13,32	0,054	
	2	6	11,83	16	13,56	**0,044**	0,924
HSPR	1	19	5,89	90	7,04	0,067	
	2	6	5,83	16	6,31	0,599	0,959
HSPO	1	19	3,58	90	3,84	0,592	
	2	6	2,50	16	2,44	0,934	0,206

Erklärung der verwendeten Abkürzungen:
Training: 1= phonologisches Training, 2= Wahrnehmungstraining
NS1: Anzahl der sprachauffälligen Kinder
NR: Anzahl der restlichen Kinder
* p bezieht sich auf den Vergleich sprachauffälliger und diesbezüglich unauffälliger Kinder, die das gleiche Training erhalten haben
* p2 bezieht sich auf den Vergleich der verschiedenen Trainingsgruppen der sprachauffälligen Kinder

Bei 8 Kindern wurde eine gravierende Sprachentwicklungsstörung festgestellt, die 6 phonologisch trainierten Kinder erreichten im Mittel 33,5 Punkte (14-49), die beiden Jungen mit dem Wahrnehmungstraining 33 Punkte (28 und 38) in der WLLP. In der HSP erzielten die beiden Kinder mit dem Wahrnehmungstraining in zwei Subtests bessere Ergebnisse als die phonologisch trainierten Kinder. Insgesamt schnitten aber alle Kinder unterdurchschnittlich ab. Aufgrund der kleinen Gruppe sind die Ergebnisse hier nicht verallgemeinerbar, sie sind zur Verdeutlichung der oben genannten Tendenz angeführt.

Von den 43 Kindern bei denen ein isolierter Sigmatismus festgestellt wurde, wurden 36 phonologisch trainiert (40,67 Punkte im Mittel bei der WLLP), 7 erhielten das Wahrnehmungstraining (37,57 im Mittel). Die Kinder liegen damit etwa gleich mit den Ergebnissen für alle Kinder, womit sich bestätigt, dass es sich um eine altersentsprechende Auffälligkeit handelt. Die Ergebnisse in der HSP bestätigen diese Einschätzung. Sie sind für alle Kinder nur knapp unter dem Durchschnitt der Gesamtgruppe, die phonologisch trainierten Kinder haben etwas besser abgeschnitten.

2.2.2. Mehrsprachige Kinder

24 Kinder, die mehrsprachig aufwuchsen, wiesen sprachliche Defizite auf. 17 Kinder wurden phonologisch trainiert und erreichten 34,71 Punkte im Mittel (13-59), 7 erhielten das Wahrnehmungstraining und erreichten 30,71 Punkte (24-39) in der WLLP. In der HSP erreichen beide Gruppen ebenfalls nicht

den Durchschnitt, sind aber im Vergleich zum Lesen nur geringfügig schlechter als die Gesamtgruppe.

Hier wird deutlich, dass die Kinder zwar vom phonologischen Training profitiert haben, aber zumindest im Lesen nicht an das Gesamtmittel heranreichen konnten. In den Interviews mit den durchführenden Erzieherinnen wurde mehrfach geäußert, dass viele Kinder eine Art Einführung zum Verständnis des phonologischen Trainings benötigt hätten.

Mit einer einfaktoriellen Varianzanalyse wurden die Ergebnisse der mehrsprachigen Kinder (N=24) im Lese- und Rechtschreibtest mit den Ergebnissen der restlichen Kinder (N=107) verglichen. Der Vergleich bezieht sich immer auf die Gruppen, die das gleiche Training erhalten haben.

	Training	N_M	Mittelwert	N_R	Mittelwert	p
WLLP	1	17	34,71	92	41,00	0,185
	2	7	30,71	15	42,00	**0,033**
HSPG	1	17	46,35	92	47,69	0,566
	2	7	45,00	15	47,26	0,323
HSPA	1	17	12,71	92	13,16	0,528
	2	7	12,29	15	13,47	0,162
HSPR	1	17	6,18	92	6,97	0,231
	2	7	5,71	15	6,4	0,429
HSPO	1	17	3,59	92	3,84	0,631
	2	7	2,14	15	2,6	0,528

Erklärung der verwendeten Abkürzungen:
Training: 1= phonologisches Training, 2= Wahrnehmungstraining
N_M: Anzahl der mehrsprachigen Kinder
N_R: Anzahl der restlichen Kinder

Vergleicht man die Ergebnisse der mehrsprachigen Kinder zwischen den verschiedenen Trainingsgruppen, dann wird deutlich, dass die phonologisch trainierten Kinder dem Gesamtmittel zwar näher kommen als die Kinder mit dem Wahrnehmungstraining, ein signifikanter Unterschied aber nur bei dem Untertest „orthographische Strategie" besteht. Auffällig ist auch hier wieder die breite Streuung der Testergebnisse in der WLLP bei den phonologisch trainierten Kindern.

Vergleicht man alle mehrsprachigen Kinder unabhängig vom erhaltenen Training mit der Restgruppe zeigen sich eine signifikant schlechtere Leseleistung und durchgängig schlechtere Ergebnisse im HSP. Dies weist darauf hin, dass für mehrsprachige Kinder keines der eingesetzten Trainingsprogramme das Risiko beim Schriftspracherwerb zu scheitern entschärfen konnte.

Mehrsprachige Kinder gesamt im Vergleich zur Restgruppe

	N_M	Mittelwert	N_R	Mittelwert	P
WLLP	24	33,54	107	41,14	**0,047**
HSPG	24	45,95	107	47,63	0,371
HSPA	24	12,58	107	13,20	0,290
HSPR	24	6,04	107	6,88	0,119
HSPO	24	3,16	107	3,66	0,260

Erklärung der verwendeten Abkürzungen:
N_M: Anzahl der mehrsprachigen Kinder
N_R: Anzahl der restlichen Kinder

2.2.3. Bei IDIS auffällige Kinder

40 Kinder fielen bei IDIS (Inventar diagnostischer Informationen bei Sprachentwicklungsauffälligkeiten) in einem oder mehr Subtests auf. Getestet wurden:

1. das Nachsprechen von Zahlenfolgen zur Überprüfung der auditiven Verarbeitungskapazität für sinnvolle Wörter
2. das Nachsprechen von Kunstwörtern zur Überprüfung der auditiven sprachgebundenen Verarbeitungskapazität durch das unmittelbare Behalten von Kunstwörtern und
3. das Nachsprechen von Sätzen

Auch hier wurden mit einer einfaktoriellen Varianzanalyse die Ergebnisse der Risikokinder (N=40) im Lese- und Rechtschreibtest mit den Ergebnissen der restlichen Kinder (N=91) verglichen. Der Vergleich bezieht sich immer auf die Gruppen, die das gleiche Training erhalten haben, p2 bezieht sich auf den Vergleich der verschiedenen Trainingsgruppen aus Risikokindern.

Mit den 3 Untertests von IDIS ließen sich recht zuverlässig Risikokinder für den Schriftspracherwerb diagnostizieren. Die Schwierigkeiten der Kinder lassen sich aber offensichtlich weder mit dem phonologischen noch mit dem Wahrnehmungstraining beheben, sondern bestehen auch nach dem Training fort. Die Leistungen der phonologisch trainierten Risikokinder sind sogar durchgängig signifikant schlechter als die der Restgruppe.

	Training	N_I	Mittelwert	N_R	Mittelwert	p	p2
WLLP	1	32	31,78	77	43,44	**0,0016**	
	2	8	32,00	14	42,07	0,0519	0,967
HSPG	1	32	42,71	77	49,46	**0,0002**	
	2	8	43,75	14	48,14	**0,0395**	0,807
HSPA	1	32	11,62	77	13,70	**0,0002**	
	2	8	11,87	14	13,78	**0,0139**	0,856
HSPR	1	32	5,46	77	7,41	**0,0001**	
	2	8	5,00	14	6,85	**0,0187**	0,679
HSPO	1	32	2,75	77	4,23	**0,0002**	
	2	8	1,62	14	2,92	0,0527	0,143

Erklärung der verwendeten Abkürzungen:
Training: 1= phonologisches Training, 2= Wahrnehmungstraining
N_I: Anzahl der Risikokinder bei IDIS
N_R: Anzahl der restlichen Kinder

2.2.4. Hörauffällige Kinder

Als hörauffällige Kinder wurden zusammengefasst:
- Kinder, die nach der Anamnese früher eine Hörstörung hatten (N=24)

Die Anamnese ergab bei 24 Kindern eine Hörstörung. Die 18 phonologisch trainierten Kinder erreichten in der WLLP 39,22 Punkte im Mittel (Spanne von 18-84), die 6 Kinder mit dem Wahrnehmungstraining 30 (Spanne 22-39). Auch die HSP zeigte im Mittel deutliche Vorteile der phonologisch trainierten Kinder, die in etwa dem Durchschnitt der Gesamtgruppe entsprachen. Aufgrund der deutlichen Leistungsunterschiede der beiden Trainingsgruppen ist anzunehmen, dass erstens die Hörstörungen die schriftsprachliche Entwicklung beeinträchtigen und zweitens mit dem phonologischen Training ein wirksames Instrument zur Förderung vorliegt. Die breite Leistungsspanne in der WLLP weist allerdings auch hier darauf hin, dass nicht alle Kinder in gleicher Weise profitieren und einzelne Kinder auch nach dem phonologischen Training noch deutlich unterdurchschnittlich abschneiden.
- Kinder, die bei der ärztlichen Untersuchung auffällig waren (N=27) oder als Risikokind eingestuft wurden (N=1)

Alle Kinder wurden ärztlich untersucht und Kinder, deren Trommelfell retrahiert oder leicht gerötet war wurden als Risikokinder eingestuft. Als auffällig wurden Kinder mit manifesten Paukenergüssen betrachtet. Von den 17 Jungen und 10 Mädchen dieser Gruppe wurden 23 Kinder phonologisch trainiert und erreichten in der WLLP 40,26 Punkte im Mittel (Spanne von 14-77), 4 Kinder erhielten das Wahrnehmungstraining (Mittel: 33, Spanne von

22-39). Ein Mädchen war bei der ärztlichen Untersuchung auffällig, erhielt das phonologische Training und erreichte 81 Punkte in der WLLP. In der HSP erzielten die 24 phonologisch trainierten Kinder (Risiko + auffällig) leicht überdurchschnittliche, die Kinder mit dem Wahrnehmungstraining eher unterdurchschnittliche Werte, dies sind allerdings nur 4 Kinder, was die Aussagekraft des Ergebnisses einschränkt. Es sieht aber auch in dieser Teilgruppe so aus, als ob das phonologische Training besonders den Kindern, die Hörstörungen oder Hörbeeinträchtigungen haben, zu gute kommt.

– Kinder, deren Hörschwelle schlechter als 20 dB war (N=8)

Im Tonaudiogramm wurden die Kinder ermittelt, deren Hörschwelle schlechter als 20 dB war. Diese 8 Kinder wurden alle phonologisch trainiert und erreichten Werte zwischen 38 und 77 Punkten in der WLLP, der Mittelwert liegt bei 55,62 also deutlich über dem Durchschnitt der Gesamtgruppe. In der HSP erreichten sie im Mittel die Werte 53,65/14,75/8,75/5,5, lagen also ebenfalls deutlich über dem Mittel der Gesamtgruppe. Leider gibt es keine Vergleichszahlen, weil kein Kind das Wahrnehmungstraining erhielt. Es wäre nun möglich, dass die auffällige Hörschwelle kein Risiko für den Schriftspracherwerb darstellt. Im Zusammenhang mit den oben genannten Ergebnissen halte ich es allerdings für wahrscheinlicher, dass das phonologische Training hier genau das richtige Förderinstrument gewesen ist.

– Kinder, die nach dem Tympanogramm als Risikokinder (N=31) oder als auffällig (N=5) eingestuft wurden

31 Kinder (22 Jungen und 9 Mädchen) wurden nach dem Tympanogramm als Risikogruppe eingestuft (Peak zwischen -300 und 100 daPa).

Die 25 phonologisch trainierten Kinder erreichten mit 43,16 Punkten in der WLLP ein überdurchschnittliches Ergebnis, wobei auch hier wieder die Spanne von 14-84 zu beachten ist. Die 6 Kinder mit dem Wahrnehmungstraining erreichten im Mittel nur 31 Punkte (Spanne von 22-39). Auch in der HSP erreichten die phonologisch trainierten Kinder durchschnittliche bis überdurchschnittliche Werte, die Kinder mit dem Wahrnehmungstraining blieben unter dem Durchschnitt der Gesamtgruppe. Betrachtet man noch zusätzlich die 5 Kinder, die als auffällig eingestuft wurden (flacher Kurvenverlauf) und alle das phonologische Training erhielten, so findet man deutlich überdurchschnittliche Leistungen, nämlich 56,4 im Mittel (Spanne von 40-81) in der WLLP und Werte von 52,6/14,6/8,6/5,0 in der HSP.

Einige Kinder waren in mehreren Tests auffällig, insgesamt wurden 57 Kinder mit Hörauffälligkeiten ermittelt. Davon erhielten 47 das phonologische und 10 das Wahrnehmungstraining. Mit einer einfaktoriellen Varianzanalyse wurden die Ergebnisse der hörauffälligen Kinder (N=57) im Lese- und Rechtschreibtest mit den Ergebnissen der restlichen Kinder (N=74) verglichen. Der Vergleich bezieht sich immer auf die Gruppen, die das gleiche

Training erhalten haben, p2 bezieht sich auf den Vergleich der verschiedenen Trainingsgruppen der hörauffälligen Kinder.

	Training	N_H	Mittelwert	N_R	Mittelwert	p	p2*
WLLP	1	47	40,2	62	39,9	0,922	
	2	10	31,3	12	44,3	**0,006**	0,117
HSPG	1	47	48,2	62	46,9	0,429	
	2	10	45,3	12	47,6	0,286	0,194
HSPA	1	47	13,3	62	12,9	0,495	
	2	10	13,2	12	13,0	0,804	0,897
HSPR	1	47	6,9	62	6,8	0,738	
	2	10	6,1	12	6,25	0,854	0,311
HSPO	1	47	3,76	62	3,82	0,881	
	2	10	2,1	12	2,75	0,334	**0,007**

Erklärung der verwendeten Abkürzungen:
Training: 1= phonologisches Training, 2= Wahrnehmungstraining
N_H: Anzahl der hörauffälligen Kinder, N_R: Anzahl der restlichen Kinder

3. Diskussion der Ergebnisse

In unserem Projekt wurde das Würzburger Trainingsprogramm in seiner ersten Version von 1999 eingesetzt. Die mittlerweile erfolgte Ergänzung des Programms durch Übungen zur Buchstaben-Laut-Verknüpfung bringt offensichtlich bessere Ergebnisse (vgl. Marx in diesem Band). Eine Überprüfung der Wirkung des neuen Programms auf Risikokinder im Hören und Sprechen steht allerdings noch aus.

Insgesamt sind die Trainingserfolge der Wiesbadener Kinder eher bescheiden. Es zeigt sich häufig nur eine Tendenz, wenige Unterschiede sind wirklich statistisch signifikant. Manche Teilgruppen wurden sehr klein, so dass die Ergebnisse vorsichtig interpretiert werden müssen. Zudem gab es keine „echte" Kontrollgruppe, also Kinder ohne Trainingsprogramm, daher lässt sich nicht sagen, welche Leistungen die Kinder ohne jegliches Training erreicht hätten.

Zu beachten ist allerdings das unterschiedliche Abschneiden der sprachauffälligen und der hörauffälligen Kinder. Während kein Trainingsprogramm in der Lage war, die sprachauffälligen Kinder im Mittel an die Leistungen der Gesamtgruppe heranzuführen, konnten hörauffällige Kinder deutlich vom phonologischen Training profitieren. Die Ergebnisse der hörauffälligen Kinder, die das Wahrnehmungstraining erhalten haben, zeigen zudem welch prominente Rolle das Hören beim Schriftspracherwerb spielt.

Kinder, die Deutsch als Zweitsprache erlernen, haben deutliche Defizite im Lese- und im Rechtschreibtest gezeigt. Diese Defizite konnten durch Training nicht ganz ausgeglichen werden. Die phonologisch trainierten Kinder waren im Mittel besser als die Kinder mit dem Wahrnehmungstraining, an das Mittel der Gesamtgruppe reichen sie aber nicht heran. Hier deutet sich an, dass diese Kinder noch andere Formen der Unterstützung benötigen.

Die Ergebnisse der phonologisch trainierten Kinder streuen im Lesetest sehr stark. Inckemann (2003) berichtet ähnliche Ergebnisse für die Entwicklung der phonologischen Bewusstheit aus einem Projekt mit zweisprachigen Kindern: „Insgesamt verbessern sich die zweisprachigen Kinder deutlich, bleiben jedoch tendenziell immer noch etwas hinter den Ergebnissen der monolingualen Kinder zurück. Erstaunlich ist dabei die eher größer gewordenen Streuung der Leistung unter den zweisprachigen Kindern. So fallen gerade die schwächsten zweisprachigen Kinder im Februar 2003 noch stärker hinter der Mittelgruppe zurück." (ebd., 42). Unsere Projektkinder wurden nach dem ersten Schuljahr nicht auf ihre phonologischen Fähigkeiten überprüft, der in der Forschung angenommene enge Zusammenhang von phonologischer Bewusstheit und Lesefähigkeit lässt aber auch hier vermuten, dass es sich um den „Matthäus-Effekt" handelt, den Einsiedler und Kirschhock (2003, 55) wie folgt beschreiben: „...d. h. wer viel hat, dem wird noch gegeben, wer wenig hat, dem wird noch genommen. Dies wird durch Längsschnittstudien belegt, in denen Kinder mit ausgeprägter phonologischer Bewusstheit gute Leser werden und in denen es bei Kindern mit phonologischen Defiziten in einem Aufschaukelungsprozess durch Wechselwirkung mit schwacher Lesemotivation und mit mangelnder familialer Lesekultur zu Leseversagen kam." Genau hier soll aber doch ein phonologisches Training im Kindergarten ansetzen und entgegenwirken?

Ein weiterer interessanter Aspekt ist, dass auch in den Teilgruppen, die von dem phonologischen Training profitiert haben, einzelne Kinder unter der Risikogrenze im Lese- sowie im Rechtschreibtest blieben. In einigen internationalen Studien wurden ebenfalls Kinder entdeckt, die trotz eines Trainingsprogramms Lese- oder Rechtschreibschwächen zeigten. In ihrer Langzeitstudie in Finnland fanden Niemi und Poskiparta (2002) Kinder, die zu schlechten Lesern wurden, obwohl ihre Werte der phonologischen Bewusstheit durchschnittlich waren. Sie überprüften anhand verschiedener Hypothesen alle Vortestwerte und durchsuchten die Literatur nach ähnlichen Phänomenen. Die Autoren kritisieren dabei, dass der Fokus auf die durchschnittliche Leistung der Gruppen bei vielen Auswertungen den Blick auf die Leistungen einzelner Kinder verstellt. Zudem werden nur sehr wenige Untersuchungen als Langzeitstudien angelegt. Ihr Fazit nach Durchsicht der Forschungsliteratur ist, dass bei zukünftigen Studien „rapid automatic naming", „rate of acquisition of phonological awareness" und „coping patterns under stress" (ebd., 96) berücksichtigt werden sollten. Niemi/Poskiparta nehmen auch an, dass motivationale Unterschiede eine Rolle spielen, sehen hier aber das Problem der zuverlässigen Messbarkeit als noch nicht gelöst an.[11]

Zusammenfassend drängt sich die Frage auf, ob alle Vorschulkinder ein phonologisches Trainingsprogramm benötigen. Muter (2003) verneint diese Frage mit Verweis auf eine groß angelegte britische Studie von Hatcher, Hulme und Snowling (2001). „Hatcher and colleagues concluded from their findings that the optimal early phonological training strategy should begin by screening at-risk children at ages 4 to 5 years using standardized phonological awareness and letter knowledge tests. These children should then have access to individual or small group phonological training programmes that particularly emphasize phoneme awareness instruction that is linked to literacy instruction. It would seem unnecessary, and indeed wasteful of resources, to provide phonological training for all children. The majority of 4- and 5-year-olds have established, through normal language learning experiences, phonological awareness skills sufficient to support the early stages of literacy development. Screening and targeting selected at-risk pre-school children makes far better use of teacher time and resources, and enables children to be taught individually or in small groups, a procedure that appears to reap greater and faster benefits than whole-class teaching." (Muter 2003, 141). Dieser Auffassung können wir uns nach den Erfahrungen aus unserem Projekt anschließen. Zudem scheint es uns wichtig zu werden, die Screeningverfahren zur Erkennung von Risikokindern auch auf solche Faktoren auszudehnen, die nicht direkt mit phonologischen Verarbeitungsstrategien verbunden sind. Damit könnte auch genauer untersucht werden, welche Angebote für Kinder mit spezifischen Sprachentwicklungsstörungen oder für Kinder, die Deutsch als Zweitsprache lernen, erforderlich wären. Die Risikofaktoren sind vielfältig und eine insgesamt bessere Koordination von Maßnahmen zur Früherkennung und Frühförderung würde mehr Kinder erreichen als ein isoliertes Training.

4. Ausblick

1999 kamen Bus & van IJzendoorn in ihrer Meta-Analyse zu dem Schluss, „that phonological awareness per se may not be the single strongest predictor of reading" (Bus & van IJzendoorn 1999, 412). Ein solcher Faktor würde aber möglicherweise niemals gefunden werden, schreiben die Autoren weiter, weil das Lesenlernen ein Prozess ist, der von vielen Faktoren beeinflusst wird. Nahe an die Aussagekraft der phonologischen Bewusstheit heran kommt nach ihrer Untersuchung ein weiterer Faktor, das „parents' storybook reading to preschoolers" (ebd.).

---

11 Vgl. die Weiterentwicklung bei Poskiparta/Niemi/Lepola/Ahtola/Laine (2003)

An diese Diskussion anknüpfend untersuchte die kanadische Studie von Frijters, Barron und Brunello (2000) den Zusammenhang von phonologischer Bewusstheit und „literacy experience".[12] Ausgehend von einer uneinheitlichen Forschungslage zur Beziehung von phonologischer Bewusstheit und Lesesozialisation wurden das kindliche Interesse und die von den Eltern initiierten Aktivitäten rund um das Lesen unterschieden und mit dem Buchstaben-Laut- und Buchstaben-Namen-Wissen der Kinder, ihrem passiven Wortschatz und ihrer phonologischen Bewusstheit verglichen. Die Studie kommt zu dem Schluss, dass beide Faktoren, kindliches Interesse und elterliche Aktivitäten, einen Einfluss auf das Buchstaben-Laut- und Buchstaben-Namen-Wissen der Kinder haben. Die phonologische Bewusstheit stellte sich dabei als Vermittler zwischen den elterlichen Aktivitäten und dem Wissen der Kinder heraus[13], während das kindliche Interesse unabhängig von der phonologischen Bewusstheit Einfluss nahm.[14] Das bedeutet, dass die Ergänzung der phonologischen Trainingsprogramme durch Maßnahmen zur Unterstützung der Lesesozialisation untersucht werden müsste, um herauszufinden, ob der Anteil der Kinder, die von dem Programm profitieren, damit vergrößert werden kann.

Das Zusammenspiel der verschiedenen Risikofaktoren muss weiter untersucht werden. Dabei spielen auch Fragen der Sprachförderung und der Lesesozialisation eine bedeutende Rolle. Stärker einbeziehen sollten wir die Betrachtung des soziokulturellen Rahmens in dem Kinder aufwachsen. Raban und Coates betonen dabei den Zusammenhang von Herkunft und Schulschwierigkeiten und betrachten die vorschulische Förderung als Möglichkeit diesen Zusammenhang aufzubrechen. „Literacy is clearly interwoven through layers of social and cultural experience, and by extending children's repertoire across these domains through play and exploration during the pre-school years, we will fulfil the universal right of all children to access knowledge and information, thereby empowering people to enhance their own lives." (Raban & Coates 2004, 27) Interessant ist in diesem Zusammenhang das Projekt „EVES" die wissenschaftliche Evaluation des phonologischen Trainings in Heidelberger Kindergärten (Roos & Schöler 2002). Hier werden als zusätzliche Informationen die familiären und sozialen

---

12 Die angemessene Übersetzung für "literacy experience" scheint mir z. Zt. noch die „Lesesozialisation" zu sein, auch wenn inzwischen im Deutschen von „Literacy-Erziehung" gesprochen wird.
13 „Our findings, that phonological awareness functions as a perfect mediator between home literacy and letter-name and letter-sound knowledge indicates that it is phonological awareness rather than other oral language skills such as receptive vocabulary, that facilitates the acquisition of early print-to-sound knowledge obtained through exposure to home literacy experiences." (Frijters u.a.2000, 473)
14 "How children feel about engaging in literacy activities, represented in our study by literacy interest, is a small but statistically reliable effect that influences their letter-name and letter-sound knowledge. It is not linked to their level of phonological awareness or to their parents' report of the frequency of literacy activities that occur in the home." (Frijters u.a.2000, 473)

Hintergründe der Kinder erhoben. Weitere Faktoren sind die Unterrichtsmethoden der einzelnen Lehrerinnen und die Kinder werden über die gesamte Grundschulzeit hinweg untersucht. Wir sind überzeugt, dass hier weitere Ursachen und Interventionsmöglichkeiten aufgedeckt werden können. Und nicht zuletzt sollte die Kenntnis über die Vorläuferfertigkeiten und die Bedingungszusammenhänge des Schriftspracherwerbs sehr viel stärker in die Ausbildung von Erzieherinnen und Lehrerinnen einfließen als dies bisher der Fall ist. In den Interviews im Rahmen des Dissertationvorhabens gab es viele Beispiele, wie der Einsatz von Trainingsprogrammen die Auseinandersetzung der Erzieherinnen mit dem Thema Schriftsprache angeregt hat. Vielerorts haben sich Aktivitäten entwickelt, die entweder das Würzburger Programm beinhalten oder aber eigene Projekte auf der Basis der individuellen Bedürfnisse vor Ort sind. Es ist zu wünschen, dass solche Aktivitäten einen Platz in den gerade erarbeiteten Bildungsplänen der Länder finden. Vorstellbar ist hier einen „Baustein", der Sprachförderung und Förderung des Schriftspracherwerbs vereint und Raum für die individuelle Ausgestaltung der Arbeit in den Kindergärten lässt. Besonders wichtig aber wäre es, wenn Forschung, Ausbildung und Praxis in Kindergarten und Schule in einen fruchtbaren Austausch treten könnten, der den Blick auf Unterstützungsmöglichkeiten für alle Kinder schärfen würde.

5. Literatur

Baumert, J.; Klieme, E.; Neubrand, M.; Prenzel, M.; Schiefele, U.; Schneider, W.; Stanat, P.; Tillmann, K.-J. & Weiß, M. (Hrsg.). (2001): PISA 2000. Basiskompetenzen von Schülerinnen und Schülern im internationalen Vergleich, Oplanden.
Bus, A, G.; van IJzendoorn, M., H. (1999): Phonological Awareness and Early Reading: A Meta-Analysis of Experimental Training Studies, In: Journal of Educational Psychology, 1999, 91, 3, S. 403-414.
Einsiedler, W.; Kirschhock, E.-M. (2003): Forschungsergebnisse zur phonologische Bewusstheit, In: Grundschule 35. Jg., Heft 9, S. 55-57.
Ergebnisse des Forum Bildung II, Empfehlungen und Einzelergebnisse des Forum Bildung, Köln, 2002.
Frijters, J. C.; Barron, R. W.; Brunello, M. (2000): Direct and Mediated Influences of Home Literacy and Literacy Interest on Prereaders' Oral Vocabulary and Early Written Language Skill. In: Journal of Educational Psychology, 92, 3, S. 466-477.
Fthenakis, W. (Hrsg.): Elementarpädagogik nach PISA. Freiburg, Basel, Wien: Herder, 2. Auflage.
Hatcher, P.; Hulme, C.; Snowling, M. (2001): Training rhyme and phoneme skills facilitates reading through phoneme awareness. Paper presented at Society for Scientific Study of Reading, SSSR, Boulder, Colorado, bei: Muter 2003, S. 140-141.
Hjelmquist, E.; von Euler, C. (Hrsg.) (2002): Dyslexia and Literacy, London und Philadelphia: Whurr Publ.

Inckemann, E. (2003): Training der phonologischen Bewusstheit. Eine Chance für zweisprachige Kinder? In: Grundschule 35. Jg., Heft 9, S. 41-44.
Jansen, H.; Mannhaupt, G.; Marx, H.; Skowronek, H. (1999): Bielefelder Screening zur Früherkennung von Lese-Rechtschreibschwierigkeiten (BISC), Göttingen: Hogrefe.
Küspert, P.; Schneider, W. (1998): Würzburger Leise Leseprobe (WLLP). Ein Gruppenlesetest für die Grundschule,
Küspert, P.; Schneider, W. (1999): Hören, lauschen, lernen. Sprachspiele für Kinder im Vorschulalter. Würzburger Trainingsprogramm zur Vorbereitung auf den Erwerb der Schriftsprache. Arbeitsbuch, Göttingen.
Lockowandt, O. (Hrsg.) (1996): Frostigs Entwicklungstest der visuellen Wahrnehmung (FEW), Göttingen: Beltz Test GmbH, 8.Auflage.
May, P. (1998): Hamburger Schreib-Probe zur Erfassung der grundlegenden Rechtschreibstrategien (HSP 1+), Hamburg: vpm.
Mertens, K. (1988): Lernprogramm zur Wahrnehmungsförderung, Dortmund: Verlag modernes lernen.
Muter, V. (2003): Early Reading Development and Dyslexia, London und Philadelphia: Whurr Publ.
Niemi, P.; Poskiparta, E. (2002): Shadows over phonological awareness training: resistant learners and dissipating gains, In: Hjelmquist, E.; von Euler, C. (Hrsg.) (2002): Dyslexia and Literacy, London und Philadelphia: Whurr Publ., S. 84-99.
Oberhuemer, P. (2003): Bildungsprogrammatik für die Vorschuljahre. Ein internationaler Vergleich. In: Fthenakis, W. (Hrsg.): Elementarpädagogik nach PISA. Freiburg, Basel, Wien: Herder, 2. Auflage, S. 38-56.
Portmann, R. (1995): Zusammenarbeit ist nicht selbstverständlich - Erfahrungen aus der gemeinsamen Fortbildung von Erzieherinnen und Lehrerinnen. In: Portmann, R. (Hrsg.) (1995): Kinder kommen zur Schule. Hilfen und Hinweise für eine kindorientierte Einschulungspraxis. Beiträge zur Reform der Grundschule 73, Frankfurt a. M.: Arbeitskreis Grundschuel e. V., 4. unv. Auflage.
Poskiparta, E.; Niemi, P.; Lepola, J.; Ahtola, A.; Laine, P. (2003): Motivational-emotional vulnerability and difficulties in learning to read and spell. In: British Journal of Educational Psychology, 73, S. 187-206.
Priddat, B. (2002): Mama macht Überstunden. In: Die Zeit 35/2002 unter: http://zeus.zeit.de/text/archiv/2002/35/200235_familienorganisa.xml
Raban, B.; Coates, H. (2004): Literacy in the early years: a follow-up study,.In: Journal of Research in Reading, 27, 1, S. 15-29.
Roos, J.; Schöler, H. (2002): Evaluation eines Vorschultrainings zur Prävention von Schriftspracherwerbsproblemen sowie Verlauf und Entwicklung des Schriftspracherwerbs in der Grundschule. Design, Methoden und erste Ergebnisse. Eves Arbeitsberichte, Bericht Nr. 1, Heidelberg.
Schmidke, A.; Schaller, S.; Becker, P. (dtsch. Bearbeitung) (1980): Raven-Matrizen-Test. Coloured Progressive Matrices (CPM), Weinheim: Beltz, 2. Auflage.
Schöler, H. (1999): IDIS - Inventar diagnostischer Informationen bei Sprachentwicklungsauffälligkeiten, Heidelberg: Edition S im Universitätsverlag C. Winter
Sozialgesetzbuch, Achtes Buch, Kinder und Jugendhilfe, in der Fassung der Bekanntmachung vom 7. Mai 1993.

Argyro Panagiotopoulou

Erwerb von Schriftlichkeit und Umgang mit Heterogenität im Anfangsunterricht

Der vorliegende Beitrag gliedert sich in drei Teile. Nach einer knappen Diskussion einschlägiger schulpädagogischer und -didaktischer Entwicklungen und aktueller Forschungsergebnisse zum Umgang mit Heterogenität in der Grundschule (1) wird über Homogenisierungs- und Differenzierungsversuche im Unterrichtsalltag einer Jahrgangsklasse referiert. Hierbei wird auf Beobachtungsprotokolle aus einer bereits abgeschlossenen ethnografischen Feldstudie zurückgegriffen, die die Perspektive von SchulanfängerInnen mit unterschiedlichen lernbiografischen und schriftkulturellen Hintergründen fokussiert (2). Didaktische Schlussfolgerungen zum schriftsprachlichen Anfangsunterricht in heterogenen Lerngruppen werden im letzten Teil des Beitrags thesenartig ausgeführt (3).

1. Homogenisierung, Individualisierung und (Selbst-) Differenzierung in der Schule - theoretisch, praktisch und empirisch betrachtet

1.1 Umgang mit Heterogenität oder der Versuch Heterogenität zu umgehen?

Eine zentrale Dimension pädagogischer Theorie und Praxis ist der Umgang mit Differenz. Bereits zu Beginn des 19. Jahrhunderts wurde die Notwendigkeit eines differenzierten Umgangs damit anerkannt, etwa von Friedrich Herbart, der von der „Verschiedenheit der Köpfe" überzeugt war und die Beachtung dieser Verschiedenheit forderte (vgl. Meyer-Willner 2001, 367). Im Rahmen der Reformpädagogik des 20. Jahrhunderts wurde dann auch für einen „differenzierenden" Unterricht plädiert - einen Unterricht, der Verschiedenheit so sehr respektiert, dass er zur Individualisierung bzw. zur „Entfaltung des einzelnen Kindes" beitragen sollte (vgl. Laging 1999, 19).

Dieser Individualisierungsanforderung stellt sich die Grundschule seit ihrer Gründung mit besonderer Intensität, allerdings nicht mit besonderem Erfolg. Paradoxerweise und nicht zuletzt aufgrund ihrer Selbstdefinition als einer Schule, die sich nicht für alle, sondern nur für *fast* alle Kinder zuständig fühlt, erweist sich diese Anforderung an die Institution Grundschule als praktisch unrealisierbar: Zu den „unerledigten Reformforderungen" der Grundschule, schrieb Frank Olaf Radtke (1999, 9), gehört unter anderem „die immer wieder gestellte Aufgabe des individualisierenden Umgangs mit Differenz in heterogenen Lerngruppen". Denn ausgerechnet in der Grundschule - auch im Gegensatz zum Kindergarten, oder anderen außerschulischen Erziehungs- und Bildungseinrichtungen - wird, nach dem Prinzip der Jahrgangsklassen, die erste Homogenisierungsstrategie innerhalb des deutschen Schulsystems praktiziert. Die beabsichtigte Organisation der angeblich altershomogenen Lerngruppen und die damit verbundene Selektion vor der Einschulung, kann als ein Versuch angesehen werden, Heterogenität zu umgehen oder im besten Fall die erwünschte „Homogenität der Lerngruppen (wieder) herzustellen" (vgl. ebd.)

Auch so genannte Differenzierungsmaßnahmen führen in der Schulrealität nicht zwangsläufig zur Berücksichtigung individueller Lernbiografien. Ein charakteristisches Beispiel betrifft aktuelle Fördermaßnahmen für Vorschul- und Grundschulkinder mit Migrationshintergrund, oft ohne Berücksichtigung ihrer unterschiedlichen Herkunftssprachen, individuellen Kompetenzen und Schwierigkeiten, basierend in der Regel auf einer monolingualen, und daher homogenisierenden, Spracherhebung. Etwas allgemeiner, in Anlehnung an Marianne Krüger-Potratz (1999, 151), formuliert: Differenzierung in der pädagogischen Theorie und Praxis führt nicht - oder zumindest nicht zwangsläufig - zum Verzicht auf Homogenisierung, Differenzierung meint mehr oder weniger den Versuch „Differenz, wenn schon nicht zu überwinden, so doch zu überbrücken oder zumindest kompensatorisch zu mildern [...] Die Idee von Homogenität als Normal- weil Idealzustand ist hier unangetastet geblieben" (ebd.).

In der (grund-) schulpädagogischen Diskussion der letzten Jahre werden tatsächlich Differenzierungsmaßnahmen als geeignet angesehen, um Heterogenität effektiv oder zielgerichtet zu reduzieren (vgl. Kiper 2002, 158ff.). Den vermeintlich homogenen Lern- und Leistungsgruppen von Schülerinnen und Schülern wird also nach wie vor eine lernförderliche Funktion unterstellt. In diesem Zusammenhang gewinnen vor allem pragmatische Fragen, wie zum Beispiel die folgenden, an Bedeutung: Wo lernen Schülerinnen und Schüler besser, in heterogenen oder doch in homogenen Lerngruppen? Und: Unter welchen Bedingungen ist der Unterricht pädagogisch wirksam(er)?[15]

---

15 Vgl. dazu exemplarisch den Überblicksartikel zur grundschulbezogenen Lehr-Lern-Forschung von Hans-Günther Roßbach und Martin Wellenreuther (2002).

1.2 Differenzierung im Unterricht: theoretisch einleuchtend - praktisch unrealisierbar?

Parallel dazu wird seit über 30 Jahren versucht mit dem wichtigen Begriff „Differenzierung" etwas differenzierter umzugehen und so wird zwischen äußerer und innerer Differenzierung unterschieden. Und während die sog. äußere Differenzierung zur Bildung von möglichst homogenen Lerngruppen abzielt und somit Vielfalt und Unterschiedlichkeit negiert oder zumindest umgeht, geht die „innere Differenzierung" oder „Binnendifferenzierung" von heterogen zusammengesetzten Gruppen aus und zielt auf Individualisierung im Unterricht.

Im Jahrbuch Grundschulforschung 2002 mit dem Titel *Heterogenität, Integration und Differenzierung in der Primarstufe*, herausgegeben von Annedore Prengel und Friederike Heinzel, erläutert Hans Brügelmann (2002, 38) wie innere Differenzierung in der Praxis funktionieren kann: Innerhalb der jeweiligen Lerngruppe versuchen Lehrkräfte die Lernangebote methodisch-organisatorisch zu differenzieren, indem sie den Kindern Aufgaben geben, die auf ihren Entwicklungsstand abgestimmt sind. In einer Reihe von Befragungen, die in den 90er Jahren durchgeführt wurden, wie Hans Brügelmann darüber hinaus erklärt, haben tatsächlich 72% der befragten GrundschullehrerInnen den Anspruch täglich mindestens ein Mal solche Aufgaben ihren SchülerInnen zu geben, für angemessen gehalten. Doch nur 44% der Befragten haben nach eigener Einschätzung diesen Anspruch auch tatsächlich eingelöst - nach der Beobachtung durch angehende LehrerInnen (LehramtsanwärterInnen) haben die GrundschullehrerInnen nur zu 22% einmal täglich differenziert. Daher stellt sich hier die Frage: „Warum finden viele LehrerInnen Differenzierung wichtig, praktizieren sie aber so selten?" (ebd.)

Warum bleibt also Differenzierung im Unterricht eine, um noch einmal auf die obige Feststellung zu verweisen, „unerledigte Reformforderung", eine praktisch nicht realisierte, nicht realisierbare oder vielleicht nicht realistische Forderung?[16] Theoretisch ist innere Differenzierung eine „einleuchtende Forderung" schrieb Hartmut von Hentig (1993, 222) in seinem Buch *die Schule neu denken*, doch in der Praxis wird sie „noch immer für eine Art Magie gehalten".

Den praktizierten, so genannten „undifferenzierten" Grundschulunterricht beklagten schließlich Wolfgang Klafki und Hermann Stöcker (1985/1996) und plädierten schon vor zwanzig Jahren für eine intensive *theoretische und empirische* Auseinandersetzung mit dieser Problematik (ebd., 203). Empirische Ergebnisse zur gegenwärtigen Grundschulpraxis, die auch

---

16 Peter Martin Roeder, vom Max-Plank-Institut für Bildungsforschung, berichtete 1997 auf der Grundlage von Fallstudien, die in Gesamtschulen in Berlin durchgeführt wurden, dass Lehrkräfte unterschiedliche Hindernisse für die innere Differenzierung in der Unterrichtspraxis sehen: u.a. die Klassenfrequenzen aber auch die fehlenden Fähigkeit zur selbständigen Arbeit und einer geringen Lernbereitschaft ihrer Schülerschaft etc. (vgl. Roeder 1997).

für eine grundschuldidaktische Diskussion von Bedeutung sind und sich dabei auf den Erwerb schriftsprachlicher Kompetenzen beziehen, gibt es inzwischen. Diese bestätigen jedoch eher die bisherige Lage wie im Folgenden aufgezeigt werden soll.

1.3 Differenzierungsmaßnahmen im Lese- und Schreibunterricht: Individualisierung „von oben" oder „von unten"?

In einem von Hans Merkens herausgegebenem Buch mit dem programmatischen Titel „Lehrerbildung - IGLU und die Folgen" wird von Friederike Heinzel (2004, 61) die Notwendigkeit eines differenzierten und anerkennenden Umgangs mit Heterogenität im Rahmen der Lehrerbildung gefordert. Auf diese Notwendigkeit verweisen aber auch die an der IGLU-Studie unmittelbar Beteiligten, Wilfried Bos und Renate Valtin (ebd.). Sie machen auf die gegenwärtige Differenzierungsproblematik *im internationalen Vergleich* aufmerksam, auf relevante Aussagen der befragten GrundschullehrerInnen in Bezug auf den Einsatz sozialer Arbeitsformen und auf Maßnahmen zur Differenzierung im Lese- und Rechtschreibunterricht: „Im Vergleich zeichnet sich Deutschland im Leseunterricht nicht durch einen weitgehend individuellen Unterricht mit abwechslungsreichen Sozialformen aus", wird dabei festgestellt. Für die grundschuldidaktische Diskussion waren auch die Ergebnisse zum Rechtschreibunterricht entsprechend alarmierend:

„Die Lehreraussagen deuten auf einen lehrerzentrierten, belehrenden Rechtschreibunterricht [...]. Den größten Teil der Zeit werden viele Schülerinnen und Schüler gemeinsam mit der ganzen Klasse unterrichtet. Zur Differenzierung wird mehr Zeit für die Bearbeitung des ansonsten gleichen Materials zugebilligt. In anderen Ländern [Schottland, England, Schweden; A. P.] wird öfter in Gruppen gearbeitet und für Schülerinnen und Schüler auf unterschiedlichem Niveau unterschiedliches Material verwendet" (Valtin/Bos 2004, 29 und 30).[17]

Hans Merkens (ebd., 136ff.) fasst schließlich die Debatte(n) um die IGLU-Studie und ihre Ergebnisse zusammen und stellt dabei fest, dass in der Grundschule ein Angebot zu dominieren scheint, welches „im Prinzip eine homogene Gruppe von Kindern als Adressaten voraussetzt". Der Unterrichtsprozess wird durch die jeweilige Lehrkraft bestimmt - stellt er darüber hinaus fest - und nicht etwa durch die individuellen Bedürfnisse der Kinder.[18] Individualisierung und Differenzierung scheint also, auch bezüglich des schu-

---

17 Auch trotz verbreiteter Euphorie durch die, im Vergleich zu Pisa- besseren IGLU-Ergebnisse. Auf problematische Ergebnisse bzw. „schlechte Nachrichten" aus der IGLU-Studie hat Renate Valtin an anderer Stelle, auch in ihrer Funktion als Präsidentin der Deutschen Gesellschaft für Lesen und Schreiben (DGLS), aufmerksam gemacht (vgl. Valtin 2004).

18 Im Unterschied dazu scheinen in Skandinavien „die individuellen Bedürfnisse der Kinder nach Unterstützung und Anregung" das Geschehen im Unterricht der Grundschule zu bestimmen (vgl. ebd.).

lischen Schriftsprachwerbers, der schriftdidaktischen Realität im Grundschulunterricht und sogar im Vergleich zu anderen, vergleichbaren, europäischen Ländern, eher die Ausnahme zu sein oder zu bleiben.

Hans Brügelmann (2002, 39) stellte bereits vor IGLU in seinem unter 1.2 erwähnten Aufsatz die Hypothese auf,[19] dass eine Differenzierung „von oben", also eine von der Lehrperson initiierte Differenzierung, „an praktischen Schwierigkeiten" zu scheitern scheint und suchte nach möglichen Alternativen. Dabei schlug er den Begriff „Individualisierung von unten" vor, mit dem Folgendes gemeint ist:

„SchülerInnen **erhalten Freiräume**, in denen sie sich **selbst** Aufgaben stellen, zwischen verschiedenen Aufgaben wählen oder zumindest unterschiedliche Formen der Bearbeitung entwickeln können" (Brügelmann 2002, 39; Hervorhebung d. A. P.).

Für eine so verstandene Differenzierung, für eine „Selbstdifferenzierung" durch die SchülerInnen, und zwar im Gegensatz zu einer durch die Lehrperson „gelenkten" Differenzierung, plädieren in den letzten Jahren Grundschulpädagoginnen und -pädagogen, unter anderem mit Blick auf eine „Öffnung des Unterrichts" (vgl. Brügelmann ebd., Zehnpfennig / Zehnpfennig 2004, Peschel 2004). Im Zusammenhang mit weiteren, noch unerledigten Reformforderungen der Grundschule wird dieser Gedanke auch in diversen Veröffentlichungen des Grundschulverbandes (vgl. z.B. Faust-Siehl / Garlichs / Ramseger / Schwarz / Warm 1996) vertreten. *Selbst*differenzierung korrespondiert dann mit dem pädagogischen Ideal einer *Selbstbestimmung* und soll Möglichkeiten eröffnen für (mehr) *Mitbestimmung* von Kindern im Unterricht:

„Wenn die Kinder innerhalb des von Pädagoginnen und Pädagogen vorgeplanten Anforderungsrahmens die ihnen gemäßen Aufgaben, Lernmittel, Lernzeiten und Lernwege - soweit nötig mit Hilfe - *selbst* bestimmen können („Selbstdifferenzierung") wird Unterricht den unterschiedlichen Lernerfordernissen von Kindern besser gerecht, als es durch eine *gelenkte* Differenzierung möglich wäre" (Faust-Siehl u.a.1996, 37; *Hervorhebung i. O.*).

Für einen gelungen, lernförderlichen Unterricht in einer Schulklasse sollen Kinder *selbst* differenzieren - so lautet also die Botschaft - keine gelenkte Differenzierung im traditionellen Sinne, keine Differenzierung „von oben", sondern eher eine „Individualisierung von unten" soll hinsichtlich der unterschiedlichen Lernerfordernisse viel versprechend sein. Diese „bislang eher unübliche Selbstdifferenzierung, eine Differenzierung vom Kinde aus" kann, laut Hannelore und Helmut Zehnpfennig, eine „optimale Passung für jedes einzelne Kind" ermöglichen. Hingegen kann „die herkömmliche Angebotsdifferenzierung" der Lehrenden - „etwa in Form von Frei- oder Wochenplanarbeit, Werkstattunterricht oder Stationenlernen" - eine solche optimale Differenzierung bzw. Individualisierung nicht leisten (vgl. Zehnpfennig/ Zehnpfennig 2004, 196).

---

19 Unter anderem mit Bezug auf Roeder 1997: siehe Fußnote 2 im vorliegenden Beitrag.

Diese normative Überzeugung ist in neueren didaktischen Ansätzen zum offenen Unterricht und insbesondere zum Schriftspracherwerb im Anfangsunterricht (z.B. von Hans Brügelmann & Erika Brinkmann, Jürgen Reichen, Falko Peschel u.a.) weitgehend vertreten und inzwischen auch in Rahmenplänen für die Grundschule repräsentiert. Inwieweit und wie die theoretisch einleuchtende Anforderung einer Differenzierung und Individualisierung seitens der SchülerInnen im praktizierten offenen Unterricht tatsächlich realisiert wird bzw. im Unterrichtsalltag praktisch realisierbar ist, ist eine wichtige Frage für die weiterführende didaktische Diskussion, bedarf aber noch der empirischen Prüfung.[20]

Inwieweit und wie können SchulanfängerInnen zur Selbstdifferenzierung und Mitbestimmung im schriftsprachlichen Anfangsunterricht, z.B. zu einer gezielten Veränderung der gestellten Lernaufgaben, gelangen, wenn sie dafür keine bzw. kaum „Freiräume" (vgl. oben: die zitierten Definitionen) erhalten? Dies war eine Frage, die im Rahmen meiner Feldstudie entstanden ist und mich während der zweijährigen Beobachtung immer wieder beschäftigte. Auf die Konzeption dieser Studie und auf entsprechende Unterrichtsszenen und Interpretationen gehe ich im Folgenden ein.

2. *Homogenisierung versus Selbstdifferenzierung im schriftsprachlichen Anfangsunterricht*

2.1 Die Feldstudie: Teilnehmende Beobachtung in heterogenen Lerngruppen

Über zwei Schuljahre hinweg (2001/02 und 2002/03), an zwei bis drei Vormittagen in der Woche, habe ich als teilnehmende Beobachterin am Unterrichtsalltag zweier Grundschulklassen teilgenommen. Ausgehend von der Erkenntnis, dass die schriftliche Sprache keine Kulturtechnik, sondern eine kulturgebundene Sprachform ist, die von Kindern aktiv bzw. interaktiv konstruierend erworben wird, interessierte ich mich insbesondere für den Erwerb von Schriftlichkeit im Kontext schulischer Lernkultur, d.h. für literale Praxen, schriftkulturelle Alltagspraktiken von SchulanfängerInnen in Interaktion miteinander und in Auseinandersetzung mit entsprechenden Lernangeboten ihrer Lehrerinnen.

Es handelte sich dabei um eine grundschulpädagogisch und -didaktisch ausgerichtete Feldstudie, die einerseits an die Maxime der neueren sozialwissenschaftlichen Kindheitsforschung „aus der Perspektive der Kinder" an-

---

20 Dafür wären m. E. keine Befragungen von Lehrkräften, auch keine punktuellen Beobachtungen, wie sie üblicherweise in der grundschulbezogenen Lehr-Lern-Forschung der letzten Jahre favorisiert werden, notwendig, sondern Feldstudien mittels teilnehmender Beobachtung im Unterrichtsalltag.

knüpfte. Andererseits nutzte sie ethnografische Mittel, um das Unterrichtsgeschehen „dicht zu beschreiben" (Geertz 1987/1997) und „als sei es fremd", d.h. mit einer für die Erkenntnisgewinnung nötigen Distanz, zu betrachten (vgl. Amann/Hirschauer 1997, 12).[21]

Dafür wurden zwei *unterschiedlich* heterogene Lerngruppen als Forschungsfelder ausgewählt: Eine Jahrgangsklasse mit ein- und mehrsprachigen SchülerInnen mit unterschiedlichen Herkunftssprachen, mit Kindern die bereits verschiedene Wörter lesen und schreiben konnten und anderen, die noch keine Buchstaben als solche wieder erkennen konnten etc. und eine jahrgangsgemischte und integrative Lerngruppe, in der, über die bereits beschriebene Unterschiedlichkeit hinaus, SchülerInnen aus allen Jahrgangsstufen und teilweise mit einem sonderpädagogischen Förderbedarf in den Bereichen Lernen, Sprache, Hören und körperliche Entwicklung repräsentiert waren. Bei der Beobachtung habe ich von Anfang an in beiden Lerngruppen Handlungen und Deutungen von Kindern mit unterschiedlichen lernbiografischen Hintergründen fokussiert, da im Mittelpunkt meines Erkenntnisinteresses zunächst folgende Fragen standen:

– Wie gehen SchulanfängerInnen, die hinsichtlich der schulischen Anforderungen unterschiedliche literale Vorerfahrungen mitbringen, mit schulischen Lernangeboten im Unterrichtsalltag um?
– Welche verschiedenen literalen Praxen, welche schriftkulturellen Alltagspraktiken entwickeln sie dabei und wie verändern sie diese?
– Unter welchen Bedingungen lernen sie mit- und voneinander?

Weitere Fragen sind im Prozess der Beobachtung entstanden, unter anderem:

– Wie gehen SchulanfängerInnen mit Individualisierungsmaßnahmen und/oder Homogenisierungsstrategien ihrer Lehrerin um?
– Inwieweit und in welcher Weise beteiligen sie sich an der Gestaltung der auf den Erwerb von Schriftlichkeit bezogenen Lernaufgaben? etc.

Dazu werden in den folgenden Ausführungen ausgewählte Unterrichtsszenen aus der an der Untersuchung beteiligten Jahrgangsklasse diskutiert. Alle darin enthaltenen Namen sind pseudonymisiert.

---

21 Die ethnografischen Beobachtungsprotokolle wurden nach dem Kodierverfahren der Grounded Theory (vgl. Strauss 1998) analysiert. Die dabei gewonnen Fragen und Erkenntnisse bzw. Interpretationen und Kategorien haben die darauf folgenden Beobachtungen und den Erhebungsprozess insgesamt systematisiert.

2.2 Schriftlichkeitserwerb im Unterrichtsalltag einer Jahrgangsklasse

Der folgende Ausschnitt entstammt einem Beobachtungsprotokoll aus der 6. Schulwoche nach der Einschulung.

24.09.2001
Montagmorgen, im Morgenkreis, die Kinder sollen über ihre Erlebnisse am Wochenende erzählen.
Frau M. gibt Jana den Erzählstein und fordert sie auf, mir zu erzählen, „was die Kinder am Freitag gemacht haben", und zu mir gewandt: „weil du ja nicht dabei warst". „Wir haben einen Apfelkuchen gemacht!" sagt mir Jana unverzüglich. „Ja, aber warum?" fordert die Lehrerin Jana auf, ihre Erzählung fortzusetzen. „Weil wir das /a/ gelernt haben!" erklärt mir Jana lächelnd.

Den Buchstaben /A, a/ kannte Jana zu diesem Zeitpunkt, und zwar nicht nur weil er zwei Mal in ihrem Namen vorkam (damit ist nicht das Pseudonym Jana, sondern der echte Name des Mädchens gemeint). Bereits bei ihrer Einschulung konnte sie das gesamte Alphabet sowie verschiedene Wörter aufschreiben. Ihr schriftkulturelles Vorwissen bzw. ihre Buchstabenkenntnisse spielen aber in der hier dargestellten Situation offensichtlich keine Rolle, obwohl dieses Wissen und Können sowohl Jana, als auch ihrer Lehrerin bewusst sein müsste; letztere ließ sogar die Kinder am 13.09. alle Buchstaben und Wörter, die sie kannten, aufschreiben. Wenn Jana aber von „Lernen" spricht - „Weil wir das /a/ gelernt haben!" - meint sie das Lernen in der Schule, sie meint nicht den kognitiven Vorgang, sondern den kollektiven Akt in der konkreten Schulklasse: *Wir haben in der Schule gelernt*, bedeutet also nicht, *wir haben uns Neues angeeignet*, es bedeutet in diesem Fall: *wir haben es gemeinsam bearbeitet*, zum Beispiel, indem wir „einen Apfelkuchen gemacht" haben. Durch die Anleitung ihrer Lehrerin und ihre Nachfrage: „Ja, aber warum?" (Warum haben wir den Apfelkuchen gemacht?) wird Jana in ihrer Überzeugung bekräftigt: Wir haben nun *offiziell*, also *in der Schule*, einen *neuen* Buchstaben (A a) „gelernt".[22] Dass die Lehrerin ihre SchülerInnen hier als homogene Gruppe behandelt, muss nicht daran liegen, dass ihr ihre Unterschiedlichkeit nicht bewusst oder wichtig ist, dagegen sprechen auch weitere Beobachtungen, viel mehr ist hier anzunehmen, dass die Lehrerin auf diese Weise eine Gemeinsamkeit erzeugen will, indem sie (un)bewusst homogenisiert: *wir lernen gemeinsam, also wir sind eine Lerngruppe*.

In der folgenden Situation wird allerdings deutlich, dass SchulanfängerInnen bereits in den ersten Schulmonaten wissen oder im Unterrichtsalltag

---

22 Folgende, „bereits gelernte" Buchstaben hingen nun an der Wand: Ii - Ll – Oe - Ee - Aa. Auf die zugrunde liegende Überzeugung, dass Kinder Schriftsprache möglichst „über viele Kanäle" erwerben sollten (das Backen und Essen eines Apfelkuchens sollte in diesem Fall das schriftspezifische Lernen fördern), kann an dieser Stelle nicht näher eingegangen werden. Die Hinterfragung (fach-) didaktischer Ansätze – aus der Perspektive der lernenden Kinder – ist aber ebenfalls eine Zielsetzung der hier beschriebenen Studie (vgl. Panagiotopoulou i.V.).

erfahren, wie solche *Homogenisierungsversuche seitens der Lehrerin* zu umgehen sind - insbesondere dann, wenn es tatsächlich darum geht, *etwas Neues, dazu zu lernen*. Im Protokollausschnitt vom 27.11. geht es um das Erlernen der Anwendung einer Anlauttabelle, eine wichtige Aufgabe für Kinder, die gerade dabei sind, Schrift und Schriftlichkeit durch „freies" oder selbstständiges Schreiben zu erwerben.

27.11.2001
Am Gruppentisch, ich sitze neben Daniel.
Alle Kinder schreiben mehrmals in ihre Schreibhefte den Buchstaben <T>, während die Lehrerin durch die Klasse geht und sie dabei beobachtet. Daniel unterbricht sein Schreiben, sieht zur großen Anlauttabelle an der Wand und flüstert: „/au, au, au/ ... Auge, /ei, ei, ei/...". Als Frau M. sich nähert, schreibt Daniel sofort weiter in sein Heft: < T T T ... >. Als sie wieder geht, sieht Daniel erneut zur Anlauttabelle und setzt flüsternd fort: „/ei, ei, ei/... Eimer, /eu, eu, eu/...".

Den didaktischen Handlungen der Lehrerin konnte ich zu diesem Zeitpunkt entnehmen, dass sie von allen Kindern der Gruppe erwartete im Rahmen so genannter „Stillarbeit" zum gleichen Zeitpunkt das Gleiche zu bearbeiten. In der hier protokollierten Situation sorgt die Lehrerin sogar dafür, dass dieses Prinzip eingehalten wird, indem sie durch die Klasse geht und schaut, ob die Kinder den Buchstaben (richtig?) schreiben. Auch Daniel weiß, was die Lehrerin von ihm erwartet - aber er weiß auch, was er zur Zeit braucht: Daniel hat sich zu diesem Zeitpunkt immer wieder - *selbst differenzierend und selbstständig handelnd* - mit der Anlauttabelle beschäftigt, da diese Ende September eingeführt und seitdem als bekannt vorausgesetzt wurde. Eine Individualisierung „von unten" findet also hier statt, ohne aber die didaktische Organisation oder Inszenierung seitens der Lehrerin dekonstruieren zu müssen. Daniel sorgte in dieser Situation dafür, dass beide, die Lehrerin mit ihren didaktischen Vorstellungen in Bezug auf Lernen von Buchstaben und auf kollektives Lernen in einer Anfangsklasse, aber auch er mit seinen individuellen Lernbedürfnissen, nicht zu kurz kamen. Dass Daniel sich dabei gleichzeitig zwei verschiedenen Lernaufgaben stellen musste, schien kein Problem für ihn zu sein.

Anders als Daniel, sorgte eine Woche später der neue Schüler Frank für Irritation, als er nach der Erzählrunde zum Wochenende, nicht, wie erwartet, in seinem Schreib-Mal-Heft, sondern in seinem Mathebuch selbstständig arbeitete:

3.12.2001
Am Gruppentisch, ich sitze neben Frank.
Frank arbeitet in seinem Mathebuch. Die Lehrerin geht zu ihm. „Frank pass mal auf", spricht sie ihn an, „wir machen immer montags etwas anderes". Sie erklärt ihm, dass er sein „Schreib-Mal-Heft" aus den Ranzen holen soll. Dieser Aufforderung kommt er sofort nach. „Jetzt kannst du malen und schreiben, was du am Wochenende erlebt hast, okay?!" teilt ihm Frau M. mit und geht wieder zu ihrem Tisch. Frank macht sich an die Arbeit: Er

ergänzt Buchstaben auf der ersten Seite seines Heftes, mit der er bereits letzten Montag begonnen hatte.

"Wir machen immer montags etwas anderes" lautete die Erklärung der Lehrerin für den neuen Schüler Frank, der sich noch nicht mit dem Unterrichtsalltag dieser Schulklasse auskannte, und "jetzt kannst du malen und schreiben, was du am Wochenende erlebt hast", hieß noch die konkrete Anweisung. Frank sah offensichtlich ein, dass er sich anzupassen hatte, zumindest was die erste Anforderung der Lehrerin anging: die Kinder machen montags *etwas anderes*. Doch nachdem die Lehrerin ging, fing er nicht über das Wochenende zu malen oder zu schreiben, sondern schrieb lose Buchstaben. Diese Aufgabe, mit der Frank sich bereits vor einer Woche beschäftigte, hatte allerdings mit den Praktiken der anderen Jungen an seinem Tisch zu tun, mit Daniel, der Frank in diese Praxis am 26.11.01 eingeführt hatte und mit Tobias, der seit Ende Oktober jeden Montag und über Wochen hinweg ebenfalls lose Buchstaben in sein Heft schrieb (vgl. dazu ausführlicher Panagiotopoulou 2003a und 2003b).

Im nächsten Protokollausschnitt vom 28.05.2002 werden sowohl das didaktische Prinzip der Lehrerin *wir lernen gemeinsam*, als auch die Handlungsfreiräume der Kinder, ihre Selbst- und Mitbestimmungsmöglichkeiten, noch deutlicher. Es wird m. E. außerdem ersichtlich, dass das Unterrichtsgeschehen auch (oder insbesondere dann?) durch die SchulanfängerInnen verändert oder mitgestaltet wurde, *wenn sie dafür kaum "Freiräume" von ihrer Lehrerin erhielten.*

28.05.2002
Im Kreis, alle Kinder blättern in Büchern, manche von ihnen lesen leise vor sich hin. Die Lehrerin kommt in den Kreis und fordert die Kinder auf, alle Bücher zuzuklappen und auf den Boden zu legen, "bei Bücher lesen, kann man auch lernen, aber wir lernen jetzt etwas gemeinsam!" erklärt sie dabei. Sie zeigt den Kindern ein Blatt Papier, darauf steht der Satz geschrieben: "mein Spitzer spitzt alle Spitzen". "Ich weiß, /sp/" stellt Tobias unverzüglich fest. "Die Erwachsenen sagen einfach /es pe/", erklärt die Lehrerin. Sie zeigt den Kindern ein neues Blatt mit Wörtern, die "mit /es pe/ beginnen" und fragt: "Wer möchte das erste Wort vorlesen?"

"Wir lernen jetzt etwas gemeinsam!" kündigte die Lehrerin in der hier beschriebenen Situation an und meinte damit die Kinder, und zwar alle Kinder, obwohl sie hätte wissen müssen, wie unterschiedlich die schriftsprachlichen Lernentwicklungen ihrer SchülerInnen zu diesem Zeitpunkt (etwa zwei Monate vor Schuljahresende) waren. Auch in dieser Situation ging sie also von einer homogenen Gruppe aus, oder konstruierte sozusagen eine homogene Grundlage, auf der sich nun das Unterrichtsgeschehen abzuspielen hatte, indem sie nicht nur den *gemeinsamen Lerngegenstand* definierte, sondern auch auf *begriffliche Einheitlichkeit* bestand: "Die Erwachsenen sagen einfach /es pe/", berichtigte sie Tobias, als der mit seiner Aussage "ich weiß /sp/" sein Schriftwissen und gegebenenfalls seine Überlegenheit gegenüber einigen MitschülerInnen zeigte. Mit ihrer Reaktion auf Tobias' Kommentar versuchte die Lehrerin eventuell auch die Notwendigkeit des gemeinsamen Lernens zu legitimieren, nach dem Motto, auch du Tobias, auch wenn du alle Buchstaben bereits kennst, weißt nicht die richtige bzw. erwachsene Antwort darauf, daher müssen wir nun gemeinsam lernen. Insofern scheint hier die Kritik berechtigt (siehe unter 1.3), dass im Grundschulunterricht die individuellen Lernbedürfnisse der Kinder oft keine Berücksichtigung finden. Bedeutet dies aber, dass die Lehrperson das Unterrichtsgeschehen allein bestimmt?

In diesem Moment schlägt Murat ein Buch, das er die ganze Zeit in der Hand hielt, vorsichtig auf. Er sieht dabei seine Lehrerin an und schlägt es wieder zu, als diese zu ihm schaut. [...] Kurz darauf schlägt Jessica ein vor ihren Füssen liegendes Buch auf. „Jetzt ist nicht Lesen, Jessica!" ermahnt sie Nihal. Jessica reagiert nicht darauf. „Frau M., guck mal", sagt Nihal, „Jessica liest!" Weder Jessica, noch die Lehrerin reagieren auf diese Feststellung. „Frau M., guck mal, Jessica hört nicht zu, sie liest!" wiederholt Nihal, zeigt dabei auf ihre Mitschülerin und scheint aufgeregt zu sein.

Während Murat nachgibt und das Buch wieder zuschlägt, als die Lehrerin zum ihm (eventuell ermahnend, was ich allerdings nicht beobachten konnte) schaut, ist es Jessica, die sich zutraut, Widerstand zu leisten. Jessica möchte weiter lesen, sie möchte sich nicht mit den angeblich „neuen Buchstaben" befassen, auch sie kennt und benutzt alle Buchstaben in ihren selbständig geschriebenen Wörtern und Sätzen, auch sie fühlt sich von der Aufgabe wahrscheinlich unterfordert und möchte sich mit etwas anderem, mit dem Lesen eines selbst gewählten Buches beschäftigen. Jessica gelingt es auch in der hier beschriebenen Situation, ihr Interesse durchzusetzen. Die Lehrerin lässt zu, dass Jessica weiter liest, wohl wissend, dass sie zu den SchülerInnen gehört, die dieses angeblich „gemeinsame Lernen" offensichtlich nicht brauchen. Ob sie auf diese Weise eine *partielle Individualisierung* vornimmt oder einer *„Individualisierung von unten"* zumindest schweigend zustimmt? Wahrscheinlich merkt die Lehrerin aber auch, dass die Situation sich ziemlich merkwürdig entwickelt: Eine Schulanfängerin (Jessica) wird von ihrer Mitschülerin und Freundin (Nihal) ermahnt, weil diese freiwillig liest. Eine paradoxe Situation also, da es in der Schule schließlich darum gehen sollte, Kinder in die Welt der Schriftlichkeit einzuführen.

Interessant ist auch Nihals Perspektive, die auch in weiteren von mir beobachteten Situationen einerseits ein ausgeprägtes Vertrauen gegenüber der Lehrerin zeigte und andererseits sich immer wieder Sorgen um ihre Freundinnen machte. So konnte ich auch ihre Handlungsweise in der hier beschriebenen Situation besser verstehen: Laut der Lehrerin sollten die Kinder etwas Neues dazu lernen, doch Jessica lernt nicht mit, sie verpasst gerade das Lernen, weil sie mit einer anderen Aufgabe beschäftigt ist: „Jessica hört nicht zu, sie liest".

Charakteristisch und gleichzeitig besonders problematisch scheint mir jedoch Murats Situation. Murat nahm zu diesem Zeitpunkt Buchstaben eher als grafische Zeichen wahr und malte sie in sein Schreib-Mal-Heft ab. Er hatte also den Zusammenhang zwischen gesprochener und geschriebener Sprache noch nicht erkannt. Murat konnte zwar - ebenfalls *selbst differenzierend* - signalisieren, dass die gerade angebotene Lernaufgabe für ihn nicht geeignet sei, indem er eine seiner Lieblingsaufgaben, das Durchblättern in einem Buch, fortsetzen wollte, doch anders als Jessica hat er nicht seine Lernbedürfnisse gegenüber seiner Lehrerin vertreten können (auf diese Problematik gehe ich noch unter 3. ein).

So genannte offene, differenzierte Lernangebote wurden in dieser Jahrgangsklasse ebenfalls regelmäßig gemacht, insbesondere weil die SchulanfängerInnen von Anfang an, so die didaktische Intention der Lehrerin, „frei" schreiben und dabei selbstständig die Schriftsprache erwerben sollten. Ein Beispiel aus dem zweiten Schuljahr meiner teilnehmenden Beobachtung soll kurz und dabei exemplarisch verdeutlichen wie diese Angebote von zwei Jungen - inzwischen Zweitklässlern, Daniel und Manuel - wahrgenommen wurden.

30.06.2003
Montagmorgen,„Schreibwerkstatt".
Die Lehrerin hat heute verschiedene Fotos „vom Besuch im Tierpark" mitgebracht, sie legt sie auf den Tisch vor der Tafel und erklärt den Kindern ihre Aufgabe: Jedes Kind soll „ein Foto auswählen" und dazu eine Geschichte schreiben. Alternativ dazu könnten die Kinder „etwas Eigenes erfinden, andere Bildergeschichten schreiben". [...] Daniel und Manuel gehen in den Kreis, jeder mit einem Blatt in der Hand, und beginnen sofort mit der Aufgabe. Manuel schreibt und Daniel malt ein Bild. „Wir erfinden gerade ein Maschinenlexikon", erklärt mir Manuel als ich mich neben sie setze. Daniel geht zur Lehrerin, die an ihrem Tisch sitzt, und informiert sie darüber: „wir haben ein Tierlexikon hier, wir brauchen auch ein Maschinenlexikon!" „Eine gute Idee" stellt Frau M. fest.

Manuel und Daniel haben sich für eine im Rahmen der angebotenen Alternativen und Anforderungen der Lehrerin für sie gemäße Aufgabe entschieden (siehe die Definition zur Selbstdifferenzierung von Faust-Siehl u.a. unter 1.3). Sie wollten „etwas erfinden", erklärten sie dabei, genauso wie ihre Lehrerin vorgeschlagen hatte. Die Lehrerin sorgte also dafür, dass die Kinder auch über Inhalte selbst entscheiden konnten (die Aufforderung „etwas zu erfinden" gab den Kindern die Freiheit dafür), doch würde sie auch jeden Inhalt zulassen? Dies ist eine wichtige didaktische Frage und die beiden Jungen schienen die Antwort darauf bereits zu kennen:

In dem „Maschinenlexikon" sollten „ein Maschinengewähr", „ein Bazooka", „ein Chamäleon-Hubschrauber" und „ein Panzer" vorkommen, wie ich dem Gespräch der Kinder, während diese arbeiten, entnehme. „Daniel schreibt über den Hubschrauber, ich über den Panzer" erklärt mir Manuel dabei. Auf meiner Frage hin, warum es „Maschinenlexikon" heißen soll, antwortete Daniel, dass „Waffen auch Maschinen" seien.

Während die beiden Jungen ihre Bilder malten erklärten sie mir, warum „Waffen in der Schule verboten" seien und dass die Lehrerin „ein Waffenlexikon" in der Klasse „niemals" zulassen würde. Dies erklärt auch warum sie *erfinderisch* sein mussten bezüglich des Begriffs „Maschinenlexikon". Den

beiden Jungen war es bewusst, dass sie nicht die inhaltlichen Entscheidungen
- auch im Rahmen von solchen Lernsituationen - treffen durften. Mit ihrer
Kategoriebildung, „Waffen sind auch Maschinen", haben sie also der Lehrerin die Entscheidung erleichtert und ihre eigene „Erfindung" durchgesetzt.

Handelt es sich aber hier um eine Selbstdifferenzierung? Handelt es sich
nicht viel mehr um einen Versuch mit der Lehrerin differenzierter umzugehen? Adressatin ist jedenfalls Frau M., sie ist diejenige, die diese „Erfindung"
absegnen sollte. Die Aufgabe „Maschinenlexikon" wird an ihre didaktischen
Vorstellungen angepasst, Maschinen sind als schulischer Inhalt akzeptabel,
Waffen allerdings nicht. Handelt es sich hier um eine Art Differenzierung
oder Individualisierung „von unten" (seitens der Kinder) - und zwar „nach
oben" bzw. mit Blick auf die Bedürfnisse der Lehrerin?

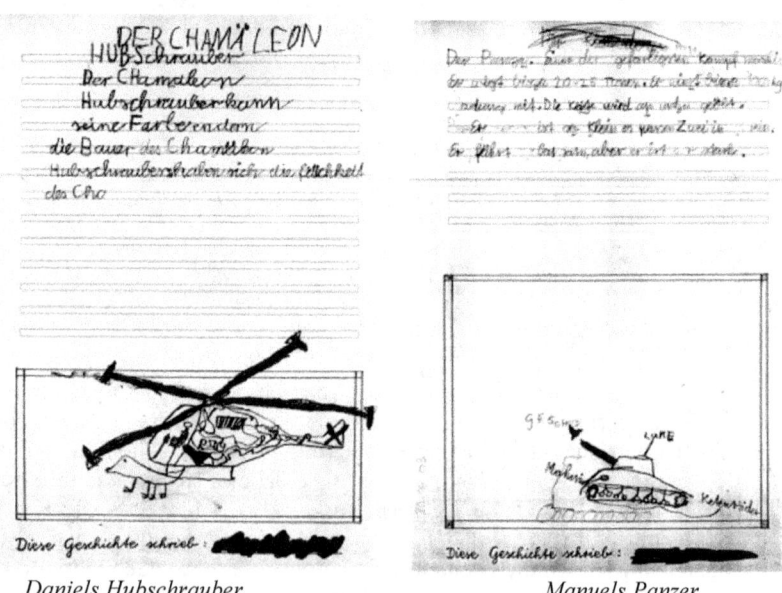

Daniels Hubschrauber   Manuels Panzer

Während die Lehrerin bei ihren Differenzierungsversuchen sich mit den Unterschieden zwischen den Kindern befasste, haben sich also Kinder konsequent mit den Unterschieden zwischen ihrer eigenen Sichtweise und der Sicht
der Lehrerin beschäftigt: Und so stellte sich an diesem Tag Manuel die Frage
bzw. fragte mich - als eine erwachsene Person, als eine weitere Pädagogin,
oder als Forscherin der Klasse, die sich mit der Sicht der Lehrerin auskennen
müsste - was ich meinte, ob ihr, der Lehrerin, das Geschriebene ausreichen
würde:

„Was meinst du Frau Panagiotopoulou, genügt ihr das?" fragt mich Manuel und zeigt mir sein Blatt: er hat drei Zeilen geschrieben.
„Was meinst du, Manuel, wem sollte das genügen?" frage ich zurück. „Frau M." erklärt mir Manuel. „Was meinst du, reichen ihr drei Sätze zum Panzer?", wiederholt er seine Frage. Ich schlage vor, dass er sie fragt.

Was die Lehrerin braucht, schien für diese Klasse von besonderer Bedeutung zu sein: Nicht (nur) das individuelle Ziel, sondern (auch) das Ziel der Lehrerin war für die Kinder von besonderer Wichtigkeit. Manuels Frage „...reichen ihr drei Sätze zum Panzer?" verdeutlicht, dass die Lehrerin in dieser Lerngruppe sich nach zwei Schuljahren zur zentralen Instanz etabliert hatte, sie schien sogar die letzte Instanz zu sein, wenn es um die Frage ging, ob eine Lernaufgabe abgeschlossen war oder nicht:

Manuel steht auf, geht mit seinem Blatt in der Hand zu Frau M. und kommt sofort wieder zurück: „Noch mehr muss ich schreiben" sagt er mir und ist anscheinend enttäuscht. „Warum?" frage ich ihn. „Hat sie gesagt" antwortet er und setzt sich wieder.

3. Schlussfolgerungen und Perspektiven

Didaktische Ansätze zum schulischen Schriftspracherwerb und zum Umgang mit Heterogenität sollten m. E. nicht mehr ausschließlich die Unterschiede zwischen den SchulanfängerInnen berücksichtigen, sondern auch die unterschiedlichen Wahrnehmungsmöglichkeiten von Erwachsenen und Kindern, *die Differenz(en) zwischen erwachsenen Lehrenden und lernenden Kindern im Unterrichtsalltag* stärker einbeziehen:

Das Bemühen frontal zu unterrichten, kann nur scheitern, stellte Meyer-Willner (2001, 367 und 374) in seinem Aufsatz über Differenzierung und Individualisierung in der Grundschule fest, da es sich dabei um einen „undifferenzierten Unterricht" handelt, „der die individuellen Unterschiede zwischen Schülern negiert". Ein solches Bemühen scheiterte in der von mir beobachteten Jahrgangsklasse bereits daran, dass die SchulanfängerInnen den schriftsprachlichen Anfangsunterricht sabotierten, indem sie unter anderem *selbst* differenzierten: In den oben diskutierten Unterrichtsituationen richtete die Lehrerin gegenstandsbezogene - auf den Schriftspracherwerb bezogene - Lernaufgaben an eine (fiktive) homogene Gruppe von SchulanfängerInnen als Adressaten. Ihre didaktischen Vorentscheidungen haben darüber hinaus das Unterrichtsgeschehen mehr oder weniger bestimmt - auch dann, wenn sie so genannte differenzierte Lernangebote machte. Allerdings wurden von Anfang an und über die zwei Schuljahre hinweg verschiedene von der Lehrerin initiierte Lernsituationen durch die Kinder konsequent dekonstruiert bzw. verändert: die didaktischen Prinzipien und situativen Zielsetzungen der Lehrerin wurden zwar von den SchülerInnen - soweit möglich bzw. nötig - berücksichtigt, ihre inhaltlichen Vorgaben wurden aber konsequent „geöffnet" bzw. an individuelle und/oder kollektive Interessen der Gruppe durch die Adressaten dieser Angebote, durch die Kinder selbst (didaktisch?) angepasst. Diese Art von Differenzierung ließ sich im Unterrichtsalltag dieser Schulklasse fast durchgängig beobachten - auch dann, wenn die Lehrerin „frontal" unterrichtete. Selbstdifferenzierung oder „Individualisierung von unten" kann also im Unterricht auch *als eine Art Reaktion auf Homogenisierungsversuche* der Lehrerin entstehen: zum Beispiel haben in den hier thematisierten Unterrichtssituationen nicht (nur) die *erhaltenen Freiräume*, sondern auch *deren Vorenthaltung* zur Übernahme der Verantwortung für das eigene Lernen seitens der Kinder geführt.

Allein durch den Erhalt von Freiräumen und ohne eine gezielte Unterstützung durch MitschülerInnen und/oder Lehrerinnen, scheint es allerdings, für Kinder mit einer schwierigen Lernausgangslage, nicht möglich zu sein, Mitverantwortung bei der Unterrichtsgestaltung zu übernehmen. Für Kinder, die mit wenigen Schrifterfahrungen und schriftspezifischen Vorkenntnissen in die Schule kommen, kann ein Anfangsunterricht, der nicht auf schriftkulturelle Heterogenität eingeht, sehr problematisch werden. Auch wenn diese Kinder ihre Schwierigkeiten selbst erkennen (lernen) - mehr oder weniger in ständiger Konfrontation mit Angeboten, die für die gesamte Klasse gedacht sind (siehe unter 2.2 das Beispiel: Murat) - fällt es ihnen trotzdem schwer, eine Selbstdifferenzierung zu unternehmen. Hingegen ist anzunehmen, dass diese Möglichkeit in einer Lerngruppe eröffnet werden könnte, in der SchulanfängerInnen sich für das eigene und für das Lernen von anderen SchülerInnen von Anfang an (mit)verantwortlich fühlen (etwa in einer jahrgangsübergreifenden und integrativen Schulklasse; vgl. dazu Panagiotopoulou 2004). Der *Kontext, die Lernkultur* und insbesondere (da der Begriff Lernkultur auf das Kollektive hinweist) *der Umgang der Kinder untereinander* scheinen für die Realisierung und Realisierbarkeit einer „Individualisierung von unten" von besonderer Bedeutung zu sein.

Trotz aller Selbst- und Mitbestimmungsmöglichkeiten, die SchulanfängerInnen bei ihrem Schriftspracherwerb im Kontext der konkreten Lernkultur erhielten oder sich erkämpfen mussten, hat sich die Lehrerin zu einer zentralen Instanz etabliert: Sie war zum Beispiel diejenige, die nicht nur über den Inhalt einer Schreibaufgabe, sondern auch über den Umfang des Geschriebenen entscheiden sollte bzw. durfte (siehe unter 2.2 das Beispiel: Manuel), ihr Unterricht könnte daher, aus (fach-)didaktischer Perspektive, als „lehrerzentriert" bezeichnet werden. Und dennoch: Die Beteiligung der SchülerInnen dieser Jahrgangsklasse an der Gestaltung von Lernsituationen, ihre ständige Auseinandersetzung und ihr Umgang mit den Anforderungen, Zielsetzungen, Sichtweisen ihrer Lehrerin, und nicht zuletzt ihre Differenzierungsversuche, deuten darauf hin, dass Unterrichtswirklichkeit von Lehrenden *und* Lernenden *im schulischen Alltag mitproduziert und von beiden Seiten ununterbrochen ausgehandelt wird*. Daher können auch die hier beschriebenen Unterrichtssituationen nicht ausschließlich als „lehrerzentriert" oder „schülerorientiert", als „offen" oder „frontal", als „differenziert" oder „undifferenziert" etc. charakterisiert, also durch klassische didaktische Kategorien beschrieben werden. Darauf, auf die Komplexität des Unterrichts sowie auf die Ko-Konstruktionsprozesse im Unterrichtsalltag und im Zusammenhang mit konkreten Lernbereichen, zum Beispiel im Zusammenhang mit Schrift und Schriftlichkeit, müssten wir uns noch in der (Grund-) Schulpädagogik und -didaktik sowohl *theoretisch, als auch empirisch* einlassen.

Literatur

Amann, K.; Hirschauer, S. (1997): Die Befremdung der eigenen Kultur. Ein Programm. In: Amann, K; Hirschauer, S. (Hrsg.): Die Befremdung der eigenen Kultur. Zur ethnographischen Herausforderung soziologischer Empirie. Frankfurt/M., S. 7-52.
Brügelmann, H. (2002): Heterogenität, Integration, Differenzierung: empirische Befunde - pädagogische Perspektiven. In: Heinzel, F.; Prengel, A. (Hrsg.): Heterogenität, Integration und Differenzierung in der Primarstufe. Jahrbuch Grundschulforschung Bd. 6. Opladen, S. 31-43.
Faust-Siehl, G.; Garlichs, A.; Ramseger, J.; Schwarz, H.; Warm, U. (1996): Die Zukunft beginnt in der Grundschule. Empfehlungen zur Neugestaltung der Primarstufe. Arbeitskreis Grundschule e.V., Frankfurt/ M.
Geertz, C. (1987/1994): Dichte Beschreibung. Beiträge zum Verstehen kultureller Systeme. Frankfurt/ M.(3. Auflage).
Heinzel, F. (2004): Was bedeutet IGLU für Konzepte der Lehrerbildung im Grundschulbereich? In: Merkens, H. (Hrsg.). Lehrerbildung : IGLU und die Folgen. Opladen, S. 53-63.
Hentig, H. von (1993): Die Schule neu denken. Eine Übung in pädagogischer Vernunft. Weinheim und Basel.
Kiper, H. (2002): Umgang mit Heterogenität. In: Kiper, H.; Meyer, H.; Topsch, W.: Einführung in die Schulpädagogik. Berlin, S. 157-169.
Klafki, W.; Stöcker, H. (1985/1996): Innere Differenzierung des Unterrichts. In: Klafki, W.: Neue Studien zur Bildungstheorie und Didaktik. Zeitgemäße Allgemeinbildung und kritisch-konstruktive Didaktik. Weinheim und Basel, S. 173-208 (5. Auflage).
Krüger-Potratz, M. (1999): Stichwort: Erziehungswissenschaft und kulturelle Differenz. In: Zeitschrift für Erziehungswissenschaft Heft 2, S. 149-165.
Merkens, H. (Hrsg.) (2004): Lehrerbildung : IGLU und die Folgen. Opladen.
Merkens, H. (2004): IGLU und die Folgen - Quo Vadis Lehrerbildung für das Lehramt an Grundschulen? In: Merkens, H. (Hrsg.): Lehrerbildung: IGLU und die Folgen. Opladen, S. 135-138.
Meyer-Willner, G. (2001): Differenzierung und Individualisierung. In: In: Einsiedler, W.; Götz, M.; Hacker, H.; Kahlert, J.; Keck, R.W.; Sandfuchs, U. (Hrsg.): Handbuch Grundschulpädagogik und Grundschuldidaktik. Bad Heilbrunn/ Obb., S. 367-376.

Laging R. (1999): Altersmischung. Eine pädagogische Chance zur Reform der Schule. In: Laging, R. (Hrsg.): Altersgemischtes Lernen in der Schule. Hohengehren, S. 6-29.

Panagiotopoulou, A. (2003a): Beobachtungen im Anfangsunterricht: Zum Nichteinlassen von SchulanfängerInnen auf das „freie" bzw. selbstständige Schreiben. In: Brinkmann, E.; Kruse, N.; Osburg, C. (Hrsg.): Kinder schreiben und lesen. Beobachten - Verstehen - Lehren. Jahrbuch der Deutschen Gesellschaft für Lesen und Schreiben (DGLS). Freiburg im Breisgau, S. 47-61.

Panagiotopoulou, A. (2003b): „Charly braucht dringend neue Buchstaben": Schriftkulturelle Alltagspraktiken und Deutungsmuster von SchulanfängerInnen. In: Panagiotopoulou, A.; Brügelmann, H. (Hrsg.): Grundschulpädagogik meets Kindheitsforschung: Zum Wechselverhältnis von schulischem Lernen und außerschulischen Erfahrungen im Grundschulalter. Jahrbuch Grundschulforschung Bd. 7. Opladen, S. 150-155.

Panagiotopoulou, A. (2004): Kinder lernen von Kindern - zur Einführung von SchulanfängerInnen in die interne Schriftkultur einer jahrgangsübergreifenden Lerngruppe. In: Panagiotopoulou, A.; Carle, U. (Hrsg.): Sprachentwicklung und Schriftspracherwerb. Beobachtungs- und Fördermöglichkeiten in Familie, Kindergarten und Grundschule. Reihe: Entwicklungslinien der Grundschulpädagogik Bd.2. Hohengehren, S. 133-146.

Panagiotopoulou, A. (i.V.): Erwerb von Schriftlichkeit im Kontext schulischer Lernkultur. Eine ethnografische Studie zum Umgang mit Heterogenität in der Grundschule [Arbeitstitel].

Peschel, F. (2004): Ganz normale Kinder! Differenzierung von oben oder Individualisierung von unten. In: Becker, G. u.a. (Hrsg.): Heterogenität - Unterschiede nutzen - Gemeinsamkeiten stärken. Friedrich Jahresheft XXII, S. 21-23.

Radtke, F. O. (Hrsg.) (1999): Die Organisation von Homogenität. Jahrgangsklassen in der Grundschule, Frankfurter Beiträge zur Erziehungswissenschaft, Reihe Kolloquien Bd. 1, Frankfurt/M.

Roeder, P. M. (1997): Binnendifferenzierung im Urteil von Gesamtschullehrern. In Zeitschrift für Pädagogik 43. Jg., S. 242-259.

Rossbach, H.-G.; Wellenreuther, M. (2002): Empirsche Forschungen zur Wirksamkeit von Methoden der Leistungsdifferenzierung in der Grundschule. In: In: Heinzel, F.; Prengel, A. (Hrsg.): Heterogenität, Integration und Differenzierung in der Primarstufe. Jahrbuch Grundschulforschung Bd. 6. Opladen, S. 44-57.

Strauss, A. (1998): Grundlagen qualitativer Sozialforschung. München. (2. Auflage).

Valtin, R. (2004): Iglu gut - alles gut? In: Dräger, M.; Gräser, H.; Hecker, U.; Sengelhoff, B. (Hrsg.): Lesen ist Verstehen. Schriften auf Wegen zu Kindern. Reihe: Beiträge der Deutschen Gesellschaft für Lesen und Schreiben. Bd. 1, Frankfurt/M., S. 9-24.

Valtin, R.; Bos, W. (2004). (Was) können wir aus IGLU für die Lehrerbildung lernen? In: Merkens, H. (Hrsg.) (2004): Lehrerbildung : IGLU und die Folgen. Opladen, S. 17-35.

Zehnpfennig, H.; Zehnpfennig, H. (2004): Offener Unterricht. In: Christiani, R. (Hrsg.): Jahrgangsübergreifend unterrichten. Berlin, S. 196-202.

Hans Brügelmann

Die Entwicklung der Lesekompetenz, ihre Prognose und Förderung

In den bildungspolitischen Diskussionen über die PISA-Ergebnisse zur Lesekompetenz deutscher SchülerInnen und mögliche Folgerungen wird viel spekuliert. In diesem Beitrag stelle ich einige Deutungen in Frage, deren Annahmen nicht zureichend geklärt sind:

(1) Wie fundiert sind eigentlich die Maßstäbe für die Bewertung von Lese-*kompetenzen* als (nicht) „ausreichend"?

(2) Nach welchen Kriterien wird eine Lese-*Entwicklung* als „positiv" oder „riskant" beurteilt?

(3) Wie gut lässt sich die *individuelle* Entwicklung der Leseleistungen überhaupt *vorhersagen*?

Anschließend (4) will ich diskutieren, was ihre Klärung für die Inhalte und die Formen einer Förderung bedeutet.

1. Wann ist jemand „leseschwach"?

In der aktuellen Diskussion über Bildungsstandards ist das zentrale Problem die Definition von Mindest- oder Regelniveaus: Was sind „Basiskompetenzen" im Lesen - oder anders gefragt: Ab wann sind SchülerInnen „leseschwach"? Die Antworten fallen sehr unterschiedlich aus, wenn man auf die letzten hundert Jahre zurückblickt. Um 1900 galt als schriftkundig, wer mit seinem Namen unterschreiben konnte - und das waren damals schon fast alle.

In den 1930er Jahren wurde in den USA das im Lehrplan definierte Niveau der vierten Klasse Maßstab für „Lesefähigkeit". Nach dem zweiten Weltkrieg galt das Durchschnittsniveau zum Abschluss der Pflichtschule als Mindestausstattung.

Der Anteil „leseschwacher" SchülerInnen in einer Population hängt also nicht nur von ihrer tatsächlichen Leistung, sondern auch von den - mit den Jahren erheblich gestiegenen - Anforderungen unserer zunehmend schriftbestimmten Umwelt ab. Deshalb schwanken auch die Schätzungen des Anteils so genannter „Analphabeten" erheblich, und was als deren „Zunahme" beklagt wird, kann auch Folge höherer Anforderungen sein.

Vor diesem Hintergrund überrascht es nicht, wenn verschiedene Studien für Deutschland zu ganz unterschiedlichen Aussagen über die Größe der sog. „Risikogruppe" schwacher LeserInnen kommen, obwohl die Daten innerhalb eines sehr kurzen Zeitraums erhoben wurden (vgl. Tab. 1):

Tab. 1 Kürzel der Studie	Alter	Jahr	Anteil der „Risiko"-Gruppe schwacher LeserInnen
IEA	14	1991	2 %
IALS	16+	1993	14 %
PISA-I	15	2000	25 %
IGLU	9	2003	10 %

Es ist kaum denkbar, dass sich die Quote innerhalb von 10 Jahren auf das Zwölffache erhöht haben soll (2000 vs. 1991). Wie aber lässt sich die breite Streuung der Angaben dann erklären? Aus meiner Sicht gibt es zwei Gründe:

Schwellenwerte des Lesen-"Könnens" zur Abgrenzung von Risikogruppen werden festgelegt ohne empirische Absicherung

- ihrer alltagsökologischen Validität, d. h. ohne Überprüfung ihrer Passung auf Anforderungen in den Lebens- und Berufswelten, und
- ihrer lernbiografischen Validität, d.h. ohne Absicherung ihrer Prognosekraft als „Voraussetzung" für den weiteren Schul- und (Aus-) Bildungsweg. Die alltagsökologische Validität ist fraglich, weil die Mindestniveaus festgelegt werden, ohne zu berücksichtigen,
- dass es erhebliche Unterschiede zwischen objektiven Testleistungen und subjektiver Bewältigung von Anforderungen im individuellen Alltag gibt und
- dass die Testleistungen innerhalb vergleichbarer Gruppen erheblich streuen, obwohl die meisten dieser Personen den täglichen Anforderungen durchaus gewachsen sind. Schon in der OECD-Adult-Literacy-Studie von 1995 wurde deutlich, dass viele Personen mit objektiv schlechter Testleistung ihre Lesekompetenz angesichts der konkret erlebten Anforderungen in Beruf und Alltag als durchaus zureichend einschätzen:

Tab. 2: Selbsteinschätzung Alltag (Deutschland)	Lesetest Stufe 1	Lesetest Stufe 4/5
(sehr) gut	81 %	99 %
mittelmäßig	12 %	-
Schlecht	5 %	-

Selbst wenn man unterstellt, dass die Befragten eher in Richtung sozialer Erwünschtheit geantwortet haben, überrascht die hohe Quote derjenigen auf Kompetenzstufe 1, die angeben, dass sie nicht nur mittelmäßig, sondern sogar „gut" im Alltag zurechtkommen.

Insofern ist es bedauerlich, dass die in PISA und anderen Studien eingesetzten Lesetests nicht an Stichproben unterschiedlicher Berufsgruppen validiert worden sind. Erste Befunde aus Pilotstudien unseres Projekts LUST („Lese-Untersuchung mit dem Stolperwörter-Test") lassen vermuten, dass Lesetests das Spektrum von alltagstauglichen Lesestrategien nur unzureichend erfassen, denn die Streuung der Leistungen ist innerhalb einzelner Berufsgruppen geradezu dramatisch:

	Tab. 3: Stolperwörter-Sätze: Richtige Sätze/ Min.				
Gruppe	Mitte 2. Kl.	Mitte 4. Kl.	Berufsschule	Handwerk	Lehrer
N =	6.654	6.415	252	166	181
aM	4.1	8.1	14.9	11.2	18.7
SD	2.1	2.7	3.1	3.4	3.7
Min-Max	0-11	1-16	6-25	3-20	9-29

Die Überlappung der unteren Leistungsbereiche mit den Ergebnissen der GrundschülerInnen zeigt, dass niedrige Punktwerte im Test mit Vorsicht zu interpretieren sind. Bei der Gruppe „Handwerk" beispielsweise handelt es sich um MeisterschülerInnen, also Personen, die in ihrem Beruf durchaus erfolgreich sind.

Damit ich nicht missverstanden werde: Die berichteten Befunde bedeuten weder, dass eine höhere Lesefähigkeit unnötig ist, noch, dass Lesenkönnen nur funktional definiert werden sollte. Tut man dies allerdings - wie in PISA -,dann muss die Funktionalität auch empirisch belegt werden.

Die lernbiografische Validität ist fraglich, weil die Determinationskraft von sog. „Voraussetzungen" unklar ist. Diese ist erst ernst zu nehmen, wenn zwei Bedingungen erfüllt sind: Schlechte Leistungen zu Termin-1 bedeuten - im Vergleich zu denjenigen, die gute Leistungen erbringen - ein *wesentlich erhöhtes* Risiko schlechter Leistungen auch zu Termin-2 (also z.B. 30% statt sonst 10%). Darüber hinaus müsste die *Mehrheit* der SchülerInnen mit schlechten Leistungen zu Termin-1 auch bei Termin-2 versagen, also nicht nur 30%, sondern 60% oder 80%, so dass nur eine Minderheit aus dieser Gruppe zu Termin-2 erfolgreich ist. Die erste Bedingung erfüllen sehr viele sog. „Voraussetzungen", die zweite dagegen kaum eine (vgl. Brügelmann 2005).

Es ist aber nicht nur umstritten, welche Leistungen als „(Miss-) Erfolg" zu bewerten sind. Hinzu kommen Differenzen in der Frage, wann eine Lern*entwicklung* als positiv oder negativ einzuschätzen ist.

2. Wann gilt eine Lernentwicklung als „erfolgreich"?

Drei Bezugspunkte spielen im Schulalltag eine Rolle:

– Der Grad, in dem vorgegebene Leistungsniveaus erreicht werden, also die Orientierung an Zielkriterien. Für deren Begründung fehlt allerdings bisher die empirische Basis, wie wir oben (1.) gesehen haben.
– Die Verbesserung der Rangposition in einer Bezugsgruppe, z.B. im Verhältnis zur Klasse oder zu den Gleichaltrigen insgesamt. Dies ist der gängige, aber zugleich ein problematischer Maßstab für die Notengebung im Unterricht, wie wir gleich sehen werden.
– Der individuelle Lernzuwachs, also die Orientierung an der je eigenen Leistung zu einem früheren Zeitpunkt.

Die letzte Perspektive führt zu interessanten Einsichten, deren Essenz wir in unserem Projekt LUST als „Karawaneneffekt" beschrieben haben. Er bedeutet,

– dass alle Schülergruppen Fortschritte machen - abgesehen evtl. von der untersten Leistungsgruppe - und zwar vergleichbar sowohl quantitativ, also in der Größenordnung des Lernzuwachses, als auch qualitativ, d. h. in den Zwischenformen auf dem Weg zum Ziel;

- dass die unteren Gruppen die oberen nicht erreichen, weil beide von einem ganz unterschiedlichen Ausgangsniveau gestartet sind und eben alle erfolgreich lernen;
- dass leistungsschwächere Schülergruppen sich nicht durch stabile Eigenschaften („Schwächen") von den anderen als qualitativ „andersartig" unterscheiden, sondern dass sie sozusagen „zum falschen Zeitpunkt normal" sind. Anschaulich wird das Phänomen in der folgenden Übersicht aus einer Studie, in der Peter May (1990/1995) SchülerInnen über die ganze

Qualitativer Karawaneneffekt in der Rechtschreibung May (1990)

PZR	75-100	--	25-50-	--	1-5
1 M	FA--RAT		FA-R-T		-------- F------
1 E			FA--RAT		F------T F---R-T
2 M	FA--RAD				FA--R-T
2 E	FAH-RAD				FA--RAT
3 M	FAHRRAD		FA--RAD		
3 E			FAH-RAD		
4 M			FAHRRAD		FA--RAD
4 E					FAH-RAD

Schwache Rechtschreiber sind zum falschen Zeitpunkt normal...

Grundschulzeit hinweg dieselben Wörter jeweils zur Mitte und zum Ende des Schuljahres diktiert hat. Der Auszug beschränkt sich auf die typischen Schreibweisen in den Prozentranggruppen 1-5, 25-50 und 75-100:

Der Karawaneneffekt lässt sich also nicht nur beim Lesen, sondern auch beim Rechtschreiben beobachten; im Vergleich von jüngeren mit älteren und von leistungsschwachen mit leistungsstarken SchülerInnen; bei Migrantenkindern im Verhältnis zu deutschsprachigen Kindern; auf der Primar- und auf der Sekundarstufe.

Allerdings sind in einigen Studien auch andere Entwicklungsmuster gefunden worden (vgl. die Übersicht in Brügelmann/ Backhaus 2003). Der auf Gruppenebene festgestellte Karawaneneffekt suggeriert außerdem klare Entwicklungslinien, wenn auch von den jeweiligen Ausgangspunkten her zeitlich gestaffelt. Fraglich ist aber, ob auf dieser Basis eine verlässliche Individualprognose möglich ist. Das scheinbar saubere Bild könnte nämlich täuschen, wenn sich innerhalb der Teilgruppen ganz unterschiedliche Entwicklungen überlagern, wenn beispielsweise die Einzelschreibungen in beiden Richtungen um die häufigste Schreibung streuen. Diese Vermutung wird gestützt durch eine Studie von Brinkmann (2003), in der sie die Schreibungen von <Fahrrad> über einen kürzeren Zeitraum (eine Woche) untersucht und auf der Ebene einzelner Kinder ausgewertet hat. Die Befunde lassen sich in drei Punkten zusammenfassen:

– Die Schreibweisen einzelner Kinder fluktuieren stark.
– Knapp ein Drittel der Einzelschreibungen passt gar nicht in die Kategorien des May-Modells.
– Überdies ist die Hälfte der Entwicklungsfolgen illegal im Sinne des May-Modells.

Damit stellt sich die Frage:

3. Wie gut lassen sich individuelle Entwicklungen aus einem punktuell erhobenen Lernstand vorhersagen?

Für die Beantwortung dieser Frage will ich auf Befunde aus zwei Untersuchungen zurückgreifen, die wir selbst in den letzten Jahren zur Früherkennung von Lernschwierigkeiten durchgeführt haben (vgl. Brügelmann 2003a+b; 2005).

Die folgende Abb. 1 zeigt die Rangverschiebungen im Stolperwörter-Lesetest, die wir innerhalb einer Klasse über sechs Monate hinweg beobachtet haben:

Korrelation: Intervall nach Spearman: .66**
Rang nach Kendall   .64**

Bericht
Mittelwert

KIND	richtige Sätze pro Minute	RICH_MI2	RMIN_DIF
1	6,0000	5,6000	-,4000
2	8,0000	10,0000	2,0000
3	5,8000	8,2000	2,4000
4		6,2000	
5	4,8000		
6	5,8000	9,2000	3,4000
7	6,2000	8,0000	1,8000
8	3,8000	5,0000	1,2000
9	4,4000	4,8000	,4000
10	8,0000	10,0000	2,0000
11	5,6000	9,0000	3,4000
12	8,4000	8,0000	-,4000
13	5,6000	7,4000	1,8000
14	8,4000	10,0000	1,6000
15	2,8000	8,0000	5,2000
16	7,0000	10,2000	3,2000
17	3,8000	6,6000	2,8000
18	5,6000	6,4000	,8000
19	6,8000	9,8000	3,0000
20	5,6000	11,6000	6,0000
21	3,0000	4,6000	1,6000
22	5,8000	6,8000	1,0000
24	3,8000	3,8000	,0000

3 x grün =5+ Rangplätze verbessert
3 x rot = 5+ Rangplätze verschlechtert

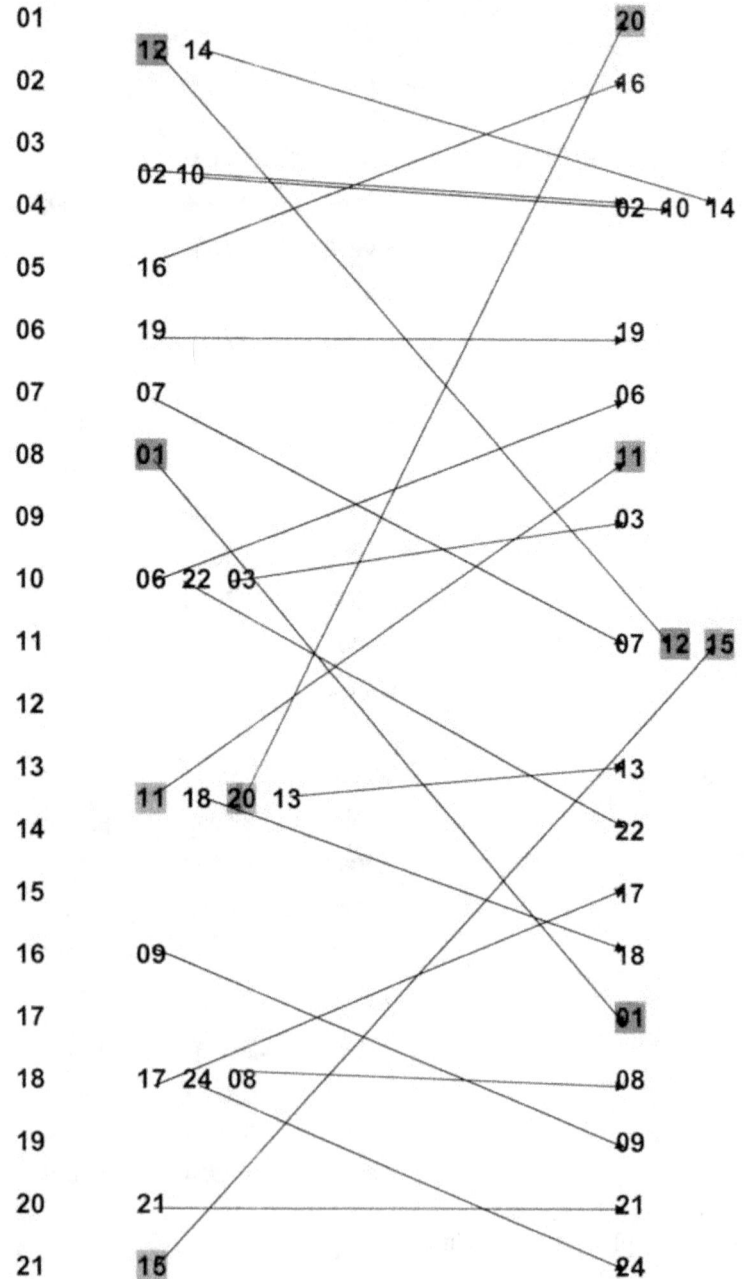

Die hier beobachtete Korrelation von .66** gilt in Längsschnitten als hoch - dennoch müssen wir feststellen, dass 5 von 21 Kindern sich um mindestens fünf Plätze (also ein Quartil) verändern - nach oben oder nach unten. Für eine Individualprognose sind das erhebliche Veränderungen.

Diese Rangverschiebungen können unterschiedliche Gründe haben:
- Die gemessenen Kompetenzen haben sich tatsächlich verändert.
- Andere persönliche Voraussetzungen haben sich verändert, z.b. Motivation, Selbstbewusstsein o.ä.
- Kontextbedingungen haben sich verändert, z.b. Belohnung, Konkurrenz, Ablenkung.
- Das Instrument selbst ist nicht valide oder es misst nicht verlässlich.

Gegen den letzten, eher technischen Einwand sprechen allerdings unsere Vergleiche mit anderen Tests (vgl. Backhaus 2005). Insofern verweist dieses kleine Beispiel auf ein grundsätzlicheres Problem: Wir können uns auf einmalige Messungen nicht verlassen, wenn wir Aussagen über den individuellen Lernstand machen wollen (vgl. zu diesem Problem die erhellende Fallstudie von Seidel 2005).

Vor diesem Hintergrund lohnt es, sich noch einmal die oft gerühmten „hohen" Korrelationen zwischen den sog. Vorläuferfertigkeiten und der Lese- bzw. Rechtschreibleistung am Ende der ersten bzw. zweiten Klasse anzuschauen.[23]

Für unsere LOGIK-Reanalyse interessant: Schon in dem fast 30 Jahre alten Längsschnitt zum Schulanfang von Röhr (1978) hatten vorschulische Leistungen, die heute als Ausdruck einer „fonologischen Bewusstheit" betrachtet werden, eine besonders hohe Prognosekraft: die Fähigkeit, vom Inhalt einer Äußerung abzusehen und die Lautform von Wörtern zu manipulieren (z.B. durch Reimen und durch die Analyse bzw. Synthese von Lauten, vgl. die aktuellen Zusammenfassungen bei Einsiedler/Kirschhock 2003 und Mannhaupt 2003). Das Konstrukt der fonologischen Bewusstheit hat sich einerseits in Studien zur Vorhersage von Lese-/Rechtschreibschwierigkeiten bewährt, z.B. zum Bielefelder Screening zu Früherkennung von Lese- /Rechtschreibschwierigkeiten (BISC), das von Jansen u.a. (1999) entwickelt wurde (vgl. auch Marx u.a. 2000). Zum anderen gibt es Förderprogramme auf dieser Basis, deren Evaluation eine erfolgreiche Prävention von Lese- /Rechtschreibschwierigkeiten verspricht (vgl. Schneider u.a. 1998 und 2000).

---

23 Die folgenden Passagen sind in großen Teilen einem früheren Vortrag entnommen: Brügelmann, H.: Das Prognoserisiko von Risikoprognosen – eine Chance für „Risikokinder"?. In: Hofmann, B. M./ Sasse, A. (Hrsg.) (2005): Bericht über die Jahrestagung der Deutschen Gesellschaft für Lesen und Schreiben, Rauischholzhausen 19.11.2004. Deutsche Gesellschaft für Lesen und Schreiben: Berlin (S. 146-172)

Aus verschiedenen internationalen Studien werden relativ hohe Korrelationen zwischen fonologischen Maßen und den späteren Leistungen im Lesen bzw. in der Rechtschreibung berichtet.

In einer Zusammenfassung von Schneider/Naeslund (1999):
.50**-.60** Fonologie vor der Schule - Les/RS Ende 2. Klasse;
aus der Nürnberger Studie von Martschinke u.a. (2001, 37):
.39**-.44** Fonologie Schulanfang - Les/RS Ende 1./2. Klasse;
aus der Bielefelder Studie von Skowronek u.a. (Jansen u.a. 1999, 48; Marx 2000, 23):
.51**-.60** BISC vor der Schule - Les/RS Ende 2. Klasse;
aus unserer LOGIK-Reanalyse (Brügelmann 2003):
.43** BISC vor der Schule - RS mit 8 Jahren
.39** - Lesen mit 8 Jahren
.26** BISC vor der Schule - RS mit 17 Jahren
.44** Buchstaben vor der Schule - RS mit 8 Jahren
.34** - RS mit 17 Jahren.

Allerdings variieren die Korrelationen in den zitierten Studien ...
• je nach Definition des Prädiktors Fonologie
• je nach Wahl des Kriteriums für Lesen bzw. Rechtschreiben
• je nach Termin/Abstand der Erhebungen
• je nach Stichprobe.

Überdies sind die Korrelationen der Buchstabenkenntnis - also eines Indikators für ganz andere Voraussetzungen, nämlich für die schriftsprachlichen Erfahrungen vor der Schule - nicht schlechter als die der fonologischen Tests.

Nun sagen Korrelationen wenig über die Möglichkeit einer treffenden Klassifikation von Individuen. Bei der Größenordnung der berichteten Korrelationen ist eine häufige Fluktuation um mehrere Rangplätze zu erwarten, wie unser kleines Anschauungsbeispiel oben gezeigt hat. In unserer Reanalyse des LOGIK-Längsschnitts haben wir uns deshalb für einzelne Teilgruppen genauer angeschaut, wie sich die Genauigkeit der Vorhersage über die Zeit hinweg entwickelt:

Tab. 5	Rechtschreibung < 15 %	Prognose Trefferquote
BISC < 15%	8 Jahre	59 %
dto.	10 Jahre	37 %
dto.	17 Jahre	24 %

Fazit: Je länger der Zeitraum, umso schlechter die Prognosekraft. Vor allem aber ist sie mit 17 Jahren kaum mehr besser als die der Buchstabenkenntnis mit immer noch 22%. Lernverläufe sind also längerfristig durch individuelle

"Voraussetzungen" nicht vorhersagbar. Und selbst bei erhöhtem Risiko (24% statt 15% im Durchschnitt) ist in der Risikogruppe selbst die jeweilige Erfolgswahrscheinlichkeit deutlich höher (eben 76% zu 24%).

Eine Erklärung für den massiven Einbruch der Vorhersagegenauigkeit des BISC finden wir in der Anlage der LOGIK-Studie. Untersucht wurden Alterskohorten, nicht Jahrgangsgruppen. Diese Entscheidung bedeutet aber, dass die vor Schulanfang getesteten Kinder zu unterschiedlichen Zeitpunkten eingeschult wurden - die einen 1987, die anderen 1988. In der Entwicklung dieser beiden Teilgruppen überlappen sich also individuelle Voraussetzungen und lernökologische Bedingungen. Die hohe Prognosegenauigkeit über die ersten beiden Jahre hinweg ist insofern eine Folge davon, dass überproportional viele Kinder mit niedrigem BISC erst ein Jahr später (1988) eingeschult wurden, so dass sie zum zweiten Testzeitpunkt im Gegensatz zu den 1987 eingeschulten Kindern erst ein Jahr Unterricht hatten. Die Bedeutung dieses Umweltfaktors wird deutlich in der folgenden Tabelle 6, in der wir die Prognosewerte für BISC < 15% getrennt nach Einschulungsjahrgängen berechnet haben:

	Alter Kriterium	Treffer im Jahrgang 1987	Treffer im Jahrgang 1988
BISC < 15%	RS 8	18 %	87 %
	10	25 %	47 %
	17	22 %	25 %
BUCHSTABEN < 15%	RS 8	10 %	40 %
	10	21 %	12 %
	17	20 %	33 %

Bei den altersgemäß eingeschulten Kindern ist der Prognosewert von Anfang an niedrig und über die Jahre hinweg vergleichsweise stabil. Bei den später eingeschulten Kindern desselben Altersjahrgangs nimmt die anfangs so eindrucksvolle Trefferquote von 87% nachhaltig ab, je älter die Kinder werden. Dabei gleichen sich die Fonologie-Unterschiede durch die Unterrichtserfahrung stärker aus als bei der Buchstabenkenntnis als Prädiktor.

Fassen wir zusammen: Fonologische Leistungen vor der Schule korrelieren vergleichsweise hoch mit den Leistungen im Lesen und Rechtschreiben am Ende des Anfangsunterrichts. Noch besser können die schriftsprachlichen Leistungen während der Grundschulzeit mit dem Bielefelder Screening (BISC) vorhergesagt werden, wie die Bielefelder Längsschnittstudie zeigt (vgl. Jansen u.a. 1999, 55ff.) Das BISC enthält zusätzlich zu den fonologischen Maßen Aufgaben, die spezifische Gedächtnis- und Aufmerksamkeitsleistungen erfordern. Damit erlaubt der BISC insbesondere eine trennscharfe

Klassifikation von Kindern, deren Lernerfolg gefährdet ist. Unsere Reanalyse von Daten aus der Münchner LOGIK-Studie bestätigt die Überlegenheit des BISC gegenüber allen anderen Prädiktoren für Prognosen bis zum Alter von acht Jahren (in der Regel Ende der 2. Klasse) - allerdings bedingt durch eine unterschiedliche Verteilung der Einschulungstermine. Bezogen auf die Rechtschreibleistungen von 10jährigen - und erst recht von 17jährigen - sinkt die Klassifikationsleistung erheblich ab.

Ein Grund könnte sein, dass die im BISC erfassten Leistungen nur für den Einstieg in den Schriftspracherwerb bedeutsam sind und dass dieser anfängliche Rückstand von vielen Kindern in den Folgejahren aufgeholt wird. Dafür spricht, dass die Klassifikationsleistung anderer Prädiktoren, z.B. der Buchstabenkenntnis stabiler ist, d.h. über die Zeit hinweg nicht an Bedeutung verliert.

4. Was bedeutet das für die Konzeption von Fördermaßnahmen?

Aus Interventionsstudien andererseits werden positive Wirkungen einer fonologischen Förderung berichtet (vgl. zusammenfassend Bus/ Ijzendoorn 1999). Eine Vorförderung (vor Schulbeginn) zeigt dabei stärkere Effekte als eine Förderung erst am Schulanfang. Aber der Transfer auf die Leseleistung nimmt deutlich ab, wenn man die Effekte auch hier nicht kurzfristig, sondern ein, zwei Jahre später zu erfassen versucht. Eine schriftbezogene Förderung, zumindest eine Ergänzung fonologischer durch schriftbezogene Elemente ist zudem effektiver (vgl. Ehri u.a. 2001, 276). Dies bestätigt für die Rechtschreibentwicklung auch die Hamburger Vergleichsuntersuchung verschiedener vorschulischer Förderprogramme (May/ Okwumo 1999). Wie bei Franzkowiak (2005) zeigen sich in der Alltagserprobung je nach Schwerpunkt inhaltsspezifische Vorteile der einzelnen Programme, aber keine bedeutsamen Unterschiede im Transfer auf den schulischen Schriftspracherwerb. Für ein fonologisches Training im Anfangsunterricht hat auch Kirschhock (2004, 250-251) keine Vorteile in der Lese- und Rechtschreibleistung gefunden.

Ebenfalls bedeutsam ist der Einfluss weiterer Voraussetzungen wie des Sprachverständnisses, das vor allem für das Textverstehen nach der Anfangsphase eine hohe Bedeutung hat (Schneider 2004, 30). Zwar werden positive Effekte fonologischer Trainings auch für das Textverständnis belegt, aber sie sind geringer. Die Aufgaben der eingesetzten Tests beschränken sich zudem meist auf die Satzebene bzw. einfache Inhalte (Ehri u.a. 2001, 276-277).

Überdies zeigen Daten zum Vorlesen in der Familie, die allerdings nicht im direkten Vergleich erhoben wurden, dass neben fonologischen Trainings auch ganz andere Formen vorschulischer Förderung, z.B. buchbezogene Aktivitäten der Eltern mit den Kindern, für den Schriftspracherwerb förderlich sein können (Scarborough/Dobrich 1994; Bus u.a. 1995; de Jong/ Lesemann 2001). Auf diesem Weg wirken sich schichtspezifische Unterschiede massiv auf den Schulerfolg aus (Lesemann/ de Jong 2004, 186). Allerdings berichtet Hurrelmann (2004, 50-51) aus ihrer bereits mehr als zehn Jahre alten Studie zur Lesesozialisation, dass eine entsprechend reichhaltige Leseförderung in der Schule selbst massive schichtspezifische Unterschiede ausgleichen kann. Eine Auswertung von 53 US-amerikanischen Vergleichsstudien zu den Wirkungen freien Lesens fand sogar, dass eine solche Leseförderung teilleistungsorientierten Lehrgängen in den längerfristigen Effekten überlegen ist (Krashen 2001; 2004). Besonders eindrucksvoll sind die Ergebnisse einer Vergleichsstudie von Lenel (2005), die die Effekte verschiedener vorschulischer Förderprogramme verglichen hat und die bekannten Wirkungen fonologischer Förderung auf die gleichzeitige Entwicklung eines Buchstabenkonzepts (nicht bloß: Buchstabenwissens!) zurückführt. Konsequenterweise findet sie die nachhaltigsten Effekte in einem vorschulischen Programm, das die direkte Schrifterfahrung in den Mittelpunkt der Förderung rückt (a. a. O., 126ff., 163ff.)

Wie sind diese Befunde vereinbar mit der „herrschenden Meinung", dass eine gering ausgeprägte fonologische Bewusstheit die zentrale Ursache von Lese-/ Rechtschreibschwierigkeiten im Unterricht sei und unbedingt vor Schulbeginn durch ein gezieltes Training kompensiert werden sollte?
Ich sehe zwei Erklärungsmöglichkeiten:

a) Alternative Förderansätze sind nicht vergleichbar intensiv erprobt und untersucht worden wie die fonologische Förderung, die die pädagogische Psychologie der letzten 20 Jahre in zunehmendem Maße fasziniert und sich zu einem fast nicht mehr hinterfragbaren Paradigma entwickelt hat. Wenn dieser Einwand zutrifft, wäre die aktuelle Bevorzugung dieses Ansatzes nicht zu rechtfertigen.

b) Die Rolle der fonologischen Bewusstheit und die Wirkung ihrer Förderung wurden unter spezifischen Rahmenbedingungen untersucht, unter denen ihre Wirkung stärker hervortrat, als bei den heute zunehmend üblichen Formen des Anfangsunterrichts. zu erwarten ist. Vergleicht man zum Beispiel die Wirkungen fonologischer Trainings mit denen anderer Förderprogramme im Anfangsunterricht, liegen die Effektstärken nicht bedeutsam höher (Ehri u.a. 2001, 278). Damit stellt sich die Frage, ob es erfolgversprechender ist, die Förderung *vor* der Schule oder eher den Unterricht *in* der Schule selbst zu verändern.

Meine Hypothese dazu: Gezieltes Training ist nur dann vorteilhaft, wenn der Anfangsunterricht nicht zureichend Gelegenheit zur Entwicklung fonologischer Bewusstheit bietet. Das ist in den USA in vielen „whole language"-Programmen der Fall und in Deutschland in der Praxis eher „ganzheitlich" orientierter Fibellehrgänge. Dort kann ein zusätzliches fonologisches Training Vorteile bringen (Castle u.a. 1994). Eine implizite Förderung der Sprachbewusstheit stellt das freie Schreiben dar, das über „invented spellings" die Auseinandersetzung mit der Lautstruktur und ihrer Repräsentation durch Schriftzeichen intensiv fordert und fördert. Studien aus den USA zeigen, dass dieses selbstständige Konstruieren von Wörtern sowohl die fonologische Bewusstheit als auch die Lesefähigkeit stärker fördert als ein Leselehrgang (s. die Übersichten bei Adams 1990, 387, Richgels 2002, 148ff.):

- Read (1971)
- Ehri/Wilce (1987); Ehri (1989)
- Clarke (1988)
- Winsor/Pearson (1992)
- Richgels (1995; 2002)
- Dahl u.a. (1999).

Positive Effekte freien Schreibens auf die Rechtschreibentwicklung haben wir auch im deutschen Sprachraum für erste Klassen im Schreibvergleich „Bundesrepublik-DDR" festgestellt (Brügelmann u.a. 1994, 135ff.).

Fassen wir zusammen:

– Fonologische Leistungen sind ein guter Prädiktor und eine beeinflussbare Voraussetzung von LRS.
– Ihr Einfluss beschränkt sich aber auf die Einstiegsphase und verliert für die weitere Entwicklung an Bedeutung.
– Andere Voraussetzungen könnten ähnlich wichtig sein - sind aber weniger gut untersucht und in der Förderung weniger intensiv erprobt.
– Unsere eigenen Erfahrungen im BLISS-Projekt deuten darauf hin, dass unter Alltagsbedingungen keine Überlegenheit fonologischer Trainings gegenüber anderen Förderansätzen zu erwarten ist (vgl. Franzkowiak 2005; s.a. die Hinweise, dass das Ausmaß der Kontrolle von Fördermaßnahmen - höher in experimentellen Settings - mit verantwortlich ist für die Höhe der Effekte: Ehri u.a. 2001, 274, 277, 279, 280).

Vermutlich müssen die berichteten Risiken von Risikoprognosen aber in einem weiteren Kontext gesehen werden. Grund für ihre Unzuverlässigkeit könnte sein,

– dass die Erklärungsmodelle und Förderkonzepte von Lernen und Entwicklung zu *mechanistisch* sind,
– dass Variablen in der Forschung *ohne Kontextbezug* modelliert und untersucht und
– dass die *biografisch* bedingten Deutungen der Betroffenen ignoriert werden (ausführlicher: Brügelmann i.D.).

Fazit

In die aktuelle Diskussion über Leseprobleme geht eine Reihe von Annahmen ein, die problematisch sind. Das beginnt bei den Kriterien, deren alltagsökologische und lernbiografische Validität in Frage steht (s. 1.) und setzt sich fort bei unseren Maßstäben für Lernerfolg (vgl. den in 2. zitierten „Karawaneneffekt"). Besonders problematisch erscheint mir aber die Neigung, einzelne Elemente des Wissens oder Könnens als zentrale Voraussetzungen eines erfolgreichen Schriftspracherwerbs herauszupräparieren (s. 3.) und dann isoliert zu fördern (vgl. 4.). Die Bedeutung persönlicher und ökologischer Bedingungen für die Entwicklung von „Risikokindern" wird in den Befunden der Resilienz-Forschung und im Paradigma der Salutogenese (Antonovsky 1997) nachdrücklich betont. Je nachdem, ob man Kinder mit einem Defizit- oder einem Kompetenz-Blick betrachtet, gewinnt man andere Ansatzpunkte für eine Unterstützung ihrer Entwicklung (vgl. Brügelmann 2003b).

Pädagogik ist mehr als Didaktik - und mehr als bloß angewandte Psychologie. Die analytische Kraft der Psychologie darf nicht kurzschlüssig umgedeutet werden als Autorität für die konstruktive Entwicklung von Lernarrangements. Pädagogik und Didaktik sind zusätzlich bestimmt durch normative Annahmen über die Qualität der Prozesse, in denen neue Erfahrungen gemacht werden sollen.

Literatur

Adams, M. J. (1990): Beginning to read. Thinking and learning about print. MIT Press: Cambridge, Mass.
Backhaus, A. (i. D.): XX): Beim Lesen stolpern? Vom Stolperwörter-Lesetest zum Siegener Lesetest und der Testung der Leseleistung am PC.* (in diesem Band).
Balhorn, H.; Brügelmann, H. (Hrsg.) (1995): Rätsel des Schriftspracherwerbs. Neue Sichtweisen der Forschung. „Auswahlband Theorie" der DGLS-Jahrbücher 1-5. Libelle: CH-Lengwil.
Brinkmann, E. (2003): „FAHRRAD" revisited - zu Rechtschreibstrategien von Grundschulkindern. In: Panagiotopoulou/Brügelmann (2003, S. 156-159).
Brügelmann, H. (2003a): Vorschulische Prädiktoren des Misserfolgs beim Schriftspracherwerb in der Schule. Abschlussbericht des Projekts LOGIK-R an das MWF/ Düsseldorf. Vervielf. Ms. Arbeitsgruppe Primarstufe/ FB2 der Universität: Siegen. Download: www.uni-siegen.de/~agprim/logik-r/index.htm.
Brügelmann, H. (2003b): Fördern: nur das Reparieren einer unzulänglichen Technik? In: Grundschule, 35. Jg., H. 10, S. 54-57.
Brügelmann, H. (2005): Der Karawaneneffekt. Eine Zwischenbilanz des Projekts LUST zum Lesenlernen. In: Neue Sammlung, 45. Jg., H. 1, S. 49-67.
Brügelmann, H. (i.D.): Schule verstehen - Forschungsbefunde zu Kontroversen über Erziehung und Unterricht. Libelle: CH-Lengwil (erscheint im Sommer 2005).

Brügelmann, H.; Backhaus, A. (2003): Entwicklung von Lesestrategien bei Grundschulkindern in verschiedenen Leistungsgruppen. Antrag an die Deutsche Forschungsgemeinschaft/Bonn. Vervielf. Ms. Arbeitsgruppe Primarstufe/Fb 2 der Universität: Siegen. Download: www.uni-siegen.de/~agprim/lust.

Brügelmann, H.; Richter, S. (Hrsg.) (1994): Wie wir recht schreiben lernen. Zehn Jahre Kinder auf dem Weg zur Schrift. Libelle Verlag: CH-Lengwil.

Bus, A.G.; van Ijzendoorn, M.H. (1999): Phonological awareness and early reading: A meta-analysis of experimental training studies. In: Journal of Educational Psychology, Vol. 91, S. 403-414.

Bus, A. G. et al. (1995): Joint book reading makes for success in learning to read: A meta-analysis on intergenerational transmission of literacy. In: Review of Educational Research, Vol. 65, S. 1-21.

Castle, J. M. et al. (1994): Getting off to a better start in reading and spelling: The effects of phonemic awareness instruction within a whole language program. In: Journal of Educational Psychology, Vol. 86, S. 350-359.

Clarke, L. K. (1988): Invented vs. traditional spelling in first graders' writings: Effects on learning to spell and read. In: Research in the Teaching of English, Vol. 22, No. 3 (October), S. 281-309.

Dahl, K.L. u.a. (1999): Phonics instruction and student achievement in whole language first-grade class-rooms. Reading Research Quaterly, 34, S. 312-341.

De Jong, P. F.; Lesemann, P. P. M. (2001): Lasting effects of home literacy on reading achievement in school. In: Journal of School Psychology, Vol. 35, No. 5, S. 389-414.

Ehri, L. C.; Wilce, L.S. (1987): Does learning to spell help beginners learn to read words? Reading Research Quarterly 22, S. 47-65.

Ehri, L. C. (1989): Movement into word reading and spelling: How spelling contributes to reading. In Mason (1989, S. 65-81).

Ehri, L. C. u.a. (2001): Phonemic awareness instruction helps children learn to read: Evidence from the National Reading Panel's meta-analysis. In: Reading Research Quarterly, Vol. 36, No. 3, S. 250-283.

Einsiedler, W.; Kirschhock, E.-M. (2003): Forschungsergebnisse zur phonologischen Bewusstheit. In: Grundschule, 35. Jg., H. 9, S. 55-57.

Franzkowiak, T. (i. D.): Lesen, Schreiben, BLISS. Vorschulkinder erforschen die alphabetische Schrift und grafische Symbole. In: Hofmann, B. M.; Sasse, A. (Hrsg.) (2005, i.V.): Bericht über die Jahrestagung der Deutschen Gesellschaft für Lesen und Schreiben, Rauischholzhausen 19.11.2004.

Grimm, H.; Skowronek, H. (Hrsg.) (1993): Language acquisition problems and reading disorders: Aspects of diagnosis and intervention. Walter de Gruyter: Berlin/ New York.

Hasselhorn, M. u.a.(Hrsg.) (2004): Tests und Trends 4: Diagnostik von Mathematikleistungen, -kompetenzen und -schwächen. Jahrbuch der pädagogisch-psychologischen Diagnostik. Beltz: Weinheim.

Hurrelmann, B. (2004): Sozialisation der Lesekompetenz. In: Schiefele u.a. (2004, S. 37-60).

Jansen, H.; Skowronek, H. (1997): Lese-Rechtschreibschwäche und funktionaler Analfabetismus in der Sekundarstufe I. Untersuchung über Entwicklung und Entstehungsbedingungen von Lese-/ Rechtschreibschwierigkeiten von Kindern im

neunten Unterrichtsjahr. Fakultät für Psychologie und Sportwissenschaft der Universität: Bielefeld.
Jansen, H. u.a. (1999): Bielefelder Screening zur Früherkennung von Lese-Rechtschreib-Schwierigkeiten (BISC). Hogrefe: Göttingen u.a.
Kirschhock, E.-M. (2004): Entwicklung schriftsprachlicher Kompetenzen im Anfangsunterricht. Klinkhardt: Bad Heilbrunn.
Krashen, S. (2001): More smoke and mirrors: A critique of the National Reading Panel report on fluency. Phi Delta Kappan, Vol. 83, S. 119-123.
Krashen, S. (2004): Free Voluntary reading: New Research, Applications, and Controversies. Presented at PAC5 (Pan-Asian Conference), Vladivostok, Russia, June 24, 2004. Download: http://www.sdkrashen.com [Abruf: 7.7.2004].
Lenel, A. (2005): Schrifterwerb vor der Schule. Eine entwicklungspsychologische Längsschnittstudie. Beltz PVU: Weinheim/ Basel.
Lesemann, P. P. M.; de Jong, P. F. (2004): Förderung von Sprache und Präliteralität in Familie und (Vor-) Schule. In: Faust u.a. (2004, S. 168-189).
Mannhaupt, G. (2003): Früherkennung und Prävention von Problemen im Schriftspracherwerb. In: Grundschule, 35. Jg., H. 9, S. 45-48.
Martschinke, S. u.a. (2001): Diagnose und Förderung im Schriftspracherwerb. Bd. 1: Rundgang durch Hörhausen. Erhebungsverfahren zur phonologischen Bewusstheit. Auer: Donauwörth.
Marx, H. u.a. (2000) : Prognostische, differentielle und konkurrente Validität des Bielefelder Screenings zur Früherkennung von Lese-Rechtschreibschwierigkeiten (BISC). In: Hasselhorn u.a. (2000, S. 9-34).
May, P. (1995): Kinder lernen rechtschreiben: Gemeinsamkeiten und Unterschiede guter und schwacher Lerner. In: Balhorn/Brügelmann (1995, S. 220-229) [Nachdruck aus: Brügelmann/ Balhorn (1990, S. 245-53)].
May, P.; Okwumo, S. (1999): Effekte vorschulischer Trainings zur Schriftanbahnung auf das Rechtschreiblernen im ersten Schuljahr. Manuskript: www.petermay.de/Komponenten/Veroeff.htm [Abruf 19.5.2005].
Neuman, S. B.; Dickinson, D. K. (eds.) (2002): Handbook of early literacy research. New York: Guilford Press.
Panagiotopoulou, A.; Brügelmann H. (Hrsg.) (2003): Grundschulpädagogik meets Kindheitsforschung: Zum Wechselverhältnis von schulischem Lernen und außerschulischen Erfahrungen im Grundschulalter. Leske+Budrich: Opladen.
Read, C. (1971): Pre-school children´s knowledge of English phonology. Harvard Educational Review, Vol. 41, No1, S. 1-34.
Richgels, D. J. (2002): Invented Spelling, Phonemic Awareness, and Reading and Writing Instruction. In: Neuman/Dickinson (2002, S. 142-158).
Richter, S.; Brügelmann, H. (Hrsg.) (1994): Mädchen lernen ANDERS lernen Jungen. Geschlechtsspezifische Unterschiede beim Schriftspracherwerb. DGLS-Reihe „Lesen und Schreiben". Libelle: CH-Lengwil.
Röhr, H. (1978): Voraussetzungen zum Erlernen des Lesens und Rechtschreibens. Dissertation. Universität: Münster.
Scarborough, H.; Dobrich, W. (1994): On the efficacy of reading to preschoolers. In: Developmental Review, Vol. 14, S. 245-302.
Schneider, W. (2004): Frühe Entwicklung von Lesekompetenz: Zur Relevanz vorschulischer Sprachkompetenzen. In: Schiefele u.a. (2004, S. 13-36).

Schneider, W.; Näslund, J.C. (1999): The impact of early phonological processing skills on reading and spelling in school: Evidence from the Munich Longitudinal Study. In: Weinert/Schneider (1999, S. 126-147).
Schneider, W. et al. (2000): Training phonological skills and letter knowledge in children at risk for dyslexia. A comparison of three kindergarten intervention programs. In: Journal of Educational Psychology, Vol. 92, S. 284-295.
Seidel, B. (i.D.): Das Risiko punktueller Lernstandserhebungen. Befunde aus einer Fallstudie zur Rechtschreibentwicklung in Klasse 4-6. In: Siegener Studien, Bd. 63 (erscheint im Sommer 2005).
Winsor, P. J.; Pearson, P. D. (1992): Children at risk: Their phonetic awareness development in holistic instruction. Urbana, IL: Center for the Study of Reading. (ERIC Document Reproduction Service No. ED 345209)

Eva Burwitz-Melzer

Lesen und Schreiben im Englischunterricht in der Grundschule: Immer noch ein Tabu?

1. Der Umbruch im Frühen Fremdsprachenunterricht

Lese- und Schreibfertigkeiten, oder *literacy skills*, gelten heute als Schlüsselfertigkeiten, die die Schule möglichst früh und gründlich vermitteln muss. Dies gilt auch für den Fremdsprachenunterricht (FU), dessen frühe Einführung die europäische Sprachenpolitik schon seit langem einfordert. Über *literacy skills* auch in einer Fremdsprache zu verfügen bedeutet aber nicht einfach, fremdsprachige Wörter decodieren bzw. encodieren zu können. Es bedeutet vielmehr, zur Kommunikation mit Fremden fähig zu sein, zielsprachigen Büchern und anderen Print-Publikationen selbstständig Wissen entnehmen zu können, an den vielfältigen Prozessen der *electronic literacy* teilnehmen zu dürfen und durch all diese Interaktionen fremde Kulturen besser verstehen zu lernen (Bredella 2000; Burwitz-Melzer 2000; Roesler & O'Sullivan 2002; Garibaldi Allen 1994; Opitz 2001). Lesen und Schreiben sind bisher im Frühen Fremdsprachenunterricht (FFU) sehr kurz gekommen. Mein Beitrag möchte schildern, warum dies so war, warum sich dies jetzt allmählich ändert und was getan werden muss, um Lesen und Schreiben erfolgreich im Englischunterricht der Primarstufe einzusetzen. Zunächst muss ich dazu ein paar Jahrzehnte zurückgehen zur Einführung des FFU.

Seit Mitte der siebziger Jahre wurden viele Schülerinnen und Schüler in deutschen Grundschulen ab der dritten Klasse in einer Fremdsprache unterrichtet. Es gab jedoch noch keinen flächendeckenden FFU. Meist handelte es sich um Englischunterricht, in einigen Regionen und Städten auch um Italienischunterricht und besonders in grenznahen Gebieten wurden Französisch und Polnisch erteilt. Geprägt war der FFU zu Beginn von sehr unterschiedlichen Ansätzen: In manchen Bundesländern (Baden-Württemberg, Rheinland-Pfalz) wurden Begegnungssprachenkonzepte verfolgt, in manchen Ländern bevorzugte man einen sehr spielerischen, unverbindlichen Spracherwerbsansatz ohne konkrete Lernziele. Das Kennenlernen der Zielkultur und der Spaß an der neuen Sprache standen unangefochten im Mittelpunkt des Unterrichtsgeschehens. Das Primat des Mündlichen, die fast ausschließliche Konzentration auf Hörverstehen und Sprechen, verhinderte eine frühe systematische Auseinandersetzung mit der Schrift der Zielsprache. Nach dem Wechsel in die Sekundarstufe kam und kommt es deshalb häufig zu Problemen der Schülerinnen und Schüler im Frühen Englischunterricht, die plötzlich gleich zwei für sie neue Fertigkeiten bewältigen müssen. Insbesondere leistungsschwächere Schüler, die bereits im muttersprachlichen Lesen und Schreiben Schwierigkeiten hatten, machen in der 5. Klasse im EU nur mühsam Fortschritte: Ihnen fällt die abrupte Umstellung schwer.

Die flächendeckende Einführung des FFU in der Bundesrepublik und die PISA-Diskussion haben dazu geführt, dass die Kultusministerien Bildungsstandards eingeführt haben. Damit ist auch der sehr kindliche, unverbindliche Ansatz des FFU in Frage gestellt worden; er erhält Konkurrenz durch eine stärkere Ergebnisorientierung. In neuen Verordnungen und Basiscurricula werden konkrete Lernziele gesetzt und Mindeststandards in den verschiedenen Fertigkeitsbereichen formuliert. In vielen Bundesländern (so auch in Hessen) werden seit dem Schuljahr 2003/2004 im FU der Grundschule Zeugnisnoten verlangt. Diese Ergebnisorientierung geschieht im Sinne eines konsequenten Fremdsprachenübergangs von der Grundschule zur Sekundarstufe. Im Zuge all dieser Änderungen wird auch die Bedeutung des Lesens und Schreibens im FFU neu überdacht.

Ich werde im Folgenden versuchen, das Thema des Erwerbs der Schriftlichkeit im Englischunterricht der Grundschule vorzustellen, indem ich zunächst die verschiedenen Voraussetzungen skizziere, die Entscheidungen in diesem Bereich maßgeblich beeinflussen. Dazu gehören die politischen Vorgaben, entwicklungspsychologische und fremdsprachenlerntheoretischen Erkenntnisse sowie die Besonderheiten der englischen Phonem-Graphem-Relation. Danach werde ich einen Blick auf die Meinung ausländischer und deutscher Fachdidaktiker werfen, um festzustellen, welche Ansätze einer Lese- und Schreibdidaktik heute diskutiert werden. Ein Streifzug durch aktuelle Lehrwerke wird diesen Überblick ergänzen und aufzeigen, welche Konzepte und Aufgabenstellungen heute bereits im Unterricht benutzt werden können. Am Schluss des vorliegenden Beitrags sollen einige Vorschläge zum Lesen und Schreiben im Frühen Englischunterricht stehen.

2. Die erste Voraussetzung: Politische Vorgaben

Die aktuellen politischen Vorgaben für Lehrkräfte der Grundschule in Hessen sind zwiespältig und verfahren nach dem Prinzip: Wasch mir den Pelz, aber mach mich nicht nass. Zunächst gilt noch der Rahmenplan von 1995: Er sieht ab der 1. Klasse die Begegnung mit der fremden Sprache, ab der 3. Klasse die Einführung in die fremde Sprache vor. Er verfolgt das Ziel der Mündlichkeit, will also vor allem den Einstieg in die gesprochene Sprache vermitteln (Hessisches Kultusministerium 1995, 244). Zum Lesen und Schreiben betont der Rahmenplan:

„Das Lesen hat im Fremdsprachenunterricht der Grundschule eine das Lernen unterstützende Funktion. Gelesen wird nur das, was als Lautbild bereits bekannt ist, in seinem Bedeutungsgehalt erfaßt und vielfältig mündlich geübt wurde, z.b. Wörter auf Plakaten, Schildern, Einkaufslisten usw. ferner Lied- und Reimtexte, kurze Dialoge und kleine (Bild-) Geschichten. An das Schreiben der Fremdsprache werden die Kinder durch Abschreiben einzelner Wörter und kurzer Sätze, die aus mündlicher Anwendung und durch Leseaufgaben vertraut sind, herangeführt. Es wird nicht verlangt, Wörter und Sätze aus dem Gedächtnis zu schreiben. Lesen und Schreiben der Fremdsprache werden nicht als eigenständige Fertigkeiten einbezogen. Vielmehr sollen beide Fertigkeiten phasenweise im Rahmen der Unterrichtseinheiten angeboten werden. Die Entscheidung über den Zeitpunkt des Einbezugs beider Fertigkeitsbereiche muss mit Blick auf das Leistungsvermögen der Klasse und die Lerndisposition einzelner Kinder getroffen werden". (ibid.)

Im März 2004 wurde vom Hessischen Kultusministerium ein Erlass als „Orientierungshilfe zur Leistungsbeurteilung im Fach Englisch in der Grundschule" verabschiedet, der zwar nicht die Breite eines neuen curricularen Entwurfs hat, aber notdürftig die wichtigsten neuen Regelungen für den Englischunterricht festlegt. Für Englisch-Lehrkräfte in den Klassen 3 und 4 gibt es zur Zeit in Hessen keine andere Richtlinie. Deshalb will ich hier auch genauer auf diesen Erlass eingehen. Er bestimmt, dass

- der Fremdsprachenunterricht vier Fertigkeiten umfasst, wobei Lesen und Schreiben immer noch eine „eher unterstützende Funktion" haben,
- der Frühe FU mit Beginn des Schuljahrs 2003/04 durch Zeugnisnoten bewertet wird,
- und deshalb werden auch Leistungsdokumentationen und -beurteilungen erforderlich.

Der Erlass bestimmt Redemittel und die Lerninhalte für die Klassen 3 und 4, also einen angemessenen „Aktiv-Wortschatz" (Hessisches Kultusministerium 2004, 223ff.), der sich an den wichtigsten Themen für diese Klassen orientiert. Sie müssen systematisch erarbeitet werden und können in der 5. Klasse, in der Sekundarstufe, als bekannt vorausgesetzt werden. Neu sind ebenfalls die Kompetenz-Beschreibungen für die vier Fertigkeitsbereiche und das Interkulturelle Lernen. Sie werden in Form von Könnens-Beschreibungen formuliert, die Ende des 4. Schuljahrs von allen Lernenden erreicht worden sein sollen. Neben den vornehmlich wichtigen Bereichen Hörverstehen und Sprechen erhalten hier auch das Lesen und das Schreiben verbindliche Lernzielbeschreibungen: Schülerinnen und Schüler sollen am Ende der 4. Klasse

- als Lautbild gesicherte Wörter und einfache Wendungen wiedererkennen und verstehen,
- erste Einsichten in die Unterschiede und Beziehungen zwischen Lautbild und Schriftbild gewinnen und anwenden können,
- gesicherte Wörter und kurze Sätze von Vorlagen abschreiben.
- Diese Fertigkeiten sollen auch durch Leistungsmessungen überprüft werden.

- Es sollen aber in den Klassen 3 und 4 keine Diktate und Vokabeltests geschrieben werden.
- Die Lernenden sollen Hefte führen. Damit werden erstmals schriftliche Hausaufgaben im FFU möglich.
- Dabei werden als Beispielaufgaben erwähnt, dass Lernende Wort- und Bildkarten erstellen und einander zuordnen, bekannte Sätze vorlesen, Bilderbücher anfertigen, Cartoons mit Sprechblasen ausfüllen, Grußkarten schreiben und ordentlich ihre Hefte und Portfolios führen. (vgl. ibid.: 224-225)

Es wird an Hand dieser zwei Verordnungen deutlich, dass zwischen dem Rahmenplan von 1995 und dem Erlass von 2004 ein leicht verändertes Verhältnis zum Lesen und Schreiben in der ersten Fremdsprache herrscht. Sie werden erstmals als eigenständige Lernziele ausgewiesen. Ab jetzt wird mit dem Schreiben und Lesen im Frühen Englischunterricht Ernst gemacht, wenn auch nicht in der Form, wie es die weiterführende Schule später tut. Dennoch soll Schreiben und Lesen geübt werden, das Verhältnis von Sprache und Schrift im Englischen wird langsam ausgelotet. Die Möglichkeit zu Hausaufgaben, bisher im Frühen Englischunterricht durch seinen unsystematischen Ansatz zur Schriftlichkeit völlig verwehrt, kann endlich ausgenutzt werden. Damit wird zum einen die Übersichtlichkeit des behandelten Stoffes gefördert; Eltern erhalten ein *feedback* über Lerninhalte und Lernfortschritte. Darüber hinaus kann nun auch endlich die Unterstützung des Erinnerungsvermögens bei auswendig gelernten Texten durch Schrift genutzt werden; Lernende können selbstständig bereits gelernte und aufgeschriebene Lerninhalte nachschlagen, da ihre Hefte nicht mehr nur Bilder, sondern auch Texte enthalten.

Für den Frühen Englischunterricht bedeutet dies eine neue Dimension des Lernens. Er grenzt sich nicht länger aus der Phalanx der Fächer aus, indem nur mündlich unterrichtet wird. Für die Lehrkräfte stehen aber zunächst noch die Zwiespältigkeit der politischen Verordnungen und die methodische Unsicherheit bei der Umsetzung der Lernziele im Mittelpunkt. Sie sollen auf den Unterricht an der weiterführenden Schule vorbereiten. Deshalb sollen sie bestimmte Kompetenzen vermitteln und bestimmte, neue Lernziele erreichen. Sie müssen Lernleistungen beurteilen, haben aber keine Handlungssicherheit bei ihrem Tun. Weder gibt es zuverlässige, bundesweite empirische Forschungen zum Thema Schriftlichkeit im Frühen Englischunterricht, noch einen systematischen fachdidaktischen Ansatz, der ihnen verriete, wie sie Kindern die englische Schrift beibringen sollen, die ja in der Muttersprache oder Zweitsprache Deutsch oft noch Schwierigkeiten beim Schreiben und Lesen haben. Auf welchen entwicklungspsychologischen und fremdsprachenlerntheoretischen Konzepten soll eine fremdsprachliche Lesedidaktik beruhen? Welche fachdidaktischen Meinungen herrschen heute vor, welche Angebote machen Lehrwerke? Und wie kann so eine Lesedidaktik in einem kindgemäßen FU aussehen, die Lernende aktiviert, ohne sie zu überfordern?

3. Die zweite Voraussetzung: ein „kindgemäßer Fremdsprachenunterricht"

Um das Prädikat „kindgemäßer Fremdsprachenunterricht" zu verdienen, reicht es nicht aus, in Klasse 3 und 4 nur wenig von den Lernenden zu verlangen, auf Lesen und Schreiben möglichst zu verzichten, viele Spiele und Lieder anzubieten und Leistungsmessung auszublenden. Es müssen vielmehr unter Berücksichtigung didaktischer und entwicklungspsychologischer Fakten kindgerechte Ansätze des Lernens und passende Lerninhalte gefunden werden, die in methodisch angemessener Form auch in der Grundschule vermittelt werden können (vgl. Kubanek-German 2000). Spätestens die PISA-Studie hat uns deutlich vor Augen geführt, dass bei ganz jungen Lernenden nicht nur neu geplant, sondern wahrscheinlich gründlich umgedacht werden muss, um bereits die ersten Lernjahre, die einen systematischen Beginn bieten können, optimal zu nutzen.

Zunächst möchte ich die hier zur Diskussion stehende Gruppe von Schülerinnen und Schülern aus der Sicht der Fremdsprachenlehrkräfte skizzieren: Es handelt sich meist um stark heterogene multikulturelle Lerngruppen acht- bis zehnjähriger Kinder, von denen angenommen werden kann, dass sie zu Beginn der 3. Klasse die Grundzüge des mutter- oder zweitsprachlichen Lesens und auch Schreibens kennen, also Einsicht in die Struktur der Buchstabenschrift gewonnen haben, vertraut sind mit den Graphem-Phonem Relationen des Deutschen und über eine mehr oder weniger gefestigte Feinmotorik des Schreibens verfügen. Diese Gruppe von Lernenden kann in der Regel kürzere Texte verschiedener Genres und Stilarten sinnentnehmend lesen, hat im Fach Deutsch erste Texte nach Diktat und auch frei geschrieben und diese Leistungen auch bereits einer regelmäßigen Lernstandskontrolle und Beurteilung durch die Lehrkraft unterziehen müssen.

Was aber ist kindgemäßes Lernen im FU, mit welchem Wissensstand kann man bei Acht- bis Zehnjährigen rechnen? Kubanek-German hat bereits 1994 darauf aufmerksam gemacht, dass Fremdsprachenlernende in der Grundschule, gerade weil sie Anfänger auf diesem Gebiet sind, in ihrer Erfahrung und ihren intellektuellen Ansprüchen oft unterschätzt werden, dass das Weltwissen dieser Zielgruppe umfangreicher und diversifizierter ist als oft von Grundschullehrkräften oder auch Lehrwerkautoren angenommen (Kubanek-German 2000; Elschenbroich 2001). Aber welche Leistungen könnten Lernende im FFU erbringen?

Die Lernenden, die die Klassen 3, 4 und 5 besuchen, befinden sich nach Piaget am Ende der konkret-formalen und am Beginn der konkret-operationalen Phase ihrer kognitiven Entwicklung. Piaget behauptet, dass Kinder in jedem Stadium ihrer Entwicklung bestimmte Denkleistungen vollbringen können, dass es aber andere, abstraktere Denkleistungen gibt, die sie noch nicht vollziehen können. Curricula und Methoden, die auf diesem System aufbauen, sehen für die Grundschüler langsame und kleine Lernschritte vor und komplexe, kognitive Aufgaben ab der 5. Klasse in den Sekundarschulen. Es war vor diesem entwicklungspsychologischen Hintergrund also bisher durchaus vertretbar, Kinder in den Klassen 3 und 4 für überfordert zu halten, wenn sie mit dem Schreiben und Lesen in der Fremdsprache beginnen sollten, es Lernenden in den Klassen 5 und 6 aber dann sofort zuzumuten. Oft wurde vor wenigen Jahren noch zur völligen Verwirrung der Lernenden zu Beginn der 5. Klasse ein Schnellkurs in phonetischer Lautschrift absolviert, so dass die schwächeren Schüler Lautschrift und englisches Schriftbild häufig durcheinander brachten.

Aber Piagets Meinung wird seit einigen Jahrzehnten von vielen Entwicklungspsychologen in erhebliche Zweifel gezogen: Ihre empirischen Untersuchungen haben überraschenderweise andere Ergebnisse gezeitigt, zum Teil sicher auch deshalb, weil sie anders als Piaget den sprachlichen Faktoren ihrer Aufgabenstellungen und Versuche mehr Aufmerksamkeit gewidmet haben. Sie konnten nachweisen, dass Kinder bereits viel früher als mit 12, nämlich in einem Alter ab 8, formale und logische Denkaufgaben lösen können, wenn die Aufgaben selbst sinnvoll gewählt werden, die Inhalte gut auf das Alter abgestimmt sind und die Aufgabenformulierung in einer angemessenen Weise erfolgt (Donaldson 1978 in Cameron 2001, 3-4).

Darüber hinaus haben Pädagogen und Psychologen erfolgreich belegen können, dass Piagets starre Abfolge von Entwicklungsstufen ersetzt werden muss durch ein flexibleres und komplexeres System der Entwicklungsstufen, die es dem Lernenden ermöglichen, sich in mehreren Entwicklungsbereichen gleichzeitig zu befinden (De Loache & Brown 1987, 123). So kann ein Kind sich z.B. im Bereich der sprachlichen Fertigkeiten auf einer höheren Entwicklungsstufe befinden als im mathematischen Bereich und umgekehrt.

Unabhängig von dieser wichtigen Kritik, die unsere Auffassung von kindlicher Entwicklung und von den zumutbaren Lerninhalten stark beeinflusst, müssen auch die heterogenen Dispositionen und Lernbiographien der Lernenden bedacht werden, wenn wir über den Einsatz von Lesen und Schreiben nachdenken. Von einheitlichen Lernständen, übereinstimmenden Lernvoraussetzungen und homogenen Lerngruppen kann man in keiner Schule mehr ausgehen. Die traditionell übliche Ausblendung von zwei Fertigkeiten, die die Lernenden aus dem Muttersprachen- und/oder Deutschunterricht bereits kennen und meist auch motiviert nutzen können, empfiehlt sich deshalb nicht für den frühen Englischunterricht. Oft sind es heute die Lernenden selbst, so berichten uns ihre Lehrkräfte, die das Lesen und Schreiben einfordern. Sie nehmen den Sprachunterricht ernster, wenn sie alltägliche Handlungen wie einen Einkaufszettel notieren, ein Poster lesen, eine CD-Aufschrift entziffern, einen Brief oder eine E-Mail schreiben etc. auch im Frühen Englischunterricht üben dürfen. Es scheint vor ihrem Hintergrund deshalb empfehlenswert, jungen Lernenden in den Klassen 1 bis 4 einen flexibleren Ansatz der Fremdsprachenvermittlung mit allen vier Fertigkeiten anzubieten, der die Unterschiede in ihrer Entwicklung berücksichtigt. Das Schlüsselwort „kindgemäß", das in diesem Kontext, vor allem aber im Bereich der Grundschulpädagogik sehr lange mit dem viel zu engen Adjektiv „kindlich" gleichgesetzt worden ist, hat die individuellen Bedürfnisse der Lernenden weitgehend ignoriert, insbesondere wenn sie sich in unterschiedlichen Entwicklungsstufen befanden. Wenn wir neue Lernkontexte und Lerninhalte erstellen, sollten wir also bedenken, dass „kindgemäß" immer auch „altersgemäß" bedeutet und das Kinder in den Klassen 1 bis 4 je nach Lebens- und Lernbiographie auch ganz unterschiedliche altersgemäße Anforderungen an den FU haben können, die eben auch das Lesen und Schreiben betreffen. Statt Schriftlichkeit zu vermeiden, gilt es vielmehr, früher über binnendifferenzierende und fördernde Maßnahmen nachzudenken.

4. Die dritte Voraussetzung: Fremdsprachenlerntheorie

Können Kinder besser Fremdsprachen lernen als ältere Jugendliche? Fällt es ihnen leichter, je jünger sie sind? Und welche Bedeutung hat dies für den Erwerb der Schriftlichkeit in der Zielsprache? Die Critical Period-Hypothese greift den Problembereich des Faktors Alter beim Fremdsprachenlernen auf und besagt, dass Kinder vor Eintritt der Pubertät besonders effektiv Fremdsprachen lernen können, weil sie noch die Mechanismen, die ihnen beim Erstspracherwerb (L1) gedient haben, für das Erlernen einer Fremdsprache (L2) nutzen können. Kindern ist es eher als Erwachsenen möglich, erstsprachenähnliche Kompetenzen in bezug auf Aussprache und Grammatik zu erreichen. Wenn man bereits im Kindesalter mit dem Sprachenlernen begonnen hat, erreicht man eher eine (fast) akzentfreie Aussprache und eine (fast) fehlerfreie Sprachproduktion. Die Vorteile der Kinder liegen vor allem in einem höheren Lerntempo und in einer größeren Erfolgswahrscheinlichkeit. Während einige empirische Untersuchungen diese Hypothese unterstützen, widersprechen andere der Auffassung, dass es einen solchen Wendepunkt (eine *critical period*) beim Lernen einer Fremdsprache gibt (vgl. Lightbown & Spada 2003, Quetz 2003). Umsichtige Fachdidaktiker weisen deshalb immer wieder auf die Notwendigkeit hin, die unterschiedlichen Bedürfnisse, Motivationen und Kontexte der verschiedenen Lernergruppen nie aus dem Blick zu verlieren. Dies gilt natürlich ganz besonders gegenüber einer jungen Lernerklientel der Jahrgangsstufen 1 bis 4, die in der Regel hochmotiviert und wissbegierig der neuen Fremdsprache gegenübersteht.

Ein zweiter Problembereich der Lerntheorie konzentriert sich auf die wichtige Frage, wie und ob der Muttersprachenerwerb das spätere Lernen der Fremdsprachen beeinflusst. Werden L1 und L2 auf die gleiche Art gelernt, auf eine ähnliche Art oder auf ganz verschiedene Art und Weise? Die Identitäts-Hypothese behauptet, dass alle Spracherwerbsprozesse also L1- und L2-Erwerb, prinzipiell gleichartig verlaufen. In beiden Fällen und unabhängig vom Alter aktivieren Lernende angeborene mentale Prozesse, die bewirken, dass die Elemente und Regeln der Fremdsprache analog zum kindlichen Erwerb der Muttersprache erworben werden. In enger Anlehnung an die Identitäts-Hypothese haben deshalb viele Fachdidaktiker gefordert, dass der FFU denselben Prinzipien wie der Muttersprachwerb folgen solle (Bleyhl 2003, 11): Die Abfolge der unterrichteten Fertigkeitsbereiche und die Reduzierung der Lerninhalte auf das Hören und Sprechen im Grundschulunterricht Englisch sind eine Konsequenz dieser Überzeugung, so dass die Lernenden zunächst wochenlang oft nur zuhören und erst allmählich selbst sprechen dürfen. Bisher wurden ihnen erst im zweiten Lernjahr in sehr begrenztem Umfang und unsystematisch geringfügige Angebote zum Lesen gemacht. Die Identitäts-Hypothese lieferte auch die Argumente für ein Aufschieben des Schreibens, das bisher in noch geringerem Maße Eingang in den Frühen Englischunterricht gefunden hat als das Lesen.

Die Lernersprachen-Hypothese steht in krassem Gegensatz dazu: Sie besagt, dass Lernende beim Erlernen der Zielsprache spezifische Sprachsysteme entwickeln, eben Lernersprachen, die Merkmale der Muttersprache (L1) und der Zielsprache (L2), aber auch ganz eigenständige Merkmale enthalten, die von L1 und L2 unabhängig sind. Auch junge Lernende in den Klassen 1 bis 4 entwickeln solche zwischensprachliche Systeme bereits, weil sie schon über Erfahrungen mit dem Lernen von Sprachen verfügen und diese Kenntnisse als „Trittsteine" auf dem Weg in die Fremdsprache nutzen können. Auch bestimmte Lern- und Kommunika-tionsstrategien, die bereits mit der Muttersprache erlernt wurden, können von jungen Lernenden gewinnbringend eingesetzt werden. Ganz allmählich adaptiert der Lernende seine Strategien und seine Hypothesen über Sprachregeln und nähert sich dabei der Zielsprache an (Riemer 2002, 63-64). Die Lernersprachen-Hypothese ist heute die erfolgreichste, d.h. die in der Fachdiskussion am weitesten verbreitete. Sie geht davon aus, dass es bedeutende Unterschiede zwischen dem Muttersprachwerb und dem Erlernen der ersten Fremdsprache gibt. Diese Unterschiede sollten im FFU der Klassen 1 bis 4 auf jeden Fall beachtet werden:

– Die jungen Lernenden in diesen Klassenstufen sind beim Erlernen der ersten Fremdsprache auf der kognitiven und der emotionalen Ebene reifer als beim Erwerb der Muttersprache.
– Acht- bis Zehnjährige verstehen Weltphänomene anders und leichter als Kleinkinder.
– Acht- bis zehnjährige Lernende können auf ein umfassendes Weltwissen zurückgreifen.
– Sie verfügen über erhebliche metasprachliche Kenntnisse, die ihnen beim Erlernen der Fremdsprache helfen.

- Diese Lernenden können Vergleiche ziehen zwischen der Muttersprache bzw. Zweitsprache und der Fremdsprache.
- Und sie verfügen über Sprachlernstrategien, die sie gezielt im Unterricht einsetzen können.

Für den Erwerb der Schriftlichkeit in der Zielsprache bedeutet dies, dass es Vertretern der Lernersprachen-Hypothese sehr wohl zumutbar erscheint, bereits vor Beginn der Sekundarstufe I mit einem systematischen Lese- und Schreibunterricht in der Zielsprache zu beginnen. Sie halten auch eine kindgemäße ergebnisorientierte Vermittlung der Schriftlichkeit deshalb nicht für verfrüht, sondern für durchaus angebracht (Mindt & Schlüter 2003). Wie diese Vermittlung aber methodisch sinnvoll erfolgen soll, ist bisher noch nicht geklärt.

Die eben beschriebene Theorie der Lernersprachen bedeutet natürlich auch, dass Lernende bereits im Alter von 8 bis 10 über unterschiedliches Wissen verfügen können. Einigen von ihnen wird es leicht fallen, neue Vokabeln zu lernen und sich in den verschiedenen Fertigkeiten zu üben. Kinder, die bereits über umfassende Gesprächsstrategien und -erfahrung verfügen, werden davon auch im Englischunterricht profitieren. Kinder, deren muttersprachliche Lese-Kompetenz noch nicht gefestigt ist, werden weniger Erfolge beim Lesen in der Fremdsprache aufweisen. Und Kinder, die durch ihre Lerndisposition, ihren Migrationshintergrund oder spezielle LRS-Probleme im Deutschunterricht Schwächen zeigen, werden wahrscheinlich auch das Schreiben in der Zielsprache langsamer bewältigen. Als Konsequenz aus dieser Annahme ergibt sich, dass man in den Klassen 3 und 4 alle Fertigkeiten immer wieder in einem spiralförmigen Wiederholungsprozess anbieten muss, damit schwächere Lernende bereits sehr früh gefördert und gestützt werden können.

5. *Der Leseprozess in der Fremdsprache*

Die Erforschung von Leseprozessen in einer Fremdsprache ist noch lange nicht abgeschlossen, doch herrscht seit den siebziger und achtziger Jahren eine rege Forschungstätigkeit (Oller 1972; Eskey 1973; Ulijn & Kempen 1976; Clarke & Silberstein 1977; Clarke 1980; Alderson 1984; Carrell 1984), vor allem auch im Bereich Deutsch als Fremdsprache (Karcher 1988; Lutjeharms 1988, Stiefenhöfer 1986, Ehlers 1992, 1998). Lesen in der Fremdsprache ist kein „defektes muttersprachliches Lesen" (Ehlers 1998, 182ff.), sondern ein Prozess mit eigener Gesetzmäßigkeit, eigenen Regeln und einer eigenen Dynamik, die von vielen verschiedenen Variablen bestimmt wird.

Von zentraler Bedeutung für die Leseforschung ist die besonders von Goodman (1967) und Smith (1971) vertretene psycholinguistische Universalitätshypothese, die davon ausgeht, dass in Mutter- und Fremdsprache die gleichen Lesestrategien angewandt werden, dass das Lesen in der Mutter- und in der Fremdsprache also identische Prozesse sind. Empirische Forschungen brachten jedoch immer wieder Ergebnisse zutage, die dieser Hypothese zumindest teilweise widersprachen, weil die fremdsprachliche Lesefähigkeit deutlich hinter der muttersprachlichen zurückstand (Ehlers 1998, 110ff.). Die sprachliche Schwellenhypothese versucht, die unterschiedlichen Leseergebnisse mit mangelnder Fremdsprachenkompetenz zu erklären, wobei man davon ausgeht, dass erfolgreiche muttersprachliche Leser auch in der Fremdsprache erfolgreich sind, falls die Sprachkompetenz über einem gewissen Schwellenniveau liegt. Nach Clarke (1980) fällt der fremdsprachige Leser, wenn er dieses Niveau der Sprachkompetenz nicht erreicht hat, auf weniger komplexe Strategien und ein Leseverhalten zurück, das nicht seinem muttersprachlichen Leseverhalten entspricht, sondern eher typisch ist für schlechte Leser. Erst mit der zunehmenden Verankerung mentaler Repräsentationen im Gedächtnis und nach Aufbau eines wachsenden „Sichtwortschatzes" kann das Lesetempo erhöht werden (Küppers 1999, 50), bis schließlich bei höherem lexikalischem Kenntnisstand und syntaktisch-semantischer Erfahrung die muttersprachlichen Lesestrategien auch beim Lesen in der Fremdsprache aktiviert werden können (Karcher 1988, 159ff.).

Die Interdependenz-Hypothese bezieht eine genau gegensätzliche Position, indem sie behauptet, dass erfolgreiche Leser in der Muttersprache auch als Leser in einer Fremdsprache erfolgreich seien (Bernhardt 1991; Coady 1979). Zwar zeigten auch hier empirische Arbeiten, dass gute muttersprachliche Leser beim fremdsprachlichen Lesen manchmal weniger erfolgreich im Transfer ihrer Strategien waren, doch führte man dieses Ergebnis nicht auf eine mangelnde Sprachkompetenz zurück, sondern auf andere Lesefaktoren wie das von der Schematheorie erforschte Hintergrundwissen. „Leseprobleme hängen in dieser Sicht nicht mit sprachlichen Fertigkeiten zusammen, sondern mit Defiziten im Wissen und Wissensgebrauch. Leser wissen oft nicht, wie sie ihr Wissen einbringen können, oder aber sie können ihre mitgebrachten Schemata nicht flexibel handhaben und neigen dazu, den Text zu assimilieren" (Ehlers 1998, 115).

Warum wird nun das Lesen und Schreiben im Englischen von vielen Lehrkräften und einigen Fachdidaktikern als besonders schwer angesehen? Während im Italienischen und Spanischen fast jeder Buchstabe einen Laut repräsentiert, ist die Graphem-Phonem-Relation im Deutschen kompliziert und im Englischen noch einmal komplizierter. Im Englischen (RP) kann man bei 26 Buchstaben 44 verschiedene Phoneme unterscheiden. Im Englischen wird ein Phonem im Schnitt von 12,8 Graphemen repräsentiert, im Deutschen nur durch 3,7 (Nyikos 1990 zitiert bei Bleyhl 2000, 86). Als extremes Beispiel lässt sich hier das Phonem /i/ anführen: Es kann mit 21 verschiedenen Graphemen wiedergegeben werden. Für diese komplizierte Beziehung zwischen Lauten und Schrift gibt es einen historischen Grund: „In the case of English some spelling conventions date back to the 16th and 17th centuries, others were imposed in the 19th century and, because spelling has been fixed while pronunciation has changed, many of the conventions or rules of the written language do not match how English is spoken today" (Stubbs 1980 zitiert von Cameron 2001, 127).

Geübten deutschen Lesern fällt es aber auch meist nicht besonders schwer, die Graphem-Phonem-Relation auch in der Fremdsprache beim Lesen zu berücksichtigen. Zusammen mit den semantischen und den kulturellen Information eines Lesetextes werden die phonologischen und visuellen, die syntaktischen und lexikalischen Informationen beim Lesen decodiert, um Bedeutung herzustellen (vgl. auch Lutjeharms 1994, 38-55). Dabei kommt es zu einer Interaktion, die die einzelnen Ebenen des Leseprozesses in einer steten Wechselwirkung zwischen aufsteigenden, datengeleiteten (*bottom-up*) Verstehensprozessen und absteigenden, erfahrungsgeleiteten (*top-down*) Verstehensprozessen verbindet (Cameron 2001, 124). Die phonologische Rekodierung als sprachbezogener Vorgang und die Worterkennung als lesespezifischer Prozess werden dabei durch den Einsatz von Weltwissen und Problemlösen ergänzt.

Lernende in den Klassen 3 und 4 haben gerade erst gelernt, in der Mutter- oder Zweitsprache zu lesen. Oft sind sie noch recht ungeübt und unsicher dabei. Bei Kindern nichtdeutscher Herkunft kann es zu Interferenzen mit der Muttersprache kommen. Wurde bereits ein Schriftsystem erlernt, das sich von der lateinischen Schrift unterscheidet, bringt dies noch einmal zusätzliche Schwierigkeiten in den ersten Grundschulklassen mit sich. Beim Lesen und Schreiben in der Fremdsprache müssen diese Kinder lernen, mit zusätzlichen Schwierigkeiten umzugehen. Oft kennen die sehr jungen Lernenden zwar schon das Schriftbild zahlreicher englischer Wörter, wenn der Fremdsprachenunterricht beginnt, die Koordination zwischen den einzelnen Ebenen des Leseprozesses müssen sie aber noch üben. Dabei steht die Frage im Mittelpunkt, ob man einer *bottom-up*-Lesestrategie, oder einer ganzheitlich orientierten *top-down*-Lesestrategie den Vorzug geben sollte.

6. Fachdidaktische Meinungen im Ausland: Lese- und Schreibdidaktik der Zweitsprache Englisch in den USA und GB

Die Zweitsprachendidaktik der USA und Kanadas will bereits sehr jungen multikulturellen Lernergruppen im frühen Vorschul- oder Schulalter das Lesen und Schreiben im Englischen vermitteln. Allerdings gibt es mehrere ganz unterschiedliche Ansätze dazu: Die Anhänger der *phonics instruction* glauben an die große Bedeutung der *bottom-up*-Lesestrategie und versichern, dass eine gründliche Unterweisung auch sehr junger Kinder in der Graphem-Phonem-Relation des Englischen wichtig ist für die Lesefertigkeit der Lernenden. Dabei werden auch die potentiellen Probleme, die durch Interferenzen mit der Graphem-Phonem-Relation der L1 auftreten können, in Kauf genommen (Chamot & O'Malley 1994, 88-89).

Die Anhänger der Spracherfahrungsdidaktik *(emergent reading and writing)* dagegen wollen junge Lernende im Lesen und Schreiben unterrichten, indem die Lernenden der Lehrkraft eigene Texte und eigene Geschichten diktieren; diese von der Lehrkraft aufgeschriebenen Texte werden wiederum von den Lernenden gelesen. So soll erreicht werden, dass Texte gelesen werden, die nie über den Erfahrungshorizont und das Sprachvermögen der Schülerinnen und Schüler hinausreichen. Damit sind aber die Grenzen dieser Methodik bereits aufgezeigt, da die Kinder ja irgendwann beginnen müssen, auch Texte zu lesen, die nicht von ihnen verfasst wurden.

Der ganzheitliche Leseansatz *(whole language approach)* ist ein Konzept der Lesedidaktik (Chamot & O'Malley 1994, 89), das von der Überzeugung ausgeht, dass die Fertigkeiten, die man in einer Sprache erwerben möchte, nicht unterteilt und separat voneinander geübt werden können, sondern nur interaktiv vermittelbar sind. Den Lernenden wird schon sehr früh Gelegenheit gegeben, die Sprache an authentischen Texten unterschiedlicher Art und Genres zu erfahren, sich mit ihr auseinander zu setzen und auch schon früh eigene Texte zu verfassen. Oft steht dabei eher der Text selbst im Mittelpunkt des didaktischen Interesses, nicht aber die Methodik des Lesens. Kritisiert wird dieser Ansatz von der heutigen Zweitsprachenforschung in den USA, die mit Garner (1987) und vor allem Chamot und O'Malley (1986, 1994) auf die Bedeutung der Entwicklung von Lesestrategien hingewiesen haben, die im ganzheitlichen Ansatz vernachlässigt werden.

In bilingualen Sprachenprogrammen werden Zweitsprachenlernende heute oft nach einem *content-based reading approach* unterrichtet, der sich authentischer Sachtexte und literarischer Texte bedient, aber auch auf den Erwerb eines grundlegenden Sprachbewußtseins *(language awareness)* großen Wert legt (Chamot & O'Malley 1994).

In der britischen Fremdsprachendidaktik ist der dialektische Entwicklungsprozess zwischen *phonics teaching* und *whole language approach* sehr ähnlich verlaufen. Heute vertreten etliche Fachdidaktiker und -didaktikerinnen wie Cameron einen Ansatz, der Grundzüge des *phonics-teaching* mit einem ganzheitlichen Leseansatz und einem kommunikativen Ansatz bei der Schreibdidaktik verbindet, also *bottom-up* und *top-down*-Prozesse auch interaktiv für den Frühen Englischunterricht anbieten möchte (vgl. Cameron 2001, 2003).

7. Fachdidaktische Meinungen in Deutschland

Es gibt in Deutschland keine fachdidaktische Diskussion um eine Lese- und Schreibdidaktik im Englischunterricht, nur einen grundsätzlichen Streit um den Zeitpunkt der Einführung der Schriftlichkeit. In den letzten zehn Jahren lassen sich zwei Gruppen in der Diskussion ausmachen.

Die erste Gruppe wird gebildet von jenen Fachdidaktikern, die die Grundschule immer noch als „Oase" der spielerischen Vermittlung der Fremdsprachen betonen und eine systematische Begegnung der Schülerinnen und Schüler mit Schrift für verfrüht und nicht „kindgemäß" halten. Bezeichnenderweise findet sich in den Publikationen dieser Didaktiker meist eine genaue Beschreibung dessen, was Schrift nicht sein soll: Rück (1993), Klippel (2000), Bleyhl (2000) und zahlreiche andere sind sich darin einig, dass Lesen und Schreiben als Merkhilfe eine unterstützende Funktion haben sollte, keinesfalls aber Lernziel des Frühen Englischunterricht sein kann. Die Schriftlichkeit soll darüber hinaus keinen Anlass geben zum leistungsorientierten Lernen, das sich in Tests niederschlägt. „Es soll verhindert werden, daß sich Leistungsunterschiede zwischen den Kindern durch das Einbeziehen von schriftlichen Aufgaben zu stark bemerkbar machen" (Klippel 2000, 23). Kinder dürfen der Schrift zwar „begegnen", denn das tun sie ja in ihrer alltäglichen Erfahrung auch (Rück 1993, 72), sie dürfen „die Schriftbilder einzelner Wörter und kleiner Sätze" gelegentlich abschreiben, die Schrift darf aber keine „Störung und Gefährdung darstellen" (Rück 1993, 73). Inwieweit Kinder durch einen Einbezug der Schriftlichkeit in ihren Unterricht auch gefördert, gefordert und motiviert werden, reflektieren diese Autorinnen und Autoren leider nicht.

Eine zweite Gruppe von Didaktikern formuliert jedoch höhere Ansprüche an den frühen Englischunterricht und seine Lese- und Schreibdidaktik: So geht Schmid-Schönbein zwar auch vom Primat des Mündlichen aus, gesteht der Schrift aber gerade für schwächere Schülerinnen und Schüler eine wichtige Funktion als Segmentierungshilfe zu (Schmid-Schönbein 2001, 69-70). Die Romanistin Sarter bezeichnet Schrift im Frühen FU auch als Analysehilfe für grammatische Strukturen und darüber hinaus auch als Aussprachehilfe (Sarter 1997, 116), Michailow-Drews befürwortet den Einsatz von Schrift im Frühen Englischunterricht weil auch junge Lernende bereits mit begrenztem Wortmaterial lernen selbstständig umzugehen: „Kinder entdecken Regelmäßigkeiten bezüglich Schreibweisen und Laut-, Buchstabenkombinationen, Ähnlichkeiten und Unterschiede zwischen den Sprachen" (Michailow-Drews 2002, 32). Dabei führt sie insbesondere Unterschiede in der Schreibweise der Uhrzeit, des Datums sowie Differenzen in der Groß- und Kleinschreibung und bei den Monatsnamen an.

In seinem Studienbrief über Lernziele im FFU erweitert auch Quetz (2000) die Rolle der Schrift und geht dabei weit über das spielerische Maß hinaus. Er erklärt Lesen und Schreiben zum Lernziel, das in begrenztem Umfang auch „Inbesitznahme" der neuen Sprache bedeutet. Die Kinder werden durch das Lesen und Schreiben mit ersten Lernstrategien vertraut. Wichtig ist ihm auch die Möglichkeit mit den Lernern ein Portfolio zu erarbeiten, das u.a. durch Schrift die spontanen Eindrücke der Unterrichtsstunden abrunden und vertiefen kann (Quetz 2000, 22-25, 95-96).

Zur dieser zweiten Gruppe gehören auch jene Fachdidaktiker, die anhand von Fallstudien und Ergebnissen aus Schulversuchen einen didaktisch und methodisch sinnvollen Weg heraus aus dem Labyrinth der Schrift im FFU suchen. Waas (1994) berichtet in einer Fallstudie von einem Drittklässler, der seine Lehrerin mit einer unaufgefordert verfassten Wortliste von mehr als fünfzig englischen Wörtern überraschte. Die Wörter waren nur zum Teil fehlerfrei geschrieben, wiesen aber vor allem eine phonetische Schreibweise oder Interferenzen mit der deutschen Rechtschreibung auf, indem zum Beispiel Substantive groß geschrieben wurden. Auch nachdem der Schüler das richtige Schriftbild kennen gelernt hatte, war er nicht in der Lage, alle Wörter fehlerfrei zu schreiben, bei vielen Wörtern blieb er bei den Schreibweisen, die er sich selbst lautgetreu oder nach deutschen Rechtschreibregeln zurechtgelegt hatte. Weil ihm nicht rechtzeitig ein zielsprachiges Schriftbild präsentiert worden war, fiel es ihm schwer, nachträglich das einmal eingeprägte Schriftbild wieder zu löschen. Für Waas muss deshalb der Zeitpunkt der Einführung des Schriftbildes nicht zuletzt wegen dieser Erfahrung noch einmal überdacht werden. Er nennt als wichtige Faktoren, die bei einer Einführung der Schrift im FU eine Rolle spielen, den Stand der Beherrschung der Kulturtechniken im Deutschen, das sachorientierte Interesse der Kinder auch an vermeintlich „unkindlichen" Themen wie z.B. Technik, das es ihnen erleichtert auch schwierige Lerninhalte aufzunehmen, sowie ihre sprachliche Spontaneität und Nachahmungsfähigkeit.

Zydatiß (1997) berichtet im Rahmen einer Bestandsaufnahme des Berliner Immersionsversuchs in der Primarstufe von Schülerinnen und Schülern der ersten Klasse, die, von britischen Muttersprachlerinnen unterrichtet, bereits im ersten Schuljahr zu schreiben beginnen. Er beobachtet die häufigen und regelmäßigen Schreibversuche und Ausstellungen von Schreibprodukten der Erstklässler, die zunächst ihren Lehrkräften Sätze diktieren, dann diese Sätze abschreiben und später sogar eigene kleine Mitteilungen verfassen. Krashens *input theory* stellt er eine *output*-Hypothese gegenüber, die besagt, dass Immersionsprojekte dann erfolgreicher zu sein versprechen, wenn Kinder sich in einem ganzheitlichen Ansatz der Lesedidaktik mündlich und schriftlich zu Themen äußern dürfen, die sie für relevant und interessant halten. Als literaturdidaktische Beobachtung ist interessant, dass das Berliner Immersionsprojekt besondere Erfolge mit dem selbstständigen Lesen von authentischen literarischen Texten z.B. Bilderbüchern verzeichnen konnte. Es sei hier noch hinzugefügt, dass Herbert Christ, der in Frankfurt am Main an der Textorschule seit Jahren ein bilinguales, deutsch-französisches Grundschulprojekt betreut, ähnlich gute Erfahrungen mit dem selbstständigen Lesen von authentischen Bilderbüchern gemacht hat. Seine Aufsätze zur motivierten Benutzung der fremdsprachigen Klassenbibliotheken während der Freiarbeitszeit (eine Schulstunde pro Woche) der Klassen 3 und 4 könnten manche Deutschlehrkraft neidisch machen (Christ et al. 2002).

Kahl und Knebler (1996) berichten vom Hamburger Schulversuch in den Klassen 3 bis 6 im Jahr 1995, in dem durch einen spielerischen Ansatz die Neugier der Kinder auf die fremde Sprache und Kultur geweckt werden sollte, ohne eine Bewertung der Leistungen vorzunehmen. In diesem Schulversuch wurde Lesen und Schreiben fakultativ angeboten, auch weil sich die Schülerinnen und Schüler selbst dies oft gewünscht hatten (Kahl & Knebler 1996, 24). In der freien Arbeitszeit der Klassen (20 Minuten pro Woche) durften die Kinder also Bilderbücher lesen, selbst Gruß- und Auftragskarten schreiben oder kurze Interviewbögen erstellen. Sie fertigten Bild-Wörterbücher an und versahen Cartoon-Geschichten mit Sprechblasen. Diese abwechslungsreichen Aktivitäten sollten vor allem Lernanreize für die leistungsstärkeren Schülerinnen und Schüler bieten, ohne die leistungsschwächeren zu demotivieren. Das erhoffte Ziel, Leistungseinbrüche und -demotivation bei Leistungsschwächeren zu verhindern, konnte allerdings nicht ganz erreicht werden, denn die Unterschiede zwischen den Kindern waren im mündlichen Unterricht bereits deutlich abzulesen und stimmten mit den Leistungen der Schüler in anderen Fächern überein. Spürbar war allerdings die deutliche Motivationssteigerung bei allen Lernenden durch neue Lernanreize, wie das Lesen von ausgewählten Lektüren (Kahl & Knebler 1996, 37).

Die Lehrkräfte der 5. und 6. Klassen stellten darüber hinaus fest, dass jene Kinder, die im Schulversuch bereits in der Fremdsprache gelesen hatten, problemlos mit denselben und neuen Lektüren an ihre bisherigen Erfahrungen anknüpfen konnten. Leistungsschwächere Schülerinnen und Schüler der Orientierungsstufe und der Gesamtschule hatten dagegen in Klasse 5 große Probleme, von einer rein mündlichen Sprachproduktion auf eine schriftliche umzustellen. Sie erkannten oft nicht die Notwendigkeit, Wörter und Sätze, über die sie mündlich bereits verfügten, jetzt auch im Schriftbild *fehlerfrei* zu reproduzieren. Die Aufmerksamkeit der Kinder war in den Klassen 3 und 4 fast ausschließlich auf den Inhalt sprachlicher Äußerungen gerichtet. ... Die

Erarbeitung formaler Korrektheit empfanden viele als äußerst mühsam. Die Lehrer/innen mussten ihren Schüler/innen die Bedeutung des *richtigen Schreibens* erst einmal bewusst machen. (ibid., 58) Karl und Knebler plädieren aus diesem Grund für ein möglichst frühes Heranführen der Kinder an Formen des selbstständigen Lernens beim Lesen und Schreiben (vgl. ibid., 58-59).

Beide großen Gruppen von Fachdidaktikern, so zeigt diese kurze und deshalb etwas holzschnittartige Gegenüberstellung, beziehen polarisierte Positionen zwischen einem spielerischen, mit großen Schutzzonen ausgerichteten Unterricht und einem ergebnisorientierten, auf Kommunikations- und Diskursfähigkeit ausgerichteten Unterrichtskonzept.

8. Lesen und Schreiben in Lehrwerken für den Frühen Englischunterricht

Wie sieht das Angebot von Schrift in den Lehrwerken für den Englischunterricht in der Grundschule heute aus? Wie setzen sie die verschiedenen Vorgaben politischer und lerntheoretischer Art in Lernangebote und Aufgaben um? Welches fachdidaktische Konzept wird verfolgt?

Betrachtet man die Lehrwerke für die Klassen 3 und 4, die im letzten Jahrzehnt auf den Markt gekommen sind, ergibt sich kein einheitliches Bild beim Umgang mit der Schrift. In der Regel führen Lesen und Schreiben ein recht marginales Dasein in diesen Lehrwerken, oft ist die Anzahl der Übungsmöglichkeiten sehr begrenzt, und der Umgang mit der zielsprachigen Schriftlichkeit von Beliebigkeit geprägt, d.h. Lehrkräfte können selbst entscheiden, wie viele Vorschläge des Lehrwerks sie im Unterricht umsetzen möchten. In manchen Fällen kann aber leider auch beobachtet werden, dass grundlegende fachdidaktische Vorgaben missachtet werden: Dies ist der Fall, wenn Schreiben und Lesen von noch nicht ausreichend phonetisch gesicherten Wörtern und Sätzen in den Lehrwerken gefordert wird, so z.B. bei der parallelen Einführung von Laut- und Schriftbild auch bei Wörtern, die in Orthographie und Phonetik weit voneinander abweichen.

Aber es gibt neuerdings auch andere, weitaus überlegtere Zugänge zur Schrift im Englischunterricht. Ich möchte in diesem Zusammenhang kurz auf zwei Lehrwerke eingehen, die erst seit kurzem den hessischen und bundesdeutschen Englischunterricht der Grundschule erobert haben. Da ist zunächst das aktuelle Lehrwerk des Klett-Verlags, *Playway to English* (2001): In ihm wird die didaktische Auffassung zum Lesen und Schreiben im FFU im Lehrerhandbuch für das 3. Schuljahr, also das 1. Lernjahr Englisch, so formuliert, dass die „Fähigkeit, englische Wörter und Sätze zu lesen, (...) behutsam und systematisch entwickelt werden soll" (Gerngross & Puchta, *Teachers Book zu Band 3*, 2001, 30). Dies bedeutet, dass in den Lernenden „ein erstes Bewußtsein dafür geweckt werden soll, daß in der englischen Sprache die Wörter anders geschrieben als gesprochen werden". Die Gewöhnung an das englische Schriftbild erfolgt „allmählich, sorgfältig und systematisch" (ibid., 23). Da werden z.B. 83 *word cards* benutzt um Zuordnungen von Klang- und Schriftbild zu üben: Sie sollen nur jeweils einige Sekunden präsentiert werden, damit das englische Wort nur als Ganzes wahrgenommen und nicht Buchstabe für Buchstabe entziffert werden kann (vgl. ibid.). Angeboten werden in diesem Lehrwerk aber auch Text-Bildzuordnungen in kurzen Geschichten, Lernende stellen selbst *Valentine cards* her (vgl. ibid., 196-197) oder fügen aus vorgefertigten Textstreifen kurze Gedichte zusammen (vgl. ibid., 108-109).

Im 4. Schuljahr, also dem 2. Lernjahr der Fremdsprache, wird der Anspruch im Bereich des Lesens ausgebaut. Das bedeutet, dass Leseübungen häufiger werden und die Textfrequenz in *Activity Book* und Schülerbuch stark zunimmt. Das Schriftbild dient als Merkhilfe, unterstützt zunehmend die Wortschatzarbeit und wird zur Erarbeitung von Redemitteln gebraucht, die die Kinder für die zielsprachige Kommunikation benötigen. Erstmals sollen die Schülerinnen und Schüler jetzt auch „kommunikativ relevante Äußerungen sinnentnehmend lesen können" (Gerngross & Puchta, *Teacher's Book zu Band 4*, 2001, 9). Außerdem wird die Entwicklung der Schreibfertigkeit durch Abschreib- und Einsetzübungen angebahnt. Die Schreibübungen sind aber recht selten und in ihrem Umfang sehr gering. In einzelnen Fällen werden die Kinder aufgefordert, ihre Leistungen selbst zu kontrollieren. Von einer tatsächlich systematischen Lese- und Schreibdidaktik ist man also trotz der Ankündigung im Lehrerhandbuch noch weit entfernt.

Das Lehrwerk *Ginger,* erst 2004 vom Cornelsen-Verlag auf den Markt gebracht, geht ein paar Schritte weiter. Auch hier haben die Fertigkeiten Lesen und Schreiben lernunterstützende Funktion, sie spielen eine untergeordnete Rolle und setzen immer voraus, dass vor dem Einsatz der Schrift das Lautbild der Wörter eingeführt und hinreichend geübt wurde (vgl. *Ginger 1, HfU* 2004, 7, 11). Doch ist der lesedidaktische Ansatz hier nicht ganzheitlich, weil er auch Buchstaben und Buchstabencluster berücksichtigt: Von Beginn des Englischunterrichts an soll das Sprachbewusstsein der Schülerinnen und Schüler auch in Hinblick auf das unterschiedliche Graphem/Phonem-System des Englischen geschult werden. Dazu heißt es im Lehrerhandbuch für die dritte Klasse (also 1. Lernjahr): Die Kinder sollen „einen ersten Eindruck von den ungewohnten Schriftbildern der englischen Sprache" erhalten. „Dabei lässt die Lehrkraft den Kindern Zeit, Anmerkungen über Schreibweise und Aussprache sowie Vergleiche zwischen dem Deutschen und dem Englischen zu machen" (ibid., 126). Darüber hinaus soll ausdrücklich Lob gespendet werden für Schülerbeiträge, die Laut- und Schriftbild als unterschiedlich erkennen (vgl. ibid.). Obwohl das Lehrerhandbuch keinen der gängigen diskutierten Ansätze der Lese- und Schreibdidaktik ausdrücklich benennt, kann man hier folgern, dass die Autoren eher einen kombinierten Ansatz aus ganzheitlichem Ansatz und *phonics approach* verfolgen. Betont werden hier auch stark kontrastive Elemente, indem Lehrkraft oder Schüler explizit auf Ähnlichkeiten zwischen deutscher und englischer Schreibweise (z.b. beim Wort Zoo/*zoo* oder Elefant/*elephant*) eingehen sollen.

Zu den Übungsformen des Lehrwerks für die 3. Klasse gehören Abschreib-, Zuordnungs- und Einsetzübungen, die Auseinandersetzung mit englischen Wörtern, die im deutschen Alltag vorherrschen und das Lesen kleiner bekannter Lied- und Reimtexte. Neu ist in diesem Buch, dass das Lesen und Schreiben regelmäßig geübt und auch durch Lernstandskontrollen beurteilt werden soll. Das Schreiben von Wörtern aus dem Gedächtnis wird in diesem Zusammenhang natürlich noch nicht verlangt.

Im 4. Schuljahr, also im 2. Lernjahr Englisch, werden die Anforderungen gesteigert, die Lese- und Schreibaufgaben und -anlässe verdichten sich in allen Lehrwerkkomponenten. Das Lehrerhandbuch bemerkt dazu politisch ganz korrekt: „Im Mittelpunkt des Unterrichts steht auch in *Ginger 2* die gesprochene Sprache, aber das Schriftbild erlangt einen deutlich größeren Stellenwert, da die Kinder bereits über viele Wörter und Redemittel sicher verfügen und ihre Aussprache gut kennen: Es wird deutlich mehr gelesen und geschrieben" (*Ginger 2, HfU* 2004, 10). Das Schriftbild wird als Lern- und Merkhilfe benutzt. Die Lernenden werden weiterhin für die Unterschiede zwischen dem deutschen und dem englischen Schriftbild sensibilisiert. Neu ist hier, dass die Lehrkräfte jetzt auch explizit aufgefordert werden, festzustellen, „ob und wie schnell Schülerinnen und Schüler die Schreibweise und Bedeutung der neuen Wörter erkennen und zuordnen können" (ibid., 165). Darüber hinaus soll die Lehrkraft verstärkt auf die korrekte Schreibweise der Kinder auf Arbeitsblättern und in den Heften achten. Die Lernstandsermittlungen im Lesen und Schreiben werden fortgeführt.

Die Aufgabenstellungen im Buch für das 4. Schuljahr gehen über die des ersten Bandes an Schwierigkeit hinaus. Es werden kleinere Texte wie Liedtexte, Reime, *Jazz chants* und Geschichten gelesen, *snake puzzles* gelöst, Wunschzettel, Briefe und E-Mails geschrieben. Für Rollenspiele und Dialogübungen werden nun auch Satzkarten benutzt, die die Kinder als Merkhilfe zu Rate ziehen können. Im Rahmen des ritualisierten Lernens erstellen die Kinder über einen langen Zeitraum hinweg ein Bildwörterbuch, das ein individuelles Vokabular enthalten soll.

Die Übungen zum Schreiben und Lesen im Lehrwerk *Ginger* greifen mit sinnvollen Ritualen das methodische Prinzip des spiralförmigen Curriculums auf. So wird es wahrscheinlich auch lernschwächeren Schülerinnen und Schülern möglich sein, bereits erste Lernerfolge in der zielsprachigen Schriftlichkeit zu erreichen.

9. Vorschläge zu einer systematischen Lese- und Schreibdidaktik im Frühen Englischunterricht

Die Diskussion um Lesen und Schreiben im FFU hat, wie sich gezeigt hat, gerade erst begonnen: Es waren recht widersprüchliche Meinungen von deutschen und ausländischen Fachdidaktikern und Fremdsprachenforschern, Berichte von wenigen Fallstudien, einige sinnvolle Vorschläge in ganz neuen Lehrwerken, die vorgestellt wurden. Wenn der Englischunterricht in der Grundschule konsequent auf die weiterführende Schule hinarbeiten soll, benötigen wir eine systematische Lese- und Schreibdidaktik. Grundschullehrkräfte brauchen eine Anleitung für ihr unterrichtliches Handeln, die sich auf lerntheoretische und entwicklungspsychologische Forschung gründet.

Eine fremdsprachige Lese- und Schreibdidaktik sollte so aufgebaut sein, dass sowohl die Erstlesedidaktik der Muttersprache (bzw. Zweitsprache Deutsch) der Kinder Berücksichtigung findet als auch die fremdsprachlichen Kenntnisse der Kinder. Das Alter der Schülerinnen und Schüler sollte in angemessener Weise bei allen Übungen berücksichtigt werden. Am geeignetsten erscheint aus heutiger Sicht eine interaktive Lesedidaktik mit Komponenten aus verschiedenen Ansätzen: dem ganzheitlichen Ansatz, der es erlaubt, möglichst früh authentische Texte in den Unterricht einzubringen und dem Spracherfahrungsansatz, der den Schülerinnen und Schülern einen individuellen Zugang zu Lese- und Schreibaufgaben mit unterschiedlichen Schwierigkeitsgraden erlaubt. Enthalten sein sollten auch Elemente des *phonics teaching*, die es den Kindern ermöglichen, Sprachbewusstsein in der Fremdsprache aufzubauen und sich Gesetzmäßigkeiten bei Buchstaben oder Buchstabenfolgen in der englischen Schreibweise zu merken. Sie sollten auch dazu angehalten werden, kontrastiv vorzugehen, also ihre Erkenntnisse über das englische Graphem- und Phonemsystem mit ihren Erfahrungen in Deutsch und weiteren Sprachen zu vergleichen.

Auch einige methodische und inhaltliche Punkte lassen sich formulieren: Neben einem guten, modernen Lehrwerk, das einen systematischen Ansatz zum englischen Schriftspracherwerb verfolgt, können Lehrkräfte im Frühen Englischunterricht auch selbst viel dafür tun, dass Lernende bereits früh ein Verständnis für die Schrift in der Fremdsprache entwickeln. Die folgenden methodischen Hilfen und Arbeitsbereiche für den Frühen Englischunterricht, die den Kindern in der Regel bereits aus dem Mutter- oder Zweitsprachenunterricht gut bekannt sind, stellen wichtige Schritte auf dem Weg zu einer Lese- und Schreibdidaktik dar:

– die regelmäßige Arbeit mit zielsprachigen Postern und Kalendern, Schrifttafeln auf Gegenständen, Mobiliar und an Räumen der Schule,
– die regelmäßige Arbeit mit einem selbstständig erstellten Bild-Wörterbuch,

- eine Schreibwerkstatt Englisch, in der verschiedene, kommunikativ sinnvolle Textsorten in der Fremdsprache verfasst und an fremdsprachige Kinder versendet werden,
- das Führen eines Fremdsprachen-Portfolios, das eigene Lernfortschritte auch beim Lesen und Schreiben sichtbar macht,
- eine englische Klassenbibliothek, die Bilderbücher aus vielen verschiedenen Zielkulturen enthält,
- ein Ausleihsystem, das schriftlich funktioniert und eine kurze Kritik der ausgeliehenen Bücher mit einschließt,
- der Einsatz von sinnvollen Lernprogrammen auf dem PC.

Eine solche Liste von Anregungen kann aber momentan nur unter Vorbehalt gegeben werden, denn grundsätzlich gilt für den Frühen Englischunterricht immer noch, dass wir außer den erwähnten Fallstudien keine gesicherten empirischen Erkenntnisse über das Einführen der Schrift besitzen. Bevor also weitere Entscheidungen über Inhalte, Methodik, didaktische Ansätze und Aufgaben getroffen werden, brauchen wir deshalb möglichst umfangreiche Studien, die uns Erkenntnisse über folgende Punkte liefern:

- Welche Ansätze sind am besten geeignet, die Schrift in der ersten Fremdsprache einzuführen?
- Wie reagieren erfolgreiche bzw. weniger lernstarke Schülerinnen und Schüler auf das systematische Einführen der Schrift? Wie sehen ihre Lernfortschritte aus?
- Wie reagieren Schülerinnen und Schüler, die in der dritten und vierten Klasse bereits gut in der Mutter- oder Zweitsprache Deutsch lesen und schreiben können? Wie sehen ihre Lernfortschritte aus?
- Wie reagieren Schülerinnen und Schüler, die in der dritten und vierten Klasse noch nicht so gut in der Mutter- oder Zweitsprache Deutsch lesen und schreiben können? Wie sehen ihre Lernfortschritte aus?
- Spielt der Migrationshintergrund von Schülerinnen und Schülern eine gravierende Rolle beim Erlernen der Schrift in der ersten Fremdsprache? Wie sehen die Lernfortschritte der Kinder aus, die mit einer anderen Muttersprache aufgewachsen sind, für die Deutsch also Zweitsprache ist?
- Welche methodischen Schritte erweisen sich als besonders geeignet?

Schreiben und Lesen in der Fremdsprache stellen Kulturtechniken dar, die heute möglichst früh und möglichst gründlich erlernt werden sollten. Die wirtschaftlichen, politischen, auch fremdsprachenpolitischen und nicht zuletzt kulturellen Gründe dafür brauche ich hier nicht aufzuzählen, sie sind hinlänglich bekannt. Es gilt nun, für den Englischunterricht in der Grundschule durch umfangreiche Forschung eine kindgemäße Form der systematischen Vermittlung der Schriftlichkeit zu finden, die allen Lernenden gerecht wird und eine sinnvolle Vorbereitung auf den Unterricht in der Sekundarstufe darstellt.

Literatur

Alderson, A. H. (1984): „Reading in a Foreign Language: A Reading Problem or a Language Problem?" In: Alderson, J. C. & Urqhart, A. H. (Hrsg.). *Reading in a Foreign Language*. London/New York: Longman.
Bernhardt, E. B. (1991): *Reading Development in a Second Language: Theoretical, Empirical, and Classroom Perspectives*. 2nd ed. Norwood, N.J.: Ablex Publ. Corporation.
Bleyhl, W. (2000): *Fremdsprachen in der Grundschule. Grundlagen und Praxisbeispiele*. Hannover: Schroedel.
Bleyhl, W. (2003): „Ist früher besser? - Die Bedeutung des frühen Lernens." In: Edelhoff, C. (Hrsg.). *Englisch in der Grundschule und darüber hinaus. Eine praxisnahe Orientierungshilfe*. Frankfurt/M.: Diesterweg, S. 5-23.
Bredella, L. (2000): „Fremdverstehen mit literarischen Texten." In Bredella, L.; Meißner, F.-J.; Nünning, A. & Rösler, D. (Hrsg.). *Wie ist Fremdverstehen lehr- und lernbar?* Tübingen: Narr, S. 133-163.
Burwitz-Melzer, E. (2000): *Literatur (nicht nur) für Kinder*. Koblenz: Universität von Koblenz-Landau.
Burwitz-Melzer, E. (2003): *Allmähliche Annäherungen: Fiktionale Texte im interkulturellen Fremdsprachenunterricht der Sekundarstufe I*. Tübingen: Narr.
Burwitz-Melzer, E. (2004): „Lehrende und Lernende im fremdsprachlichen Literaturunterricht." In: Bredella, L. & Burwitz-Melzer, E.. *Rezeptionsästhetische Literaturdidaktik mit Beispielen aus dem Fremdsprachenunterricht Englisch*. Tübingen: Narr, S. 201-236.
Cameron, L. (2001): *Teaching English to Young Learners*. Cambridge: Cambridge UP.
Cameron, L. (2003): „Challenges for ELT from the Expansion in Teaching Children." In: *ELT Journal* Vol. 57, S. 105-112.
Carrell, P. L. (1984): „Schema Theory and ESL Reading: Classroom Implications and Applications." In: *Modern Language Journal* 68, S. 332-343.
Chamot, A. Uhl; O'Malley, J. M. (1986): *A Cognitive Academic Language Learning Approach: An ESL content-based Curriculum*. Washington, D.C.: National Clearinghouse for Bilingual Education.
Chamot, A. Uhl; O'Malley, J. M. (1994): „Instructional Approaches and Teaching Procedures." In: Spangenberg-Urbschat, K. & Pritchard, R. (Hrsg.). *Kids Come in All Languages: Reading Instruction for ESL Students*. Newark/Delaware: International Reading Association, S. 82-107.
Christ, H.; Hellen, K. & Wächter, L. (2002): „Beobachtungen zu fremdsprachlichen Leseaktivitäten im Grundschulalter." *Neusprachliche Mitteilungen aus Wissenschaft und Praxis* 4, S. 194-201.
Clarke, M. A. (1980). „The Short Circuit Hypothesis of ESL Reading - or when Language Competence Interferes with Reading." In: *The Modern Language Journal*, 64 (1), S. 203-210.
Clarke, M. A.; Silberstein, S. (1977). „Toward a Realization of Psycholinguistic Principles in the ESL Reading class." In: *Language Learning*, 27 (1), S. 135-155.

Coady, J. (1979). „A Psycholinguistic Model of the ESL Reader." In: Mackay, J. et al. (eds.). *Reading in a Second Language. Hypotheses, Organization and Practisce.* Rowley, Mass.: Newbury House, S. 5-12.

De Loache, J.; Brown, A. (1987): „The Early Emergence of Planning Skills in Children." In: Bruner, J.; Haste, H. (Hrsg.). *Making Sense: The Child's Construction of the World.* London: Methuen, S.108-130.

Ehlers, S. (1992): *Lesen als Verstehen: zum Verstehen fremdsprachlicher literarischer Texte und zu ihrer Didaktik.* Berlin/München: Langenscheidt.

Ehlers, S. (1998): *Lesetheorie und fremdsprachliche Lesepraxis aus der Perspektive des Deutschen als Fremdsprache.* Tübingen: Narr.

Elschenbroich, D. (2001): *Weltwissen der Siebenjährigen. Wie Kinder die Welt entdecken können.* München: Kunstmann.

Eskey, D. E. (1973): „A Model Program for Teaching Advanced Reading to students of English as a Foreign Language." In: *Language Learning,* 23 (2), S.169-184.

Garibaldi Allen, V. (1994): „Selecting Materials for the Reading Instruction of ESL Children." In: Spangenberg-Urbschat, K.; Pritchard, R. (Hrsg.). *Kids Come in All Languages: Reading Instruction for ESL Students.* Newark/Delaware: International Reading Association, S. 108-131

Garner, R. (1987): *Metacognition and Reading Comprehension.* Norwood, N.J: Ablex.

Gerngross, G.; Puchta, H. (2001): *Playway to English. Rainbow Edition 3.* Stuttgart: Klett; Innsbruck: Edition Helbling.

Gerngross, G.; Puchta, H. (2001): *Playway to English. Rainbow Edition 4.* Stuttgart: Klett; Innsbruck: Edition Helbling.

Gerngross, G.;Puchta, H. (2001): *Playway to English 3. Rainbow Edition. Teacher's Book. Das Systemhandbuch.* Rum/Innsbruck: Helbling & Klett Grundschule.

Gerngross, G.; Puchta, H. (2001): *Playway to English 4. Rainbow Edition. Teacher's Book. Das Systemhandbuch.* Rum/Innsbruck: Helbling & Klett Grundschule.

Ginger 1 (2004): *Handreichungen für den Unterricht.* Erarbeitet von Hollbrügge, B. & Kraaz, U. Berlin: Cornelsen.

Ginger 1 (2004): *Lehrwerk für den früh beginnenden Englischunterricht. Class 3.* Erarbeitet von Hollbrügge, B. & Kraaz, U. Berlin: Cornelsen.

Ginger 2 (2004): *Handreichungen für den Unterricht.* Erarbeitet von Hollbrügge, B. & Kraaz, U. Berlin: Cornelsen.

Ginger 2. (2004): *Lehrwerk für den früh beginnenden Englischunterricht.* Erarbeitet von Hollbrügge, B. & Kraaz, U. Berlin: Cornelsen.

Goodman, K. S. (1967): „Reading: A Psycholinguistic Guessing Game." In: *Journal of the Reading Specialist* 6, S. 126-135.

Hessisches Kultusministerium (Hrsg.) (1995): *Rahmenplan Grundschule.* Wiesbaden: Hessisches Kultusministerium.

Hessisches Kultusministerium (Hrsg.) (2004): „Orientierungshilfe zur Leistungsbeurteilung und -bewertung im Fach Englisch in der Grundschule: Erlass vom 05. März 2004." *Bekanntmachungen und Mitteilungen des Hessischen Kultusministeriums, Amtsblatt* 4104, S. 223-228.

Kahl, P. W. & Knebler, U. (1996): *Englisch in der Grundschule - und dann?* Berlin: Cornelsen.

Karcher, G. (1988): *Das Lesen in der Erst- und Fremdsprache.* Heidelberg: Groos Verlag.

Klippel, F. (2000): *Englisch in der Grundschule. Handbuch für einen kindgemäßen Grundschulunterricht.* Berlin: Cornelsen.

Kubanek-German, A. (2000): *Kindgemäßer Fremdsprachenunterricht. Zur Entwicklung eines Leitbegriffs früh beginnender fremdsprachlicher Lehre. Band I: Ideengeschichte.* Münster: Waxmann.

Küppers, A. (1999): *Schulische Lesesozialisation im Fremdsprachenunterricht. Eine explorative Studie zum Lesen im Englischunterricht der Oberstufe.* Tübingen: Narr.

Lightbown, P. M.; Spada, N. (2003): *How Languages Are Learned.* 2nd ed. Oxford: OUP.

Lutjeharms, M. (1988): *Lesen in der Fremdsprache: Versuch einer psycholinguistischen Deutung am Beispiel Deutsch als Fremdsprache.* Bochum: AKS-Verlag.

Lutjeharms, M. (1994): „Zum Leseprozeß und zum Einsatz der Lesefertigkeit im Fremdsprachenunterricht." *Zeitschrift für Fremdsprachenforschung* 5 (2), S. 36-77.

Michailow-Drews, U. (2002): „Schreiben im Fremdsprachenunterricht - ja oder nein?" *Fremdsprachen Frühbeginn* 1/2002, S. 29-33.

Mindt, D.; Schlüter, N. (Hrsg.) (2003). *Englisch in den Klassen 3 und 4: Grundlagen für einen ergebnisorientierten Unterricht.* Berlin: Cornelsen.

Oller, J. W. (1972): „Assessing competence in ESL Reading." In: TESOL Quarterly 6 (1), S. 312-323.

Opitz, M. F. (Hrsg.) (2001): *Literacy Instruction for Culturally and Linguistically Diverse Students. A Collection of Articles and Commentaries.* Newark/Delaware: International Reading Association.

Quetz, J. (2000): *Lernziele und Lernfortschrittskontrolle im Fremdsprachenunterricht der Grundschule. Studienbrief und Materialienreihe: Fremdsprachen in Grund- und Hauptschulen.* Koblenz-Landau: Universität Koblenz-Landau.

Quetz, J. (2003): „Erwerb von Fremdsprachen im Erwachsenenalter." In: Bausch, K. R.; Christ, H.; Krumm, H.-J. (Hrsg.). *Handbuch Fremdsprachenunterricht.* 4. vollständig neu bearbeitete Auflage. Tübingen/Basel: Francke, S. 464-470.

Riemer, C. (2002): „Wie lernt man Sprachen?" In: Quetz, J.; von der Handt, G. (Hrsg,). *Neue Sprachen lehren und lernen: Fremdsprachenunterricht in der Weiterbildung.* Bielefeld: Bertelsmann Verlag.

Rösler, D.; O'Sullivan, E. (2002): „Fremdsprachenlernen und Kinder- und Jugendliteratur: Eine kritische Bestandsaufnahme." *Zeitschrift für Fremdsprachenforschung* 13/1, S. 63-112.

Rück, H. (1993): „Lesen und Schreiben beim Früherwerb fremder Sprachen?" *Pädagogische Welt* 47, S. 72-74.

Sarter, H. (1997): *Fremdsprachenarbeit in der Grundschule: Neue Wege, neue Ziele.* Darmstadt: Wissenschaftliche Buchgesellschaft.

Schmid-Schönbein, G. (2001): *Didaktik: Grundschulenglisch.* Berlin: Cornelsen.

Smith, F. (1971): *Understanding Reading.* New York: Holt, Rinehart & Winston.

Stiefenhöfer, H. *Lesen als Handlung: Didaktisch-methodische Überlegungen und unterrichtspraktische Versuche zur fremdsprachlichen Lesefähigkeit.* Weinheim/Basel: 1986.

Ulijn, J. M.; Kempen, G.A. (1976): „The Role of the First Language in Second Language Reading Comprehension. Some Experimental Evidence." In Nickel, G.

(ed.) *Proceedings of the 4th International Congress of Applied Linguistics*, vol. 1. Stuttgart: Hochschulverlag, S. 495-507

Waas, L. (1994): „Die Rolle des Schriftbildes im Englischunterricht mit Grundschulkindern - Gedanken anhand einer Fallstudie", *Englisch* 29/1, S. 1-4.

Zydatiß, W. (1997): „*Krashen and beyond*: Zweifel an der *input-theory* angesichts eines bilingualen Unterichts in der Primarstufe." In: Kupetz, R. (Hrsg.). *Vom gelenkten zum freien Schreiben im Fremdsprachenunterricht. Freiräume sprachlichen Handelns*. Frankfurt a. M./Berlin: Lang, S. 181-199.

Judith Mokhlesgerami und Andreas Gold

III. Förderung von Schriftlichkeit in der Sekundarstufe

Leseförderung bei Zehn- bis Zwölfjährigen: Das Unterrichtsprogramm „Wir werden Textdetektive"

„Wir werden Textdetektive" ist ein Unterrichtsprogramm zur Vermittlung von Lesestrategien, das am Institut für Pädagogische Psychologie der Universität Frankfurt in der Arbeitseinheit von Prof. Dr. Andreas Gold entwickelt wurde. Das Programm wird im Deutschunterricht der 5. und 6. Jahrgangsstufe eingesetzt und ist im Rahmen zweier DFG-Projekte (REGULESE; Go 965/1-1 und LEKO 10-12; Go 965/2-1) evaluiert worden.

1. Unterschiede zwischen geübten und ungeübten Lesern

Ausgangspunkt der Programmentwicklung sind die empirisch zu beobachtenden Unterschiede zwischen geübten und ungeübten Lesern[24] (vgl. z.B. Duke & Pearson 2002):
 Der wichtigste Unterschied zwischen geübten und ungeübten Lesern liegt in der besonderen Aktivität der geübten Leser. Während ungeübte Leser einen Text häufig einfach von vorne bis hinten durchlesen, bearbeiten geübte Leser einen Text aktiver und individueller, indem sie bei der Textbearbeitung bestimmte Lesestrategien anwenden. Sie machen sich zum Beispiel schon vor dem gründlichen Lesen Gedanken über die Inhalte des Textes oder unterbrechen das Lesen, um im Text zurückzugehen und das gerade Gelesene mit Informationen aus vorangegangenen Textstellen zu vergleichen. Dabei verknüpfen sie ihr Vorwissen mit den dem Text entnommenen Informationen, indem sie überprüfen, ob die Aussagen des Textes richtig sind, indem sie die Inhalte des Textes mit ihren eigenen Erfahrungen vergleichen oder indem sie nach (Anwendungs-)beispielen für das Gelesene suchen. Bei geübten Lesern geht das Lesen also über ein einfaches Dekodieren (Entschlüsseln) von Text-Bedeutung hinaus. Geübte Leser haben ein Gefühl dafür, dass Lesen immer auch bedeutet, sich einen Text aktiv zu eigen machen.

---

24 Neben ungeübten Lesern gibt es selbstverständlich auch ungeübte Leserinnen. Im Text wird – der besseren Lesbarkeit halber – hier die männliche Form verwendet.

Darüber hinaus bemerken geübte Leser, wenn sie während des Lesens Verständnisschwierigkeiten haben, während ungeübte Leser dies häufig nicht bemerken und einfach weiterlesen. Geübte Leser versuchen, Schwierigkeiten aktiv zu beseitigen, indem sie schwierige Textstellen langsamer oder mehrmals lesen, d.h. indem sie die Lesegeschwindigkeit der Schwierigkeit des Textes anpassen. Geübte Leser überwachen ihre Verstehensprozesse während des Lesens, sie verfügen über geeignete metakognitive Strategien, die sie dabei unterstützen.

Geübte Leser planen und regulieren ihren Leseprozess: Sie verfügen über Wissen darüber, wann welche Lesestrategie sinnvoll anzuwenden ist und sie passen ihre Strategieauswahl und die Art der Textbearbeitung dem Leseziel und der Schwierigkeit des Textes an. Während des Lesens überprüfen sie, ob die gewählte Strategie angemessen ist, wenn nicht, ändern sie die Vorgehensweise. Dieses Planen, Überwachen und Regulieren in seinem Zusammenspiel bezeichnet man als Selbstregulation. Die Selbstregulation bildet das Kernstück der Aktivität des geübten bzw. guten Lesers: Er ist deshalb nicht darauf angewiesen, dass ihm jemand - wie das häufig in der Schule geschieht - genau sagt, wie er einen Text bearbeiten soll, sondern er ist in der Lage selbst zu entscheiden, wann er welche Strategie einsetzt.

2. *Vermittlung von Lesestrategien im Deutschunterricht*

Ein bewährter und folgerichtig aus dieser Befundlage ableitbarer Ansatz zur Förderung des verstehenden Lesens besteht in der Vermittlung von kognitiven und metakognitiven Lesestrategien, kombiniert mit der Vermittlung von Prozessen der Planung, Überwachung und Regulation des Strategieeinsatzes, also der Selbstregulation.

Betrachtet man nun Trainingsstudien, in denen Lesestrategien trainiert wurden, so fällt auf, dass es einen markanten Unterschied zwischen den im deutschen Sprachraum durchgeführten Studien sowie internationalen Studien gibt: Im deutschen Sprachraum werden Lesestrategietrainings häufig additiv zum regulären Unterricht durchgeführt (z.B. Hasselhorn & Körkel 1986; Friedrich 1992; Schreblowski & Hasselhorn 2001). Demgegenüber ist es international üblich, Lesestrategietrainings im Rahmen des regulären Unterrichts durch die Fachlehrerinnen[25] selbst durchführen zu lassen (z.B. Paris & Oka 1986; Brown, Pressley, Van Meter & Schuder 1996; De Corte, Verschaeffel & van de Ven 2001). Die Vorteile einer Förderung im Unterricht durch die Lehrkräfte selbst liegen in der höheren Verbindlichkeit für die Schülerinnen und Schüler und in der größeren Anzahl von Übungsmöglichkeiten. Die Strategien haben - eher als in einem durch externe Trainer durch-

---

25 Männliche Lehrpersonen sind selbstverständlich mit gemeint.

geführten Kleingruppentraining - eine größere Chance, längerfristig implementiert zu werden, indem sie zum Teil des Unterrichts werden. Daher sind bei einer in den Unterricht integrierten Intervention auch längerfristige und nachhaltige Effekte zu erwarten.

Ein Problem, das sich dabei jedoch stellt, ist die Tatsache, dass strategieorientierter Unterricht für die meisten Lehrerinnen eher ungewohnt ist. Unterrichtsbeobachtungen zeigen, dass Strategien wie z.B. „Wichtiges unterstreichen" von den Schülerinnen und Schülern zwar genutzt werden, ihre Anwendung wird jedoch nicht explizit vermittelt: Nur etwa zwei Prozent der Unterrichtszeit wird für das Unterrichten von Strategien aufgewendet und es findet kaum eine Reflexion über den Nutzen der Strategien statt (z.B. Durkin 1979; Hamman et al. 2000; Moely et al. 1992). Darüber hinaus werden die Kinder zwar angehalten, bestimmte Strategien - auf die Aufforderung der Lehrerin hin - anzuwenden, sie werden jedoch nicht angeleitet, selbstständig die jeweils passenden Strategien auszuwählen und ihren Einsatz selbst zu überwachen.

An diesem Punkt setzt unser Unterrichtsprogramm an: Zielsetzung ist eine Implementation der Prinzipien der aktiven und strategieorientierten Lesens in den regulären Deutschunterricht. Der selbstregulierte und planende Umgang mit Texten soll Teil des regulären Unterrichts werden, indem die Verantwortung für Auswahl und Einsatz der Strategien auf die Schülerinnen und Schüler übertragen wird.

Um den Lehrkräften den Einstieg in eine für sie ungewohnte Form des Unterrichtens zu erleichtern und um eine anfängliche Unsicherheit bei der Vermittlung der unvertrauten Inhalte zu überwinden, haben wir ein eigenes Unterrichtsprogramm entwickelt. Dieses Programm enthält ausgearbeitete Stundenplanungen für die Lehrerinnen und Arbeitsmaterialien für die Schülerinnen und Schüler. Es soll modellhaft das Unterrichten von Strategien im Unterricht illustrieren. Die weitergehende Zielvorstellung ist, dass die Lehrerinnen die Strategien auch außerhalb der Programmstunden bzw. im Anschluss an die Programmdurchführung in ihr Curriculum aufnehmen, dass die Vermittlung von Strategien also langfristig Eingang in den Unterricht findet.

3. Das Unterrichtsprogramm „Wir werden Textdetektive"

Die Rahmenhandlung

Das Unterrichtsprogramm ist eingebettet in eine Rahmenhandlung, wobei die Schülerinnen und Schüler zu Textdetektiven (bzw. Textdetektivinnen) ausgebildet werden. In Analogie zu echten Detektiven, die Lupe und Beweismittel einsetzen, um einen Fall zu lösen, sollen Textdetektive ihre Strategien verwenden, um Texte besser zu verstehen. Die Lesestrategien werden als Detektivmethoden bezeichnet. Das Programm basiert auf einem Training von Schreblowski und Hasselhorn (2001), das wir für den Einsatz im regulären Schulunterricht adaptiert und weiterentwickelt haben. Es umfasst in der aktuellen Version 14 Lerneinheiten mit insgesamt etwa 28 Unterrichtsstunden (Gold, Mokhlesgerami, Rühl, Schreblowski & Souvignier 2004). Tabelle 1 zeigt eine Übersicht über die Inhalte des Programms.

Tabelle 1: Übersicht über die Programminhalte

Stunden	Programminhalte	Theoretische Einordnung	
1	Wir werden Textdetektive	Analogie Detektiv / Textdetektiv	
5	Realistische Zielsetzung	Motivationale Förderung	
	Motivational günstige Kausalattributionen		
8	Überschrift beachten	Elaborative Lesestrategien	Strategieprogramm
	Bildhaft vorstellen		
	Textschwierigkeiten klären	Metakognitive Lesestrategie	
	Verstehen überprüfen		
1	Lesespiel I	Übung	
7	Wichtiges unterstreichen	Organisierende Lesestrategien	
	Wichtiges zusammenfassen		
	Behalten überprüfen	Metakognitive Lesestrategie	
1	Lesespiel II	Übung	
5	Mittel und Ziele	Kognitive Selbstregulation	
	Leseplan		

Zunächst wird die Parallele zwischen Detektiven und Textdetektiven gemeinsam erarbeitet. Das systematische, überlegte Vorgehen eines Detektivs beim Lösen seiner Fälle ist gut geeignet, das planende, selbstregulierte Vorgehen im Umgang mit Texten zu verdeutlichen und dies wird von den Kindern auch sehr gut angenommen. Die Klasse erarbeitet beispielsweise, dass ein richtiger Detektiv nach Spuren, Beweisen oder Hinweisen sucht - ein Textdetektiv versucht herauszufinden, welches die wichtigsten Informationen in einem Text sind.

Kognitive und metakognitive Lesestrategien

Es werden sieben kognitive und metakognitive Lesestrategien vermittelt. Wir beschränken uns auf sieben Strategien, da es sich in anderen Trainingsstudien als sinnvoll erwiesen hat, nur wenige Lesestrategien zu trainieren und den bewussten und gezielten Einsatz dieser Strategien beispielhaft und konkret an unterschiedlichen Texten einzuüben.

Bei der Entscheidung über die zu trainierenden Strategien erweist sich die Differenzierung zwischen Verstehens- und Behaltensleistungen beim Lernen aus Texten als hilfreich. So wird das Behalten vor allem durch ordnende und wiederholende Strategien unterstützt, die eine Verdichtung oder Komprimierung der Textvorlage bewirken - beispielsweise durch das Zusammenfassen oder Unterstreichen wichtiger Inhalte. Wir nennen das die Anwendung von Organisationsstrategien.

Um ein tieferes Verständnis des Gelesenen zu erlangen, muss man die vorgegebenen Textinformationen mit dem eigenen Vorwissen, mit eigenen Gefühlen, mit Bildern und mit Einstellungen verknüpfen. Wir nennen das die Anwendung von Elaborationsstrategien.

Die Unterscheidung zwischen Verstehen und Behalten von Texten finden Sie auch bei kognitionspsychologischen Modellen des Textverstehens (z.B. Kintsch 1996, 1998). Hier wird davon ausgegangen, dass während des Lesens mentale Repräsentationen auf unterschiedlichen Ebenen gebildet werden. Für das „bloße Behalten" ist eine mentale Repräsentation auf Ebene der so genannten Textbasis ausreichend: Sie enthält jene Informationen, die direkt aus dem Text zu entnehmen sind. Die Textbasis kann - z.B. durch die Anwendung von Organisationsstrategien - auf die wichtigsten Aussagen (die Makrostruktur) verdichtet werden. Für ein tieferes Verstehen der Textinhalte ist jedoch die Ebene der Textbasis nicht ausreichend: Hierfür muss ein Leser die Informationen, die er dem Text entnommen hat, mit seinem Vorwissen in Beziehung setzen, indem er die oben genannten elaborierenden Lesestrategien anwendet. Es entsteht das sogenannte Situationsmodell, die Verknüpfung von Textbasis und Weltwissen des Lesers, das nach Kintsch (1996) die Grundlage für das tiefere Verstehen bildet, das „Lernen aus Texten", eigentliches Ziel des Leseprozesses.

Eine zweite hilfreiche Differenzierung stellt die Unterscheidung zwischen kognitiven und metakognitiven Strategien dar. Während die eben umschriebenen organisierenden und elaborierenden Lesestrategien sogenannte kognitive Strategien sind, weil sie direkt auf den Textinhalte angewandt werden, geben die sogenannten metakognitiven Strategien zusätzliche Hilfestellungen bei der Überprüfung des eigenen Lernverhaltens. Die metakognitiven Strategien dienen der Kontrolle, ob die Anwendung kognitiver Strategien sachgerecht und sachdienlich verläuft, d.h. auch, ob das strategische Lesen überhaupt zum gewünschten Erfolg geführt hat. Beispiele für solche metakognitiven Kontrollaktivitäten sind: Selbst prüfen, ob man alles verstanden hat, Textschwierigkeiten adaptiv bearbeiten oder die Behaltensleistung überprüfen.

Die Differenzierungen nach organisierenden und elaborierenden Strategien einerseits, sowie nach kognitiven und metakognitiven Strategien andererseits lassen sich in einem einfachen Schema zusammenfassen (vgl. Tabelle 2)

Tabelle 2: Strategien zum Behalten und Verstehen von Texten

	Organisationsstrategien (Strategien zur Verdichtung eines Textes) → Behalten	**Elaborationsstrategien** (Strategien, die über einen Text hinausgehen) → Tieferes Verstehen
Kognitive Strategien	• Wichtiges unterstreichen • Wichtiges zusammen-fassen	• Überschrift beachten • Sich etwas bildhaft vorstellen
Metakognitive Strategien	• Prüfen, ob Hauptgedanken erinnert werden	• Umgang mit Textschwierigkeiten • Prüfen, ob alles verstanden wurde

Anhand dieses Schemas können wir die Lesestrategien auch nach ihren unterschiedlichen Funktionen im Leseprozess - Verstehen und Behalten - einordnen. Zur Verbesserung der Lesekompetenz sollten Strategien aus allen vier Feldern dieses Schemas vermittelt und eingeübt werden. Im Rahmen des Programms „Wir werden Textdetektive" werden nach der Erarbeitungsphase zunächst die „Verstehensmethoden", anschließend die „Behaltensmethoden" vermittelt und geübt (vgl. Tabelle 1).

Wie sollten nun diese Strategien sinnvollerweise vermittelt werden? Lesestrategien zu kennen und über ihre Funktion Bescheid zu wissen, ist nur ein erster Schritt. Dieses (deklarative) Wissen über Lesestrategien trägt erst dann zu einer höheren Lesekompetenz bei, wenn es handlungsrelevant wird.

Ziel des Programms ist es, dass die Strategien in das Verhaltensrepertoire der Schülerinnen und Schüler aufgenommen werden. Darüber hinaus sollen sie die Strategien nicht nur anwenden, wenn sie dazu aufgefordert werden, sondern in der Lage sein, selbstverantwortlich über Auswahl und Anwendung von Lesestrategien zu entscheiden. Um das eigentliche Ziel des Programms, den selbstregulierten Strategieeinsatz, zu befördern, haben sich bestimmte Formen der Instruktion, bewährt, die sich nach Duke und Pearson (2002) folgendermaßen zusammenfassen lassen (vgl. Abbildung 1):

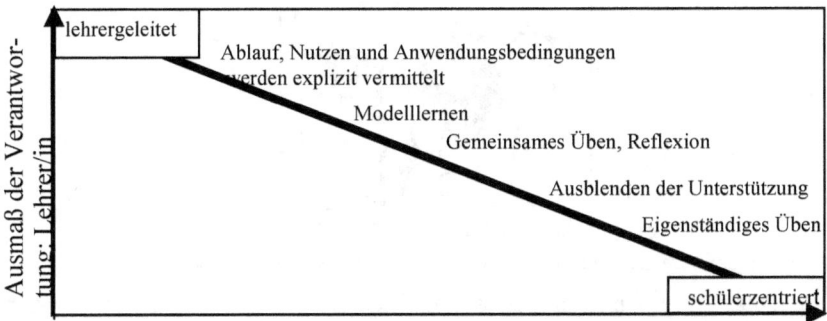

Abbildung 1: Instruktionale Prinzipien bei der Vermittlung von Strategien (nach Duke und Pearson, 2002, S. 210)

Abgebildet ist jeweils das Ausmaß der Verantwortung, welches bei den Schülerinnen und Schülern bzw. bei der Lehrerin liegt. Zu Beginn der Strategievermittlung dominiert lehrerzentrierter Unterricht, wenn etwa Ablauf, Nutzen und Anwendungsbedingungen der Strategien explizit vermittelt werden. Anschließend wird die Technik des Modelllernens verwendet: Die Lehrerin macht die Strategieanwendung vor, dabei verbalisiert sie die mit dem Strategieeinsatz verbundenen kognitiven Prozesse. Die Schülerinnen und Schüler imitieren sie zunächst, auch sie sollen ihre kognitiven Prozesse (Warum habe ich mich für diese Strategie entschieden?) verbalisieren. Dabei werden sie von der Lehrerin unterstützt. Es folgen Arbeitsphasen der gemeinsamen Übung und Reflexion über Erfolg und Nutzen der angewendeten Strategien. Schrittweise soll dabei die Verantwortung für den Strategieeinsatz von der Lehrerin auf die Kinder übertragen werden. In der letzten Phase, in der die Klasse in Übungsphasen allein oder in Kleingruppen die Strategien eigenständig anwendet, wird eine hohe Eigenständigkeit der Schülerinnen und Schüler realisiert.

Dieses Vorgehen soll im Folgenden am Beispiel der Vermittlung der Detektivmethode 2 („Bildlich vorstellen") verdeutlicht werden. Zunächst wird das zugehörige „Detektivkärtchen" verteilt (vgl. Abbildung 2) und mit den Kindern an Hand der Abbildung erarbeitet, worin die Detektivmethode besteht.

Abbildung 2: Detektivkärtchen „Detektivmethode 2: Bildlich Vorstellen".

Nach dieser Erarbeitungsphase fasst die Lehrerin noch einmal die wichtigsten Punkte zusammen und erklärt dabei genau, worin die Strategie besteht und wie sie anzuwenden ist:

„Die DM 2 funktioniert folgendermaßen: Wir lesen den Text Absatz für Absatz und stellen uns dabei bildlich vor, was wir gerade gelesen haben. Bei einer Geschichte mit Personen und einer Handlung könnt ihr so tun, als ob ihr einen Film seht, den ihr euch vor dem inneren Auge genau vorstellt. Bei einem Sachtext ist es ein Bild, das ihr vor eurem inneren Auge seht. Ihr stellt euch alle Einzelheiten ganz genau in einem Bild vor. (Gold et al. 2004, 31)"

Anschließend wird die Strategieanwendung gemeinsam an einem Text (hier: „Das Mammut") geübt. Dabei modelliert die Lehrerin das Vorgehen:

„Es ist ein Sachtext. Daher werde ich ein Bild malen. Ich stelle mir ein großes Mammut mit langen Stoßzähnen vor... (Gold et al. 2004, 31)"

Im Anschluss wird der Strategieeinsatz gemeinsam am Text geübt. Anschließend erfolgt eine Reflexion, indem die Lehrerin die Klasse fragt, ob es schwierig war, die Strategie anzuwenden und ob die Strategie tatsächlich beim Verstehen des Textes geholfen hat. Dabei werden Nutzen und Anwendungsbedingungen der Strategie explizit wiederholt.

„Die Detektivmethode 2 hilft euch, Dinge im Text besser zu verstehen. Sie gehört zu den Verstehensmethoden. Durch das bildliche Vorstellen lest ihr den Text langsamer und aufmerksamer und beachtet dadurch viel mehr Einzelheiten. Das ist besonders bei schwierigen Texten wichtig, damit ihr den Inhalt besser versteht. Denkt nur an den Biologieunterricht. Wer kann mir ein Beispiel nennen, wie ihr dort die Methode anwenden könnt? .... (Gold et al, 2004, 31)"

Im Folgenden wird die Strategie von den Kindern überwiegend selbstständig auf einen Text angewendet. Für die langfristige Integration der Strategie in den Unterricht ist es notwendig, dass die Lehrerin bei neuen Texten Impulse für den Strategieeinsatz gibt. Hin und wieder frischt sie die Strategie auf, indem sie sich das Vorgehen und den Nutzen der Strategie erklären lässt.

Alle sieben Lesestrategien werden in den genannten Instruktionsschritten von lehrergeleitetem zu schülerzentriertem Unterricht vermittelt.

Selbstregulation: Der Leseplan

In den restlichen Unterrichtsstunden geht es darum, die selbständige Auswahl und Anwendung der erlernten Lesestrategien zu unterstützen.

In der Lerneinheit „Mittel und Ziele" wird zunächst erarbeitet, welche Strategien hilfreich sind, um bestimmte Leseziele zu erreichen. Wenn es nur darum geht, eine bestimmte Information aus einem Text herauszusuchen, sollte dieser anders bearbeitet werden, als wenn ein Referat über das Thema des Textes gehalten werden soll. Die Schülerinnen und Schüler sollen lernen, dass es keineswegs sinnvoll ist, immer alle Strategien einzusetzen, die man kennt. Anschließend wird den Lernenden mit dem 'Leseplan' eine allgemeine Routine zum Umgang mit Texten an die Hand gegeben, nach der bei der Bearbeitung von Texten vorgegangen werden soll (vgl. Abbildung 3). Vor allem für die schwachen Leser ist eine handlungsleitende Routine, wie sie der ‚Leseplan' darstellt, eine wichtige Hilfe.

Der Leseplan

Abklären des Ziels:
Wozu/ zu welchem Zweck lese ich den Text? Was ist meine Aufgabe?

Planung der Mittel und der Strategien:
Wie/ mit welchen Mitteln lese ich am besten den Text, um das Ziel zu erreichen?

Strategieeinsatz und kontinuierliche Überprüfung des Leseprozesses

Beurteilung des Ergebnisses, ggf. Planung alternativer Vorgehensweisen:
Habe ich das Ziel erreicht? Was könnte ich beim nächsten Mal besser machen?

Abbildung 3: Der Leseplan

Förderung der Motivation

Sich bewusst für die Anwendung einer Strategie zu entscheiden und dann auch noch zu kontrollieren, ob das strategische Lesen zielführend war, bedeutet erheblichen kognitiven Aufwand und eine Abkehr von (vielleicht liebgewonnenen) Lesegewohnheiten. Daher ist es notwendig, dass die Schülerinnen und Schüler davon überzeugt sind, von einer neuen Strategie tatsächlich profitieren zu können.

Aus diesem Grund ist eine Unterstützung durch eine motivationale Förderung sinnvoll. Besonders wichtig ist, dass die Lernenden sich selbst und ihr eigenes (höheres) Engagement als ursächlich für Erfolg oder Misserfolg des Lernens ansehen. Sie müssen persönlich erfahren, dass die vermehrte eigene Anstrengung bzw. der Einsatz von Lesestrategien sich lohnt und dass es in ihrer eigenen Verantwortlichkeit liegt, durch entsprechende Investitionen Erfolgserlebnisse zu erzielen. Besonders wichtig ist dies bei Kindern, die schon eine Reihe schulischer Misserfolge hinter sich haben. Die motivationale Förderung fußt auf folgenden drei Prinzipien: Realistische Zielsetzung, günstige Ursachenzuschreibung, individuelle Bezugsnormorientierung Nur wer sich ein realistisches Ziel setzt - also ein Ziel, das nicht zu leicht, aber auch nicht zu schwer ist, sondern gerade schwer genug -, kann durch Konzentration und Anstrengung dieses Ziel auch erreichen. Nur wer sich eigene Erfolge und Misserfolge gut erklären kann, wird weiter am Ball bleiben. Motivational günstig sind vor allem solche Ursachenzuschreibungen eigener Leistungen, die unter der Kontrolle der Lernenden stehen. So ist es beispielsweise günstig, einen Misserfolg auf kontrollierbare und veränderbare Faktoren zurückzuführen. Kausalattributionen wie zum Beispiel „Ich habe mich nicht genug angestrengt." oder „Ich habe mir ein zu hohes Ziel gesetzt." bieten für die Zukunft und für die nächste Lerngelegenheit aussichtsreichere und günstigere Aussichten als ein stabiles, internes Erklärungsmuster wie „Ich bin unbegabt und schaffe das nie."

Eine wichtige Rolle spielt in diesem Zusammenhang auch die Orientierung an einer individuellen Bezugsnorm: Die eigene Leistung sollte nicht mit der Leistung anderer verglichen werden - wenn ein Kind seine Leistung individuell verbessert hat ist es motivationspsychologisch günstiger, diese Verbesserung zu betrachten als die Tatsache, dass es vielleicht immer noch schlechter abschneidet als die meisten Kinder in der Klasse.

Aus diesem Grund haben wir dem eigentlichen Programm eine Förderung dieser motivationalen Prinzipien vorangestellt. Zunächst werden die genannten Prinzipien gemeinsam erarbeitet, das geschieht am einfachsten an einem Beispiel aus dem Sport. Die Erarbeitung der realistischen Zielsetzung wird hier an Hand eines Beispiels aus dem Radsport erarbeitet:

„Jemand ist Radprofi, will ein Rennen fahren und nimmt sich vor, gegen z.B. mich zu gewinnen. Glaubt ihr, er gewinnt? Wäre das ein Erfolg? Ja, aber kein großer. Meint ihr, erwird sich darüber freuen und richtig mit sich zufrieden sein? Er wird sich schon freuen aber so richtig zufrieden wird er nicht sein, er hat sich ein zu leichtes Ziel gesetzt.
Er wird sagen, das nächste Mal trete ich gegen jemanden an, der so schnell wie ich fährt. (Gold et al. 2004, 12)"

Nach dem gleichen Muster leitet die Lehrkraft auf ein unrealistisch hochgestecktes Ziel hin, bis die Schülerinnen und Schüler schließlich selbst erarbeitet haben, wie ein realistisches Ziel aussehen könnte, bei dem der Rennfahrer sich zwar anstrengen muss, sich aber auch angemessen über seinen Erfolg freuen kann.

Die Prinzipien der realistische Zielsetzung und der günstigen Attribution nach Erfolg und Misserfolg werden anschließend zunächst an schulfernem Material (einem Ringwurfspiel) geübt und anschließend schrittweise auf schulisches Material übertragen. Dabei achtet die Lehrerin darauf, dass die Schülerinnen und Schüler ihre Leistungen nicht mit den Leistungen anderer vergleichen, sondern - gemäß der individuellen Bezugsnorm - ihre eigenen Leistungen im Blick haben.

Dieser Baustein zur motivationalen Förderung findet zu Beginn des Programms statt (vgl. Tabelle 1), damit die anfangs erarbeiteten motivationalen Prinzipien während der Programmdurchführung wieder aufgegriffen und vor allem auch auf den Umgang mit Texten angewandt werden können.

4. *Wirksamkeit des Programms*

Das Unterrichtsprogramm wird seit dem Schuljahr 2000/2001 erprobt, evaluiert und kontinuierlich weiterentwickelt. Zuerst wurde eine Vorstudie durchgeführt, in der das Programm in 10 Klassen erprobt wurde. Auf Grundlage der Erfahrungen der Lehrkräfte wurde das Programm anschließend gründlich überarbeitet.

Im zweiten Jahr wurde zunächst die allgemeine Wirksamkeit des Programms untersucht. Hierfür wurde das Programm in insgesamt 48 Klassen eingesetzt, 20 Gymnasialklassen und 28 Haupt-, Real- und Gesamtschulklassen nahmen an der Untersuchung teil.

Anschließend wurde das Programm in einer überarbeiteten Version in 28 Klassen der Haupt-, Real- und Gesamtschulen evaluiert - im Mittelpunkt standen vor allen differenzielle Effekte, also die Frage, ob alle Kinder in gleichem Ausmaß vom Programm profitieren.

Derzeit werten wir die Daten einer dritten Evaluationswelle mit 813 Schülerinnen und Schülern in 27 Klassen aus. Wir haben inzwischen auch einen neuen Test zum Leseverstehen entwickelt, von dem wir uns erwarten, dass er in höherem Maße trainingssensitiv sein sollte (Trenk-Hinterberger & Souvignier 2004). Eine weitere Neuerung ist der Einsatz von sogenannten Wiederholungsstunden. Die Lehrerinnen werden dadurch nach einigen Monaten wieder an die Programminhalte erinnert.

An den Untersuchungen nahmen bislang insgesamt 3407 Schülerinnen und Schüler aus 131 Klassen aus Gymnasien, Haupt-, Real-, und Gesamtschulen teil. Die Ergebnisse zur Wirksamkeit fallen insgesamt vielversprechend aus (z.B. Mokhlesgerami 2004). Ich möchte im Folgenden nur auf ausgewählte Ergebnisse zur allgemeinen und differenziellen Wirksamkeit eingehen.

Die Untersuchungen fanden immer nach demselben Muster statt: In allen Klassen wurde zu Beginn des Schuljahres ein Prätest durchgeführt. Anschließend führten die Lehrerinnen der Experimentalgruppe das Programm in ihrem regulären Unterricht durch, während in den Kontrollklassen regulärer Deutschunterricht stattfand. Die Programmdurchführung wurde durch Tagebücher und freiwillige Unterrichtsbeobachtungen begleitet. Am Ende des ersten Schulhalbjahres, also etwa im Februar, wurden in allen Klassen die Posttests durchgeführt. Anschließend fand in allen Klassen wieder regulärer Deutschunterricht statt und am Ende des Schuljahres eine Follow-up-Erhebung zur Überprüfung langfristiger Programmeffekte.

Wissen über Lesestrategien

Das Wissen über Lesestrategien wurde unter anderem mit dem Fragebogen „Verständnis von Lesestrategien" erfasst. Hier werden 10 Fragen zur Wirkungsweise und zum Nutzen von Lesestrategien gestellt, zum Beispiel „Woran erkennst du eine gute Zusammenfassung?". Abbildung 4 zeigt die Ergebnisse in der Gymnasialstichprobe.

Während im regulären Deutschunterricht kein Wissenszuwachs zu beobachten ist, steigt das Wissen über Lesestrategien in den Experimentalklassen an: Sie sind den Kontrollklassen sowohl im Anschluss an die Programmdurchführung als auch noch am Ende des Schuljahres überlegen. Das ist besonders erfreulich - offensichtlich ist es den Lehrerinnen also gelungen, das neu vermittelte Wissen auch noch über diesen längeren Zeitraum aktiv zu halten.

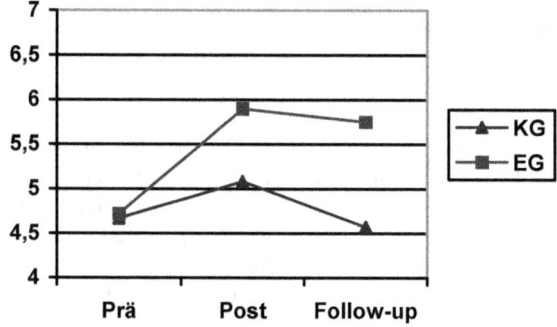

Abbildung 4: Ergebnisse im Kriterium Verständnis von Lesestrategien im Gymnasium

Beim Fragebogen „Anwendung von Lesestrategien" haben wir drei Problemaufgaben mit offenem Antwortformat vorgegeben: Den Kindern wurden Problemstellungen im Umgang mit Texten vorgelegt, zu denen sie in freien Antworten eine Lösung vorschlagen sollten. Anschließend haben wir die Strategievorschläge analysiert. Eine Aufgabe zum Thema „Behalten von Texten" war zum Beispiel:

Marion hat in der Schule einen Text bekommen, in dem erklärt wird, wie ein Gewitter entsteht. Der Text ist nicht schwierig, aber Marion soll ihn zu Hause so bearbeiten, dass sie am nächsten Tag der Klasse den Inhalt erzählen kann. Bei dem Referat darf sie keine Notizen benutzen, sondern muss frei sprechen.

Beschreibe der Reihe nach, was Marion tun könnte, um am nächsten Tag ein gutes Referat zu halten, also den Inhalt des Textes frei erzählen zu können.

Die Kinder haben Lösungsvorschläge dazu gemacht, das ist natürlich anspruchsvoller, als das bloße Ankreuzen von Multiple-Choice-Antwortalternativen. Ausgewertet wurden die Anzahl und Art der genannten Strategien, zusätzlich wurde eine Bestantwort bestimmt. Ein sehr guter Strategievorschlag wäre es hier zum Beispiel, wenn vor allem Behaltensstrategien (Wichtiges unterstreichen, wichtiges zusammenfassen, behalten überprüfen) vorgeschlagen werden. Abbildung 5 zeigt die Ergebnisse im Überblick.

Sowohl im Anschluss an die Programmdurchführung als auch am Schuljahresende ist die Leistung der Experimentalklassen für das Kriterium „Anwendung von Lesestrategien" besser als die der Kontrollklassen. In den Experimentalklassen ist zwischen Programmdurchführung und Schuljahresende sogar noch ein weiterer Leistungsanstieg zu beobachten.

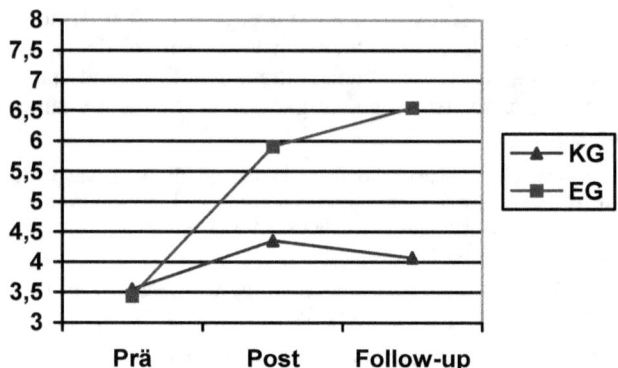

Abbildung 5: Ergebnisse im Kriterium Anwendung von Lesestrategien im Gymnasium

Leseverstehen

Zur Erhebung des Leseverstehens wurde ein standardisierter Leseverstehenstest von Nauck und Otte (1980) eingesetzt. Dabei wird ein kurzer Text präsentiert, zu dem 13 Multiple-Choice-Fragen zu beantworten sind. Abbildung 6 zeigt die Ergebnisse.

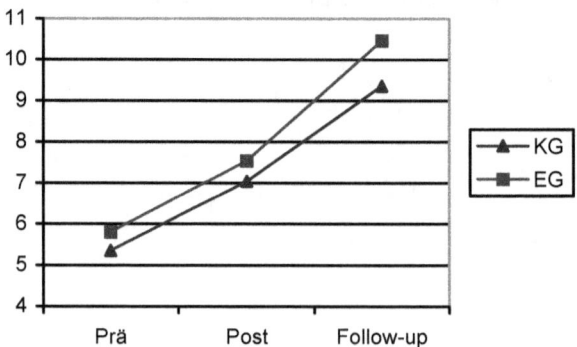

Abbildung 6: Ergebnisse im Kriterium Leseverstehen im Gymnasium

Hier sind die Ergebnisse weniger deutlich. Während es im Posttest keine signifikante Überlegenheit der Experimentalgruppe gibt, ist die Experimentalgruppe der Kontrollgruppe am Ende des Schuljahres leicht überlegen. Dies ist im Übrigen kein überraschendes Ergebnis - in den meisten Untersuchungen, in denen Lesestrategien trainiert wurden, ist zwar eine Verbesserung im Wissen über die vermittelten Strategien, aber kein - oder nur ein geringer - Effekt in standardisierten Leseverstehenstests zu beobachten (vgl. z.B. Schreblowski 2004; Duffy et al. 1987; Paris & Oka 1986;). Erklärt werden kann dieser Befund z.b. durch die Tatsache, dass diese Tests auf Grund der Kürze der zur Verfügung stehenden Zeit die Verwendung von Strategien nicht induzieren (vgl. auch Duffy et al. 1987) oder dass die Fragen, die in standardisierten Leseverstehenstests verwendet werden, häufig einfache Behaltensleistungen und keine tieferen Verstehensleistungen erfordern (vgl. Richter & Christmann 2002). Aus diesem Grund haben wir inzwischen einen neuen Leseverstehenstest entwickelt und erprobt (Trenk-Hinterberger & Souvignier 2004), der in Anlehnung an die PISA-Studie zwischen textimmanenten und wissensbasierten Verstehensleistungen unterscheidet. Wissensbasierte Verstehensleistungen sollten insofern tieferes Verstehen der Textinhalte erfassen, als dass sie eine Verbindung der dem Text entnommenen Informationen mit dem Vorwissen des Lesers (also die Bildung eines Situationsmodells) voraussetzen. Zur Verwendung des Verfahrens im Rahmen der Evaluation des Unterrichtsprogramms liegen zur Zeit noch keine Ergebnisse vor.

Differenzielle Effekte

In einer zweiten Evaluationsstudie ließen sich die positiven Effekte des Programms replizieren. Daneben wurden auch differenzielle Effekte untersucht. In einer Stichprobe von 563 Kindern in Haupt-, Real-, und Gesamtschulen wurden hierfür zusätzlich der Wortschatz und die Lesegeschwindigkeit erhoben. Daraufhin ließen sich zwei Extremgruppen definieren, eine mit überdurchschnittlichen Ausprägungen in diesen Basisfertigkeiten (N=188) und eine mit unterdurchschnittlichen (N=176). Anschließend wurden die Leistungsverläufe in den beiden Gruppen verglichen. Abbildung 7 zeigt die Ergebnisse im Kriterium Anwendung von Lesestrategien.

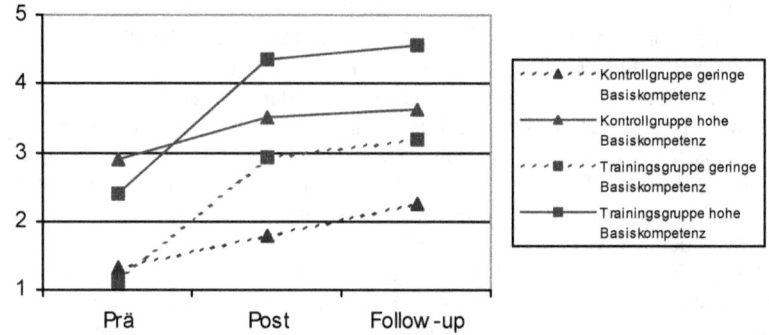

Abbildung 7: Anwendung von Lesestrategien in Haupt-, Real- und Gesamtschulen

Es zeigen sich deutliche und langfristige Effekte zugunsten der Schülerinnen und Schüler, die an dem Unterrichtprogramm teilnahmen. Sowohl Kinder mit geringen als auch Kinder mit hohen Basiskompetenzen haben von dem Unterrichtprogramm profitiert, es zeigen sich also keine differenziellen Effekte. Dieses anwendungsbezogene Strategiewissen ist auch am Ende des Schuljahres noch nachweisbar.

Weitere Ergebnisse

Zum Schluss möchte ich noch einige ausgewählte weitere Ergebnisse vorstellen: Insgesamt haben wir den Eindruck, dass die selbstständige Umsetzung einfacher Strategien (Beachten der Überschrift, Bildliches vorstellen) leichter fällt als die Anwendung komplexerer Strategien (Zusammenfassen, Leseplan). Bei der Verwendung der Strategien „Wichtiges unterstreichen" und „Wichtiges zusammenfassen" fällt auf, dass die Kinder große Schwierigkeiten dabei haben, wichtige von unwichtigen Informationen zu unterscheiden. Die Strategie „Umgang mit Textschwierigkeiten" hingegen wird von vielen Schülerinnen und Schülern als sehr hilfreich und nützlich begrüßt. Im Gymnasium lässt sich das Strategieprogramm sehr gut umsetzen, auch findet der Leseplan in dieser Stichprobe häufig im Unterricht Anwendung. Weitere Untersuchungen haben gezeigt, dass Wiederholungssitzungen das Strategiewissen festigen (Trenk-Hinterberger, Souvignier & Rühl 2005). In Haupt-, Real-, und Gesamtschulen hingegen erfordert die Umsetzung des Unterrichtsprogramms deutlich mehr Zeit, hier müssen auch einfachere Texte verwendet werden. In dieser Stichprobe erfolgt die Anwendung der Strategien stärker lehrergeleitet. Auch wird der Leseplan von den Lehrerinnen nur selten im Unterricht umgesetzt, hier werden eher einzelne Strategien zur Textbearbeitung eingefordert.

5. Fazit

Die Erfahrungen mit dem Trainingsprogramm sind ermutigend. Der bewusste und selbstregulierte Einsatz von Lesestrategien, so wie er im Programm angezielt wird, ist für Schülerinnen und Schüler der 5. Klasse „neu" und ungewohnt und wird von ihnen sehr positiv aufgenommen. Auch die Lehrerinnen, die das Programm durchgeführt haben, äußern sich überwiegend positiv - alle geben an, dass sie auch nach Abschluss des Programms Elemente daraus in ihren regulären Unterricht übernehmen wollen.

6. Literatur

Brown, R.; Pressley M.; van Meter, P. & Schuder, T. (1996): A quasi-experimental validation of transactional strategies instruction with low-achieving second-grade-readers. *Journal of Educational Psychology, 88* (1), S. 18-37.

De Corte, E.; Verschaffel, L. & van de Ven, A. (2001): Improving text comprehension strategies in upper primary school children: A design experiment. *British Journal of Educational Psychology, 71*, S. 531-559.

Duffy, G. G.; Roehler, L. R.; Sivan, E.; Ratcliffe, G.; Book, C.; Meloth, M. S.; Vavrus, L. G.; Wesselman, R.; Putman, J. & Bassiri, D. (1987): Effects of explaining the reasoning associated with using reading strategies. *Reading Research Quarterly, 22*, S. 347-368.

Duke, N. K; Pearson, P. D. (2002): Effective Practices for Developing Reading Comprehension. In A. E. Farstrup and S. J. Samuels (Eds.). *What research has to say about reading instruction*, Newark, Del.: International Reading Association, 2002. (pp. 205-242).

Durkin, D. (1979): What classroom observations reveal about reading comprehension instruction. *Reading Research Quarterly, 4*, S. 481-533.

Friedrich, H. F. (1995). *Training und Transfer reduktiv-organisierender Strategien für das Lernen mit Texten.* Münster: Aschendorff.

Gold, A.; Mokhlesgerami, J.; Rühl, K.; Schreblowski, S. & Souvignier, E. (2004): *Wir werden Textdetektive [Lehrermanual & Arbeitsheft].* Göttingen: Vandenhoeck & Ruprecht.

Hamman, D.; Berthelot, J.S. & Crowley, E. (2000): Teachers' coaching of learning and its relation to students' strategic learning. *Journal of Educational Psychology, 92*, S. 342-348.

Hasselhorn, M.; Körkel, J. (1986): Metacognitive versus traditional reading instructions: The mediating role of domain-specific knowledge on children's text-processing. *Human Learning, 5,* 75-90.

Kintsch, W. (1996): Lernen aus Texten. In J. Hofmann & W. Kintsch (Hrsg.), *Lernen, C/II/7, Enzyklopädie der Psychologie* (S. 503-528). Göttingen: Hogrefe.

Kintsch, W. (1998): *Comprehension. A paradigm for cognition.* Cambridge: University Press.

Moely, B. E.; Hart, S. S.; Leal, L.; Santulli, K. A.; Rao, N.; Johnson, T. & Hamilton, L. B. (1992): The teacher's role in facilitating memory and study strategy development in the elementary classroom. *Child Development, 63,* S. 653-672.

Mokhlesgerami, J. (2004): *Förderung der Lesekompetenz. Implementation und Evaluation eines Unterrichtsprogramms in der Sekundarstufe I.* Hamburg: Kovač.

Nauck, J.; Otte, R. (1980): *Diagnostischer Test Deutsch (DTD 4-6).* Braunschweig: Westermann.

Paris, S. G.; Oka, E. R. (1986): Children's reading strategies, metacognition and motivation. *Developmental Review, 6,* S. 25-56.

Richter, T.; Christmann, U. (2002): Lesekompetenz: Prozessebenen und interindividuelle Unterschiede. In N. Groeben und B. Hurrelmann (Hrsg.), *Lesekompetenz. Bedingungen, Dimensionen, Funktionen* (S. 25-58). Weinheim: Juventa.

Schreblowski, S. (2004): *Förderung der Lesekompetenz durch metakognitives und motivationales Training.* Münster: Waxmann.

Schreblowski, S.; Hasselhorn, M. (2001): Zur Wirkung zusätzlicher Motivänderungskomponenten bei einem metakognitiven Textverarbeitungstraining. *Zeitschrift für Pädagogische Psychologie, 15,* S. 145-154.

Trenk-Hinterberger, I.; Souvignier, E. (2004): Was ist Lesekompetenz? Vorstellung eines neuen Verfahrens zur Diagnose des Leseverständnisses. *Poster auf dem 44. Kongress der Deutschen Gesellschaft für Psychologie in Göttingen,* 28 + 29.9.2004.

Trenk-Hinterberger, I.; Souvignier, E. & Rühl, K. (2005): Lesestrategien im Unterricht – Was bewirken Wiederholungsstunden? *Vortrag auf der 66. Tagung der Arbeitsgruppe für Empirische Pädagogische Forschung in Berlin, 18.3.2005.*

Astrid Neumann

Textproduktion in der Adoleszenz.
Analytisches Konzept und erste Ergebnisse der Studie Deutsch-Englisch-Schülerleistungen International (DESI)

Der vorliegende Texte ist die Verschriftlichung des gleichlautenden Vortrages innerhalb der Ringvorlesung „Schriftlichkeit - interdisziplinär" an der Johann-Wolfgang-von-Goethe-Universität in Frankfurt am Main am 10. Dezember 2004.

Einführung

Mit dem Paradigmenwechsel in den 80-er Jahren des letzten Jahrhunderts (Grande/Dressler 1981, Brinker 1988, Nussbaumer 1991), der für die Textlinguistik eine Kognitivierung und eine Pragmatisierung des Textbegriffes bedeutete, verbanden sich weitreichende Veränderungen für den bis dato eher grammatikalisch verstandenen Textbegriff. Textualität wurde zu einer hermeneutischen Kategorie, die in ein allgemeines Handlungskonzept eingebettet wurde und jetzt mehr als eine rein linguistische Kategorie darstellte. Texte werden jetzt als „Einheiten sprachlicher Kommunikation" (Vater 1994), als „Mittel und Resultate menschlichen Handelns" (Becker-Mrotzek 1997) verstanden und analysiert. In diesem Sinne werden Texte in DESI (Deutsch-Englisch-Schülerleistungen International) folgendermaßen verstanden:

„Ein Text ist somit eine komplex strukturierte, thematisch wie konzeptuell zusammenhängende sprachliche Einheit, mit der ein Sprecher eine sprachliche Handlung mit erkennbarem kommunikativen Sinn vollzieht." (Linke; Nussbaumer; Portmann 1996)

Die DESI-Textproduktionsaufgaben (TP DESI) sind demzufolge so gestellt worden, dass sie dem Anspruch menschlicher Kommunikation in Form von Briefen gerecht werden. Das der Studie zu Grunde liegende Auswertungsverfahren ist mehrperspektivisch an einer abstrakten Textnorm orientiert und für die jeweils konkreten Texte aktualisiert worden. Primäres Ziel der Studie ist es dabei, Aussagen über ein bestimmtes Textkorpus zu tätigen; erst als sekundäres Ziel wird die Unterstützung der allgemeinen Theoriebildung verstanden.
TP DESI - Bezug zur funktionalen Linguistik

Im Vordergrund der Betrachtung von Texten innerhalb der funktionalen Linguistik steht der zielgerichtete Einsatz der Sprache in Handlungssituationen. Die Bedeutung eines Textes ergibt sich deshalb auch immer *innerhalb* einer spezifischen Kommunikationssituation. Die inhaltliche und eventuell räumliche Entfernung zwischen Sprecher/Schreiber und Hörer/Leser muss überbrückt werden. Dabei muss (bei schriftlichen Texten) der Schreiber sein Welt- und Sachwissen, sein Handlungs- und Interaktionswissen und sein sprachsystematisches Wissen einsetzen, um eine Passung mit diesen Wissenskomponenten des Lesers zu erreichen. Idealtypisch ist dies in Abbildung 1 farblich dunkelgrün unterlegt dargestellt.

Abbildung 1:

Idealtypische Passung der Wissensbereiche von Schreiber und Leser durch Texte

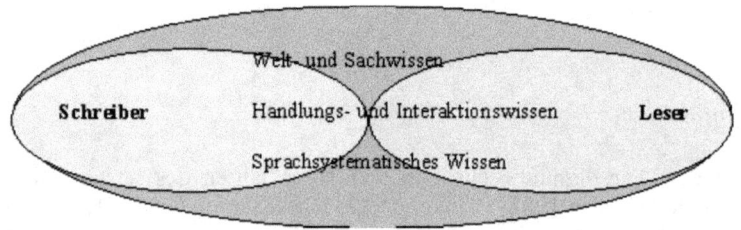

Dabei liegt es in der Verantwortung des Schreibers (hellblau unterlegt), mit seiner Orientierung am Adressaten (hellgrün unterlegt) (Brinker 1988) so explizit über Raum und Zeit zu handeln (Feilke 2003), dass sein Text in allen Belangen verständlich ist. In Abhängigkeit vom Bekanntheitsgrad des Problems bzw. des Themas des Textes zwischen den beiden Kommunikationspartnern, muss er dabei mehr oder weniger detailliert vorgehen, indem er einen gemeinsamen Rahmen des Verständnisses aufbaut. Dies ist in der schriftlichen Kommunikation schwieriger als in der mündlichen, da eine unmittelbare Rückmeldung auf „Unverständliches" nicht erfolgen kann. Schriftliche Textproduktionen erfordern daher höhere kommunikative Kompetenzen als dies in der unmittelbaren mündlichen Kommunikation nötig ist, da sie neben den rein motorischen Schreibfertigkeiten auch noch andere situative Handlungsvoraussetzungen erfüllen müssen. Deshalb sollte vor der Testerstellung auch geprüft werden, welche schriftsprachlichen Voraussetzungen von Schreibenden dieser Altersstufe erwartbar sind.

TP DESI - Bezug zum Schriftspracherwerb

Der Schriftspracherwerb ist ein sekundärer Spracherwerbsprozess, der dem Erwerb der mündlichen Sprache in ihren spezifischen Kommunikationssituationen nachgelagert ist. Er ist abhängig von der allgemeiner Entwicklung der Schreibenden, bestimmten Sozialisationserfahrungen und vor allem speziellen schriftsprachlichen Lernprozessen. Für die Vermittlung schriftsprachlicher Kompetenzen ist in unserem Kulturkreis vor allem die Schule als gesellschaftliche Organisation verantwortlich.

Auch wenn sich der Schriftspracherwerb laut Forschungslage in verschiedene Phasen einteilen lässt, so kann nicht von einem kontinuierlichem Stufenmodell der Schreibentwicklung im Sinne der psychologischen Stufenmodelle (Piaget, Kohlberg) ausgegangen werden.

Die Forschungsliteratur zu diesem Thema ist so zahlreich wie uneinheitlich in den Annahmen zu Übergängen von einer definierten Stufe zur nächsten (Bereiter 1980, Ortner 1993, Augst/Faigel 1986/88, Augst/Feilke 1989, Feilke 1996, Becker-Mrotzek 1997, Ott 2000/02). Sie zeigt, dass Beginn und Höhepunkt der Schreibentwicklung relativ klar sind, aber Uneinigkeit über die Entwicklung dazwischen herrscht. Deshalb soll die Schriftsprachentwicklung hier in Abbildung 2 nur in sehr groben Alterskategorien, nicht mit Altersangaben versehen, vorgestellt werden:

Abbildung 2: Entwicklung der Schreibkompetenz

Beginn	Technik des Schreibens
Ab 8 Jahren	assoziatives, erlebnisorientiertes, egozentrisches Schreiben am Beginn
	Sek IAusbau der schriftsprachlichen Kompetenzen
	Versachlichung, argumentatives Auffüllen der Texte
	stärkere Strukturierung der Texte
	Entwicklung spezifisch textueller Fähigkeiten
Ende Sek I/Sek II	Integration aller Teilprozesse des Schreibens
	Ausschöpfen der Handlungsmöglichkeiten der Texte

Am Ende dieses Erwerbsprozesses steht dann der kompetente Schreiber, der über eine voll ausgebildete Schreibkompetenz verfügt, wobei darunter für DESI (2005) Folgendes verstanden wird:

„Unter Schreibkompetenz wird die Fähigkeit verstanden, Texte adressatengerecht zu formulieren und, je nach Zielsetzung, präzise zu informieren, überzeugend zu argumentieren oder Sprache ästhetisch ansprechend und kreativ einzusetzen."

Wie dieser ausgebildete Schreiber den Prozess des Schreibens gestaltet, kann in DESI nicht Gegenstand der Untersuchung sein. Nichtsdestotrotz sollten die

Überlegungen über den möglichen Schreibprozess in die Interpretation der Ergebnisse einfließen. Deshalb sollen hier auch die Beziehungen zwischen dem Textproduktionstest und der Schreibprozessforschung dargestellt werden.

TP DESI - Bezug zum Schreibprozess

Durch eine fehlende oder falsche Information oder eine Frage entstehen beim realen Schreiben defizitäre Situationen, deren Lücken im Schreibprozess gefüllt werden müssen. Ausgangspunkt der Betrachtungen zu diesen Prozessen soll hier der geübte Schreiber sein, da die Schreibenden im Erwerbsprozess sich auf einem Niveau minderer Schreibprozessbeherrschung befinden, sich aber dorthin entwickeln sollen. Der kompetente Schreiber geht beim Schreiben (meist automatisiert) in folgenden Schritten vor:

1. Situationserfassung,
2. Wissensaktivierung,
3. (Re-)Aktionsdisposition,
4. Textkomposition,
5. Korrekturphase.

Diese Teilprozesse verlaufen dabei durchaus nicht immer linear, sondern sind durch (viele) rekursive Schleifen gekennzeichnet, die nicht unbedingt bewusst durchlaufen werden, im Erwerbsprozess aber bewusst gemacht werden sollten. Die möglichen rekursiven Verläufe zeigt die Abbildung 3.

Abbildung 3: Rekursiver Schreibprozess

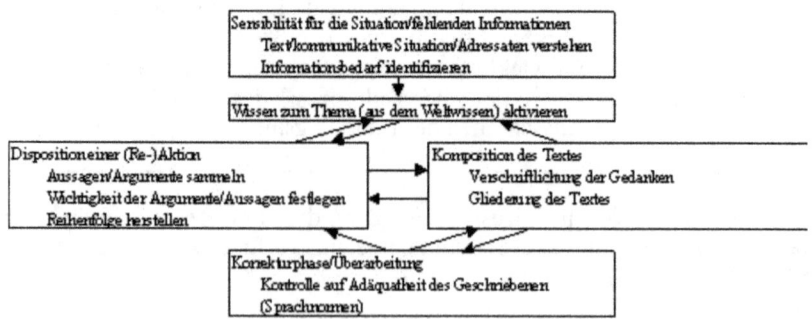

Es wird an dieser Abbildung deutlich, dass nach dem „Zurechtfinden" in der Situation jede Phase mehrfach durchlaufen werden muss. In einem Large-

Scale-Assessment, wie DESI darstellt, werden Wissen und Fähigkeiten in standardisierten Testsituationen abgeprüft, deshalb

„werden (in DESI) Schreibprodukte beurteilt, kein Schreibprozess untersucht. Bei allen Aufgaben greifen die Schüler aber auf erworbene Fähigkeiten zurück, sodass die Texte auch als Produkte des aktualisierten Schreibprozesses analysiert werden können." (DESI 2005)

Neben der standardisierten Erfassung der Leistungen müssen diese auch objektiv ausgewertet werden. Dazu ist es unabdingbar, die statistischen Gütekriterien von Tests in diesem Fall auch auf die Aufsatzforschung anzuwenden. Hierzu sollen aus der Forschungslage Implikationen zur Verbesserung des Bewertungsverfahrens abgeleitet werden.

TP DESI - Bezug zur empirischen Aufsatzbewertung

Angestrebt wird bei der Aufsatzbewertung die Optimierung der 3 Gütekriterien an einen Test:

– Objektivität = Unabhängigkeit der Messung von den Personen (Durchführung, Auswertung, Interpretation)
– Reliabilität = Reproduzierbarkeit einer Messung unter gleichen Bedingungen
– Validität = Grad, mit dem die Messung das Merkmal erfasst, welches sie erfassen wollte

Dazu sind bisher mehrere Methoden vorgeschlagen worden. Während Grzesik/Fischer (1984) Mehrfachbewertungen des Globalurteils, aus deren Mittel immer noch objektivere Beurteilungen resultieren als bei einmaliger Bewertung, präferieren, schlagen Beck (1979) und Hofen (1980) ein analytisches Beurteilen von Inhaltskriterien vor. Beide Methoden sind wiederholt auf ihre Einsatzfähigkeit an Schulen und in Hinblick auf Gütekriterien überprüft worden mit dem Ergebnis, dass für keine Methode eine Überlegenheit nachgewiesen wurde. Deshalb gingen Lehmann (1990), Nussbaumer (1991) und Fix & Melenk (2002) den Weg eines kombinierten Auswertungsmodells, das inhaltliche und sprachliche Aspekte durch Mehrfachbewertungen von Teilaspekten erfasste.

Auch in DESI werden beide Verfahren kombiniert und die Texte werden darüber hinaus von unabhängigen Ratern[26], die die Schreibenden nicht kennen, im Doppel-blind-Verfahren in ihrer Qualität erfasst.

---

26 Rater, Beurteiler, Kodierer und Bewerter werden in diesem Text synonym verwendet, sie bezeichnen in jedem Fall diejenigen, die die Schülertexte hinsichtlich ihrer Textqualitäten einschätzen.

TP DESI - Testentwicklung - theoretische Vorüberlegungen

Bei der Entwicklung adäquater, möglichst realistischer Tests konnte in DESI auf eine umfassende Curriculumanalyse aller Bundesländer und aller Schulformen in den Klassenstufen 8 und 9 zurückgegriffen werden, die Folgendes zeigte:

- Die Schülerinnen und Schüler müssten bis zum Ende der Klassenstufe 8 vor allem Textsorten des erzählenden Genres schreiben gelernt haben, wobei an den Gymnasien tendenziell eher auf die Auseinandersetzung mit literarischen Themen gesetzt wird, während die berufsorientiert ausbildenden Schulen den Schwerpunkt auf die Auseinandersetzung mit „Sachthemen" legen.
- Darüber hinaus ist zu beobachten, dass im Verlauf der neunten Jahrgangsstufe eine verstärkte Arbeit an argumentativen, zu erörternden Problemen beginnt und formalisierte Texte, wie Lebenslauf und Bewerbungsschreiben, in den Fokus der Ausbildung genommen werden.
- Dabei bleiben kreative Verfahren der Auseinandersetzung mit Texten und freies Schreiben weiterhin Bereiche des Schriftspracherwerbs.

Es zeigt sich also ein breites Spektrum der zu schreibenden Textsorten, auf die bei der Testentwicklung zurückgegriffen werden kann. Die Entwicklung des Tests ist darüber hinaus an folgenden Fragestellungen orientiert:

1. Welche (Teil-) Dimensionen sollen getestet werden?
2. Welche Aufgabenformate und -inhalte sind anwendbar?
3. Welche Merkmale bestimmen vermutlich die Schwierigkeiten von Aufgabenstellungen bzw. die Güte von Lösungen?

Zu 1): Die Schülerinnen und Schüler sollen im Modul Textproduktion Texte schreiben, ihre Fähigkeiten im formalen und persönlichen Schreiben nachweisen, Argumentationsfähigkeiten zeigen und die Grundregeln der Sprachverwendung anwenden.

Zu 2): Zum Nachweis dieser Fähigkeiten sind offene Aufgabenformate (frei formulierte Textproduktionen = Aufsätze) anwendbar, die sich auf offizielle Schreiben wie Reklamationsschreiben, Beschwerdebriefe, offizielle Anträge oder persönliche Schreiben wie Notizen oder persönliche Briefe beziehen.

Zu 3): Dabei bestimmen sicher der Inhalt des Problems (bekannt vs. unbekannt; individuell vs. Gruppenproblem), die Darstellung der Vorgaben (graphisch vs. im Text; Hilfen in der Aufgabenstellung), und sicher noch andere Aspekte, die Schwere der Aufgaben.

Dies bedenkend sind für DESI vorab sechs Aufgaben unterschiedlicher Textsorten und Inhalte entwickelt worden.

TP DESI - Testentwicklung - praktisches Vorgehen

Mit der systematischen Konstruktion von Aufgaben mit unterschiedlichen Merkmalen und den dazugehörigen Bewertungsregeln ist im Sommer 2001 begonnen worden. Dabei wurden drei verschiedene Aufgabenstämme zu den zwei unterschiedlichen Textsortenanforderungen entwickelt worden, die informell im Dezember 2001 an 100 Berliner Schülern aller Schulformen erprobt wurden. Nach der Auswertung der Erprobung sind zwei dieser Aufgabenstämme in die bundesweite Pilotierung im September 2002 übernommen worden. Getestet wurde mit folgenden Aufgabenstämmen:

– PC11 und PC12: eine fehlerhafte Computerlieferung gibt Anlass für ein Reklamationsschreiben und einen persönlichen Brief an einen Freund, und
– JC21 und JC22: eine plötzliche Jugendclubschließung gibt Anlass für einen Beschwerdebrief und einen persönlichen Brief an einen Freund.

Die Kodieranweisungen für die Rater, die je Text 54 Merkmale [Gesamteindruck (fünfstufig), 22 formelle, 25 inhaltliche (dichotom), 3 sprachsystematische, 3 textsortenspezifische (wieder fünfstufig) Merkmale] erfassen mussten, sind dabei immer weiter präzisiert worden, so dass diese für die DESI-Hauptuntersuchungen im September 2003 festgeschrieben werden konnten. In den Kodierhandbüchern sind auch umfangreiche Sammlungen an Benchmarktexten für die auf einer fünfstufigen Skala zu bewertenden Textqualitätsmerkmale enthalten. Anhand dieser Kodierhandbücher sind die Rater über lange Zeiträume geschult worden und sie unterlagen in ihrem Ratingprozess einem ständigen Qualitätsmonitoring.

TP DESI - Schreibaufgabe - Erste empirische Ergebnisse

Erfasst sind zum augenblicklichen Zeitpunkt die Aufsätze von 10.043 Schülerinnen und Schülern aus 220 Schulen (davon 40 bilinguale), die zum ersten Messzeitpunkt im September 2003 an der Testung teilgenommen haben. Alle Aufsätze wurden doppelt-blind kodiert, das heißt uns liegen 20.086 Textkodierungen vor. Dabei kamen insgesamt 29 Rater zum Einsatz. Die absoluten Übereinstimmungen beider Rater bei den dichotom erfassten Items liegen zwischen 93 und 98% für die formalen, zwischen 94 und 96% für die inhaltlichen Merkmale. Bei den fünfstufigen Skalen liegen für 56,4% der Texte absolute Übereinstimmungen zwischen beiden Beurteilern vor, in weiteren 37,7% weichen sie um eine Bewertungsstufe voneinander ab.

In einer ersten deskriptiven Analyse lässt sich, wie in Tabelle 1 dargestellt, festhalten, dass die bewerteten Produkte nur in sehr wenigen Fällen nicht bewertbar waren, die Schreibenden sich den Anforderungen also gewachsen fühlten.

Tabelle 1: Verteilung nicht bewertbarer Aufsätze über die Textsorten in DESI

	pc11	pc12	jc21	jc22
absolute Ausfälle:	1,9%	0,7%	0,4%	0,8%
Unsinn geschrieben:	0,9%	1,1%	0,6%	1,4%
falsche Textsorte gewählt:	4,4%	4,0%	2,4%	3,4%

Allerdings ist auffällig, dass beim Reklamationsschreiben Computer (PC11) deutlich mehr Schülerinnen und Schüler gar nicht erst anfangen zu schreiben und leere Testhefte zurückgeben oder eine falsche Textsorte (z.b. Bestellungen) wählen, als dies bei den anderen Aufgaben der Fall ist. Dagegen neigen mehr Schreibende in den persönlichen Briefen (PC12, JC22) dazu, sich mit anderen als in der Aufgabenstellung geforderten Problemen an ihren „Freund" wenden oder Informationen an die Testadministration notieren.

In ersten Analysen von einem Teildatensatz können darüber hinaus qualitative Niveaus abgegrenzt und beschrieben werden. So können aus den dichotom erfassten formellen und inhaltlichen Merkmalen rasch-homogene Skalen für die formellen Fähigkeiten und die inhaltlichen Argumentationsfähigkeiten gebildet werden. In allen Aufgaben lassen sich folgende Skalen über Textmerkmale parallel zueinander bilden:

- Skala 1: Formelle Merkmale der Textsorte
- Skala 2: Inhaltliche Merkmale der Aufgabe

Dabei lassen sich die relativen Schwierigkeiten der Einzelitems zueinander aufzeigen.

Alle folgenden Darstellungen beziehen sich auf einen Teildatensatz von Schülerinnen und Schülern, die das Reklamationsschreiben Computer (PC11) zum ersten Messzeitpunkt erstellt haben. Die daraus folgenden Modelle haben alle vorläufigen Charakter. Aus veröffentlichungsrechtlichen Gründen können vor Abschluss der Gesamtstudie keine genauen Parameter und keine Personenfähigkeitsverteilungen angegeben werden.

Abbildung 4: Verteilung der Itemschwierigkeiten für einige Formalia in PC11-Teildatensatz

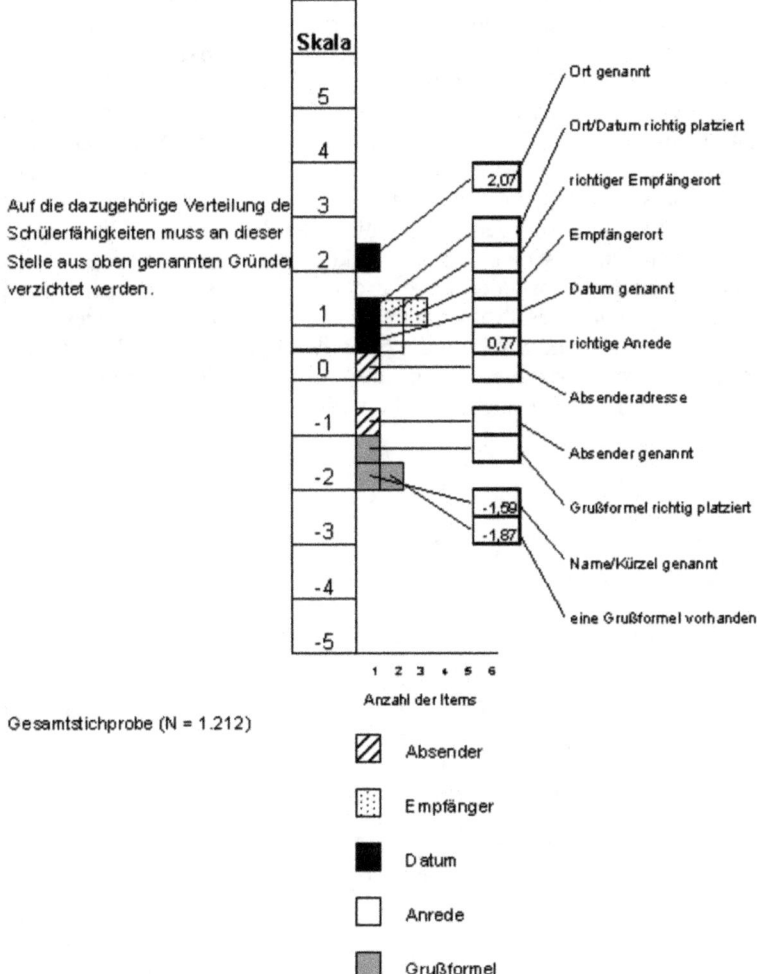

Die Darstellung der Schwierigkeitsverteilung einzelner Items auf der Skala „Form-PC11" in zeigt, dass es in einem Brief für die getesteten Schülerinnen und Schüler am leichtesten zu sein scheint (deutlich negative Schwierigkeitsparameter), irgendeinen Briefabschluss zu formulieren. Dagegen erweisen

sich an der offiziellen Briefnorm orientierte Bestandteile als besonders schwierig (deutlich positive Schwierigkeitsparameter). Auf einem mittleren Schwierigkeitsniveau liegen Informationen über sich selbst, die einen starken Selbstbezug der Schreibenden vermuten lassen.

Eine weitere interessante inhaltliche Besonderheit ist der Abbildung 5 zu entnehmen. Bildet man aus den dichotom erfassten inhaltlichen Merkmales des Textes eine rasch-homogene Skala und trägt die Itemschwierigkeiten ab, dann lässt ich erkennen, dass es den Schülerinnen und Schülern dieses Teilsamples am wenigsten Schwierigkeiten bereitet, den Empfänger des Schreibens darauf hinzuweisen, dass sie auf ein Angebot reagiert haben. Genauere Spezifikationen dieses Angebotes zur besseren Empfängerorientierung sind dagegen schon schwerer anzugeben. Interessant aber ist vor allem die Tatsache, dass es diesen Schülerinnen und Schülern deutlich leichter fällt, unspezifische oder sehr klar aus dem Stimulus erkennbare Forderungen zu stellen oder sogar gleich mit Konsequenzen zu drohen, noch bevor sie eine konkrete Forderung zur Lösung des Problems genannt haben. Sollte sich diese Tendenz bestätigen, wird hier wohl mit der Schreibaufgabe ein gesellschaftliches Phänomen erfasst, dass noch vor der Lösung eines Problems mit z.T.übertriebenen Konsequenzen gedroht wird.

Abbildung 5: Verteilung der Itemschwierigkeiten für einige inhaltliche Merkmale in PC11-Teildatensatz

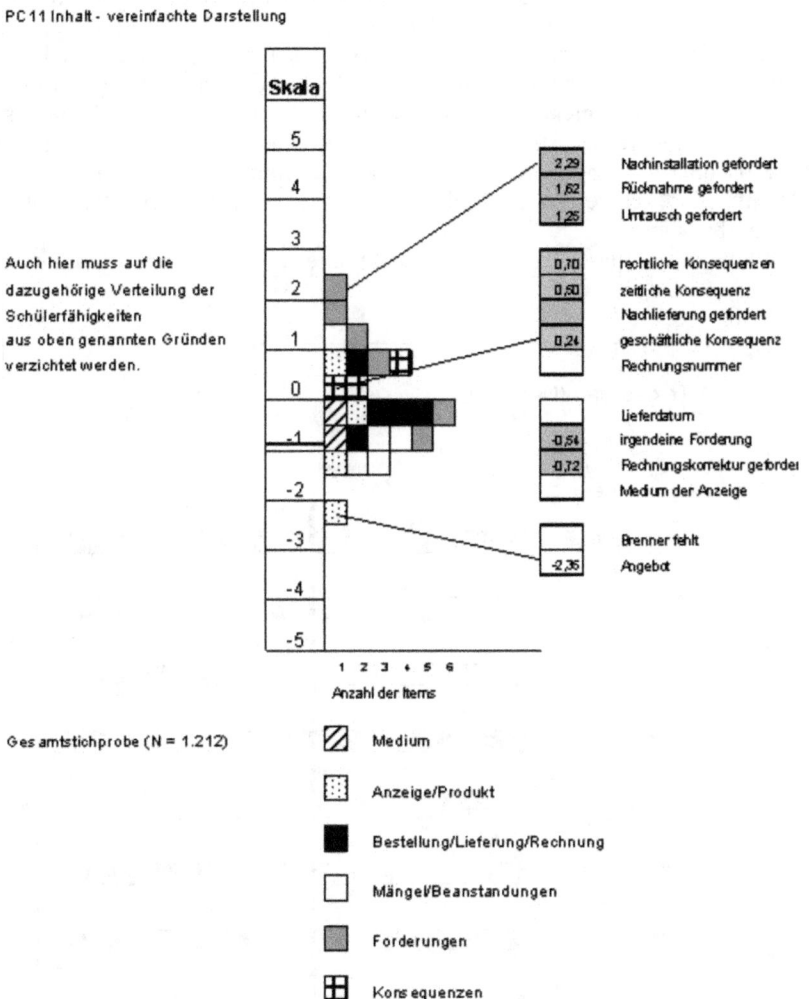

Auf sprachlichem Gebiet lassen sich für die 6 erfassten Merkmale jeweils voneinander unabhängige Skalen erfassen. Es ist in DESI gelungen, die gegenseitigen Abhängigkeiten der sprachlichen Faktoren zu minimieren, sodass

getrennte Aussagen über die sprachlichen Qualitäten möglich sind. Diese werden um so exakter, als es mittels neuerer statistischer Verfahren gelingt, raterspezifische Besonderheiten bei der Bewertung zu korrigieren. Mit dem Programm ConQuest werden die Summenscores der Rohwerte beider Rater in Verbindung mit den durch die Analyse eines partial-credit-Models simultan ermittelten Raterspezifik so korrigiert, dass für den Schüler ein Fähigkeitswert ermittelt wird, der relativ unabhängig von den jeweiligen Bewertern, also deutlich objektiver als alles bisher Bekannte, ist. Dabei können sowohl die allgemeine „Strenge" oder „Milde" eines Raters, als auch dessen spezifische Tendenzen, einzelne Scores auf der fünfstufigen Skala besonders „leicht" oder „schwer" zu beurteilen, berücksichtigt werden. Am Beispiel des Textaufbaus in
Abbildung 6 soll das Verfahren hier kurz vorgestellt werden.

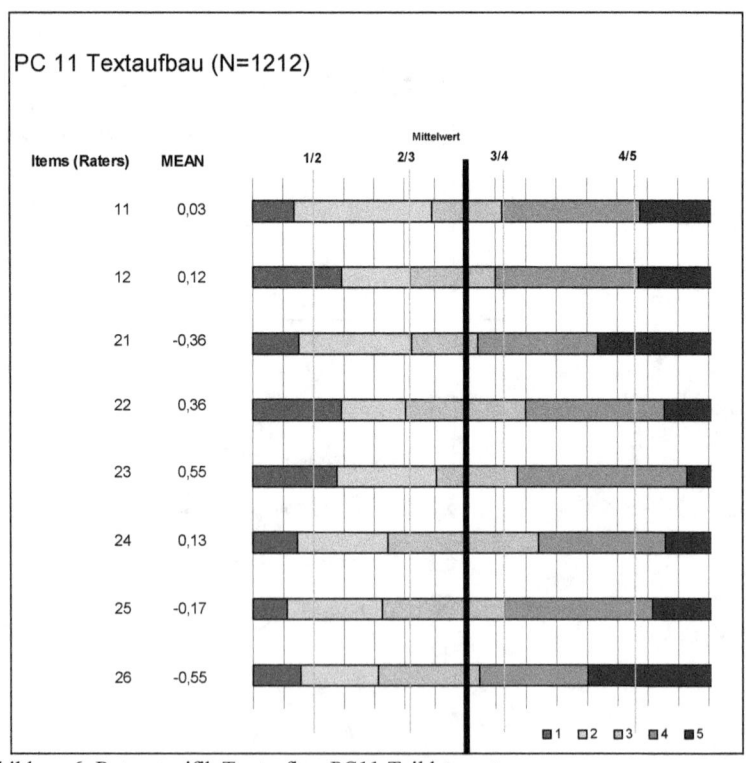

Abbildung 6: Raterspezifik Textaufbau PC11-Teildatensatz

Die Grafik zeigt die Verteilung der Score-Vergabe der einzelnen Rater, wobei zu erkennen ist, dass es eine sehr große Übereinstimmung zwischen den Beurteilern gibt, wenn jede Bewertungsstufe zu vergeben ist. In der Spalte MEAN ist für jeden Rater die jeweilige allgemeine Milde-/Strenge-Tendenz dargestellt. Es zeigt sich, dass Rater 26 besonders moderat bewertet (negativ von null abweichend) und Rater 23 (positiv von null abweichend) der strengste ist, während sich Rater 11 als ganz durchschnittlich erweist (nahe an null).

Hier setzt das Korrekturverfahren an: Sollte ein Schreiber z.B. von dem Raterpaar 22 und 23 (beide sehr streng bewertend - Vergabe von niedrigen Bewertungen) beurteilt worden sein, wird sein Fähigkeitswert „nach oben korrigiert". Wird ein Schreiber dagegen von dem Raterpaar 21 und 26 (beide sehr mild bewertend - Vergabe von hohen Scores) beurteilt, so wird sein Fähigkeitswert „nach unten korrigiert".

Das gleiche Verfahren kann auch auf die Vergabe der einzelnen scores angewendet werden, denn es kann bei einer allgemeinen durchschnittlichen Bewertung durch einen Rater durchaus vorkommen, dass er eine einzelne Bewertungsstufe sehr moderat oder streng vergibt (Bsp. Rater 24: bei durchschnittlich mittlerer Bewertung vergibt er die höheren Bewertungsstufen im unteren Bereich eher schon bei schlechteren Leistungen, während er im oberen Anforderungsbereich dazu tendiert, noch höhere Erwartungen an die besseren Bewertungen zu stellen). Auch diese spezifischen Tendenzen werden bei der Berechnung der Schülerfähigkeitswerte berücksichtigt.

Auf diese Weise können beim DESI-Modul Textproduktion eine Reihe unabhängiger Indikatoren der Textqualität objektiv erfasst werden, für die in der weiteren Analyse ihr Einfluss auf das Gesamtergebnis bestimmt werden muss, die aber auch in Beziehung zu in anderen Testmodulen erfassten Fähigkeiten gesetzt werden können. Es werden weitere Auswertungen erfolgen, wenn das gesamte Datenkorpus vorliegt. Die Veröffentlichung der Ergebnisse ist für den Sommer 2005 geplant.

Literatur

Augst, G.; Faigel, H. (1986): Von der Reihung zur Gestaltung. Frankfurt a. M.: Peter Lang Verlag.

Augst, G.; Feilke, H. (1989): Zur Ontogenese der Schreibkompetenz. In: Antos, G.; Krings, H. P.: Textproduktion. Tübingen: Niemeyer, S. 297-327.

Beck, O. (1979): Theorie und Praxis der Aufsatzbeurteilung. Bochum: Kamp.

Becker-Motzek, M. (1996): Erwerb komplexer Schreibfertigkeiten. In. Feilke, H.; Portmann, P. R.: Schreiben im Umbruch. Schreibforschung und schulisches Schreiben. Stuttgart: Klett, S. 54-73.

Becker-Motzek, M. (1997): Schreibentwicklung und Textproduktion. Opladen: Westdeutscher Verlag GmbH.

Bereiter, C. (1980): Development in writing. In: Gregg, L. W.; Steinberg, E. R. (Hrsg.): Cognitive processes in writing: An interdisciplinary approach. Hillsdale. NJ: Erlbaum. S. 73-93.

Brinker, K. (1982): Linguistische Textanalyse. Eine Einführung in Grundbegriffe und Methoden. Berlin: Schmidt Verlag.

Wu, M. L.; Adams, R. J. & Wilson, M. R. (1997): ConQuest: Generalized item response software. Melbourne: Australian Council for Educational Research.

Deutsches Institut für Internationale Pädagogische Forschung (Januar 2001): Angebot zu Vergleichsuntersuchungen zum Leistungsstand von Schülerinnen und Schülern im Englischen und in der aktiven Beherrschung der deutschen Sprache (DESI). Frankfurt a. M.: Dipf

DESI-Konsortium (im Druck): Sprachliche Kompetenzen: Konzepte und Messung. Publikation zur Fachtagung des DESI-Projektes vom 09./10. September 2004. Campus Westend der J. W. Goethe-Universität Frankfurt am Main.

Feilke H. (2003): Entwicklung schriftlich-konzeptualer Fähigkeiten. In: Bredel, U.; Günther, H.; Klotz, P.; Ossner, J.; Siebert-Ott, G. (Hrsg.): Didaktik der deutschen Sprache. Ein Handbuch. Paderborn: Schönigh, S. 178-192.

Feilke, H. (1996): Die Entwicklung der Schreibfähigkeiten. In: Günther, H.; Ludwig, O. (Hrsg): Schrift und Schriftlichkeit. Berlin, New York: de Gruyter, S. 1178-1191.

Fix, M.; Melenk, H.(2002): Schreiben zu Texten - Schreiben zu Bildimpulsen. Das Ludwigsburger Aufsatzkorpus. Mit 2300 Schülertexten, Befragungsdaten und Bewertungen auf CD-ROM. Baltmannsweiler: Schneider-Verlag. Hohengehren.

Grzesik, J.; Fischer, M. (1984): Was leisten Kriterien für die Aufsatzbeurteilung?. Oplanden: Westdeutscher Verlag.

Hofen, N. (1980): Messen und Beurteilen sprachlich-produktiver Leistungen im Deutschaufsatz. Dissertation. Mannheim.

Kohlberg, L. (1995): Die Psychologie der Moralentwicklung. Frankfurt: suhrkamp.

Lehmann, R. H. (1990): Aufsatzbeurteilung - Forschungsstand und empirische Daten. In: Ingenkamp, K.; Jäger, R. (Hrsg.): Tests und Trends. Jahrbuch der pädagogischen Diagnostik. Bd. 8. Weinheim; Basel: Beltz Verlag.

Linke, A.; Nussbaumer, M.; Portmann, P. R. (1963): Studienbuch Linguistik. Tübingen: Niemeyer.

Nussbaumer, M. (1991): Was Texte sind und wie sie sein sollen. Tübingen: Niemeyer.

Ortner, H. (1993): Die Entwicklung der Schreibfähigkeit. In: Informationen der Deutschdidaktik (3), S. 94-125.

Ott, M. (2000): Schreiben in der Sekundarstufe I. Hohengehren: Schneider-Verlag.

Ott, M. (2002): Erforschung schriftsprachlicher Erwerbsprozesse in der Sekundarstufe I bei Muttersprachlern und Zweitsprachenlernern unter didaktischem Aspekt. In: Kammler, C.; Knapp, W. (Hrsg.): Empirische Unterrichtsforschung und Deutschdidaktik. Baltmannsweiler: Schneider Verlag Hohengehren GmbH, S. 200-214.

Piaget, J. (1970): Psychologie der Intelligenz. Zürich: Rascher.

Vater, H. (1942): Einführung in die Textlinguistik. München: Fink.

Andrea Bertschi-Kaufmann

„Im Buch lese ich, wenn ich Zeit habe - am Computer bin ich schneller."
Lese- und Schreibentwicklungen von Heranwachsenden zwischen Buch und Bildschirm

Der Beitrag berichtet von Ergebnissen der Studie „Lernen im Kontext neuer Medien", einer mehrteiligen interdisziplinären Untersuchung, in welcher aus der je besonderen Perspektive der Leseforschung, der Schreibforschung und der Erziehungswissenschaft nach den literalen Entwicklungen von Heranwachsenden und den Wirkungszusammenhängen für die Entwicklung im Umgang mit Schrift gefragt wurde.[27] Ausgangspunkt der Untersuchung war die Langzeitbeobachtung von insgesamt 58 Jugendlichen im Raum der Schule. Hier wurden Buch- und Medienumgebungen in der Art eingerichtet, wie sie heute unter einigermaßen großzügigen Verhältnissen zur Verfügung stehen: mit einem vielfältigen Angebot gedruckter Bücher, mit Computern, Interactive Books auf CD-ROM sowie Internetanschluss. Mit der Langzeitbeobachtung über drei Jahre sollten vor allem die Lese- und Schreibaktivität sowie die Buch- und Medienwahl der Heranwachsenden beobachtet werden. Einzelne Jugendliche wurden als Fallbeispiele ausgewählt und - auf der Grundlage der verschiedenen Daten aus den Interviews und dem Textkorpus der Medientagebücher - detailliert beschrieben.

Nach einer kurzen Darstellung der Fragestellung und der Untersuchungsanlage (1) folgt ein erster Blick auf das Fallbeispiel „Elif", ein türkischstämmiges Mädchen, das durch seine besonders hohe Lese- und Schreibaktivität im Laufe der Beobachtungszeit aufgefallen ist (2). Anschließend folgt ein Einblick in die Beobachtung zur Buch- und Mediennutzung aller in die Stichprobe einbezogener Jugendlichen (3). Und schließlich werden Ergebnisse und Schlussfolgerungen der Studie zusammenfassend wiedergegeben (4).

---

27 Vollständig sind die Ergebnisse enthalten in: Bertschi-Kaufmann/Kassis/Sieber 2004.

1. Zur Fragestellung und zur Untersuchungsanlage

Lese- und Schreibhandlungen finden heute im Spannungsfeld zwischen dem Alten und dem Neuen statt: Bestimmend für die mediale Vielfalt ist zum einen der Buch- und Medienmarkt und sein zunehmend akzelerierender Wandel, zum anderen aber auch das traditionelle Buchangebot, teils integriert und adaptiert im Medienverbund (Hurrelmann 2002). Die Gewichtungen, welche Kinder, Jugendliche und Erwachsene jeweils vornehmen, werden von der Mediennutzungsforschung laufend erfasst. Margit Böck zeigt in ihrer Studie über das Buchlesen im Medienumfeld in Österreich (Böck 2002) u. a., dass Jugendliche im Alter ab 14 Jahren weit weniger stark am Buchlesen interessiert sind als die Gruppe der Kinder zwischen acht und zehn Jahren, dass Bücher in den Alltag und insbesondere in die Freizeitgestaltung der Jugendlichen zwar auf unterschiedliche Weise, aber durchaus integriert sind. Unser Projekt „Lernen im Kontext neuer Medien" hat sich insbesondere für die Lese- und Schreibaktivitäten interessiert, welche bei Heranwachsenden im Umgang mit den von ihnen jeweils bevorzugten Büchern und Medien beobachtet werden können, für die Veränderung ihrer Präferenzen während des Aufbaus eines Leserepertoires und für den Einfluss, den ihre Rezeptionserfahrungen möglicherweise auf den eigenen Gebrauch der Schrift haben. Zur Klärung von Fragen bezüglich der Literalitätsentwicklung schien uns das Jugendalter unter anderem deshalb besonders interessant, weil bei Jugendlichen einerseits ein deutlicher Lernzuwachs im Umgang mit Büchern und Medien zu erwarten ist, diese Lebensphase gerade im Hinblick auf Lese- und Schreibaktivitäten und -interessen aber auch als besonders problematisch gilt. So hat Harmgarth Leseabstinenzen und eine sinkende Lesemotivation bei Jugendlichen im Alter zwischen zwölf und 15 Jahren bereits 1997 festgestellt (Harmgarth 1997). Die vorliegende Untersuchung schließt u.a. mit den folgenden Fragen an:

- Wie entwickeln sich Leseinteressen in Umgebungen, die verschiedene Medienangebote zur Verfügung stellen, in denen Bücher aber nach wie vor zentral sind?
- Wie gestalten Jugendliche ihre Lese- und Schreibaktivitäten, wenn sie weitgehend im eigenen Rhythmus aus einem multimedialen Angebot unterschiedlichster Texte, Präsentationsformen und Inhalte auswählen können?
- Und welche Wechselwirkungen lassen sich schließlich feststellen zwischen den Leseerfahrungen der Heranwachsenden und ihrer Bereitschaft, diese in eigenen Texten zu reproduzieren, sich von ihren Lektüren also auch zum eigenen Schreiben anregen zu lassen?

Die knapp dreijährige Beobachtung von insgesamt 58 Jugendlichen in fünf Schulklassen vom 6. - 8. Schuljahr bildete die Basis für alle weiteren Untersuchungsteile, welche im Rahmen des Gesamtprojekts - teilweise mit identischen Teilstichproben - folgten. Die Ausgangsuntersuchung fand also im Raum der Schule statt, hier sollten Nutzungsweisen im Rahmen jener Leseumgebungen beobachtet werden, die der aktuellen Angebotsvielfalt im Buch- und Medienbereich möglichst nahe kommen und die über längere Zeit aufrecht erhalten werden können.

Vorgängig zur Datenerhebung wurde deshalb eine *Untersuchungsanlage* eingerichtet, die sich für Langzeitbeobachtungen von Lese- und Schreibtätigkeiten bewährt (vgl. Bertschi-Kaufmann ^{2}2003). Sie bestand im Wesentlichen aus *drei Elementen*:

Bücher und Computer im Klassenzimmer: Was in dieser Studie jeweils als „Lese- und Medienumgebung" der Jugendlichen bezeichnet wird, meint die in den Klassenzimmern jederzeit zugänglichen Einrichtungen. Zum Angebot gehörten unterschiedlichste Genres der Jugendliteratur; teils waren es „einfache" Bücher mit seriellem Charakter wie „Akte X"[28] oder Teile aus Reihen wie jenen von Thomas Brezina (Das unsichtbare Biest[29]), Comics und Jugendzeitschriften, teils anspruchsvolle Titel, die in der jugendliteraturwissenschaftlichen Diskussion auch als „Hochwertliteratur" bezeichnet werden (Rosebrock 1995). Beispiele für Letztere sind die aus der jüngeren Geschichte erzählenden Romane von Mirjam Pressler (Ich sehen mich so. Die Lebensgeschichte der Anne Frank[30]) und Josef Holub (Lausige Zeiten[31]). Zusätzlich zum Angebot gedruckter Medien standen den Klassen auch mindestens zwei Computer mit CD-ROM-Laufwerk und Internetanschluss zur Verfügung, dazu eine kleinere Sammlung von Interactive Books und Sachbüchern auf CD-ROM.

Die Freien Lesestunden: Der Zugang zu diesem bewusst vielfältigen Leseangebot war frei. Im Stundenplan der einzelnen Schulklassen wurde dafür mindestens eine Wochenstunde festgelegt, während der sich die Jugendlichen mit individuellen Lektüren beschäftigten. Sie suchten ihre Lesestoffe selber aus, zogen sich meist alleine, seltener zu zweit lesend zurück und gestalteten ihren Leseprozess in einem selbst gewählten Tempo. In diesen Stunden sollte nicht nur ein attraktives Lektüreangebot zur Verfügung stehen, als mindestens so wichtig galt das Ambiente. Über die von der Schule zur Verfügung gestellte Zeit hinaus war es den Jugendlichen auch jederzeit möglich, Lektüren in der Freizeit fortzusetzen.

Das Medientagebuch: Während der gesamten Beobachtungszeit führten die Jugendlichen ein persönliches Medientagebuch, in dem sie ihre Lektüren

---

28 Steiber, Ellen (1998): Akte X – die unheimlichen Fälle des FBI. Köln: vgs Verlagsgesellschaft.
29 Brezina, Thomas (1998): Das unsichtbare Biest. Reihe Grusel Club. München: Schneider.
30 Pressler, Mirjam (1992): Ich sehne mich so. Die Lebensgeschichte der Anne Frank. Weinheim und Basel: Beltz & Gelberg.
31 Holub, Josef (1997): Lausige Zeiten. Weinheim und Basel: Beltz & Gelberg.

dokumentierten. In ihren Texten machten sie sichtbar, mit welchen Texten und Medien sie sich in der offen gestalteten Anlage beschäftigten, welche Eindrücke die verschiedenen Lektüren in ihnen hinterlassen haben und wie sie die jeweils aktuellen Lesestoffe und ihre Gestaltungen für ihr eigenes Schreiben verwerteten. In den beteiligten Schulklassen wurde das Medientagebuch als „komplexe Schreibaufgabe“ eingeführt, das heißt als Teil eines Lernarrangements, das Spielraum in der Gestaltung und damit variierende Lösungen zulässt, in welchem die heterogenen Voraussetzungen der Schülerinnen und Schüler berücksichtigt und das Potenzial der Lernenden genutzt und weiter gefördert werden sollte (Bertschi-Kaufmann [2]2004). Die Medientagebücher enthalten also die kontinuierliche Sammlung reproduzierter Leseerfahrung in frei arrangierten Texten; sie bilden den Fundus der Langzeitbeobachtung.

2. *Das Fallbeispiel Elif. Zwischen flüchtigem Lesen und allmählich intensiver Buchlektüre*

Abb. 1: Elif - Ausschnitt aus dem Medienjournal

Cool, heute gingen wir wieder an den Computer! Heute war ich mit Astrid C. zusammen.

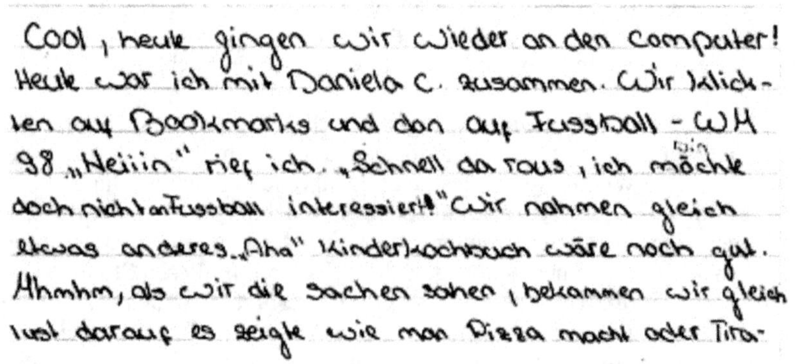
Cool, heute gingen wir wieder an den computer!
Heute war ich mit Daniela C. zusammen. Wir klickten auf Bookmarks und dan auf Fussball-WM
98 „Neiiin“ rief ich. „Schnell da raus, ich bin möchte
doch nicht an Fussball interessiert!“ Wir nahmen gleich
etwas anderes. „Aha“ Kinderkochbuch wäre noch gut.
Mhmhm, als wir die Sachen sahen, bekammen wir gleich
lust darauf es zeigte wie man Pizza macht oder Tiramesu.

Wir klickten auf Bookmarks und dan auf Fussball-WM 98. „Neiiin“ rief ich. „Schnell da raus, ich bin doch nicht an Fussball interessiert!“ Wir nahmen gleich etwas anderes. „Aha“ Kinderkochbuch wäre noch gut. Mhmhm, als wir die Sachen sahen, bekammen wir gleich lust darauf es zeigte wie man Pizza macht oder Tiramesu. Es hatte auch getränke wie zum Beispiel Eistee. Es hatte einfach verschiedene Rezepte, diese Rezepte hatten Kinder wo etwa 8 Jahre alt waren geschrieben.

Mit diesen Zeilen beginnt Elif[32] den Tagebuchtext, in welchem sie von einer ihrer ersten Internetlektüren berichtet. Das Gerät und seine Möglichkeiten faszinieren, seine Datenfülle provoziert hier aber erst einmal ein zufälliges Erkunden und eine Diskontinuität des Lesens und Verarbeitens. In der kurzen Darstellung deutet sich eine Rezeptionsweise an, die für den anfänglichen Umgang mit dem neuen Medium kennzeichnend scheint: der schnelle Wechsel von Link zu Link, von Inhalt zu Inhalt, die spontane Planung, teilweise auch die flüchtige Gestaltung der Lesewege. Zum Zeitpunkt dieser Eintragung ist Elif im 6. Schuljahr. Elif ist eine jener Jugendlichen, deren Lese- und Schreibverhalten im Umgang mit Buch und Computer im Rahmen der Langzeitstudie beobachtet werden konnten.

Wie literale Entwicklungen tatsächlich verlaufen, lässt sich am Beispiel der einzelnen Leserin oder des einzelnen Lesers am besten erkennen. Deshalb also zu Elif: Elif ist Tochter türkisch-stämmiger Immigranten, sie wohnt mit ihren Eltern und zwei jüngeren Geschwistern in einer Vierzimmerwohnung in einer kleinen Stadt in ländlicher Umgebung. Elif hat ihre gesamte Schulzeit in der Schweiz verbracht und besucht die Hauptschule (jene Schule der Sekundarstufe I also, die nur Grundansprüche stellt). Ihre Leistungen im Fach Deutsch sind dort überdurchschnittlich gut. Ihr Medientagebuch weist sie als eine aktive Internetnutzerin und als Vielleserin gedruckter Texte aus. In ihrem Profil, das wir nach der Erfassung ihrer literalen Praxis und aufgrund von Interviews mit ihr, den Eltern und ihrem Lehrer gebildet haben, zeigt sich, dass Leseerfahrungen am Computer – ebenso wie die Lektüren von Jugendzeitschriften – das Buchlesen nicht verhindern, sondern es im Gegenteil vorbereiten. Elif wird im Verlauf der Beobachtungszeit zur Buchleserin, sie trifft hier meist die geschlechtertypische Auswahl realistischer Erzählungen. Die Intensität, mit der sie sich ihrer Literatur zuwendet, fällt nicht nur in ihrem Leserepertoire auf, sondern ebenso in der Art, wie sie mit eigenen Texten auf ihre Lektüren reagiert und wie sie Leseerfahrungen auch narrativ festhält bzw. mit der eigenen Textproduktion weiter fortsetzt.

Im Zusammenhang mit der Leseaktivität und den literalen Entwicklungen ist der Erwerb von narrativen Kompetenzen zentral, weil im Erzählvorgang verschiedene Teilleistungen des Textverstehens zusammengeführt werden: Wer Gelesenes wieder erzählt, der leistet u.a. die Konstruktion von narrativen und syntaktischen Bezügen zwischen Teilausdrücken, die Integration von Vorwissen und Teilinformationen, die mentale Repräsentation des im Text dargestellten Sachverhalts, seine emotionale Bewertung und schließlich die eigene sprachliche Reproduktion des diese Teilleistungen bündelnden Lesevorgangs. Bei Elif fällt eine hohe Erzählaktivität vor allem dann auf, wenn sie auf umfangreiche und deutlich interessenorientierte Lektüren referiert, wenn sie Geschichtenteile reproduziert, die ihr offensichtlich erzählwürdig

---

32 Der Name des Mädchens ist hier abgeändert.

scheinen: Geschichten über heranwachsende junge Frauen, über deren körperliche und seelische Nöte. Magersucht scheint dabei eines ihrer bevorzugten Themen zu sein. In Elifs Tagebucheintragungen finden sich dann besonders gehäuft jene Merkmale, die erzähltheoretisch als deutliche Zeichen narrativen Gestaltens gelten, zum Beispiel in diesem Text:

Das Buch wo ich das mal gewählt habe hiess: „Essen, Nein Danke". Es handelt sich um ein Mädchen dass abnehmen will. Nicht nur 3-5 Kilo sondern immer mehr. Ihre Eltern hatten viel Stress, darum merkten sie kaum, ob sie ass oder nicht. Und in der Schule warf sie ihr Pausenbrot einfach in den Mülleimer. Neunundreisig Kilo wog sie gerade vor zwei Tagen und Jetzt nur noch Siebenundreisig Kilo! Ihre Freundin bemerkte dass, und sprach sie an. Aber Rebecca hörte einfach nicht zu. Als sie einmal mit ihrer Freundin abmachte, brach sie zusammen. Als Rebecca wieder aufwachte sah sie ihren Vater vor ihr. Sie waren im Auto. Die Mutter fuhr das Auto und ihre Freundin sass gerade neben ihr. Als sie am Abend im Wohnzimmer sassen, erzählte die Freundin, das Rebecca ihr Pausenbrot immer weg wirft, dass sie nie was isst und dass sie zu Hause auch nie esse. Die Eltern beschlossen ihre Tochter zum Artzt zubringen. Doch Rebecca war nicht dieser Meinung. „Mir geht es wirklich gut, nur weil ich einmal in Ombacht geffallen bin, müsst ihr kein Drama machen! Es wurde mir nur einbisschen schwindelig, sonst nicht's. Wirklich!" Nein, nein, die Eltern waren nicht überzeugt....[33]

Elif rekapituliert hier also Geschichtenerfahrung. Textteile im ersten Teil ihrer Tagebucheintragung lassen sich grob so unterscheiden:

Das Buch wo ich das mal gewählt habe hiess: „Essen, Nein Danke". Es handelt sich um ein Mädchen dass abnehmen will. <u>Nicht nur</u> 3-5 Kilo <u>sondern</u> immer mehr. Ihre Eltern hatten <u>viel</u> Stress, darum merkten sie <u>kaum</u>, ob sie ass <u>oder</u> nicht. Und in der Schule warf sie ihr Pausenbrot einfach in den Mülleimer. Neunundreisig Kilo wog sie gerade vor zwei Tagen und Jetzt nur noch Siebenundreisig Kilo! Ihre Freundin *bemerkte* dass, und sprach sie an. <u>Aber</u> Rebecca *hörte einfach nicht zu.* <u>Als</u> sie einmal mit ihrer Freundin abmachte, brach sie zusammen. <u>Als</u> Rebecca <u>wieder</u> aufwachte *sah sie ihren Vater vor ihr.* Sie waren im Auto. Die Mutter fuhr das Auto und ihre Freundin sass <u>gerade</u> neben ihr. <u>Als</u> sie am Abend im Wohnzimmer sassen, erzählte die Freundin, das Rebecca ihr Pausenbrot <u>immer</u> weg wirft, <u>dass</u> sie nie was isst und <u>dass</u> sie zu Hause <u>auch nie</u> esse. *Die Eltern beschlossen ihre Tochter zum Artzt zubringen. Doch Rebecca war nicht dieser Meinung. „Mir geht es wirklich gut, nur weil ich einmal in Ombacht geffallen bin, müsst ihr kein Drama machen! Es wurde mir nur einbisschen schwindelig, sonst nicht's. Wirklich!" Nein, nein, die Eltern waren nicht überzeugt....*

- Einführung mit Setting (Textanfang),
- Elemente, welche die Erzählstruktur kennzeichnen und den erzählten Vorgang gestalten: Markierungen zur zeitlichen Abfolge, Markierungen zur Darstellung von Gegensätzen, Verstärkungen (unterstrichen),
- Die Darstellung der Figuren und ihres inneren Erlebens - ein deutliches Merkmal der emotionalen Beteiligung am Erzählgeschehen: bei Elif fällt dieses Merkmal besonders gehäuft auf (*kursiv*).

---

33 Der Text wird hier in der originalen Schreibweise der Jugendlichen wiedergegeben.

Hilfreich zum Verständnis von Elifs Entwicklung sind insbesondere auch die Interviews, die im erziehungswissenschaftlichen Untersuchungsteil „Familie und Schule"[34] geführt wurden; die Ergebnisse im Vergleich sind u.a. in den folgenden Diagrammen wiedergegeben:

Abb. 2: Elif - Buch- und Mediennutzung im Vergleich mit anderen Jugendlichen

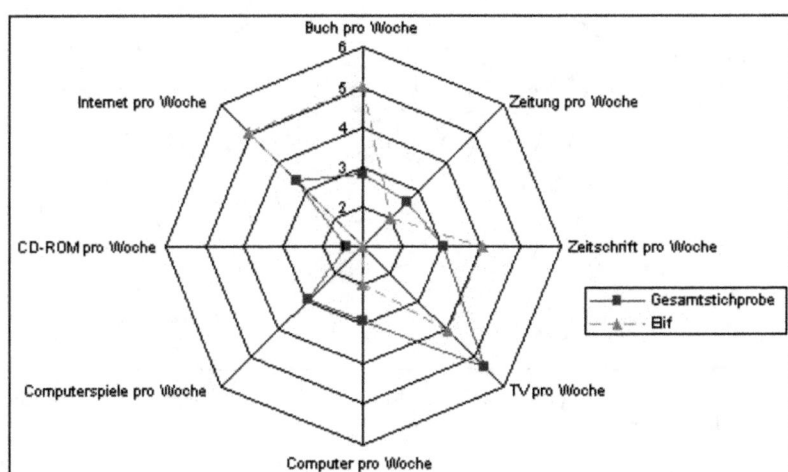

Nutzungsdauer pro Woche verschiedener Medien (1=nie; 2=bis 30 Minuten; 3=31-60 Minuten; 4=1-3 Stunden; 5=4-5 Stunden; 6=6-10 Stunden; 7=mehr)

Elif verbringt 4 – 5 Stunden im Internet, was etwa dem Zeitrahmen entspricht, den sie für das Lesen von Büchern aufwendet. Sie nutzt den Computer für andere Zwecke, aber eher unterdurchschnittlich: Nur gegen 30 Minuten pro Woche zum Schreiben, nie zum Spielen (gamen) oder zum Gebrauch von Lese- oder Lern-CD-ROMs. Elif ist eine Vielleserin von Medien, und zwar von allen Medien außer dem Fernsehen und dem Zeitungslesen. Sie braucht neue Medien ebenso wie herkömmliche und liegt in beiden Bereichen weit über dem Stichprobendurchschnitt.

---

34 Zu diesem Forschungsteil s. Kassis/Schneider 2004.

Abb. 3: Mediennutzung der Eltern

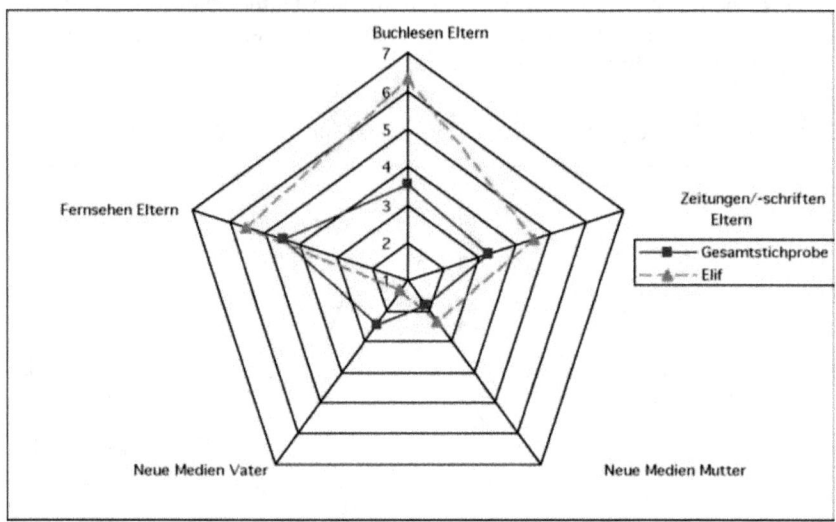

Mediennutzung der Eltern (1=nie; 2=bis 30 Min.; 3=31-60 Min.; 4=1-3 Std.; 5=4-5 Std.; 6=6-10 Std.; 7=mehr)

Eine der Quellen für Elifs Interesse am Lesen, soviel lässt sich mit Sicherheit sagen, liegt in Elifs Familie. Ihr familiärer Hintergrund ist literalitätsfördernd, das heißt, er regt die Neugierde für Medien und den Umgang mit Schrift mehrfach an.

Die Eltern entstammen einer eher gehobenen Bildungsschicht, sie sind beide ausgesprochene Vielleser, in der Familie wird über abstrakte und komplexe Inhalte diskutiert und schließlich findet auch ein Austausch über Gelesenes, Anschlusskommunikationen nach Lektüren statt.

Abb. 4: Elif - Selbsteinschätzung der literalen Kompetenzen

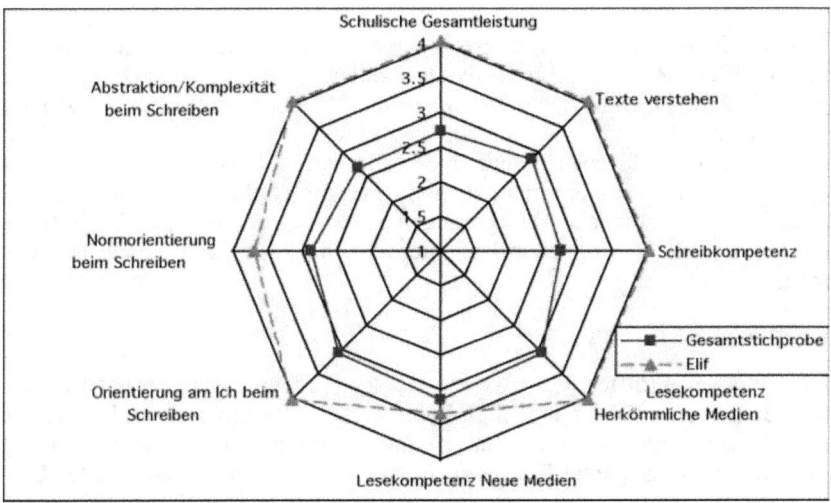

Selbsteinschätzung der literalen Kompetenzen (1=schwach; 2=eher schwach; 3=eher stark; 4=stark)

Auch in der Schule fühlt sich Elif gut gefördert und akzeptiert, ein Gefühl, das im Interview mit dem Lehrer bestätigt wird. Im personalen Bereich zeichnet sich Elif durch eine sehr hohe Selbstakzeptanz und durch ein sehr gutes Begabungsselbstbild aus.

Elif kann als erfolgreich in ihrer literalen Sozialisation bezeichnet werden. Allerdings war sie das nicht vom Anfang ihrer Schulzeit, nicht einmal vom Anfang der Beobachtungszeit an. Aus einer Kaum-Leserin hat sich eine Zeitschriften-Leserin entwickelt (ausgerechnet „Bravo" gehörte zu ihren Lieblingslektüren), einer Leserin, die sich immer stärker längeren gedruckten Texten zugewendet und ihre Buchlektüren auch mit einer breiten Nutzung elektronischer Medien ergänzt hat. Es scheint, also ob sich in Elifs Fall eine in der Familie angelegte literale Ressource erst unter geeignete schulischen Bedingungen, z.B. dem breit gefächerten Leseangebot in freien Lesezeiten und der individuellen Förderung durch den begleitenden Lehrer entfalten konnten.

3. Die Jugendlichengruppe insgesamt: Beobachtungen zu den literalen Aktivitäten

In den Medientagebüchern zeigen sich erst einmal die geschlechtsspezifischen Differenzen in der Leseaktivität und der Lektürewahl der Gesamtstichprobe der 58 jugendlichen Leserinnen und Leser. Während die Jungen im Verlauf der gesamten Beobachtungszeit durchschnittlich 31 Titel angeben, sind es bei den Mädchen immerhin 36. Dieses Ergebnis kann insofern nicht erstaunen, als die unterschiedlich hohe Lesemotivationen von Jungen und Mädchen auch in solchen Umgebungen zu erwarten sind, die mit Multimedia-Lektüren den männlichen Leseinteressen ein Stück weit entgegen kommen.

Lektüre- und Medienwahl

Die geschlechterdifferente Auswahl aus dem Lektüreangebot war zu erwarten. Betrachtet man das jeweilige Lektürerepertoire, das sich in der Gruppe der Mädchen und in jener der Jungen über die gesamte Beobachtungszeit angesammelt hat, zeigen sich zwar auch vergleichbare Anteile. So werden CD-ROMs, das Internet und Jugendzeitschriften von beiden Geschlechtern in ähnlichem Maß genutzt. Deutliche Unterschiede zeigen sich aber gerade bei der Wahl jener Gattungen, die zum hauptsächlichen Bestand der angesammelten Repertoires gehören: Titel der Phantastischen Literatur werden stärker von den Jungen bevorzugt (durchschnittlich 9.6), während die Mädchen diese Art der Literatur zwar nicht auslassen, aber weit weniger häufig auswählen (durchschnittlich 5.4). Umgekehrt und mit noch weit stärkerer Deutlichkeit verhält es sich bei der Wahl Realistischer Literatur. Sie wird von den Mädchen - mit zunehmendem Alter in der Sekundarstufe I - absolut bevorzugt (durchschnittlich 11.1), während sich männliche Leser nur in seltenen Fällen überhaupt mit dem real Möglichen, mit Problemerzählungen und den ihnen eigenen Innenansichten von Figuren befassen (durchschnittlich 2.1).

Abb. 5: Lektüre- und Medienwahl der Jungen und Mädchen

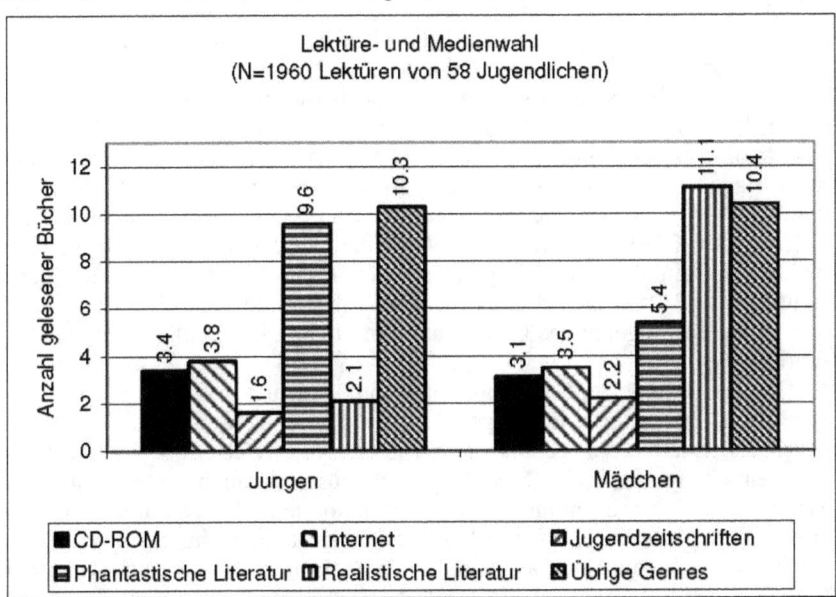

Trotz dieser deutlich geschlechterdifferenten Tendenzen des Lesegeschmacks lässt sich bei den allermeisten Leserinnen und Lesern eine mehr oder weniger große Vielseitigkeit des Leserepertoires beobachten: die Beschäftigung mit verschiedenen literarischen Gattungen und mit mehreren Medien. Die eindeutige Präferenz von einem oder zwei Buch- und Mediengenres hält sich bei den meisten während acht bis 16 Monaten, oft wird die ausschließliche Vorliebe für die eine Gattung abgelöst durch eine Differenzierung des Repertoires, wobei die zunächst bevorzugte Buchgattung oder das häufig genutzte Medium im Verlauf der weiteren Entwicklung nicht innert weniger Monate aufgegeben, sondern durch Alternativen ergänzt und nach und nach zu Gunsten eines neuen Lektüreschwerpunkts vernachlässigt wird.

Die Schreibaktivität im Kontext der Lektüren

Die regelmäßige Aufforderung zum Schreiben von eigenen Texten im Nachklang der Lektüren war Bestandteil der Untersuchungsanlage. Wenn Mädchen in diesem Rahmen mehr lesen als Jungen, liegt das parallele Ergebnis bezüglich ihrer Schreibaktivität auf der Hand: Mädchen sind auch aktivere Schreiberinnen, und dies nicht nur deshalb, weil sie mehr Lektüren zu verzeichnen und zu beschreiben haben, sondern weil sie auf ihre Lektüren auch häufiger mit längeren eigenen Texten reagieren als Jungen. Die absolut längsten Texte im Korpus der Medientagebücher stammen von Mädchen: Sie enthalten 1'213 und 1'064 Wörter. Allerdings zeigen sich auch im Zusammenhang mit den Textlängen in den Tagebüchern breite Streuungen, und dies nicht nur innerhalb der Textsammlungen der Mädchen einerseits und jener der Jungen andererseits. Vielmehr sind auch die einzelnen Schreiberinnen und Schreiber zu sehr unterschiedlich großen Textproduktionen bereit, je nachdem, in welcher Zeitphase sie ihre Texte verfassen und auf welche Lektürevorlagen sie damit reagieren. Die größte Streuung findet sich innerhalb des Tagebuchs jenes Mädchens, das einerseits Kürzesttexte mit 19 und 27 Wörtern (zur CD-ROM „Mütze und Co"[35] und zur Jugendzeitschrift „Limit") und andererseits - auch im Vergleich mit der Gesamtstichprobe - lange eigene Beiträge mit 1'064 und 981 (zu Maureen Stewarts „Essen? Nein danke!"[36] und zu Rainer Engelmanns Geschichtensammlung „Unheimlich verknallt"[37]) schreibt.

Interessiert hat die Schreibaktivität von Mädchen und Jungen insbesondere im Kontext ihrer jeweiligen Lektüren. Hier zeigt sich das folgende durchaus erwartbare Ergebnis: Von Literaturen, welche die Geschlechtergruppen bevorzugt lesen, lassen sie sich zugleich auch zu extensiverem Schreiben anregen. So nimmt die Rekapitulation jener Leseerfahrungen, welche Mädchen mit Realistischen Erzählungen gesammelt haben, beinahe die Hälfte ihres Tagebuchumfangs ein (90'529 Wörter im Gesamtkorpus der Mädchen von total 218'134 Wörtern). Ähnlich verhält es sich mit dem Textanteil, mit welchem Jungen auf die von ihnen bevorzugte Phantastische Literatur reagieren (41'938 Wörter im Gesamtkorpus der Jungen von total 81'400 Wörtern).

Eine weitere Beobachtung richtet sich auf die Kontinuität des Schreibens im Verlauf der Beobachtungszeit. Wenn Jugendliche während knapp drei Jahren zum Lesen und zum regelmäßigen Verfassen eigener Texte angehalten werden, stellt sich insbesondere die didaktische Frage nach der Dynamik, die sich im Rahmen der offenen Lese- und Schreibförderung tatsächlich entwickelt. Hier zeigt sich, dass sich nicht nur die Lesetätigkeit über die Jahre intensiviert, sondern dass insbesondere auch die Schreibaktivität tendenziell zunimmt, dies sowohl bei den Mädchen, als auch bei den Jungen. Eine Ermüdung und ein zunehmendes Desinteresse am vergleichsweise aufwändigeren Schreibprozess, wie sie allenfalls zu erwarten wären, sind also gerade nicht eingetreten. Dies mag u.a.damit zusammenhängen, dass Heranwachsende im Laufe der Zeit und bei anhaltender Schreibpraxis zunehmend geläufiger schreiben und dass ihnen die Produktion größerer Textmengen generell

---

35 Pingel, Ralf/Kreitz, Isabel (o.J.): Ein Fall für Mütze u. Co. Das Detektiv-Spiel. Berlin: Tivola
36 Stewart, Mareen (1998): Essen? Nein danke! Ravensburg: Ravensburger Buchverlag.
37 Engelmann, Rainer (Hrsg.) (1997): Unheimlich verknallt – Geschichten von der ersten Liebe. Würzburg: Arena

leichter fällt. Beteiligt an diesem Ergebnis einer kontinuierlichen und sich intensivierenden literalen Praxis sind aber - wie bereits festgestellt - selbstverständlich auch die begleitenden und beratenden Lehrerinnen und Lehrer. Die Klassen, der hier zur Diskussion stehenden Stichprobe, hatten nicht nur ein laufend ergänztes und aktualisiertes Lektüreangebot sowie freie Lese- und Schreibzeiten innerhalb des Unterrichts zur Verfügung, sondern es wurde auch regelmäßig nach ihren Leseerfahrungen gefragt, sie erhielten sporadisch persönliche Buchempfehlungen und wurden öfter aufgefordert, ihre eigenen Buch- und Medienfunde zu präsentieren und ihre Kritiken zu formulieren. Welche dieser Maßnahmen, die mit dem Ziel der Lese- und Schreibförderung eingesetzt worden waren, als einzelne jeweils besonders wirksam war, lässt sich aus den vorliegenden Daten nicht erkennen. Insgesamt aber zeigt sich ihre nachhaltige Wirkung deutlich. So ergibt der Vergleich der von den Jugendlichen im Nachklang ihrer Lektüren produzierten Textmengen, dass literale Aktivitäten, wenn sie laufend angeregt werden, - von wenigen Einbrüchen abgesehen - kontinuierlich ausgebaut werden und dass sich Schreibgewohnheiten zusammen mit der Lesepraxis entwickeln und stabilisieren.

Tatsächlich nimmt die Schreibaktivität im Laufe der Beobachtungszeit sowohl bei den Jungen als auch bei den Mädchen beinahe durchwegs zu. Im Durchschnitt schreiben die Jugendlichen laufend längere Texte (Abb. 3 zeigt die durchschnittlichen Textlängen mit der Anzahl Wörter an), ein Einbruch zeigt sich nur gerade für die Zeit zwischen dem neunten und dem 16. Monat, nachdem das freie Lesen und Schreiben in der multimedialen Anlage eingeführt worden war.

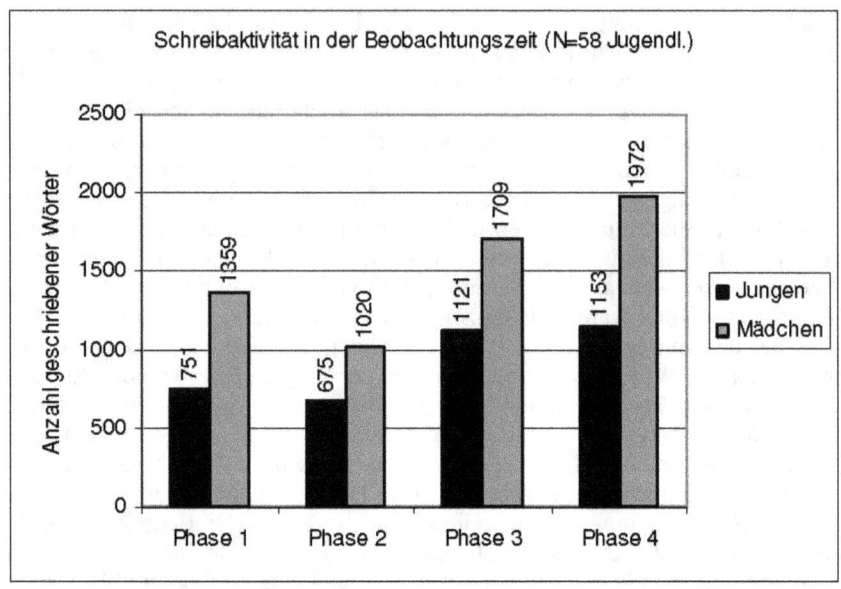

Das Bild einer kontinuierlichen Steigerung des eigenen Schreibens, wie es für die beobachteten Jugendlichen insgesamt zutrifft, sollte allerdings nicht darüber hinwegtäuschen, dass die individuellen Lese- und Schreibentwicklungen vieler Heranwachsender tatsächlich sprunghaft verlaufen. Steigerungen, wie eine zunehmende Bereitschaft zum Verfassen eigener Texte im Nachklang der Lektüren, eine erhöhte Leseaktivität oder die Hinwendung zu einer deutlich anspruchsvolleren Lektüre geschehen nicht selten nach Phasen der Stagnation.

4. Ausgewählte Ergebnisse im Überblick

Von den Ergebnissen aus den vorgängig nur ausschnittweise dargestellten Daten werden hier insbesondere jene herausgestellt, aus denen Hinweise für die Gestaltung von schulischer und außerschulischer Leseförderung ableiten lassen.

1) Als Erstes fallen *die unterschiedlichen Nutzungs- und Rezeptionsweisen von Mädchen und Jungen* auf: Mädchen verbinden ihre Buchlektüre, insbesondere die realistischen Erzählungen mit intensivem Schreiben, während sich Jungen eher von Multimediatexten zum Verfassen von Texten anregen lassen. Geschlechterorientierung bestimmt also besonders stark nicht nur die Lektüre- und Medienwahl von Kindern und Jugendlichen,

sondern auch die Entwicklung ihrer Schreibaktivität. Ein differenziertes Angebot von Print- und elektronischen Medien, das Leseinteressen berücksichtigt und zugleich auch die noch unbekannten Buchinhalte zugänglich macht, ist deshalb eine wichtige Fördergrundlage. Notwendig ist sie insbesondere für jene Jungen, die sich mit dem Buchlesen u.a.deshalb schwer tun, weil sie es grundsätzlich als für sie unpassende, langweilige Tätigkeit einschätzen und in der Folge häufig als die „Sorgenkinder" der Leseförderung gelten;
2) Zweitens ist *Verlauf von Kompetenzentwicklungen* nicht selten in Phasen zu beobachten, in Jugendliche ihr Medienrepertoire sprunghaft erweitern, zum Beispiel dann, wenn sie nach längerer Zeit der Beschäftigung mit verhältnismäßig einfachen CD-ROM-Lektüren anspruchsvolle Jugendbücher bewältigen und dazu eigene Texte verfassen, die man ihnen nach den bisherigen Beobachtungen nicht zugetraut hätte. Wirkungen der Lese- und Schreibförderung sind also oft nicht unmittelbar, sondern erst im Laufe längerer Phasen festzustellen, für die Beurteilung von Leistungen und Leistungsmöglichkeiten der Kinder und der Jugendlichen sind deshalb solche Verfahren sinnvoll, die eine kontinuierliche Beobachtung über längere Zeit zulassen.
3) Eine dritte Beobachtung betrifft *die Differenz literaler Praxis zwischen Buch und Bildschirm*. Schreiberinnen und Schreiber reagieren auf Print- und Bildschirmlektüren mit je unterschiedlichen Textstrukturen. Das Interactive Book, das Geschichtenelemente vorgibt und zur Konstruktion eines Erzählverlaufs auffordert, verschafft Zugang zu narrativen Gestaltungen. Bei der Beschäftigung mit multimedialen Versionen von literarischen Texten erwerben insbesondere Kinder, aber auch Jugendliche eine „Geschichtengrammatik", die - über den Bildschirm hinaus - auch für die Rezeption von gedruckten, linear erzählenden Büchern hilfreich ist. Interaktive Lektüre können also Schreibprozesse anregen. Anspruchsvolle und kohärent aufgebaute Texte gelingen den meisten Jugendlichen allerdings erst nach der Lektüre von längeren erzählenden Texten, mithin nach Buchlektüren. Aber gerade männliche Nutzer von multimedialen Präsentationen reagieren auf dieses Angebot mit weit höherer Lese- und Schreibaktivität, sie setzen Lektüreinhalte, die sie in den nichtlinearen Präsentationen aufgenommen haben, auch häufiger narrativ in geschriebenen Texten um.
4) Und schließlich: *Die Lese- und Schreibaktivitäten von Jugendlichen sind teilweise gegenläufig* (hohe Leseaktivität bei niedriger Schreibaktivität und umgekehrt. Lektüren stimulieren also das eigene Schreiben in unterschiedlichem Mass. Die häufig geäußerte Annahme, dass jene, die viel lesen, durchwegs auch aktive und souveräne Schreiberinnen und Schreiber seien, bestätigt sich also nicht generell. Es sind im Gegenteil zwei Typen von Nutzungsmustern zu beobachten: das schnelle Eintauchen in

Buch- oder Mediengenres, die einem vertraut sind und von denen Titel um Titel aufgenommen, „verschlungen" und teilweise auch überfliegend gelesen werden können und (z.B. Serienliteratur) - im deutlichen Gegensatz dazu - das auf Details konzentrierte Lesen, wobei sich Jugendliche zum Teil bewusst viel Zeit lassen und das sie u.a. auch dadurch entschleunigen, dass sie Gelesenes in eigenen längeren Texten verarbeiten.

Soweit einige zentrale Ergebnisse aus unseren Untersuchungen zum Schriftlernen in multimedialen Umgebungen. Welche Merkmale, welche Bedingungen werden erkennbar und welche Herausforderungen stellen sich damit für die Bildungspraxis, für die Schriftförderung in den Schulen?

Entlinearisierung: Neue, nichtsequenzielle Textstrukturen erfordern planmäßiges Navigieren und spezifische Verarbeitungsstrategien, welche kaum in der Rezeption herkömmlicher Medien erworben werden können. Die besondere Herausforderung beim Lesen nicht linearer Texte stellt dabei die Konstruktion zusammenhängender (mentaler) Modelle dar. Fehlt dazu das notwendige Orientierungswissen, droht die Gefahr einer „ignorierenden" oder „zerfasernden" Lektüre. In ihrer Folge werden Leseerfahrungen fragmentiert, Leserinnen und Leser orientieren sich oft nur an der Textoberfläche. Ein Gesamtverständnis wird dann gestützt, wenn die Nutzerinnen und Nutzern Orientierungen mit verschiedenen Textformen gewinnen und damit Erfahrungen mit der einen medialen Repräsentation für das Aufnehmen der anderen verwerten können; das Printlesen bietet hilfreiche Voraussetzungen zum Lesen am Bildschirm und umgekehrt.

Konzeptionelle Mündlichkeit in schriftlichen Texten: Schriftlichkeit wird durch die neuen Medien nicht marginalisiert. Sie ist im Gegenstiel konstitutiv für den kompetenten Umgang mit den neuen Medien. Allerdings scheinen die spezifischen Möglichkeiten der neuen Medien für den (schrift-)sprachlichen Austausch (über SMS; Chat, mit Einschränkungen: E-Mail) den allgemeinen Trend zur „Vermündlichung der Schriftlichkeit" zu akzentuieren. In den typischen Textmustern, wie sie uns in den neuen Medien beggenen, wird konzeptionelle Schriftlichkeit in zunehmendem Maß als inadäquat empfunden. Das zeigt sich u.a.auch im extensiven Mundartgebrauch in der Mail-Kommunikation. Im außerschulischen Bereich und im beruflichen Alltag sind also der Mündlichkeit angenäherte Formen des Schreibens immer häufiger zu beobachten, gleichzeitig scheinen die sich dabei konstituierenden Schreibkonventionen und Textmuster in der Schule alles andere als gefragt zu sein.

Eine ganz andere, aber nicht weniger wichtige Voraussetzung für das Schriftlernen ergibt sich aus den *geschlechtsspezifischen Zugängen zum Medienangebot*: Sowohl im Umgang mit herkömmlichen wie auch mit neuen Medien zeigen sich geschlechtsspezifische Unterschiede. Mädchen lesen nicht nur mehr, sondern auch anderes und anders als Jungen. Die Rezeption herkömmlicher und neuer Medien ist einer jener Orte, an welchen *doing gen-*

der stattfindet, wo Geschlechterrollen konstruiert und rekonstruiert werden. Bei der individuellen Ausformung der literalen Praxis kommt den Geschlechterrollenstereotypen herausragende Bedeutung zu. Feminität geht tendenziell mit einer literarisch orientierten Lese- und Schreibpraxis einher, Maskulinität eher mit pragmatisch orientiertem Informationslesen oder auf interaktiven, auf Unterhaltung abzielenden Mediengebrauch.

Schließlich stellt – insbesondere auch für die Schule – *Wissenskluft und kommunikative (Des-)Integration* eine Herausforderung dar: Für die Stabilisierung der literalen Praxis von Kindern und Jugendlichen sind der sozioökonomische Status, die Bildungsnähe und der habituelle Umgang mit Medien im Eltern entscheidend. Die soziale Einbettung der literalen Praxis im Elternhaus gilt als wichtigster Faktor der literalen Sozialisation. Er zeigt sich deutlich auch in unseren Untersuchungen. Der Zusammenhang zwischen erfolgreicher bzw. gescheiterter literaler Sozialisation und Schichtzugehörigkeit ist evident. Dieser Befund wird mit der zunehmenden Verfügbarkeit neuer Medien nicht abgeschwächt, sondern noch zugespitzt. Die Hypothese von der zunehmenden Wissenskluft zwischen „kommunikativ Integrierten" und „Kommunikativ Desintegrierten" findet ihre Bestätigung. Für die Schule stellt sich deshalb die Frage, wie sie Hinführungen zu einer traditionellen Lesepraxis mit Medienbildung so verbindet, dass ein Strategieerwerb und Interessensbildungen im Umgang mit gedruckten und mit multimedialen Texten auch bei jenen Kindern und Jugendlichen stattfinden kann, die in ihrer privaten Umgebung dafür wenig günstige Voraussetzungen finden: ein Lernen im Kontext neuer Medien.

Literatur

Bachmann, T.; Schneider, H. (2004): Elif, Tim, Adrian und Johanna - Falldokumentationen. In: Bertschi-Kaufmann, A.; Kassis, W.; Sieber, P. (2004), S. 97-174.

Bertschi-Kaufmann, A. (^{2}2003): Lesen und Schreiben in einer Medienumgebung. Die literalen Aktivitäten von Primarschülern. 2. Auflage. Aarau: Zentrum Lesen.

Bertschi-Kaufmann, A.; Kassis, W.; Sieber, P. (2004): Mediennutzung und Schriftlernen. Analysen und Ergebnisse zur literalen und medialen Sozialisation. Weinheim und München: Juventa..

Bertschi-Kaufmann, A. (^{2}2003): Lesen und Schreiben in einer Medienumgebung. Die literalen Aktivitäten von Primarschülern. 2. Auflage. Aarau: Zentrum Lesen.

Böck, M. (2002): Lesegewohnheiten, Lesesozialisation und Leseförderung. In: Haider, G.; Lang, B. (Hrsg.): PISA Plus 2000. Ergebnisse der nationalen Projekte in PISA 2000. Innsbruck: StudienVerlag. S. 25-118.

Harmgarth, F. (Hrsg.) (1997): Lesegewohnheiten - Lesebarrieren. Öffentliche Bibliothek und Schule – neue Formen der Partnerschaft. Ergebnisse der Schülerbefragung 1995/1996. Gütersloh: Verlag Bertelsmann Stiftung.

Hurrelmann, B. (2002): Medienkompetenz: Geschichtliche Entwicklung, dimensionale Struktur, gesellschaftliche Einbettung. In: Groeben, N.; Hurrelmann, B. (Hrsg.): Medienkompetenz: Voraussetzungen, Dimensionen, Funktionen. Weinheim und München: Juventa. S. 301-314.

Kassis, W.; Schneider, H. (2004): Schulische und familiale Determination der Lese- und Schreibsozialisation. In: Bertschi-Kaufmann, A.; Kassis, W.; Sieber, P. (2004), S. 219 - 237.

Rosebrock, C. (1995): Phantasie und Schullektüre. Anmerkungen zu einem schwierigen Verhältnis. In: Rosebrock, C. (Hrsg.): Lesen im Medienzeitalter. Biographische und historische Aspekte literarischer Sozialisation. Weinheim: Juventa.

Irit Wyrobnik

IV. Schriftlichkeit als Problem und Herausforderung

„Als kleiner Junge wollte ich, wenn ich einmal groß wäre, ein Buch werden"[38]
Zur Bedeutung von Leseautobiographien aus erziehungswissenschaftlicher Perspektive

Welche Rolle spielen erste Leseerfahrungen im Kindesalter für die weitere Lesesozialisation, für die Entwicklung einer reichen Lesepraxis im Erwachsenenalter? Wenn man, wie zur Zeit möglich, beobachten kann, mit welcher Intensität und Vehemenz Lesekampagnen wie „Wir lesen vor - überall & jederzeit" von der Zeitung „Die Zeit" und „Stiftung Lesen" betrieben werden – seit 2004 haben dort tausende Leser als „Vorlesepaten" in Bibliotheken und Kindergärten - wohl auch unter dem Eindruck der PISA-Studie – gewirkt und Kinder, die in ihren eigenen Familien mit Gedrucktem nur selten in Berührung kommen, an Bücher herangeführt (Die Zeit, 21.04.05, 61); wenn man ferner autobiographischen Berichten und Erzählungen (nicht nur von Schriftstellern) Glauben schenkt, in denen frühe Kindheitslektüren eine herausgehobene Position einnehmen, so kann man die Rolle, die erste Erfahrungen mit Gedrucktem bzw. mit Büchern, Zeitungen, Zeitschriften usw. für das weitere Leben von Heranwachsenden, von Kindern und Jugendlichen, spielen, nicht hoch genug einschätzen. Nicht zuletzt belegen dies auch wissenschaftliche Untersuchungen, wie etwa diejenigen von Werner Graf und Erich Schön (Graf/Schön 2001). Erste Leseerfahrungen, frühe Kindheitslektüren sind prägend. Wurde in der Kindheit etwas diesbezüglich versäumt oder lange vernachlässigt, so ist dies gar nicht oder kaum in späteren Lebensphasen wieder aufzuholen. Wurden hier gewisse Weichen nicht gestellt, so ist nur selten eine künftige Entwicklung zum Leser/zur Leserin zu erwarten. Dabei ist es offenbar weniger wichtig, mit welcher Art von Lektüre die nachwachsende Generation zu lesen beginnt bzw. die ersten wichtigen Lesephasen erlebt. Wichtig ist vor allem, dass überhaupt gelesen wird. Auf die literarische Qualität dieser ersten Lektüren kommt es in Anbetracht der künftigen Entwicklung dabei ebenso wenig an, wie auf ein diszipliniertes Lesen. „Ich kenne Fälle, wo ein Junge von Skandalblättchen aus dem Korb auf dem Kiercelak (ein be-

---

38 Amos Oz (2004, 35)

kannter Warschauer Marktplatz, I.W.) über Cooper, Verne, Sienkiewicz, Hugo - bis zu Jan Krzysztof und Zeromski gelangte. Ich kenne keinen einzigen umgekehrten Fall. Das ist wichtig", schrieb Janusz Korczak bereits 1929 (Korczak 2004, 342) in seinem Artikel „Zeitung – Kino – Buch". Die beiden Leseforscher Werner Graf und Erich Schön konstatieren: „So selten es Leser gibt, die erst als Erwachsene, quasi als Spätberufene, das Lesen als wichtigen Teil ihres Lebens für sich entdecken; so wenig gibt es stabile Leser, die von vornherein ein vernünftiges, kontrolliertes, abgeklärtes Verhältnis zum Lesen hatten." (Graf/Schön 2001, 627).

In meinem Beitrag möchte ich diesen ersten Leseerfahrungen nachspüren, indem ich mich auf die Suche nach festgehaltenen Erinnerungen an Kindheitslektüren begebe. Dabei gehe ich zunächst auf das Bildungsverständnis der IGLU und PISA-Untersuchungen in Bezug auf das Lesen ein, um im Anschluss daran für die Beachtung motivationaler und emotionaler Aspekte beim Lesen zu plädieren. Anhand einiger exemplarischer Aussagen von Studierenden versuche ich, die Bedeutung von ersten, vor allem vorschulischen Leseerfahrungen aufzuzeigen. Ich widme mich dann der generellen Frage nach der Relevanz autobiographischer Texte und damit auch niedergeschriebener „Erinnerungen" als Quellen für erziehungswissenschaftliche Forschung, bevor ich mich schließlich ausgewählten autobiographischen Texten der beiden zeitgenössischen Schriftsteller Amos Oz und Mirjam Pressler zuwende. Die Schlussbemerkungen kreisen um Überlegungen zum Lesen in Zeiten von Medienkindheit, zur Lesesozialisation und Leseförderung.

Lesen und Lesekompetenz im Bildungsverständnis von PISA und IGLU

Wilfried Bos stellte im Rahmen dieser Veranstaltung die Ergebnisse der IGLU-Studie vor, der Internationalen Grundschul-Lese-Untersuchung. Es handelt sich dabei um eine quantitative Querschnittuntersuchung, die am Ende der 4. Jahrgangsstufe im internationalen Vergleich durchgeführt wurde. Liest man die ersten Seiten des „Lesekompetenzteils" der IGLU-Studie (Bos u.a. 2003, 69ff.), so fällt auf, dass hier ebenso wie bei der PISA-Studie ein funktionalistisches Grundbildungsverständnis vorherrscht, das der angelsächsischen literacy-Tradition entstammt. Die Autoren beziehen sich ausdrücklich auf die Erfordernisse des Computerzeitalters, in dem es umso wichtiger wird, schnell lesen und richtig schreiben zu können (vgl. ebd., 69). Für den „schulischen und beruflichen Erfolg ebenso wie für die Teilhabe am kulturellen, politischen und gesellschaftlichen Leben" sei „die Beherrschung der Schriftsprache von grundlegender Bedeutung" (ebd.). Behinderungen in diesem Bereich würden gerade im Internetzeitalter das „Auffinden, Sichten und Verarbeiten relevanter Informationen" (ebd.) bedrohen. Die Autoren sehen „Lesekompetenz" als wichtige Schlüsselqualifikation an, „die schon in der Grundschule für den Wissenserwerb unabdingbar ist und ohne die lebenslanges Lernen gerade auch im Zeitalter von Computer und Internet undenkbar wäre" (ebd., 70). Lesen betrachten die Autoren der IGLU-Studie als Mittel zum Zweck, als basales (Kultur-)Werkzeug. Lesen wird als Fähigkeit der aktiven Auseinandersetzung mit Texten, als Schlüsselqualifikation verstanden, die erlernt werden muss, um in der Gesellschaft zu bestehen, um z.B. beruflich voranzukommen oder um beruflich zu überleben.

Lesen als Genuss, Lesen als individuelle Erweiterung des Horizonts, als Bildung und Selbstbildung, als Vergnügen oder gar als Glück (vgl. Wyrobnik 2005) – solche Formulierungen wird man in PISA und IGLU so gut wie nicht vorfinden. Zwar würde, so Wilfried Bos auf eine Frage aus dem Publikum der Ringvorlesung, die Emotionalität beim Lesen nicht gemessen, aber der Motivationsaspekt sei durchaus in der IGLU-Studie berücksichtigt worden.

Nach meiner Auffassung scheint es eine überaus wichtige Frage zu sein, was Kinder zum Lesen motiviert, welche Lektüre sie mitreißt und begeistert, welche Bücher sie zum Weiterlesen anspornen. Anders formuliert: Kann es überhaupt eine aktive Auseinandersetzung mit Texten geben, kann Lesekompetenz entstehen, ohne vorherige Motivation? Sind Lesemotivation und die während des Lesens entstehenden Gefühle nicht äußerst wichtige und in beiden Studien vernachlässigte Faktoren? Auch die PISA-Studie hat das „Lesen zum Vergnügen" thematisiert, dieses jedoch insgesamt in seiner Bedeutung für das Erlangen von Lesekompetenz als nicht ausschlaggebend bewertet, obwohl dort Zusammenhänge zwischen Lesekompetenz und Leseinteresse bzw. dem Lesen zum Vergnügen erkannt wurden: Zum einen gehört Deutschland zur Gruppe derjenigen Länder, in denen ein vergleichbar hoher Zusammenhang zwischen der Zeit, die Schülerinnen und Schüler damit verbringen, zum Vergnügen zu lesen und ihren Leseleistungen festgestellt wurde (vgl. Baumert u. a. 2001, 113-116). Zum anderen zeigte sich, dass ein bestimmtes Maß an Kompetenz, an Textverstehen, eine wichtige Voraussetzung für Lesemotivation ist. Offenbar ist eine gewisse Kompetenzstufe (Stufe III) erforderlich, damit Leseinteresse signifikant zunehmen kann (vgl. Artelt u. a. 2002, 21). Artelt u.a. kommen zu dem Schluss, dass das Interesse am Lesen, „welches im internationalen Vergleich bei Schülern in Deutschland eher gering ausgeprägt ist" (ebd., 22), „bei Kontrolle der anderen Variablen (kognitive Fähigkeiten, Dekodierfähigkeit, Fähigkeit zum strategischen, aufgaben- und zielbezogenen Lesen, I.W.) noch einen nachweisbaren, wenn auch geringen Einfluss auf die Lesekompetenz" (ebd.) hat. Als Konsequenz aus diesen Erkenntnissen unterstreichen sie die „Forderung, dass Techniken des Lernens und Lesens im Unterricht stärker thematisiert werden sollten" (ebd., 23). Lesekompetenz gilt es schließlich – so die Schlussfolgerung des Lesekompetenzteams von PISA – hauptsächlich durch Lesetechnik- und/bzw. Leseverständnistraining zu verbessern.

Emotionale und motivationale Aspekte beim Lesen – oder: über die Notwendigkeit qualitativer Studien zu Lesebiographien

So wichtig Lesekompetenzstudien sind und so fraglos wertvolle Ergebnisse sie uns liefern, so sehr ist aber auch darauf hinzuweisen, dass Lesen nicht nur als technische Fähigkeit verstanden werden kann. Lesen ist mehr als eine Technik, die subjekt-, affekt-, inhalts- und situationsneutral und damit auch biographieneutral zu erlernen ist. Und Literalität lässt sich auch nicht kulturneutral testen (vgl. Sting 2003, 324). So unbestritten es also ist, dass Sprache auch Züge eines Werkzeugs hat, so wichtig ist es andererseits, hervorzuheben, dass Lesen - und dies trifft wohl in besonderem Maße auf das Lesen von literarischen Texten zu - eine komplexe Erfahrung ist, in der Sinnlichkeit, Phantasien und Erinnerungen eine nicht minder wichtige Rolle spielen und auf vielschichtige Weise zusammenwirken. Dem Leseforscher Erich Schön zufolge ist Lesen „Handeln von Menschen, die in der kognitiven Dimension des Lesens aus einem Text Sinn bilden und in seinen sinnlichen und emotiven Dimensionen sich durch ihr Tun ein Erleben selbst bereiten. Dabei entsteht die Lese-Erfahrung gerade durch die untrennbare Einheit der verschiedenen Dimensionen des Lesens" (Schön 2001, 1). Diese Erlebnisdimension des Lesens bzw. die verschiedenen Modi des Lesens zwischen „Literaturgenuss und Lebenshilfe" (Graf 2001, 199-224) werden in den Lesekompetenzstudien nicht genügend berücksichtigt. Zumal bei der frei gewählten Freizeitlektüre zeigt sich, dass Menschen nicht losgelöst von ihrem Lebenslauf lesen, von der Lebenssituation bzw. Entwicklungsphase, in der sie sich gerade befinden, von ihren Gefühlen, Hoffnungen, Wünschen, Bedürfnissen, zwischenmenschlichen Beziehungen, sozialen und kulturellen Hintergründen. Es scheint, dass auch das Lesekompetenzteam von PISA 2000 in einer neueren Publikation den Faktor „Motivation" stärker in den Vordergrund rückt, wenn es um die Förderung der Lesekompetenz geht. In Lilian Streblows Artikel „Zur Förderung der Lesekompetenz" (Streblow 2004) des Bandes „Struktur, Entwicklung und Förderung von Lesekompetenz" (Schiefele u.a. 2004) rangiert „Motivation" gleich als zweite Determinante der Lesekompetenz, hinter „Arbeitsgedächtnis, Dekodierfähigkeit und Intelligenz", aber noch vor „Selbstkonzept", „Lernstrategien" und „Vorwissen". Streblow referiert nicht nur pädagogisch-psychologische Trainings, sondern erwähnt auch verschiedene Initiativen zur Leseförderung (Streblow 2004, 289). Damit ist sie sich durchaus des „Doppelcharakters der Lesesozialisation als Fähigkeitsschulung und Enkulturation" (Hurrelmann 2004) bewusst.

Im Rahmen der Diskussion zu Wilfried Bos' Vortrag hat Isabell Diehm zu Recht gefordert, quantitative Studien zur Lesekompetenz durch qualitative Studien zu ergänzen bzw. zu vertiefen. Über qualitative Studien beispielsweise zum Unterrichtsgeschehen könne erhellt werden, was quantitative Erhebungen nicht zu leisten vermögen: Jene könnten einen genauen Blick in die

Unterrichtsgeschehnisse ermöglichen, mit dem sich beispielsweise Ursachen für Prozesse von sozialer oder migrationsbedingter Benachteiligung aufdecken lassen, mit dem Ziel diesen z.b. kompensatorisch entgegenzuwirken. Dies ist umso wichtiger als in der PISA-Studie bekanntlich die Lesekompetenz der 15-jährigen deutschen Schüler im internationalen Vergleich auch eine sehr große Streuung aufweist. Aber erforderlich sind m. E. auch Untersuchungen, in denen individuellen Lesebiographien nachgespürt wird. Anhand solcher Studien könnte man feststellen, welche Umstände wohl dazu führen, dass jemand ein Leser oder Nichtleser wird und was „Lesekarrieren" im Wege steht oder fördert. Hierzu gibt es bereits mehrere Publikationen (vgl. z.B. Rosebrock 1995, Behnken u.a. 1997, Graf/Schön 2001, Pieper u.a. 2004). Auch die erziehungswissenschaftliche Biographieforschung könnte hier ansetzen.

Lesen und Vorlesen – Lesen vor und neben der Schule

Lesen ereignet sich nicht nur im oder ausgehend vom Schulkontext. Die Relevanz von ersten Leseerfahrungen vor und außerhalb des schulischen Kontextes ist hervorzuheben. Da gibt es zum einen Kinder, die bereits vor Schulbeginn lesen können. Zum anderen geht Leseförderung bewusst oder unbewusst bereits vom Elternhaus, von der Familie (vgl. Bertschi-Kaufmann u.a. 2004, 27ff.) aus und auch der jeweilige Kindergarten kann hier eine wesentliche Rolle spielen. Mehrere Studien haben die Rolle des Vorlesens für Kleinkinder, das Vorhandensein einer bestimmten Büchermenge im Haushalt und die Lesegewohnheiten der Eltern betont. So haben Studien aus dem angloamerikanischen Raum die Erwachsenen-Kind-Interaktionen bei der Einführung in literarische Gegenstände (vgl. Eggert/Garbe 2003, 101), z.B. Bilderbücher, Märchen etc. erforscht. Im deutschsprachigen Raum hat Petra Wieler die Praxis des Vorlesens mit vierjährigen Kindern in Familien verschiedener sozialer Milieus anhand des Bilderbuchs „Oh wie schön ist Panama" von Janosch (1978) untersucht. Wieler konnte zeigen, wie grundlegend sich die Rahmenbedingungen familialer Vorlese- und Gesprächssituationen in verschiedenen sozialen Milieus unterscheiden. Sie stellte fest, dass bei Mittelschichtfamilien mit Bildungshintergrund „das Vorlesen eher als Gesprächsanlaß wahrgenommen und den Kindern die Chance eröffnet wird, ihre eigenen Fragen, Bewertungen und Assoziationen zum Ausdruck zu bringen" (Eggert/Garbe 2003, 102). In einer der untersuchten Familien aus der sozialen Unterschicht war es schwierig, die Kinder zu einem konzentrierten Beisammensein zusammenzubringen. Ablenkung durch den Fernseher und Geschwister führten dazu, dass so gut wie keine Gesprächsatmosphäre zustande kam. Vorlesen - so Wieler - ist in einem solchen Gesprächsklima „eine Aktivität unter vielen, so daß 'ausschließliche' Aufmerksamkeit für den Text und die auf jedes einzelne Kind ausgerichtete kommunikative Zuwendung der vorlesenden Erwachsenen nicht gegeben ist." (Wieler 1995, 56). „In jedem Fall zeigen diese Untersuchungen, daß die *literarische* Sozialisation eines Kindes lange vor der Beherrschung der Schriftsprache einsetzt" (Eggert/Garbe 2003, 103). Auch außerschulische Einrichtungen wie Kindergärten (vgl. Liegle 2004, Roßbach 2004), Bibliotheken und Jugendzentren sowie Aktionen wie Lesungen und Vorlesepaten spielen bei der literarischen Sozialisation von Kindern, bei der Einführung in eine „Lesekultur" eine nicht minder wichtige Rolle. Nicht vergessen sollte man dabei, dass Kinder heute in einer Medienwelt aufwachsen. Sie sind von unterschiedlichen Medien (seien es Computerspiele, Fernsehserien, Internetplattformen usw.) umgeben, die mit dem klassischen Medium „Buch" manches Mal konkurrieren, zuweilen aber auch in ein Ergänzungsverhältnis zu ihm treten können (vgl. Bertschi-Kaufmann u.a. 2004, 242). Sie lesen - wenn sie lesen - nicht nur schulische Pflichtlektüre, sondern in ihrer Freizeit oft ganz andere Arten von Literatur, die im Schulkanon keineswegs vorgesehen sind (von Comics bis hin zu Heften über Pop-Stars und Fantasy).

Interessant sind jedoch nicht nur die erwähnten „in situ"-Untersuchungen von Wieler, Bertschi-Kaufmann und anderen, sondern auch Perspektiven von Erwachsenen, die auf ihre Leseerfahrungen in der Kindheit zurückblicken. Wie schauen beispielsweise Studierende auf ihre kindlichen Leseerlebnisse zurück?

Autobiographische Aussagen von Studierenden zu ersten Leseerfahrungen

Literaturwissenschaftler und -didaktiker wie Werner Graf und Erich Schön haben Studierende dazu aufgefordert, Lesebiographien in Aufsatzform niederzuschreiben. Die Auswertung einer großen Zahl solcher Aufsätze hat maßgeblich zur Erforschung von spezifischen Lese-Laufbahnen beigetragen. Viele dieser Studierenden sind Studienanfänger literaturwissenschaftlicher Fächer (Graf/Schön 2001, 621). Bei dieser Gruppe darf man davon ausgehen, dass ihr Verhältnis zum Lesen ohnehin intensiver ist, als bei Studierenden anderer Fachrichtungen oder gar Menschen in anderen Berufen.

Auch mich interessierten Leselaufbahnen von Studierenden, und so habe ich im Herbst 2003 die Chance genutzt, Studierende meines damaligen Seminars an der Frankfurter J. W. Goethe-Universität zu ihrer Leseautobiographie zu befragen. Ich stellte einen Fragebogen mit relativ offen gehaltenen Fragen zusammen und verteilte diesen an die Seminarteilnehmer/-innen. Mit einigen führte ich auch narrative Interviews zu ihrer Leseautobiographie durch. Unter „Leseautobiographie" verstehe ich die je eigene „Lesegeschichte" einer Person bzw. die Erinnerungen, die jemand an das Lesen in seinem

Lebenslauf hat. Besonderen Wert sollten die Befragten dabei auf Leseerfahrungen in Kindheit und Jugend legen.

Im Folgenden werden nur einige exemplarische Antworten der Studierenden präsentiert. Beachten muss man hierbei, dass es sich um Studierende eines sozialwissenschaftlichen Faches (Erziehungswissenschaften) handelt, in dem die Textlektüre im Allgemeinen eine große Rolle spielt. Die unterschiedlichen Milieus entstammenden Studierenden haben das Gymnasium durchlaufen. Die Antworten würden vermutlich völlig anders ausfallen, wenn man Hauptschulabgänger oder junge Arbeiter befragt hätte (siehe Pieper u.a. 2004). Es kann sogar sein, dass die Frage nach einer Leseautobiographie nicht oder nur unzureichend beantwortet werden würde, wenn einfach - wegen Analphabetismus - keine oder keine ausgeprägte Lesebiographie existiert (vgl. Unterscheidungen hierzu bei Egloff in diesem Band). Zunächst sollten die Befragten in einigen Sätzen ihre Leseautobiographie schildern. Unter der Überschrift „Meine Leseautobiographie" erhielten die Studierenden genügend Raum, um sich zu ihrer eigenen Lesegeschichte zu äußern. Ich zitiere nun die ersten Sätze einiger solcher leseautobiographischer Schilderungen. In ihnen kommt die erste Beziehung zum Lesen in der Kindheit besonders gut zum Ausdruck.

„'Lesen' war schon immer ein wichtiger Bestandteil meines Lebens. Solange ich zurückdenken kann, wurde mir vorgelesen. Später, als ich dann selber lesen konnte, war ich neugierig auf alles, was aus Buchstaben bestand und las alles, was ‚mir unter die Finger kam'. Das Erschließen der Wörter kam für mich dem Enthüllen eines ‚Geheimnisses' gleich." (26jährige Studentin).

„Von dem Moment an, wo ich lesen konnte, habe ich Bücher verschlungen. Ich hatte nur nicht viele. Aber meine Mutter hat es unterstützt, allerdings bestand das ‚Bücherregälchen' meiner Mutter aus ca. 15 Büchern, der Hauptbestandteil Konsalik u.a. Mein Vater las solche Heftchen (Arbeiterfamilie auf dem Land). Als ich mit 16 alleine in die Stadt durfte kam ich alle paar Tage mit ca. 10 Büchern aus der Bücherei wieder. Statt Hausaufgaben zu machen las ich, statt nachts zu schlafen las ich heimlich." (37jährige Studentin).

„Angefangen hat es damit, dass meine Eltern mir sehr viel vorgelesen haben (erst Bilderbücher, dann Bücher ohne Bilder). In der 5./6. und 7. Klasse hatte ich dann eine Phase, während der ich extrem viel gelesen habe.... Mit Lesen in der Kindheit verbinde ich vor allem die abendliche Vorlesesituation mit meinen Eltern und die stundenlangen Lese-Sessions in meinem Bett (zum Teil noch klassisch mit der Taschenlampe unter der Bettdecke). Ich habe mich zum Lesen schon immer zurückgezogen und Bücher in 1-2 Stunden durchgelesen." (26jähriger Student).

„Wenn ich mich recht erinnere, waren Bücher + Lesen schon immer ein wichtiger Bestandteil meines Lebens. In der frühen Kindheit meine ich natürlich das Vorlesen - an einige Bücher, aus denen mir vorgelesen wurde, erinnere ich mich heute noch." (23jährige Studentin).

„Lesen hat mir immer Spaß gemacht. Schon früh habe ich angefangen, Bücher zu ‚verschlingen'. Ich erinnere mich an mein erstes dickes Buch (ein Geschenk von meiner Tante), das ich im Urlaub las und schon nach einigen Tagen durch hatte. Sehr viel Interesse hatte ich an den Pixi Büchlein - natürlich auch, als ich selbst noch nicht lesen konnte." (34jährige).

„Ich hab' immer gern gelesen, vor allem in der Kindheit. Meine Mutter führte mich an das Lesen heran." (22jährige).

Es gibt aber auch andere Erinnerungen an Leseerfahrungen in der Kindheit:

„Ich habe als Kind nie gerne gelesen. Die Bücher wie Winnetou o.ä. waren mir einfach zu dick. Meine Schwester (älter) allerdings verschlang sie. Schon früher beneidete ich sie um solches ‚Durchhaltevermögen'. ‚Dünnere' Bücher oder auch ‚Mickey Mouse'-Heftchen waren mein Metier. Vor allem mußte der Einband immer bunt sein." (21jährige).

„Am Anfang als ich das Lesen erst noch erlernen musste, war ich nicht besonders scharf darauf, Bücher zu lesen. Ich glaube ich las damals lieber Comics (Mickey Mouse-Hefte usw.). Später entdeckte ich dann meine Leidenschaft für Fantasy-Geschichten." (20jährige).

Eine außergewöhnliche Beschreibung lieferte eine 21jährige Studentin:

„Ich erinnere mich an meinen ausdrücklichen Wunsch, lesen lernen zu wollen, nachdem ich als Kind einen Filmabspann im Fernseher an mir vorbeiziehen sah und mir die Informationen vorenthalten waren, weil ich noch nicht lesen konnte. In der Schule lernte ich dann lesen. Meine Mutter übte mit mir und meinem 1 Jahr älteren Cousin mit dem dicken Wilhelm Busch lesen. Später las ich den alleine."

Lediglich im letzten Zitat begegnen wir einem ausgesprochen funktionalistischen Leseverständnis: Die Studierende wollte lesen lernen, um einen Filmabspann zu verstehen. Die meisten Studierenden verbinden erste Leseerlebnisse mit Bezugspersonen, seien es Eltern, die vorgelesen haben, seien es Geschwister, die man um ihre Lesefähigkeiten beneidet hat, seien es andere Verwandte, von denen man Buchgeschenke erhielt. Diese Art von Geschenk wurde öfters genannt und offenbar auch in der Kindheit sehr geschätzt. Besonders deutlich erinnern sich viele der Befragten an intensiv erlebte Vorlesesituationen. Diese Zeit der Zuwendung durch Eltern, aber auch Titel und Aufmachung der jeweiligen Bücher hinterließen bleibende Erinnerungen. Meist fällt das Vorlesen als erste Erinnerung an das Lesen ein. Hier spielt nicht nur die Attraktivität der Bücher eine Rolle (Bilderbücher mit vielen bunten Bildern, Märchenbücher, günstige, kleine und handliche Pixi Büchlein), sondern insbesondere die Zuwendung und Aufmerksamkeit der Eltern während des Vorlesens. Vorlesen als gemeinsam erlebte, glückliche Zeit, in der sich die Eltern (wohl meist abends) nach Beendigung der Alltagsgeschäfte ihren Kindern ungestört widmen, sich ihnen (liebe-)voll zuwenden konnten. Ein gemeinsames unvergessliches Erlebnis, ein (Vorlese-)Ritual, das womöglich auch mit dem Zubettgehen verbunden war und einen schönen, ja wahrscheinlich auch beruhigenden Tagesausklang bzw. Übergang in die Schlafens-, Nacht- und Traumzeit bildete (siehe auch Schurian-Bremecker 2001). Das Vorgelesen-Bekommen kann hier als ein für Kinder entscheidender Schritt in ihrer Lesebiographie gedeutet werden.

Die zusätzlich mit einigen Studierenden durchgeführten narrativen Interviews zeitigten ähnliche Ergebnisse. So hörte ich von einer Studentin folgendes:

„Gut, also ganz frühe Erinnerungen hab' ich gar nicht. Ich weiß, dass, also auch aus Erzählungen meiner Eltern natürlich, dass mir früher viel vorgelesen wurde, grad diese kleinen Pixibücher mit Kindergeschichten. Ich weiß auch, dass ich als Kind ganz viel in der Bücherei war und da gab's extra Abteilungen für Kinder, in die man dann auch reingehen konnte und sich Bücher nehmen und lesen konnte."

Eine andere junge Frau schilderte ihre ersten Leseerlebnisse so:

„Also, ich kann mich nicht sehr dran erinnern, dass mir in der Kindheit sehr viel vorgelesen worden ist, ich vermute es, ich hab jetzt auch nicht nochmals nachgefragt, sicherlich war das auch sehr beschränkt, da ich eben noch drei ältere Geschwister habe und meine Eltern auch sehr beschäftigt waren, von daher kann ich mir vorstellen, dass meine große Schwester mir öfters was hat vorlesen müssen, dürfen, und von daher weiß ich jetzt auch nicht, was so in der Kleinkinderzeit bevorzugte Bücher waren. Ich kann mich an einzelne kleine Pixibücher erinnern, da hatten wir einige, da war so eins Lieblingsbilderbuch ‚Der kleine Sonnenstrahl', Märchenbuch gab's auch bei uns zu hause, ich kann mich nicht daran erinnern, dass z.B. meine Großmutter viele Märchen erzählt hätte, glaub ich eigentlich weniger. Aber ich kann mich daran erinnern, dass ich zu meinem 5. oder 6. ein Märchenbilderbuch geschenkt bekommen hab' von den Bremer Stadtmusikanten, was sich eben auch so bewegen konnte, was sehr schön ist, was auch heute noch so eines meiner Schätze ist und von daher vermute ich, dass einfach vorgelesen wurde."

Eine weitere auffallende Phase in Lesebiographien ist die so genannte „wilde" Lesepubertät. Viele charakterisierten in ihren Beschreibungen die Pubertät als intensive Lesephase. In diesem Zusammenhang wird auch meist das „Verschlingen" von Büchern erwähnt, das zurückgezogene, heimliche und verbotene Lesen „mit der Taschenlampe unter der Bettdecke" sowie das Entdecken von Büchern, die mit eigenen Entwicklungsproblemen zusammenhängen. Bei der gezielten Frage nach schulischen Leseerfahrungen, fielen oft negative Äußerungen auf. Lesefrustration trete auf, wenn man beim Lesen gestört wird, wenn man zum Lesen gezwungen wird, wenn man also Lesen „muss", insbesondere Pflichtlektüre in der Schule wurde in diesem Zusammenhang genannt. Eine 26jährige Studierende erzählte beispielsweise folgendes über ihre schulischen Leseerfahrungen in der Oberstufe: „Man wurde gezwungen, das und das zu lesen, also hat dann versucht, daran Interesse zu finden oder nicht, also es gab da auch Bücher, die ich nicht gelesen habe, weil es das Grauen war. Ganz schlimm in Erinnerung: Jenny Treibel von Fontane und Blechtrommel von Grass, das war das Grauen, man musste das lesen, fertig lesen, man schrieb dann auch eine Arbeit darüber, durchkämpfen, nachlesen, furchtbar, da hatte ich gar keine Lust mehr, etwas anderes zu lesen (...) Dürrenmatt liest sich immer sehr schön. Ich habe es ja nicht unter dem Aspekt gelesen, einfach zu lesen, sondern ich musste; was will er sagen, will er mir was sagen, was will mein Lehrer von mir hören und dann ging dieser Leseaspekt völlig verloren. Nicht um des Inhalts willen, sondern weil man Leistung zeigen musste. Kampf auch, wenn man es nicht verstanden hat, wenn Worte darin vorkamen oder Formulierungen, die ich nicht verstehen konnte oder Zusammenhänge, die ich nicht nachvollziehen konnte."

Nachdem ich nun bereits einige autobiographische Zeugnisse - mündlich erzählt oder schriftlich festgehalten - hinzugezogen habe und bevor ich mich den autobiographischen Texten zweier Schriftsteller zu ihren ersten Leseerfahrungen zuwende, möchte ich der Frage nach der Bedeutung von autobiographischen Texten als Quellen für die erziehungswissenschaftliche Forschung nachgehen.

Autobiographische Texte als Quellen erziehungswissenschaftlicher Forschung

Welche Bedeutung haben aufgeschriebene Erinnerungen? Haben sie überhaupt einen Erkenntniswert, und wenn ja welchen? Autobiographien, aber auch autobiographische Texte, seien sie durch Interviews erhoben oder durch Autoren niedergeschrieben, haben m. E. einen ungemein hohen Erkenntniswert. Sicher: Lebensgeschichtliche Selbstbeschreibungen können falsch sein, sie können die wahren Ereignisse verzerren, in ein nostalgisches, verklärtes Licht rücken, von Selbststilisierungen sowie Entblößungen oder Verhüllungen nur so strotzen. Erinnerungen, zumal in Autobiographien dokumentierte, sind nicht das 1:1-Abbild des Lebens einer Person. Erinnerungen bilden vergangene Realität nicht einfach ab. Sie sind hingegen – und das spielt für Bildungsprozesse eine umso wichtigere Rolle – die von einer Person gebildete Geschichte ihrer selbst. Man erinnert sich an das, was für einen bedeutsam war, man wählt aus, man unterscheidet. Autobiographien zeigen die Bildungsgeschichte eines Menschen aus dessen eigener Perspektive auf. Sie sind - um Michael Theunissens Definition (Theunissen 2001) zu gebrauchen - eine Form von aneignender Erinnerung, bei der auch etwas Neues entstehen kann bzw. der Mensch sich seiner selbst oft erst bewusst wird oder sich neu positioniert. Theunissen unterscheidet eine aneignende Erinnerung als „Er-Innerung" von einer Erlebniserinnerung, die lediglich wieder-erinnert. Die Reichweite der aneignenden Erinnerung übertreffe diejenige der Erlebniserinnerung, da sie „auf alles ausgreift, was in die Vergangenheit der Person eingeflossen ist und worin sie gegenwärtig lebt" (ebd., 29ff.). Autobiographien sind selbstverständlich keine Sammlungen fotografischer Momentaufnahmen vergangener Situationen und Ereignisse, sondern „Erinnerungen", „Memoiren", wie sie ja auch oft überschrieben werden. Der Gedächtnisphänomenologe Maurice Halbwachs stellte bereits in den 20er und 30er Jahren des vorigen Jahrhunderts fest, dass Erinnern ein konstruktiver Prozess ist: „Eine bestimmte Szene, die sich in unserem Haus abgespielt hat, deren Figuren unsere Eltern waren und die sich in unser Gedächtnis eingeprägt hat, erscheint also nicht als das Gemälde eines Tages, wie wir ihn einst durchlebten, wieder. Wir setzen es neu zusammen und bauen viele Elemente hinein, die wir vielen vorausgehenden und folgenden Zeitabschnitten entnommen haben." (Halbwachs, 1985, 212). Es scheint, dass die Sozialisations- und Biographieforscherin Charlotte Heinritz diese Gedankengänge, nun aber mit Bezug auf die Kindheit, weiterspinnt. Sie sieht Autobiographien, zumal solche, in denen sich eine Person an ihre Kindheit erinnert, nicht als authentische Zeugnisse im Sinne von Widerspiegelungen der Wahrnehmungen aus der Sicht des Kindes an. Nichtsdestotrotz propagiert sie die erziehungswissenschaftliche Beschäftigung mit Autobiographien und begründet dies auf folgende Weise: „Auch wenn Kindheitserinnerungen durch verschiedene Quellen überliefert sind, auch wenn die Grenze zwischen Dichtung und Wahrheit nicht eindeutig auszumachen ist, so ist die Auswahl der Kindheitserinnerungen und ihre Komposition niemals zufällig. Für den Verfasser einer Autobiographie markieren sie wichtige Punkte in seiner Lebensgeschichte und Selbstbeschreibung. Autobiographische Kindheitserinnerungen können die Selbst-Identifikation ihrer Autoren enthüllen, sie zeigen die Art und Weise, wie die Autoren selbst den Prozess ihres Heranwachsens sehen." (Heinritz 2001, 198). Autobiographien verstehe ich schließlich - mit dem Bildungsforscher Hans-Rüdiger Müller - als „Dokumente einer Artikulation lebensgeschichtlicher Erfahrungen durch das sich bildende Subjekt selbst." (Müller 2004, 75). Müller kommt in seiner Gegenüberstellung von Autobiographik und Bildungstheorie zu dem Schluss, dass die moderne Autobiographik mit ihrem Hang zur Fiktion ihre Bedeutung für die Erziehungswissenschaft nicht verloren hat. Wenn man nämlich daran interessiert sei, etwas über die Bildungsproblematik unserer Zeit zu erfahren, dann liege gerade in der Beschäftigung mit derartigen Dokumenten sprachlicher Selbstvergewisserung eine große Chance. „Denn nicht die Festschreibungen, sondern die Fortschreibungen des Lebens sind eigentlich das, was uns am Bildungsprozess am meisten interessieren müsste" (ebd., 88).

Wie schreiben Autoren ihr Leben fort, wie blicken Sie auf ihre Kindheit zurück, und vor allem: wie beschreiben sie ihre ersten Leseerfahrungen?

Erinnerungen an erste Leseerfahrungen in autobiographischen Texten von Mirjam Pressler und Amos Oz

Weshalb findet man vorwiegend in autobiographischen Texten von Schriftstellern und Schriftstellerinnen literarische Beschreibungen erster Leseerfahrungen? Zum einen schreiben Schriftsteller – ihr Beruf legt dies nahe – vieles, und hin und wieder auch über ihr eigenes Leben. Zum anderen haben Menschen, die berufsmäßig schreiben, eine ganz essentielle und auch existentielle, eine ganz besondere Beziehung zur Schrift, zu Büchern und zum Lesen im Allgemeinen. Zwangsläufig findet man in ihren autobiographischen Schriften auch Beschreibungen der Entwicklung dieser Beziehung zu Büchern und zur Schrift. Anzunehmen ist, dass sie erst das Lesen, die Lektüre zum eigenen (professionellen) Schreiben geführt und angeregt hat. Vermutlich ist das Lesen, zumal in der Kindheit, ihrem Schreibwunsch vorausgegangen bzw. hat diesen erst konstituiert. Anhand einiger Ausschnitte aus autobiographischen Texten zweier weltbekannter Schriftsteller, nämlich Amos Oz und Mirjam Pressler, in denen sie sich an Leseerlebnisse in der Kindheit erinnern, versuche ich herauszufinden, wodurch ihre Beziehung zum Lesen und zu Büchern geprägt war und welches Verhältnis sie zu Büchern entwickelten. Ich habe diese beiden Autoren aus unterschiedlichen Gründen ausgesucht, u.a. auch, da es sich um einen Mann und eine Frau handelt, beide derselben Generation angehören und sie zeitgenössische Schriftsteller sind.

Mirjam Pressler ist 1940 in Darmstadt geboren und bei Pflegeeltern in Deutschland aufgewachsen. Sie hat später ein Internat besucht, Kunst in Frankfurt am Main studiert, drei Töchter nach der Scheidung von ihrem Mann alleine großgezogen und im Alter von 40 Jahren ihr erstes Buch „Bitterschokolade" veröffentlicht, das gleich mit einem Preis ausgezeichnet wurde (Oldenburger Jugendbuchpreis). Heute kann sie auf viele Kinder- und Jugendbücher zurückblicken, die sie in den letzten 25 Jahren geschrieben hat. Sie ist eine der bekanntesten deutschen Kinder- und Jugendbuchautorinnen. Zu ihren neuesten Werken gehören „Malka Mai" und „Die Zeit der schlafenden Hunde". Hierin beschäftigt sie sich mit NS-Zeit und Holocaust. Zudem genießt sie als Übersetzerin hohes Ansehen. Sie hat zahlreiche Werke aus dem Niederländischen, dem Hebräischen und aus anderen Sprachen ins Deutsche übersetzt. Heute lebt sie in der Nähe von München.

Der ein Jahr ältere Amos Oz (geb. 1939) kam als Amos Klausner in Jerusalem zur Welt und verbrachte dort seine Kindheit. Der Vater, ein hochgebildeter Bibliothekar, konnte sich seinen Lebenswunsch, an der Universität Literatur zu lehren, nicht erfüllen. Seine Mutter, eine ebenso gebildete Frau, hatte mit Depressionen zu kämpfen und beging Selbstmord, als der junge Amos gerade einmal zwölf Jahre alt war. Nach dem Tod seiner Mutter zog er in den Kibbuz Hulda und nahm den Familiennamen „Oz" an, was auf Hebräisch Kraft bedeutet. Der heute durch zahlreiche Werke (nicht nur für Erwachsene, sondern auch für Kinder und Jugendliche) bekannte, vielfach durch Preise ausgezeichnete und politisch engagierte Autor lebt mit seiner Familie in Arad in Israel. Sein zuletzt in deutscher Sprache erschienener Roman „Ssipur al ahava we-choschech", „Eine Geschichte von Liebe und Finsternis", ist sein persönlichstes Buch, eigentlich seine (Familien-) Autobiographie, die er aber als Roman bezeichnet (vgl. hierzu Stein 2005).

Amos Oz' und Mirjam Presslers Lesesozialisation - Unterschiede und Gemeinsamkeiten

Mirjam Pressler und Amos Oz sind fast gleichaltrig. Sie sind heute (2005) beide ca. Mitte sechzig Jahre alt. Es gibt viele Gemeinsamkeiten, aber auch unübersehbare Unterschiede in ihren (Lese-)Biographien. Sie verbrachten ihre Kindheit zur selben Zeit, nämlich in den 40er Jahren des 20. Jahrhunderts - mit einem entscheidenden Unterschied: Pressler lebte in ihrer frühen Kindheit im Nazi-Deutschland und dann im Nachkriegsdeutschland, Oz in Jerusalem in den Jahren vor der Gründung des Staates Israel. Oz wuchs zwar bei seinen Eltern auf, doch den Selbstmord seiner Mutter hat er - wie in „Eine Geschichte von Liebe und Finsternis" deutlich wird, niemals völlig bewältigt. Man kann sagen, dass beide eine schwierige, ja „beschädigte"[39] Kindheit hatten. Mirjam Presslers Pflegeeltern gehörten der Unterschicht an und auch Amos Oz' Familie war arm. Beide Autoren machen keinen Hehl daraus, dass sie in ihre Geschichten und Romane Autobiographisches einfließen lassen. Oz beantwortet die selbst gestellte Frage „Was also ist denn nun autobiographisch an meinen Romanen, und was ist erfunden?" (Oz 2004, 48) mit der prompten Antwort „Alles ist autobiographisch". Dies erläutert er dann so: „Jede Geschichte, die ich geschrieben habe, war autobiographisch, keine ein Bekenntnis" (ebd.). Pressler verficht sogar die These, dass jedes Schreiben autobiographisch ist, zumindest wenn es sich um erzählte Kindheit handelt. Schließlich kann man nur das erzählen, was man gehört, gesehen, gelesen - oder selbst erlebt hat." (Pressler 2001, 63). Allerdings versteht Pressler autobiographisches Schreiben nicht im Sinne einer pedantischen Ereigniswiedergabe. „Je mehr Details erfunden werden, umso klarer wird die innere Wahrheit der Dinge, die Faktentreue tritt dagegen in den Hintergrund." (ebd., 61). Pressler betont, dass viele Autoren ihre Kindheit nicht nur nicht authentisch wiedergeben *können,* sondern dies auch oft nicht *wollen.* Insbesondere von beschädigten Kindheiten könne man - wie Pressler aus eigener Erfahrung sagt - nicht offen und unverblümt sprechen. Pressler führt die Umschreibungen, die Hinzudichtungen, die Mischungen von Phantasie und Realität auf die Scham der Person zurück, sich dem Lesepublikum anzuvertrauen. Verschiedene technische Mittel würden daher benutzt, um sich zu „verstecken". Und auch Oz mischt Dichtung und Wahrheit, weshalb Hannes Stein ihn als den „Zauberer Oz" (Stein 2005, 350) bezeichnet hat.

Mirjam Pressler und Amos Oz beschreiben beide, wie sie als Kinder Vergnügen daran fanden, sich Geschichten über Menschen auszudenken und Fortsetzungsgeschichten zu erfinden. Beide hatten auch das Glück, Lehrerinnen zu begegnen, die ihre literarischen Neigungen unterstützten. Oz konnte

---

39 Nach Mirjam Pressler hat „die schwere, die schwierige und beschädigte Kindheit" fast immer „viel mit Scham und Erniedrigung zu tun" (...) „oft mit „Misshandlung und Missbrauch". Pressler 2001, 59.

bereits in der zweiten Klasse solch eine Lehrerin kennen lernen, die sein Talent erkannte, in die er aber wohl auch mächtig verliebt war.

Gleichwohl zeichnen sich deutliche Unterschiede in den jeweiligen „Bildungsressourcen" ab. In Mirjam Presslers Pflegefamilie gab es keine Bücher. Mirjam gelangte auf Umwegen und trotz harter Arbeit und Verbote zu Büchern: Sei es, dass sie die Bücherregale einer neu zugezogenen Familie leerlas, sei es, dass sie in der Leihbücherei arbeitete und damit die Leihgebühr für Bücher „bezahlte", sei es, dass sie sich die Zeit zum Lesen förmlich „stahl", etwa indem sie ein Buch ihrer Wahl neben ein Schulbuch legte und hin und wieder während der Schularbeiten hineinlugte, sei es, dass sie während des Holzhackens regelmäßig in ein Buch hineinspähte und einige Zeilen darin las, sei es schließlich, dass sie mit einem Buch in den Wald lief und auf einem Hochsitz in ihre Lektüre versank, obwohl sie wusste, dass ihr Fortbleiben bestraft werden würde (vgl. Pressler 2002, 16-19). Pressler hat sich ihr Lesen, ihre Bildung und auch ihr Hochdeutsch erkämpft, den widrigen Bedingungen abgetrotzt - und davon handeln zum großen Teil auch ihre Bücher: von beschädigten Kindheiten und Protagonisten, die ihr Schicksal in die eigene Hand nehmen.

Amos Oz' Lesesozialisation verlief hingegen völlig anders. Man kann fast sagen, dass er Literatur mit der Muttermilch eingesogen hat. Die Wohnung seiner Eltern war über und über mit Büchern gefüllt. Der Vater brachte seinem Sohn Amos sogar verschiedene Ordnungskriterien für die Aufstellung von Büchern in Regalen bei. Amos bemerkte nicht nur, welch sinnliche Beziehung sein Vater zu Büchern hatte, er bekam darüber hinaus auch mit, wie sein Vater in knappen Zeiten, einige Bücher schweren Herzens gegen Lebensmittel eintauschen musste. Sprache, zumal die hebräische Sprache der großen hebräisch-schreibenden Autoren spielte bereits in Oz' Kindheit eine große Rolle. Zudem verkehrten die Eltern in Kreisen, in denen bekannte Literaturwissenschaftler, Schriftsteller und andere Intellektuelle ein- und ausgingen. Mutter und Vater von Amos Oz beherrschten außer Hebräisch noch mehrere weitere Sprachen. Der junge Amos wuchs in einem belesenen Zuhause voller Bücher auf. Leseaktivitäten nahmen besonders in den dämmrigen Abendstunden, in denen es im damaligen Jerusalem sonst nicht viel zu tun gab, nicht nur in der Familie Klausner einen großen Raum ein.

Beide Kindheiten zeichnen sich jedoch durch ein entscheidendes gemeinsames Moment aus: Das Erleben intensivster Leseerfahrungen. Ich möchte dies anhand einiger Textabschnitte verdeutlichen.

„Nur Bücher gab es bei uns in Hülle und Fülle, sie waren überall, von Wand zu Wand, in den Zimmern, im Flur und in der Küche und auf jeder Fensterbank. Tausende von Büchern in allen Ecken der Wohnung. Ich hatte das Gefühl, Menschen kommen und gehen, werden geboren und sterben, doch Bücher sind unsterblich. Als kleiner Junge wollte ich, wenn ich einmal groß wäre, ein Buch werden. Nicht Schriftsteller, sondern ein Buch: Menschen kann man wie Ameisen töten. Auch Schriftsteller umzubringen ist nicht schwer. Aber Bücher - selbst wenn man versuchte, sie systematisch zu vernichten, bestand immer die Chance, daß irgendein Exemplar überlebte und sich weiterhin eines Regallebens in einer Ecke einer abgelegenen Bibliothek erfreute, in Reykjavik, in Valladolid oder in Vancouver." (Oz 2004, 35).

Der junge Amos verknüpft hier mit seinem Wunsch, wenn er groß wäre, ein Buch zu werden, den innigsten Wunsch von Kindern, groß und erwachsen und vielleicht auch bedeutend zu werden mit dem ausgefallenen Berufsziel „Buch". „Nicht Schriftsteller, sondern ein Buch" betont Amos Oz. Als Kind strebte er nicht an, einen besonderen Beruf auszuüben, etwa Pilot, oder Lokführer zu werden, sondern schlicht und ergreifend ein Buch. So einfach dieser Wunsch auf den ersten Blick erscheint, umso tiefgründiger ist er, wenn man genauer hinschaut und auch die Umstände, unter denen Amos aufwuchs, betrachtet. Amos Oz ahnte bereits in seiner Kindheit den überaus großen ideellen Wert von Büchern. Die große Menge an Büchern im Haushalt sowie deren Bewunderung durch den Vater trug sicher einiges dazu bei. Schon als Junge lernt Amos, dass Bücher quasi unsterblich sind. Amos will sich in ein Buch verwandeln, einen statischen, festen Gegenstand, mit vielen vollbedruckten Seiten - nicht gerade ein alltäglicher Wunsch eines kleinen Jungen. Er schätzte die unermeßlich große Bedeutung des Buchinhalts ebenso wie seine relative materielle Haltbarkeit. Buchseiten können vergilben, aber der Buchinhalt kann lange bestehen, der Text verändert sich nicht, die Zeit bleibt in ihm gleichsam stehen und unberührt. Ein Buch kann Jahrhunderte überdauern, wenn es nicht zerstört wird. Hier ist eine Auseinandersetzung mit der Angst vor dem Tod gleichermaßen zu spüren, wie der Wunsch des Kindes, sich in Schrift, in eine Geschichte zu verwandeln, eine Geschichte zu werden, die nicht vergessen wird, die (bestehen) bleibt, die letztlich unsterblich ist. Der kleine Junge will durch Buchstaben, durch die Verewigung in einem Buch am Leben bleiben, nicht vergehen, die Zeitläufte überdauern. Metaphorisch gesehen verwandelt man sich in ein Buch, wenn man schreibt, noch mehr, wenn man als Person in dem Buch enthalten ist, und wohl am ehesten durch das Schreiben der eigenen Autobiographie. Aber wenn man sich die Umstände vergegenwärtigt, unter denen Oz aufwuchs und dazu noch einige hundert Seiten in seinem „Roman" weiterblättert, bekommen diese gewichtigen Sätze noch eine andere Dimension. Auf Seite 437 können wir lesen, dass Oz als Kind „vor lauter Angst" ein Buch werden wollte: „Denn nach und nach wurde allen klar, allen, deren Verwandte nicht ins Land gekommen waren, daß die Deutschen sie ermordet hatten." (Oz 2004, 437). Die Schrecken des Holocaust hatten sich tief in die Seele des Jungen eingegraben.

Oz erwähnt, dass er fast von allein angefangen hat zu lesen. „Was konnten wir sonst auch tun? Die Nächte waren damals viel länger, weil die Erdkugel sich viel langsamer drehte, weil die Schwerkraft in Jerusalem viel stärker war als heute. Die Lampe gab ein fahles gelbes Licht, und sie erlosch häufig bei Stromausfällen. Noch heute löst der Geruch rauchender Kerzen oder einer rußenden Petroleumlampe bei mir die Lust aus, ein Buch zu lesen." (Oz 2004, 33). Eine weitere Textstelle soll die sinnliche Beziehung, die Oz (und sein Vater) zu Büchern hatte(n), verdeutlichen. „Und Bücher waren damals auch tatsächlich von einer viel stärkeren Sinnlichkeit als heute: Es war schön, an ihnen zu riechen, sie zu betasten und zu streicheln. Es gab Bücher mit Goldlettern auf duftenden, ein wenig rauhen Lederrücken, wenn du sie anfaßtest, lösten sie bei dir den wohligen Schauder der Berührung von Haut auf Haut aus, als wärest du beim Ertasten an eine verborgene, unbekannte Stelle gelangt, hättest etwas berührt, das sich unter deinen Fingern ein wenig sträubt und erzittert. Und es gab Bücher mit Kartondeckel, mit Stoff überzogen und mit wunderbar riechendem Klebstoff geleimt. Jedes Buch verströmte seinen eigenen geheimen verführerischen Duft. Zuweilen hatte sich der Überzug etwas vom Karton gelöst und wehte hoch wie ein kesser Rock, so daß man der Versuchung kaum widerstehen konnte, in den dunklen Zwischenraum zwischen Körper und Kleid zu spähen und diese betörenden Düfte einzuatmen." (Oz 2004, 36). Die unverkennbar erotisch-sexuellen Anspielungen zeigen an dieser Stelle sehr deutlich, dass hier rückblickend aus der Sicht eines erfahrenen Erwachsenen geschildert wird.

In den folgenden Sätzen lässt Oz uns ein wenig an seiner kindlichen Lesesucht teilhaben. Das Eintauchen in Bücher (vgl. Wyrobnik 2005) kommt hier besonders zum Vorschein. „Manchmal erlaubten mir meine Eltern, Bücher aus Vaters Regalen nach draußen, auf den Hof, zu tragen, um den Staub auszuklopfen. Nicht mehr als drei Bücher auf einmal, damit die Reihenfolge nicht durcheinandergeriet und jedes garantiert an seinen richtigen Platz zurückkehrte. Das war eine gewichtige, aber auch vergnügliche Aufgabe, denn ich fand den Geruch des Bücherstaubs so reizvoll, daß ich manchmal meinen Auftrag und meine Verantwortung vergaß und so lange draußen im Hof blieb, bis Mutter besorgt Vater als Bergungsmannschaft entsandte, um nachzusehen, ob ich einen Sonnenstich erlitten hätte oder von einem Hund gebissen worden wäre, doch jedesmal fand mich Vater in einer Hofecke zusammengekauert, in ein Buch vertieft, die Knie angezogen, den Kopf geneigt, den Mund ein Stück offen. Und wenn Vater, zwischen Rüge und Zuneigung, fragte was denn nun wieder mit mir los sei, brauchte es eine ganze Weile, um mich in diese Welt zurückzuholen, wie ein halb Ertrunkener oder Ohnmächtiger, der nach und nach widerwillig wieder zu sich kommt und aus unermeßlichen Fernen in das Jammertal der Alltagspflichten zurückkehrt." (Oz 2004, 39).

Ganz anders verhält es sich dagegen mit Mirjam Presslers Lesebedingungen: „Bei uns zu Hause gab es keine Bücher, nur die Zeitung. Meine Pflegemutter konnte nicht besonders gut lesen, nehme ich an, denn ich musste ihr immer aus der Zeitung vorlesen. Nicht tagsüber, da war Lesen Zeitverschwendung, unsere Lesezeit war in der Dämmerung, wenn es noch zu hell war, um Licht anzumachen, denn Strom war teuer, aber nicht mehr hell genug, um irgendwelche Arbeiten zu erledigen. Wir saßen in der Küche, nur wir beide, in meiner Erinnerung sind die anderen nicht dabei. Sie sitzt auf dem Stuhl, breitbeinig, zurückgelehnt, die Beine vorgestreckt und die Hände über dem dicken Bauch gefaltet und der Himmel im Fenster wird allmählich immer dunkler. Ich kauere vor dem Herd, vor dem offenen Türchen, und der Schein der Flammen fällt auf die Zeitung in meiner Hand. Ich lese vor. Anfangen muss ich immer von hinten, mit den Todesanzeigen, dann blättere ich mich nach vorn durch und lese eine Überschrift nach der anderen laut vor, und wenn sie „halt" sagt, will sie den ganzen Artikel hören. (...) Damals in der Küche, endlich einmal mit meiner Pflegemutter allein, vor dem knisternden Herdfeuer – das war Glück. Damals muss meine Begeisterung fürs Lesen begonnen haben." (Pressler 2002, 10).

Pressler beschreibt dann die darauf folgende Zeit, als sie vom Lesen nicht genug bekommen konnte, so: „Ich las also wie besessen, in jeder freien Minute, fast in jeder freien Sekunde. Aber das war auch mein Problem. Zu Hause durfte ich mich nicht mit einem Buch erwischen lassen, da wurde ich gleich zum Holzhacken oder Hasenfutterholen geschickt, oder ich musste Wäsche aufhängen, einkaufen, die Küche kehren und was dergleichen Aufgaben mehr sind. Ich musste daher Strategien entwickeln, um mir Raum und Zeit zum Lesen zu schaffen." (Pressler 2002, 17).

Diese Kindheitserinnerungen an das eigene Lesen von Amos Oz und Mirjam Pressler machen unter anderem sichtbar, welch unterschiedliche Voraussetzungen und Umgebungen manchmal zu doch sehr ähnlichen Leseerfahrungen führen können. Wichtiger als die Umgebung und die äußeren Einflüsse, scheinen die Verfügbarkeit eines „Lesestoffs" zu sein, der Möglichkeiten der Identifikation, der Phantasiebildung, des Verweilens und der Sehnsuchtserfüllung bietet sowie eine intrinsische Motivation bei den lesenden Kindern. Leseglück kann schließlich auch und gerade unter widrigen Umständen gedeihen, z.B. Leseverboten entgegen - durch heimliches Lesen. Unabdingbare Voraussetzung dafür ist, dass irgendwann der „zündende Funke übergesprungen" ist, eine Begeisterung fürs Lesen geweckt wurde, für die reichen Erfahrungen, die man dank des Lesens machen kann. Aber nicht jeder hat eine solche Willenskraft wie Mirjam Pressler sie schon als Kind hatte oder die weiter oben erwähnte, in einer Arbeiterfamilie auf dem Land aufwachsende Studentin, die die Literatur spät, dann aber äußerst intensiv entdeckte. Nicht alle Mädchen und Jungen verfügen über einen solchen Einfallsreichtum und ein Durchhaltevermögen, die es ihnen ermöglichen, äußerst widrige Bedingungen und Voraussetzungen auszugleichen. Und nicht jeder vermag schließlich, in der Kindheit versäumte Leseerfahrungen in kurzer Zeit nachzuholen. Nicht einmal alle Schulen schaffen es, Defizite zu kompensieren. PISA zeigte, „dass es deutschen Schulen - im Unterschied zu fast allen anderen teilnehmenden Ländern - bisher nicht gelingt, ungünstige häusliche Lernbedingungen von Schülerinnen und Schülern auszugleichen" (Streblow 2004, 290). Außerdem leben wir jetzt in einer völlig anderen Zeit. Kinder verbringen heute andere Kindheiten als zu Oz' und Presslers Zeiten. Daher komme ich zu folgenden abschließenden Bemerkungen:

Man muss überlegen wie man Kinder, die aus unterschiedlichen Gründen keine Leseerfahrungen zuhause machen können, bereits in Kindergärten Zugänge zu Büchern eröffnet, die diesen Kindern zeigen, dass Bücher attraktive Medien sein können. Außerdem sind dringend weitere qualitative Untersuchungen erforderlich, die die Rolle des Elternhauses, des Kindergartens, anderer außerschulischer Bildungsstätten und der Schule für die Lesesozialisation erforschen. Ich glaube nicht, dass die Probleme, die 15jährige Jugendliche in Deutschland mit dem Lesen haben - wie durch die PISA-Studie gezeigt - nur in der Sekundarstufe I liegen oder beginnen. Eher denke ich, dass sie sich da erst richtig zeigen. Es wäre fatal das Lesen und die Leseförderung im Elementar- und Primarbereich wegen der relativ guten Ergebnisse der IGLU-Studie zu vernachlässigen. Wilfried Bos' These, dass es nicht an den vorschulischen Erfahrungen liegen kann, da die IGLU-Studie relativ gut ausgefallen ist und die Leseleistungen erst in der Sekundarstufe im internationalen Vergleich rapide abfallen, so zu verstehen, dass kein Handlungsbedarf für Kindergarten und Grundschule besteht, wäre ein großer Fehler. Ohne kulturpessimistisch oder gar medienfeindlich wirken zu wollen, stelle ich darüber hinaus fest, dass Kinder heutzutage in einer Medienwelt leben. War das Lesen für Oz und Pressler noch ein großes Abenteuer und verfügten sie über nicht viel weiteres Spielzeug oder Ablenkung, so sind heutige Kinder von den unterschiedlichsten, reizvollen Medienangeboten umgeben, die oftmals einfache, anstrengungsfreie Zerstreuung bieten und denen viele nicht widerstehen können: Von der Vorabend-Fernsehserie zum Internetchat, von der Internet-E-Mail-Plattform zum interaktiven Computerspiel, Gameboy, Tamagotchi, Handy-Spielen usw. Welche Attraktivität können ‚klassische' Bücher in solchen Zeiten noch haben? Wie kann man ihre Anziehungskraft bewahren oder steigern? Phänomene wie die Harry-Potter-Lesefaszination können nicht darüber hinwegtäuschen, dass nicht alle Kinder in solch eine „Lesesucht" geraten sind. Es klingt paradox: Lesekompetenz ist eine unabdingbare Voraussetzung, um später in einer von Medien geprägten Welt zu bestehen. Um eben diese Lesekompetenz zu erwerben, darf man sich jedoch als Kind nicht allzu sehr von eben dieser Medienwelt bzw. ihren „Schattenseiten" vereinnahmen, irritieren und ablenken lassen. Schließlich kann man nicht sagen, dass durch viele Bücher in einem Haushalt Kinder automatisch zum Lesen geführt werden. Vielmehr sind persönliche Vorbilder wichtig, die beispielgebend sind, seien es Eltern, Geschwister und Erzieher, die lesen und vorlesen, mit denen man eine gemeinsame Lese-Zeit verbringt sowie Lehrer, die in das „Geheimnis" der Literatur einzuführen vermögen (Pennac 1998). Es sind dringend präventive und kompensatorische Maßnahmen nötig, um Kindern möglichst noch vor der Schule oder spätestens zu Beginn der ersten Schuljahre die Möglichkeit zu bieten, Defizite auszugleichen. Kindergarten, vorschulische Institutionen sowie der Grundschulunterricht müssen diese kompensatorischen Funktionen bewusst wahrnehmen und umsetzen, will man nicht, dass die Bildungsschere in Deutschland noch mehr auseinanderklafft (siehe auch Liegle 2004, 120). Die Rolle, die Ganztagsschulen bzw. Ganztagsbildung hier spielen könnten, darf nicht unterschätzt werden. Zu beachten ist auch, dass viele Lehrerinnen und Lehrer nicht oder nicht ausreichend über diagnostische Fähigkeiten verfügen, um Defizite zeitig zu erkennen und diesen entgegenzuwirken. Auch hier gibt es einen Nachholbedarf. Last but not least sollte man sich immer im Klaren darüber sein, dass langfristige Verbesserungen in diesem Bereich nicht durch Zwang oder Pflicht zu erreichen sein werden. Solche werden sich nur durch regelmäßige Lesegewohnheiten, die Entdeckung des Abenteuers „Literatur" und das Vergnügen am Lesen einstellen. Denn wie der in Lesedingen weise Daniel Pennac feststellt: „Das Verb ‚lesen' duldet keinen Imperativ. Eine Abneigung, die es mit ein paar anderen teilt: dem Verb ‚lieben', dem Verb ‚träumen'..." (Pennac 1998, 13).

Literatur

Artelt, C.; Schiefele, U.; Schneider, W.; Stanat, P. (2002): Leseleistungen deutscher Schülerinnen und Schüler im internationalen Vergleich. Ergebnisse und Erklärungsansätze. In: Zeitschrift für Erziehungswissenschaft 5. Jahrgang, Heft 1, S. 6-27.
Baumert, J.; Klieme, E.; Neubrand, M.; Prenzel, M.; Schiefele, U.; Schneider, W.; Stanat, P.; Tillmann, K.-J.; Weiß, M. (Hrsg.) (2001): PISA 2000. Basiskompetenzen von Schülerinnen und Schülern im internationalen Vergleich. Opladen.
Behnken, I.; Messner, R.; Rosebrock, C.; Zinnecker, J. (Hrsg.) (1997): Lesen und Schreiben aus Leidenschaft. Jugendkulturelle Inszenierungen von Schriftkultur. Weinheim und München.
Behnken, I.; Zinnecker, J. (Hrsg.) (2001): Kinder. Kindheit. Lebensgeschichte. Ein Handbuch, Seelze-Velber.
Bertschi-Kaufmann, A.; Kassis, W.; Sieber, P. (2004): Mediennutzung und Schriftlernen. Analysen und Ergebnisse zur literalen und medialen Sozialisation. Weinheim und München.
Bos, Wi.; Lankes, E.-M.; Prenzel, M.; Schwippert, K.; Walther, G.; Valtin, R. (Hrsg.) (2003): Erste Ergebnisse aus IGLU. Schülerleistungen am Ende der vierten Jahrgangsstufe im internationalen Vergleich, Münster/New York/München/Berlin.
Bos, Wilfried u.a (2003): Lesekompetenzen deutscher Grundschülerinnen und Grundschüler am Ende der vierten Jahrgangsstufe im internationalen Vergleich. In: Bos u.a. (Hrsg.): Erste Ergebnisse aus IGLU. Schülerleistungen am Ende der vierten Jahrgangsstufe im internationalen Vergleich, Münster/New York/München/Berlin. S. 69-142.
Die Zeit, 21.04.2005, Chancen Spezial, Wir lesen vor, S. 61ff.

Dörpinghaus, A.; Helmer, K. (Hrsg.) (2004): Topik und Argumentation, Würzburg.
Ecarius, J.; Friebertshäuser, B. (Hrsg.) (2005): Literalität, Bildung und Biographie - Perspektiven der erziehungswissenschaftlichen Biographieforschung. Leverkusen Opladen.
Eggert, H.; Garbe, C. (2003): Literarische Sozialisation. Stuttgart/Weimar (2. aktualisierte Auflage).
Graf, W. (2001): Lektüre zwischen Literaturgenuss und Lebenshilfe. Modi des Lesens - eine Systematisierung der qualitativen Befunde zur literarischen Rezeptionskompetenz. In: Stiftung Lesen (Hrsg.) (2001): Leseverhalten in Deutschland im neuen Jahrtausend, Mainz und Hamburg, S. 199-224.
Graf, W.; Schön, E. (2001): Das Kinderbuch als biographischer Begleiter. Leseautobiographien. In: Behnken, I.; Zinnecker, J. (Hrsg.): Kinder. Kindheit. Lebensgeschichte. Ein Handbuch. Seelze-Velber, S. 620-635.
Halbwachs, M. (1985): Das Gedächtnis und seine sozialen Bedingungen. Frankfurt/M.
Heinritz, C. (2001): Das Kind in der autobiographischen Kindheitserinnerung. In: Behnken, I.; Zinnecker, J. (Hrsg.): Kinder. Kindheit. Lebensgeschichte. Ein Handbuch, Seelze-Velber, S. 182-198.
Hurrelmann, B. (2004): Sozialisation der Lesekompetenz. In: Schiefele, U.; Artelt, C.; Schneider, W.; Stanat, P. (Hrsg.): Struktur, Entwicklung und Förderung von Lesekompetenz. Vertiefende Analysen im Rahmen von PISA 2000, Wiesbaden.
Korczak, J. (2004): Sämtliche Werke Band 9, Theorie und Praxis der Erziehung. Pädagogische Essays 1898-1942, Gütersloh.
Liegle, L. (2004): Der Bildungsauftrag des Kindergartens. In: Otto, H.-W.; Rauschenbach, T. (Hrsg.): Die andere Seite der Bildung. Zum Verhältnis von formellen und informellen Bildungsprozessen, S. 117-121.
Müller, H.-R. (2004): Wissen vom Ich? Grenzgänge zwischen Autobiographik und Bildugnstheorie. In: Dörpinghaus, H. (Hrsg.): Topik und Argumentation. Würzburg, S. 75-91.
Otto, H.; Rauschenbach, T. (Hrsg.) (2004): Die andere Seite der Bildung. Zum Verhältnis von formellen und informellen Bildungsprozessen, Wiesbaden.
Oz, A. (2004): Eine Geschichte von Liebe und Finsternis, Frankfurt am Main.
Pennac, D. (1998): Wie ein Roman. Von der Lust zu lesen. München.
Pieper, I.; Rosebrock, C.; Wirthwein, H.; Volz, S. (2004): Lesesozialisation in schriftfernen Lebenswelten. Lektüre und Mediengebrauch von HauptschülerInnen, Weinheim und München.
Pressler, M. (2001): Werkstattbuch. Weinheim und Basel.
Pressler, M. (2002): Lesen lernen heißt leben lernen, Sonderdruck, Weinheim/Basel/Berlin.
Rosebrock, C. (Hrsg.) (1995): Lesen im Medienzeitalter. Biographische und historische Aspekte literarischer Sozialisation. Weinheim und München.
Roßbach, H.-G.: Was und wie sollen Kinder im Kindergarten lernen? In: Otto, H.-W.; Rauschenbach, T. (Hrsg.): Die andere Seite der Bildung. Zum Verhältnis von formellen und informellen Bildungsprozessen, S. 123-131.
Schiefele, U.; Artelt, C.; Schneider, W.; Stanat, P. (Hrsg.) (2004): Struktur, Entwicklung und Förderung von Lesekompetenz. Vertiefende Analysen im Rahmen von PISA 2000, Wiesbaden.

Schön, E. (2001): Geschichte des Lesens. In: Franzmann, B. u.a. (Hrsg.): Handbuch Lesen. Baltmannsweiler, S. 1-85.
Schurian-Bremecker, C. (2001): „Wenn ich schlafe, hab' ich Angst!" Die Bedeutung von Ritualen. In: Behnken, I.; Zinnecker, J. (Hrsg.): Kinder. Kindheit. Lebensgeschichte. Ein Handbuch, Seelze-Velber, S. 806-818.
Stein, H.: Der Zauberer Oz. Zum Roman „Eine Geschichte von Liebe und Finsternis". In: Merkur, April 2005, 59. Jahrgang, Heft 672, S. 350-354.
Sting, S. (2003): Stichwort: Literalität - Schriftlichkeit. In: Zeitschrift für Erziehungswissenschaft 6. Jahrgang, Heft 3, S. 317-337.
Streblow, L. (2004): Zur Förderung von Lesekompetenz. In: Schiefele u.a. (Hrsg.): Struktur, Entwicklung und Förderung von Lesekompetenz. Vertiefende Analysen im Rahmen von PISA 2000, Wiesbaden, S. 275-306.
Theunissen, M. (2001): Reichweite und Grenzen der Erinnerung. Tübingen.
Wieler, P. (1995): Vorlesegespräche mit Kindern im Vorschulalter. Beobachtungen zur Bilderbuch-Rezeption mit Vierjährigen in der Familie. In: Rosebrock (Hrsg.) Lesen im Medienzeitalter. Biographische und historische Aspekte literarischer Sozialisation. Weinheim und München, S. 45-64.
Wyrobnik, I. (2005): Leseglück und Lebenslauf - phänomenologische und biographische Erkundungen. In: Ecarius, J.; Friebertshäuser, B. (Hrsg.): Literalität, Bildung und Biographie - Perspektiven der erziehungswissenschaftlichen Biographieforschung, Leverkusen Opladen, S. 128-147.

Birte Egloff

Erwerb von Schriftlichkeit im Erwachsenenalter - Analphabetismus trotz Schulbesuchs?

0. Funktionale Analphabeten als bildungspolitische Herausforderung

Am 18. November 2003 titelte die „Frankfurter Rundschau" mit folgender Schlagzeile: „Kahnadggur Voh ox issencil oi Dssencil". Nicht nur der dazugehörige Artikel, sondern auch alle anderen Beiträge auf der ersten Seite waren in dieser seltsamen Sprache verfasst, deren Buchstaben man zwar erkennen konnte, die jedoch ansonsten unverständlich und sinnlos erschien. Erst auf Seite zwei wurde das Geheimnis gelüftet: *„Sie konten die Tittelsaite nich läsen? Vier Millionen Menschen in Deutschland machen diese Erfahrung jeden Tag. Vier Millionen Menschen in Deutschland sind funktionale Analphabeten."* Die kryptische Zeitungsseite[40] war Teil der bereits seit einigen Jahren existierenden Aktion „Schreib Dich nicht ab. Lern lesen und schreiben!"[41], mit der der Bundesverband Alphabetisierung e.V. öffentlichkeitswirksam auf ein bildungspolitisch brisantes Thema aufmerksam machte: auf die Tatsache, dass in Deutschland - ebenso wie in anderen Industrieländern - Erwachsene leben, die nicht oder nicht genügend Lese- und Schreibfähigkeiten haben, um etwa eine Zeitung, einen Busfahrplan oder eine Stellenanzeige zu lesen; die aufgrund dieser fehlenden Fähigkeit nicht nur schwer oder überhaupt keine Arbeit finden, sondern zugleich gesellschaftlich stigmatisiert und ausgegrenzt werden; die deshalb enorme Anstrengungen auf sich nehmen, um ihr Problem zu verbergen oder davon abzulenken und die sich möglicherweise irgendwann entschließen, in einem mühevollen Prozess das Lesen und Schreiben erneut zu lernen. Wie aber kommt es, dass es in einem Land mit Schulpflicht Analphabeten gibt?

---

40 Ab der dritten Seite erschien die Zeitung dann wieder in deutscher Sprache. Die Schlagzeile lautete: „SPD bestätigt Schröder klar als Parteichef."
41 Auf einem grün unterlegten Plakat erscheinen verschiedene orthographisch falsch geschriebene Slogans, z.B. „Schraip mal wider", „Is dass so richtik?", „Schtopp". In einem Informationskasten gibt es Hinweise zum Thema „funktionaler Analphabetismus", außerdem zum Bundesverband Alphabetisierung e.V. und dem Alfa-Telefon. Die Anzeigenmotive wurden u.a. kostenlos von verschiedenen Zeitungen, wie etwa Stern, Geo und Spiegel veröffentlicht.

Im vorliegenden Beitrag möchte ich auf diese Frage, die sich einerseits auf die Ursachen, andererseits auf die Bewältigungsstrategien betroffener Personen bezieht, näher eingehen. Innerhalb des vorliegenden Sammelbandes, der sich ja vorwiegend damit befasst, wie und unter welchen Voraussetzungen Kinder und Jugendliche das Lesen und Schreiben erlernen, welche Probleme dabei auftreten können und welche schulischen und außerschulischen Fördermaßnahmen existieren, nehme ich mit der Fokussierung auf *erwachsene Nicht-Leser und Nicht-Schreiber* einen doppelten Perspektivenwechsel vor: Zum einen, indem ich das Thema Schriftlichkeit unter den Bedingungen ihres Scheiterns betrachte: Welche Umstände verhindern, dass ein Lese- und Schreiblernprozess in Gang kommt bzw. welche Faktoren bewirken, dass vorhandene Kenntnisse verlernt werden? Zum anderen, indem ich den Blick auf die Selbstaussagen und -deutungen Erwachsener richte, die sichtbar machen, in welcher spezifischen, von Kindern und Jugendlichen stark unterschiedenen Situation sie sich befinden.

Der Artikel ist in drei Teile gegliedert. Im ersten Teil möchte ich erläutern, was unter funktionalem Analphabetismus zu verstehen ist und wie es zu seiner (Wieder-)Entdeckung kam. Der zweite Teil befasst sich mit den Entstehungsbedingungen, wobei ich mich dabei einerseits auf eine eigene Untersuchung beziehe, in der ich auf Grundlage von Interviews mit funktionalen Analphabeten Gründe für gescheiterte Lese- und Schreiblernprozesse rekonstruiert habe (vgl. Egloff 1997); andererseits auf allgemeine Literatur aus dem Bereich der Alphabetisierung und Grundbildung. Im abschließenden dritten Teil gehe ich auf funktionale Analphabeten als spezifische Teilnehmer der Erwachsenenbildung ein.

1. *Funktionaler Analphabetismus und die Umstände seiner (Wieder-) Entdeckung*

Was genau versteht man unter funktionalem Analphabetismus? Die einfache Definition: Menschen, die keine Buchstaben kennen und deshalb nicht lesen und schreiben können, ist etwas ungenau. Solche Menschen gibt es zwar auch, insgesamt machen sie jedoch nur einen geringen Teil aus. Damit ist der Begriff An-Alphabet eigentlich irreführend, als prägnante Bezeichnung - auch als Kampfbegriff - hat er sich dennoch etabliert. In der Literatur finden sich folgende Definitionen, wobei diese nicht selten problematisch sind und sich deshalb auch im Laufe der Zeit verändern (vgl. Döbert/Hubertus 2000, 15ff., Linde 2001, 1ff.). Zunächst kann man die grobe Unterscheidung zwischen „totalem" und „funktionalem" Analphabetismus treffen.

Unter dem Begriff „totale" Analphabeten werden verschiedene Gruppen erfasst:

- Zum einen diejenigen Menschen, die aufgrund einer körperlichen oder schweren geistigen Behinderung nicht in der Lage sind, Lesen und Schreiben zu lernen.
- Zum zweiten Menschen, die keine Schule besucht haben und damit erst gar keine Chance hatten, das Lesen und Scheiben zu lernen. Dies betrifft überwiegend Menschen aus den Entwicklungsländern. Sie werden häufig auch unter der Bezeichnung „natürliche" Analphabeten geführt, ein Begriff, der allerdings verdeckt, dass es fast ausschließlich strukturelle Probleme der Heimatländer dieser Personen sind, die dort zu hohen Analphabetenquoten führen (Krieg, Armut, Diktaturen) und nicht individuelle oder eben gar natürliche Gründe dafür verantwortlich sind.

Mit dem Begriff „funktionale" Analphabeten sind hingegen diejenigen gemeint, die in der Regel eine Schule besucht haben, dort auch das Alphabet gelernt haben, jedoch so unsicher im Umgang mit Schrift sind, dass sie schriftsprachliche Aufgaben und Anforderungen, die tagtäglich an sie gestellt werden, nicht erfüllen können: So sind sie beispielsweise nicht in der Lage, einen Busfahrplan oder eine Speisekarte im Restaurant zu lesen, ein Formular beim Arbeitsamt auszufüllen oder eine schriftliche Bewerbung zu verfassen.

Zum Begriff des funktionalen Analphabetismus gibt es wiederum verschiedene Definitionen, die ich in drei Gruppen einteilen möchte:

- In der ersten Gruppe befinden sich Definitionen, die sich um eine exakte analytische Erfassung des Problems bemühen, etwa die so genannte Positiv-Definition der UNESCO, nach der „funktionaler Alphabet (...) eine Person [ist], die sich an all den zielgerichteten Aktivitäten ihrer Gruppe und Gemeinschaft, bei denen Lesen, Schreiben und Rechnen erforderlich sind, und ebenso an der weiteren Nutzung dieser Kulturtechniken für ihre eigene Entwicklung und die ihrer Gemeinschaft beteiligen kann" (UNESCO 1962, zit. nach Döbert/Hubertus 2000, 21). Ein funktionaler Analphabet wäre dann das genaue Gegenteil, jemand - so eine weitere Definition in dieser Gruppe -, der die „gesellschaftlichen Mindestanforderungen an die Beherrschung der Schriftsprache, deren Erfüllung Voraussetzung ist zur sozial streng kontrollierten Teilnahme an schriftlicher Kommunikation in allen Arbeits- und Lebensbereichen" (Drecoll 1981, 31) nicht erfüllt.
- Die zweite Gruppe von Definitionen nähert sich dem Thema eher beschreibend, indem hervorgehoben wird, über welche Fertigkeiten ein alphabetisierter Mensch verfügen muss, an denen ein Analphabet hingegen scheitert, z.B. eine Telefonnummer im Telefonbuch suchen, eine Straße auf einem Stadtplan finden, einen Überweisungsschein ausfüllen.
- Die dritte Gruppe schließlich umfasst Definitionen, die Grundlage für die Alphabetisierungsarbeit, z.B. an Volkshochschulen, sind. Diese stehen vor der Aufgabe, Analphabeten in möglichst homogenen Lerngruppen

zusammenzufassen und brauchen daher sehr konkrete Kriterien, nach denen eine solche Einteilung in Grund-, Aufbau- und Vertiefungskurse erfolgen kann. Und so findet man in der Alphabetisierungspraxis oft folgende Unterscheidung: Personen, „die gar nicht lesen und schreiben können, d.h. allenfalls nur einzelne Buchstaben kennen und nur ihren Namen schreiben können"; Personen, die „einfache Gebrauchstexte lesen, aber gar nicht oder nur mit derartigen Entstellungen der Wörter schreiben, dass die Aussage nicht mehr rekonstruierbar ist" und Personen, die „sinnentnehmend lesen können, aber aufgrund der ihnen bewusst gewordenen Rechtschreibmängel psychische Schreibhemmungen entwickelt haben." (Fuchs-Brüninghoff/Kreft/Kropp 1986, 30ff.)

Neben den Bezeichnungen totaler und funktionaler Analphabet finden sich noch andere, z.B. Halb- oder Semialphabeten, völlige Analphabeten und Personen mit gravierenden Rechtschreibschwächen, sekundäre Analphabeten usw.. Dieser zuletzt genannte Begriff soll darauf hinweisen, dass Lesen und Schreiben nach einer ersten Alphabetisierung in der Schule mangels Anwendung im späteren Leben regelrecht „verlernt" wird. Unabhängig, wie man das Problem benennt und definiert, es kommt immer auch darauf an, wie sich Analphabeten selbst sehen und wahrnehmen: Auch wenn jemand „nur" Schwierigkeiten mit der Rechtschreibung hat, infolgedessen jedoch alle Situationen meidet, in denen er möglicherweise schreiben muss und sich damit der Gefahr aussetzt, „enttarnt" zu werden, bedeutet das für ihn eine nicht unbedeutende Einschränkung und verhindert möglicherweise, dass er sich an gesellschaftlichen Aktivitäten beteiligt.

Analphabetismus - so lässt sich die Frage nach einer angemessenen Definition zusammenfassen - ist somit immer ein relativer Begriff: Neben den Selbstdeutungen der Betroffenen spielt auch immer eine Rolle, welcher Grad an Schriftsprachbeherrschung in einer Gesellschaft gerade erwartet wird (vgl. Graff 1991). So galt etwa zu Beginn des 20. Jahrhunderts derjenige als alphabetisiert, der seinen Namen schreiben konnte (vgl. Döbert/Hubertus 2000, 16ff.). „Der Begriff des funktionalen Analphabetismus trägt der Relation zwischen dem vorhandenen und dem notwendigen bzw. erwarteten Grad von Schriftsprachbeherrschung in seinem historisch-gesellschaftlichen Bezug Rechnung. Innerhalb der Industriestaaten mit ihren hohen Anforderungen an die Beherrschung der Schriftsprache müssen auch diejenigen Personen als funktionale Analphabeten angesehen werden, die über begrenzte Lese- und Schreibkenntnisse verfügen" (Hubertus 1991, 5).

Vor diesem Hintergrund wird die Frage danach, *wie viele* Analphabeten es gibt, nebensächlich. Denn Menschen, die diese jeweiligen gesellschaftlichen Mindestanforderungen unterschreiten, hat es immer gegeben, sie sind normaler Bestandteil schriftsprachlicher Kulturen. Interessanter ist hingegen die Frage, *wann* jemand Analphabet ist, welche äußeren Umstände also darüber entscheiden, ob sich eine Gesellschaft mit ihren lese- und schreibunkundigen Erwachsenen beschäftigt oder nicht (vgl. Egloff 2000). In Deutschland, ebenso in anderen europäischen Ländern ging man lange davon aus, dass die Schulpflicht Lese- und Schreibfähigkeit garantiert. Und so galt in Deutschland seit 1912, dem Jahr der letzten Erhebung über die Signierfähigkeit von Rekruten, das Problem des Analphabetismus als nicht mehr existent: Die damalige Erhebung ergab eine Analphabetenquote von lediglich 0,01-0,02% (vgl. Eisenberg 1983, 13). Analphabetismus erschien in den folgenden Jahrzehnten vornehmlich als ein Problem von Entwicklungsländern, in denen einem Großteil der Bevölkerung der Zugang zur Schule verwehrt blieb (und auch immer noch bleibt: weltweit wird die Zahl der Analphabeten auf ca. 800 Millionen geschätzt (Zahl von 2001; vgl. UNESCO 2005, 1). Das änderte sich jedoch gegen Ende der 1970er Jahre, als eine von den Niederlanden und Großbritannien ausgehende Diskussion über den Analphabetismus auch in Deutschland aufkam.

Warum gerade zu dieser Zeit? Bis zu diesem Moment waren Analphabeten regelrecht unsichtbar: Sie existierten zwar, standen jedoch in der Zeit der Vollbeschäftigung meist unauffällig in Lohn und Brot, ohne dass es zu Problemen hinsichtlich ihres Lese- und Schreibdefizits gekommen wäre. Als nun infolge der großen Weltwirtschaftskrisen vor allem einfache Arbeitsplätze wegfielen, wurden sie plötzlich sichtbar als eine Gruppe, der grundlegende Fähigkeiten fehlten, um in alternative Arbeitsplätze vermittelt zu werden oder um Weiterqualifizierungsangebote wahrzunehmen. Viele Nischenarbeitsplätze für Un- und Angelernte, in denen Analphabeten bislang untergekommen waren, wurden nun eingespart. Zudem stiegen auch die Anforderungen an Schriftsprache: Im Zuge der Technisierung mussten auch einfache Arbeiter Maschinen bedienen können und Anweisungen oder Hinweise, z.B. auf mögliche Gefahrenquellen lesen können. Und konnten Bewerbungen früher mündlich vorgetragen werden, waren nun schriftliche Unterlagen erforderlich. Auf dem Arbeitsamt wiederum mussten Formulare ausgefüllt werden. An allen diesen nun neuen Anforderungen scheiterten diejenigen, denen die Grundfertigkeiten des Lesens und Schreibens fehlten.[42] Im Zuge dieser Wiederentdeckung wurden insbesondere an Volkshochschulen Alphabetisierungskurse eingerichtet, die starken Zulauf hatten. Zugleich wurde damit begonnen, dieses Phänomen zu erforschen, insbesondere nach den Ursachen zu suchen. Hier war insbesondere die PAS-DVV, die Pädagogische Arbeitsstelle

---

42 Inzwischen ist die technische bzw. technologische Entwicklung unaufhaltsam weiter vorangeschritten, mit neuen, veränderten Anforderungen an die Gesellschaftsmitglieder. Und wieder gibt es unter ihnen solche, die an diesen neuen Herausforderungen scheitern, etwa den Umgang mit Computern betreffend: Für sie gibt es seit einiger Zeit in Analogie zum Begriff Analphabet die Wortneuschöpfungen „Analphabit". Als Analphabit wird eine Person bezeichnet, die nicht mit Computern, dem Internet und anderen modernen Kommunikationstechnologien umgehen kann. Das Wortteil –bit steht für die Einheit Bit der Information in der Informatik (vgl. www.wikipedia.de, Zugriff am 22.07.2005).

des Deutschen Volkshochschulverbandes - heute Deutsches Institut für Erwachsenenbildung (DIE) - initiativ tätig (vgl. hierzu Egloff 1997, 11).

Eine den 1970er Jahren vergleichbare Situation ergab sich 1989 mit dem Ende der DDR, insbesondere mit dem im Zuge der Wiedervereinigung zusammengebrochenen Arbeitsmarkt in den östlichen Bundesländern. Auch hier gab es plötzlich Personen, die vorher unbemerkt in ihren Nischen gearbeitet hatten und die nun nicht in andere Beschäftigungsverhältnisse überführt werden oder an Qualifizierungsmaßnahmen teilnehmen konnten, weil ihnen die Grundkenntnisse im Lesen und Schreiben fehlten. Obwohl aus ideologischen Gründen die Existenz von lese- und schreibunkundigen Bürgern in der DDR geleugnet wurde - noch im Sommer 1989 verweigerten sich DDR-Offizielle diesem Thema - wurde nach und nach deutlich, dass auch in den neuen Bundesländern mit funktionalen Analphabeten zu rechnen ist. Und so richteten auch hier Volkshochschulen mit großem Erfolg erste Lese- und Schreibkurse ein (vgl. Huck 1992).

Wie hoch ist denn nun aber die Zahl funktionaler Analphabeten in Deutschland? Eine genaue, auf statistischen Erhebungen beruhende Zahl zu nennen, ist kaum möglich: Bis heute gibt es keine Untersuchung, die exakte Aussagen über das Ausmaß des funktionalen Analphabetismus treffen kann (vgl. hierzu Döbert/Hubertus 2000, 26ff.). Die dennoch existierenden Zahlen beruhen auf Hochrechnungen und Schätzungen (z.B. aus anderen Ländern). So kursiert etwa in Zeitungsmeldungen - die vorzugsweise an zwei Tagen im Jahr erscheinen: am 8. September, dem Weltalphabetisierungstag und am 23. April, dem Welttag des Buches - die Zahl vier Millionen (für die alten und die neuen Bundesländer), eine Zahl, von der auch der Bundesverband Alphabetisierung e.V. ausgeht. Für die alten Bundesländer galt lange die vom Deutschen UNESCO-Institut verbreitete Zahl von zwischen 0,75 und 3% der Erwachsenen über 15 Jahren. In absoluten Zahlen ausgedrückt wären demnach 380.000 bis knapp 1, 5 Millionen deutsche Erwachsene Analphabeten. Eine OECD-Untersuchung aus dem Jahr 1995, die so genannte IALS-Studie (International adult literacy survey; vgl. OECD and Statistics Canada 1995), gab Hinweise auf das Lese-Verstehen. So wurde beispielsweise ermittelt, ob Erwachsene einem Beipackzettel für Aspirin bestimmte Informationen entnehmen konnten, etwa wie lange man das Medikament längstens anwenden darf (vgl. Hubertus 1998, 89). Deutschland schnitt in dieser Untersuchung nicht sehr gut ab und obwohl diese Studie keinesfalls das Ausmaß des funktionalen Analphabetismus erfasste, fand sich fortan die Zahl 14% funktionale Analphabeten in den Medien. In der Folge wurden immer wieder Bildungsstudien in Zusammenhang mit dem Thema Analphabetismus gebracht, zuletzt die PISA-Studie (vgl. Deutsches PISA-Konsortium 2001), obwohl der Gegenstand ihrer Messung jeweils etwas anderes war.

Natürlich schwanken diese Zahlen auch deshalb, weil unterschiedliche Interessen mit einer hohen oder niedrigen Analphabetenquote verbunden sind. So bevorzugen Bildungspolitiker niedrige Zahlen, während Lobby-Arbeiter wie der Bundesverband Alphabetisierung e.v. gerne auch mit höheren Zahlen argumentieren, um ein größeres Problembewusstsein sowohl in der Bevölkerung als auch bei (Bildungs-)Politikern zu schaffen. Denn trotz seiner bildungspolitischen Sprengkraft handelt es sich beim Thema Analphabetismus um ein öffentlich und politisch wenig bekanntes und beachtetes Thema (vgl. Meisel 1996). Selbst in der Erziehungswissenschaft nimmt es keinen breiten Raum ein (vgl. hierzu das aktuelle Themenheft des Alfa-Forum 2005). Damit unterscheidet sich die Situation in Deutschland auch von der anderer europäischer Länder, etwa Frankreich, wo „La lutte contre l'illettrisme" auf die nationale bildungspolitische Agenda gesetzt wurde und wo es beispielsweise staatliche Agenturen gibt (z.b. die „Agence nationale de lutte contre l'illettrisme" (ANLCI)) die sich mit dem Problem in unterschiedlicher Form befassen (zum Analphabetismus in Frankreich vgl. Lescure 1999, Rivière 2001). Ein wesentlicher Grund für das mangelnde Interesse liegt möglicherweise in der weit verbreiteten Annahme, es handele sich schlicht und ausschließlich um ein individuelles Problem, das zwar bedauerlich ist für den einzelnen Betroffenen, jedoch die Allgemeinheit nicht weiter tangiert. Die Rede von den „immer mehr Analphabeten" schockiert und berührt die Öffentlichkeit weniger als etwa die Rede von der „immer gewalttätiger werdenden Jugend", deren Opfer man möglicherweise selbst einmal werden könnte (vgl. hierzu auch Barz 2000).

Wie aber entsteht nun Analphabetismus? Betrachtet man die Literatur und Aktivitäten in diesem Bereich, so ist die Frage nach den Ursachen natürlich eine zentrale (vgl. z.B. Oswald/Müller 1982; Döbert-Nauert 1985; Namgalies/Heling/Schwänke 1990). Im folgenden Teil möchte ich meine eigene Studie vorstellen, die sich mit eben dieser Frage beschäftigte.

2. Biographische Muster funktionaler Analphabeten

Um den Ursachen des funktionalen Analphabetismus auf die Spur zu kommen, führte ich autobiographisch-narrative Interviews mit insgesamt zehn funktionalen Analphabeten aus den neuen und den alten Bundesländern durch (vgl. Egloff 1997). Beim autobiographisch-narrativen Interview handelt es sich um eine Form des offenen Interviews, die den Befragten als Experten in eigener Sache größtmöglichen Spielraum für die Darstellung ihrer Lebensgeschichte lässt und die sich beispielsweise von standardisierten und vom Interviewer stark gesteuerten Leitfaden-Interviews abgrenzt (vgl. Jakob 1997; Hopf 2000). Eine einfache Erzählaufforderung durch den Interviewer („Ich möchte Sie bitten, mir Ihre Lebensgeschichte von Anfang an bis heute zu erzählen") soll es den Befragten ermöglichen, eine eigene Erzähllinie zu entwickeln und selbst zu entscheiden, welche Relevanzen sie dabei setzen. Das

Verfahren des autobiographisch-narrativen Interviews ist deshalb besonders gut geeignet, um gerade die Gruppe der funktionalen Analphabeten zu befragen, weil sein Fokus auf der *Lebens*geschichte liegt und nicht alleine auf der - meist negativen - *Lern*geschichte. Auf diese Weise werden die Befragten nicht von Beginn an auf ein bestimmtes Defizit reduziert, sondern haben die Möglichkeit, auch positive biographische Entwicklungen darzustellen. Damit trägt diese Interviewmethode beispielsweise dem Umstand Rechnung, dass Individuen über viele Formen von Literalität verfügen können, wenn man diesen Begriff nicht eng fasst und darunter nur die Fähigkeit zum Lesen und Schreiben versteht. Die Beherrschung schriftsprachlicher Fertigkeiten wäre dann nur eine Art von Literalität neben zahlreichen anderen (vgl. hierzu Barton/Hamilton 1998, Kamper 1999, Sting 2003). Ausgewertet wurden die Daten mit Hilfe der von Fritz Schütze entwickelten Biographieanalyse, einem Interpretationsverfahren, das es erlaubt, teils manifeste, teils latente Prozessstrukturen und -verläufe in den jeweiligen Biographien sichtbar zu machen und zu „typischen" Mustern zu verdichten.[43]

Welche Erkenntnisse brachte meine Analyse nun bezogen auf die Frage nach den Ursachen von funktionalem Analphabetismus? Bei den Experten besteht Einigkeit darüber, dass es nicht einzelne Tatsachen sind, die dazu führen, dass jemand das Lesen und Schreiben nicht lernt. Es handelt sich vielmehr um einen Komplex, ein Bedingungsgefüge von Gründen und Faktoren, die unter Umständen, keinesfalls jedoch automatisch, zu Analphabetismus führen können. Dennoch gleichen sich die Biographien funktionaler Analphabeten, so dass man durchaus von einigen typischen Elementen sprechen kann. Sie sollen im Folgenden kurz dargestellt und mit Aussagen der Befragten aus den Interviews veranschaulicht werden (vgl. Egloff 1997, 114ff.).

„Also unsere Kindheit, da möchte ich nicht gerne zurückdenken, die iss nicht so besonders gewesen"

Der Grundstein für das spätere Analphabetentum wird meist schon im Elternhaus gelegt: So berichten fast alle von mir interviewten Analphabeten über Erfahrungen von Gewalt, Lieblosigkeit und Gleichgültigkeit, denen sie während ihrer Kindheit und Jugendzeit im Elternhaus ausgesetzt waren. Oft hatten die Eltern vielfältige eigene Probleme zu bewältigen und waren nicht in der Lage, sich angemessen mit ihren Kindern zu befassen.

„Aber da war nix, mit Spielsachen oder so. Da hats nix gegeben. Und bei mir wars auch so, ich bin da manchmal rumgelaufe von dem Bruder en Hemd, von dem en Paar Schuhe. Da is also ehrlich nicht so drumm gekümmert worden bei uns daheim"

---

43 Auf die Details dieses methodischen Analyseverfahrens, das sich methodologisch am Symbolischen Interaktionismus und der Grounded Theory orientiert, möchte ich hier nicht weiter eingehen, stattdessen auf weitere Literatur verweisen (vgl. Schütze 1981, 1983; 1995).

Eine große Anzahl an Geschwistern führte dazu, dass das einzelne Kind mit seinen spezifischen und elementaren Bedürfnissen nicht mehr wahrgenommen wurde. Insbesondere ältere Kinder hatten die Aufgabe, ihre jüngeren Geschwister zu betreuen und übernahmen dabei die Elternrolle, was sie nicht selten überforderte.

„Und ich musst die Geschwister pflegen, also waschen, zu essen geben, dann ins Bett legen und morgens musst ich wieder in die Schule gehen"

Eine desolate sozioökonomische Situation konnte dazu führen, dass die von mir Befragten als Kinder manchmal gezwungen waren, z.B. bei der Feldarbeit mit zu arbeiten, so dass ihnen weder Zeit zum Spielen noch später zur Vorbereitung auf den Schulunterricht blieb. Insgesamt lassen sich diese Erfahrungen mit der Kategorie der „vorenthaltenen Kindheit" (ebd., 134ff.) beschreiben. Sie macht deutlich, dass die in der Regel durch Fürsorge und Geborgenheit charakterisierte enge und liebevolle Beziehung zwischen Eltern und Kindern, das Freisein der Kinder von Verantwortung, eine durch Spiel und Distanz zur Erwachsenenwelt gekennzeichnete Kindheit, in der sich ein Selbstvertrauen und ein Selbstbewusstsein entwickeln soll, für die von mir befragten Analphabeten offensichtlich nicht existierte.

„Ich hab mich an für sich, wollen wir mal sagen, durchgeschummelt"

Betrachtet man die familiären Bedingungen, unter denen die von mir interviewten funktionalen Analphabeten häufig aufwuchsen, so erscheint es einsichtig, dass viele Betroffene mit dem Eintritt in die Schule eine Verbesserung ihrer Lebenssituation erwarteten oder wenigstens erhofften (ebd., 136ff.). Und tatsächlich schien dies in der ersten Zeit zu gelingen, was damit zusammenhängen mag, dass auch die Institution Schule den Beginn noch als eine Art Schonraum begreift, in dem der Ernstcharakter noch nicht zu deutlich wird bzw. werden soll. Nach Aussagen der Befragte änderte sich diese Situation jedoch spätestens mit Beginn des zweiten Schuljahres. Denn wer bis dahin den Anforderungen noch nicht gerecht werden konnte, z.B. Schwierigkeiten hatte, Buchstaben zu Wörtern zusammenzuziehen, konnte nun nicht mit Förderung, sondern mit negativen Sanktionen rechnen. „Die Karriere der funktionalen Analphabeten beginnt bereits in der zweiten Klasse" (Hofmann 2001, 46) - diese Aussage trifft auf die von mir Befragten fast immer zu. Sie berichteten von der Fortsetzung der negativen, von Gewalt und Gleichgültigkeit geprägten Erfahrung aus dem Elternhaus in der Schule, eine Situation, die sich mit der Kategorie der „Diskriminierungskontinuität" (Döbert-Nauert 1985, 42) beschreiben lässt. Schüler, die nicht mehr mitkamen, wurden sehr schnell von den Lehrern disqualifiziert, nicht selten vor der Gruppe gedemütigt oder gar geschlagen, ignoriert, aufgegeben, in andere Schulen, z.B. Sonderschulen verwiesen oder einfach „mitgeschleppt". Unterstützung aus dem Elternhaus bei Schulproblemen gab es in der Regel keine. Und so kam es, dass viele der von mir befragten Analphabeten die Schule nicht nur ohne Abschluss oder mit einem Sonderschul- oder Hauptschulabschluss verließen, sondern überdies auch noch ohne ausreichend Lese- und Schreibkompetenzen.

„Ich hab mir nie so Gedanken gemacht, Lesen und Schreiben, ob man das wirklich dann braucht"

Zunächst war den Betroffenen die Tragweite dieses Defizits kaum bewusst. Sie hatten keine Vorstellung davon, was es bedeutet, sich in unserer Gesellschaft ohne schriftsprachliche Kompetenzen bewegen zu müssen (vgl. Egloff 1997, 155ff.). Analphabeten - und darauf komme ich später noch einmal zurück - haben im Laufe der Zeit zahlreiche Strategien entwickelt, die sie vor Entdeckung und Bloßstellung schützen und die es ihnen erlauben, unentdeckt ihren „normalen" Alltag zu bewältigen.

Spätestens wenn sie sich um Arbeit bemühten oder gar eine Berufsausbildung begannen, holten sie die fehlenden Kompetenzen jedoch ein. Und so thematisierten fast alle von mir interviewten Personen Schlüsselerlebnisse, die ihnen verdeutlichten, was es heißt, nicht genügend lesen und schreiben zu können. Das folgende Zitat stammt von einem Mann, dem es gelungen war, trotz fehlender Lese- und Schreibkenntnisse einen Ausbildungsplatz zu bekommen. Der Gebrauch der direkten Rede, der das geschilderte Ereignis auf diese Weise noch einmal lebendig werden lässt, ist dabei typisch für Erzählungen funktionaler Analphabeten: Sie scheinen die Situation während der Erzählung noch einmal zu durchleben bzw. zu durchleiden.

„Auf jeden Fall hatte ich da im Betrieb angefangen und die warn auch echt zufrieden. Bis es halt geheißen hat, ei jeden Monat Berichtsheft schreiben. Da hab ichs nicht abgegeben, ei ja, wo is denn dein Berichtsheft? Ich hab kei Zeit - Kei Zeit gibt's nit, setz dich hin und schreibs hier. So. Und da saß ich da und da hatt ich da nit angefangen. - Ei, was is denn los? Ich glaub es geht los, schreib dein Berichtsheft! Du hast Zeit hier, während der Arbeit kannst du das machen! Und dann hab ichs dann gesagt. Und da sacht der: Da ruf ich gleich mal den Chef, hat er den Chef gerufen und dann hat der dann gesacht, ja, dann sind Sie ja nicht tragbar für uns. Was wollen wir mit nem Lehrling, der nit lesen und schreiben kann. Naja und en paar Tage später kams dann: Lehrvertrag gekündigt und ab und fertich."

Spätestens nach solch einer Erfahrung, in der Lese- und Schreibfertigkeiten über mögliche andere Kompetenzen gestellt werden, geraten funktionale Analphabeten in einen Teufelskreis: Aus Angst vor Entdeckung meiden sie fortan schriftsprachliche Anforderungen bzw. ganz allgemein Situationen, in denen sie enttarnt werden könnten, werden dabei jedoch immer wieder auf ihr Defizit aufmerksam (gemacht), was wiederum das möglicherweise sowieso schon bestehende negative Selbstwertgefühl noch weiter sinken lässt und sie noch stärker an Vermeidungsstrategien bindet (vgl. Döbert/Nickel 2000, 52).

„Ich hab mich nur verstecken können überall"

Wie aber gelingt es funktionalen Analphabeten, ihre fehlenden Lese- und Schreibkenntnisse zu verbergen und warum sind sie eigentlich gezwungen, dies zu tun?

Analphabetismus wird in unserer als Wissen- oder Bildungsgesellschaft titulierten (westlichen) Welt als ein Makel betrachtet, als ein individuelles Versagen, fast schon als ein individueller Verrat an traditionellen nationalen Bildungswerten (wie sie etwa in Metaphern wie „Deutschland - das Land der Dichter und Denker" oder „Leseland DDR" zum Ausdruck kommen bzw. kamen).[44] Personen, die trotz Schulpflicht und ausdifferenzierten Schulsystems dennoch nicht lesen und schreiben gelernt haben, gelten gemeinhin als dumm (auch wenn aktuelle Bildungsstudien, wie etwa PISA, immer wieder auf strukturelle Probleme des deutschen Bildungssystems aufmerksam machen, in dem z.B. bereits sehr früh soziale Selektion stattfindet und generell Kinder aus bildungsfernen Milieus benachteiligt sind). Wie schnell von fehlenden Schriftsprachkompetenzen auf mangelnde Intelligenz geschlossen wird, lässt sich immer wieder an prägnanten Beispielen zeigen. So hat sich etwa die bekannte Autorin und Journalistin Elke Heidenreich in ihrer Fernseh-Sendung „Lesen!" am 6. Juli 2004 zu folgender Bemerkung verleiten lassen: „Hörbücher sind nichts für Analphabeten, die zu dumm sind, selbst zu lesen." Eine Äußerung, die unter denjenigen, die professionell mit dem Thema Analphabetismus zu tun haben, für große Empörung sorgte (vgl. dpa-Pressemeldung vom 13.07.2004).

Aufgrund solcher Annahmen bzw. Vorurteile sind funktionale Analphabeten permanent damit beschäftigt, sich nicht selbst zu enttarnen. Diese Angst vor Entdeckung und damit Stigmatisierung ist eine feste Größe in ihrem Leben und zwar sowohl im beruflichen als auch im privaten. In den von mir geführten Interviews wurde deutlich, dass manchmal sogar die am nächsten stehenden Personen, z.B. Ehepartner, nichts von dem Lese- und Schreibproblem wissen, wie der folgende Ausschnitt zeigt, in dem sich die anwesende Ehefrau meines Interviewpartners in das Gespräch einmischt:

„Wenn ich mal was sagen darf: Ich hab das von Anfang an nicht gewusst. Und da kam im Fernsehen irgend ne Sendung über Analphabeten. Von drüben aber [gemeint sind hier die alten Bundesländer, B.E.]. Bei uns gabs das, bei uns gabs ja keine Analphabeten. Und ich sach so, ich sache: mein Gott, dass es sowas gibt. Und da sacht er dann: Das gibt's nicht nur drüben, das gibt's hier och. Das werd ich nie vergessen. Ich sache: Quatsch und so und dann sacht er mir auf einmal: Na, ich kann och nicht. Ich hab gedacht, ich fall aus allen Wolken. Da war wir aber bestimmt schon ein Jahr verheiratet. Da hab ich das noch nicht gewusst. Och nicht gemerkt. So gut hat ers vertuscht."

---

44 Sehr geschickt spielt der Bundesverband Alphabetisierung e.V. mit diesen Metaphern, wenn er beispielsweise im Rahmen seiner Kampagne auf einem Plakat ironisch fragt: „Deutschland, ein Lant der Dischter unt Dengker?" (vgl. hierzu auch Forschung Frankfurt 4/2001)

Analphabeten müssen ein so genanntes „Stigmamanagement" (Döbert-Nauert 1985, 110) betreiben. Dazu gehören:

- *Vermeidungsstrategien*: Mit Täuschungsmanövern („Brille vergessen", „Arm gebrochen") und Delegation (z.b. der eingeweihte Ehepartner, der alles Schriftliche erledigt) gelingt es Analphabeten immer wieder, Situationen zu umgehen, in denen sie gezwungen wären, zu lesen oder zu schreiben.

„Na ja, uff der Arbeit, da haste deinen Schichtplan gehabt, da musste lesen, das war ja einfach: ich konnte immer abhaken. Was ich erledigt hab, da hab ich en Haken gemacht. Das hab ich alles erledigt. Es durfte bloß nix dazwischen kommen, wenn irgendwas kaputt geht. Oder Stromausfall. Das muss ja alles uffgeschrieben werden. Da fehlt ja, da fehlen ja Stunden. Wenn jetzt der Strom wegfällt, muss ich ja früh, wenn ich jetzt Nachtschicht hab, muss ja der Meister wissen, warum zwei Stunden nichts passiert ist. Das musst ja alles uffgeschrieben werden. Und da hatte ich schon Einfälle gehabt. Da hab ich gesacht, hier, ich hab jetzt zu tun, schreib das mal ein. Das ging immer so. Und die Leute, die mit mir gearbeitet haben, da hab ich eben gearbeitet und hab gesacht hier, schreib das mal ein. Und für die war das bombig: ich hab gearbeitet und die haben das eingeschrieben. Da haben die en bisschen abgegammelt und haben sich gefreut. Die ham das ja nicht gewusst, dass ich das nicht kann. Da hab ich lieber das Zeug genommen, habe da gearbeitet und die ham für mich eingeschrieben."

- *Orientierung ohne Schriftsprachkompetenz*: Analphabeten entwickeln eigene Codes oder Geheimzeichen, die nur sie erkennen.

„Aber wenn die Kunden Sonderwünsche hatten, da hab ich mir dann immer die ersten zwei Buchstaben so uffgeschrieben und dann hab ich gewusst, was das ist. Zum Beispiel die Eine, die wollte ne neue Gasflasche, da hab ich mir, um das zu merken, hab ich mir das uffgeschrieben, die Anfangsbuchstaben „NE" und „FL" und dann wusst ich genau: neue Flasche."

- *Kompensation des Defizits:* gute mündliche Leistungen; Zugehörigkeit zu einer bestimmten sozialen Gruppe, die das verlorene Selbstvertrauen wieder herstellen hilft; besonderer Arbeitseifer, usw..

„Ich kann mir gut was merken. Wenn ich was drin hab, hab ich's drin. Das vergess ich nit mehr. Von daher hab ich das immer so gemacht."

Insgesamt nimmt das Stigmamanagement nicht nur einen großen Raum im Leben der Befragten ein (wann gibt es schon Situationen, in denen man nicht lesen und schreiben muss?), sondern erfordert auch große Anstrengungen und Leistungen, insbesondere müssen Analphabeten kreativ und flexibel sein, um sofort und adäquat auf jede „gefährliche" Situation reagieren zu können. Allerdings ging aus den Interviews auch hervor, dass die geschilderten Vermeidungs- und Delegationsstrategien teilweise so normal und alltäglich werden können bzw. so perfektioniert sind, dass die fehlenden schriftsprachlichen Kompetenzen eigentlich kaum mehr ein Problem darstellten, es folglich auch keine Notwendigkeit gab, das Lesen und Schreiben zu lernen.

Einen solchen perfekten Umgang mit seinem Defizit hat beispielsweise Florian Wolf vorzuweisen, einer meiner Interviewpartner aus den neuen Bundesländern (vgl. Egloff 1997, 101ff.). Nach negativen Erfahrungen in Elternhaus und Schule gelingt es ihm, trotz Hilfsschulabschluss, eine so genannte „Teilfacharbeiterausbildung" zu beginnen, eine DDR-spezifische Möglichkeit, auch gering qualifizierte Personen in Arbeit zu bringen. Im Laufe der Zeit erwirbt er nach und nach und mit Unterstützung seines Vorgesetzten, der um sein Problem weiß, die ihm fehlenden Ausbildungs-Elemente, arbeitet sich schließlich bis zum Lehrausbilder in seinem Betrieb hoch. Zugleich engagiert er sich bei der Freien Deutschen Jugend (FDJ), wird Vertauensmann der Gewerkschaft und hält im Rahmen seiner Parteizugehörigkeit Vorträge. Mit zahlreichen Tricks kann er seine Umwelt über sein Lese- und Schreibproblem täuschen und scheint dabei einen regelrechten sportlichen Ehrgeiz zu entwickeln. Ein Lese- und Schreiblern-Kurs passt nicht so recht in seine Lebensplanung, zumal seine Ehefrau, die er gleich zu Beginn der Beziehung in sein Problem eingeweiht hat, alle schriftlichen Angelegenheiten für ihn erledigt. Möglicherweise aus Angst vor einem fatalen Abhängigkeitsverhältnis ist sie es dann, die ihn dazu bringt, einen Alphabetisierungskurs zu besuchen. Wie ihr dies gelingt, erzählt Florian Wolf im folgenden Interviewausschnitt:

„Da hat meine Schwiergermutter, durch ne Zeitung, da stands drinne. Da ham se gelesen mit der Schule hier. Ich hab das ja nicht mal gewusst. Da hat se sich mit meiner Frau drüber unterhalten, aber meine Frau hat mir och nichts gesacht. Die zwee warn sich aber schon einig, meine Schwiermutter und meine Frau. Und das ging dann ganz einfach: wir treffen uns mal in der Stadt. Ich hab mich schon gefreut Stadtbummel und so, läuft mit mir in der Stadt rum und auf einmal steuert die hierher [zur Volkshochschule, B.E.]. Ich sache, was willst du denn hier? Ach, komm mal mit. Na, hab ich mir da nichts gedacht, ich hab ja nicht gewusst, dass es so was [Alphabetisierungskurse, B.E.] gibt. Uff eenmal klopft se an die Tür hier unten, da kam hier unsere Frau Schmitz [die Kursleiterin, B.E.] raus, schönen guten Tag, ich denke, was will meine Frau jetzt hier drinne? Rein und dann sacht die ganz locker, meine Frau, hier ist mein Mann, der will, der muss mal, also der kann nicht lesen und nicht schreiben. Da stand ich da. Ich hab gedacht: was machste? Hauste jetzt ab oder hauste nicht ab? Stand ich aber wirklich aber, wie en Brett vorm Schlag, richtig hinterführt war ich da. Na ja, ich hab mir gesacht, ach weeßte was, jetzt biste eenmal hier, ja, jetzt bleibst du wirklich hier."

Florian Wolf fügt sich dieser Fremdbestimmung und entdeckt im Kurs seinen Ehrgeiz. Mit Unterstützung der Kursleiterinnen und den übrigen Teilnehmerinnen und Teilnehmern erwirbt er Lese- und Schreibkompetenzen. Die dabei erzielten Fortschritte ermutigen ihn so sehr, dass er jetzt sogar mal zu einem Buch greift, um seiner kleinen Tochter etwas daraus vorzulesen.

3. Funktionale Analphabeten als Teilnehmer der Erwachsenenbildung

In meinen bisherigen Ausführungen kamen funktionale Analphabeten als eine spezifische Ziel- bzw. Adressatengruppe der Erwachsenenbildung in den Blick (vgl. Schiersmann 1999, Kade/Nittel/Seitter 1999, 101ff., Egloff/Kade 2004), von der auch professionelle Erwachsenenbildner in der Regel wenig wissen: Was sind die Bedingungen, die sie zu Analphabeten gemacht haben? Wie bewältigen sie ihren Alltag? Was sind ihre spezifischen Probleme? Diese Fragen wurden im vorangegangen Teil meines Beitrages beantwortet.

Im dritten Teil meines Artikels möchte ich nun auf funktionale Analphabeten als Teilnehmer der Erwachsenenbildung eingehen. Auf welche spezifischen Angebote treffen sie dort? Wie läuft ein Lese- und Schreiblernprozess im Erwachsenenalter ab? Mit diesem abschließenden Teil schließe ich gewissermaßen wieder den Kreis zu den übrigen Artikeln des Sammelbandes, die sich schwerpunktmäßig mit dem *Erwerb* von Schriftlichkeit befassen.

Ansprache von Analphabeten

Nicht nur die Erforschung der Entstehungsbedingungen von funktionalem Analphabetismus und die daraus abgeleiteten Maßnahmen zur Prävention sind wichtige Bestandteile der Alphabetisierungsarbeit, wie sie etwa an Volkshochschulen, im Bundesverband Alphabetisierung und einer Reihe anderer Einrichtungen (vgl. zum Überblick Döbert/Hubertus 2000, 144) betrieben wird. Auch die Frage der Ansprache von Analphabeten ist eine zentrale. Wie aber nimmt man Kontakt zu einer Zielgruppe auf, die aufgrund der gesellschaftlichen Stigmatisierung fast schon im Verborgenen lebt und denen die üblichen Ansprache-Organe, wie etwa das gedruckte Volkshochschulprogramm oder Zeitungsinserate verschlossen sind? Seit den Anfängen der Alphabetisierungsarbeit hat man sich darüber Gedanken gemacht (vgl. Döbert/Hubertus 2000, 111ff.), wobei bereits damals klar war, dass die Ansprache sowohl Teilnehmerwerbung als auch bildungspolitische Lobbyarbeit bzw. Öffentlichkeitsarbeit beinhalten muss.

Teilnehmerwerbung hat zum Ziel, Analphabeten einerseits über stattfindende Kurse zu informieren und sie zu ermutigen, an solchen Kursen teilzunehmen, sie andererseits darüber aufzuklären, dass sie nicht alleine, sondern Teil einer gesamtgesellschaftlichen Problematik sind. Insbesondere Funk und Fernsehen spielen bei dieser Form der Ansprache eine große Rolle: durch Werbespots zum Thema oder durch Diskussionen in Talkshows, manchmal sogar mit Betroffenen, werden Analphabeten oder Angehörige bzw. Vertrauenspersonen auf Kursmöglichkeiten aufmerksam. Auf die Kampagne des Bundesverbandes Alphabetisierung e.V. „Schreib dich nicht ab. Lern lesen und schreiben!", insbesondere auf die darin entwickelten Plakate bin ich bereits mehrfach eingegangen. Immer wieder laufen im Rahmen dieser Kampagne auch - inzwischen sogar preisgekrönte[45] - Fernsehspots, in denen Analphabeten enttarnt werden, dort aber auf Hilfe und Unterstützung treffen (so zeigt einer dieser Spots beispielsweise den Chef, der seinen Mitarbeiter zum Lesen- und Schreibenlernen ermutigt, nachdem er nach einem Beinahe-Unfall herausfindet, dass dieser die Warnhinweise nicht lesen konnte).

Hin und wieder greifen auch populäre Vorabend-Fernsehserien (z.B. „Dr. Sommerfeld - Neues vom Bülowbogen", „Marienhof") oder Spielfilme (vgl. hierzu Genuneit 1997, 14ff.) das Thema auf und tragen so dazu bei, Adressaten zu motivieren. Der Bundesverband Alphabetisierung e.V. jedenfalls stellt fest, dass die Anfragen nach Kursen jedes Mal dann stark ansteigen, nachdem das Thema im Fernsehen auf die eine oder andere Weise angesprochen worden war. Der Bundesverband hat hierzu das „Alfa-Telefon" eingerichtet, bei dem man sich anonym über Kurse in seiner unmittelbaren Umgebung informieren kann. Darüber hinaus unterhält er mit finanzieller Unterstützung des Bundesministeriums für Bildung und Forschung das „Alfa-Mobil", mit dem insbesondere in Regionen ohne Alphabetisierungsangebote die Öffentlichkeit wirksam über das Thema informiert werden kann. Unter dem Stichwort „E-Alphabetisierung" versucht das Projekt APOLL, funktionale Analphabeten über ein E-Learning-Portal mit dem Titel „ich-will-schreiben-lernen.de" zum (selbstgesteuerten und anonymen) Lernen im und mit dem Internet zu motivieren (vgl. Themenheft „Literale Kompetenz im Medienzeitalter" des Alfa-Forum 40/1999, Fiebig 2004, Ragg 2004, Tröster 2005).

Die Öffentlichkeitsarbeit wendet sich auch an die restliche Bevölkerung sowie an politisch Verantwortliche. Über Ausstellungen, Aktionen, Projekte, Vorträge, Fortbildungen, Informationsflyer usw. sollen sie über dieses Thema aufgeklärt werden, um z.B. Betroffenen zu helfen oder in Situationen, in denen man auf einen Analphabeten trifft, möglichst sensibel zu reagieren. Auch Mitarbeiter von Behörden werden diesbezüglich geschult, insbesondere weil Analphabeten hier regelmäßig schlechte Erfahrungen machen. Sie werden auf diese Weise zu Multiplikatoren, die Kontakte zu Weiterbildungseinrichtungen herstellen können. Auf bildungspolitischer Ebene geht es vor allem darum, Lobby-Arbeit zu betreiben (z.B. bei Ministerien), um Bewusstseinsbildung zu fördern, bildungspolitische Maßnahmen in Gang zu setzen und Finanzierungen künftiger Projekte zu sichern. Die von der UNESCO ausgerufene Weltalphabetisierungsdekade im Zeitraum 2003-2012 gehört zu solchen bildungspolitischen Aktionen (vgl. Singh 2004).

---

45 Die Düsseldorfer Werbeagentur Grey, die die Plakate und TV-Spots für den Bundesverband Alphabetisierung e.V. gestaltete, gewann für einen dieser Spots den 'Telly Award', eine sehr begehrte US-Auszeichnung, die in den Bereichen TV, Werbung und Videoproduktion seit 1980 verliehen wird.

Motive und Motivation des Kursbesuchs

Die Ansprache der Teilnehmer durch Einrichtungen der Erwachsenenbildung ist aber nur die eine Seite. Denn die so angesprochenen und möglicherweise auf Kurse aufmerksam gemachten Analphabeten müssen natürlich den ersten Schritt in den Kurs selbst tun. Wie aber kommt es dazu? Welche Motive haben sie, im Erwachsenenalter noch einmal das Lesen und Schreiben zu lernen (vgl. Egloff 1997, 167ff.)?

Häufig sind es Einschnitte im Lebens- und Familienzyklus, die Analphabeten mit dem Gedanken spielen lassen, an einem Alphabetisierungskurs teilzunehmen. Dazu gehören beispielsweise der Tod derjenigen Person, die bislang alles Schriftliche erledigt hat, die Scheidung vom Ehepartner, die nahende Einschulung des eigenen Kindes. Gerade diese Situation macht vielen Analphabeten Angst: Sie fürchten, dass sich ihre eigene Kindheit hier wiederholt.

„Und auch überhaupt, dass ich auch mit meinem Sohn, wenn mein in die Schule kommt und meine Frau is weiß Gott mal nicht da und dann heißts Papa, kannste mir mal helfen? Dann geht's mir wie meinen, also meinem Sohn, wies mir gegangen ist."

Auch berufliche Aufstiegsmöglichkeiten können motivieren, an einem Kurs teilzunehmen (paradoxerweise gibt es auch Analphabeten, die lieber kündigen, wenn eine Beförderung ansteht), ebenso der allgemeine Wunsch nach Unabhängigkeit und „Normalität" (z.B. einen Brief schreiben zu können).

„Der eine geht jetzt in der Firma und da hat der Chef mich schon angesprochen. Weil ich ziemlich der Jüngste und der Interessierteste bin. Und da hab ich gesacht, naja, das ist viel Schreiberei, da hab ich en bisschen Angst vor. Aber ich hab gesagt, naja, da können wir ja drüber reden, wenn der dann weg ist. Und deswegen will ich jetzt halt in dem einen Jahr viel lernen, dass ich, wenns soweit ist, is es ja auch finanziell dann für mich en Reiz."

Bedeutung des Alphabetisierungskurses

Infolge der gesellschaftlichen Stigmatisierung können sich Analphabeten nicht vorstellen, dass sie möglicherweise auch Leidensgenossen haben (ebd., 169ff.). Oft denken sie, nur sie alleine hätten Schwierigkeiten mit dem Lesen und Schreiben. Entsprechend angstbesetzt ist die Vorstellung, in einen solchen Alphabetisierungskurs zu gehen. Dort aber stellen sie dann fest, dass es noch weitere Menschen mit ähnlichen Problemen gibt. Die erste Reaktion ist fast immer Erleichterung.

„Also ich kann nur jedem sagen, da braucht man keine Angst zu haben, hierher zu gehen, hingehen, der Mut. Ich hab angerufen in B-Stadt und dann ham die mich weiterverbunden, da hab ich gedacht, das gibt's doch nicht, aber jetzt bleibste dran. Jetzt haste die Sache angefangen. Und dann hatte ich die Susanne [die Kursleiterin, B.E.] dran und dann hatte ich die Termine. Und dann bin ich hierher und geschwitzt und hab dann gemerkt: oh, hier biste richtig! Echt wahr. Die Lehrerin in Ordnung, die Leute, die hier warn, super. Und da hab ich mal gemerkt, dass ich gar nit mal so dumm bin und da hab ich Leute getroffen, die hab ich gekannt, die kommen aus dem Nachbarort, hab ich nie gedacht, dass die Schwierigkeiten haben mit dem Lesen und Schreiben".

Der Kurs wird für viele Analphabeten zu einem wichtigen Bestandteil ihres Lebens. Neben dem Lesen- und Schreibenlernen ist es vor allem der Austausch mit Leidensgenossen, der ihnen hilft, ihr verlorenes Selbstvertrauen zurückzugewinnen. In dem Sinne könnte man sagen, dass der Alphabetisierungskurs auch eine Art Selbsthilfegruppe ist. In den Interviews mit Analphabeten aus den neuen Bundesländern konnte ich auch zeigen, dass der Kurs viele Solidaritätsstrukturen, die im Zuge der Auflösung der DDR verloren gegangen sind, kompensieren konnte. Und so ist das Lesen- und Schreiben-Lernen nur ein Aspekt des Kurses, der Kurs als Ort der Kommunikation und des geselligen Beisammenseins ist mindestens ebenso wichtig.

Kursgestaltung

Die geschilderten beschädigten Lernerfahrungen der Analphabeten bedürfen besonderer Anforderungen an das Kursarrangement und die Kompetenz der professionellen Erwachsenenbildner (vgl. Döbert/Hubertus 2000, 99ff., Egloff 1999). Auf diesen Punkt möchte ich abschließend eingehen.

Bereits der erste Kontakt des Analphabeten mit der Bildungseinrichtung sollte so gestaltet sein, dass Angstgefühle erst gar nicht aufkommen. Dieser erste Kontakt beinhaltet meist ein Beratungsgespräch, idealerweise zwischen dem potenziellen Teilnehmer und dem Kursleiter, in dem über den Ablauf des Kurses gesprochen werden kann, aber auch über die Voraussetzungen, Ängste und Befürchtungen, die der Analphabet mitbringt. Das Erstberatungsgespräch kann anonym erfolgen und muss natürlich vertraulich behandelt werden. Von den Professionellen verlangt dies eine spezifische Beratungskompetenz, die über den gesamten Lernprozess gefragt ist. Denn immer wieder müssen die Kursleiter ihren Teilnehmern auch deren Fortschritte und Rückschritte beratend rückmelden. Im besten Fall wächst über die Zeit ein stabiles Vertrauensverhältnis. In der Realität ist allerdings die Fluktuation der oft nebenberuflich tätigen Kursleiter sehr hoch.

Der Kurs selbst - so wird immer wieder gefordert - sollte so gestaltet sein, dass er möglichst wenig an Schule erinnert. Das gilt für die Raumgestaltung ebenso wie für die Lehrmethode. Die gängige Praxis, VHS-Kurse in Schulen stattfinden zu lassen, ist für einen Alphabetisierungskurs denkbar ungeeignet. Besser sind eigene Räume, die entsprechend von den Lernern auch gestaltet werden können. Was das Lehrmaterial angeht, so gibt es inzwischen umfangreiches Material, das im Laufe der Zeit in der praktischen Arbeit mit Analphabeten entwickelt worden ist und das in einem breiten Netzwerk und über den Bundesverband Alphabetisierung e.V. ausgetauscht wird.

Wie aber vollzieht sich nun der Schriftspracherwerb im Erwachsenenalter (vgl. Nickel 2000, 86ff., Nuissl 1999)? Fest steht, dass es nicht *die* eine Methode gibt, mit der Erwachsene lesen und schreiben lernen. Wie in anderen Kursen der Erwachsenenbildung auch, existiert ein breites Spektrum an Methoden und Möglichkeiten, um Erwachsene wieder für Buchstaben und Schrift zu interessieren und an das Lernen heranzuführen. Denn darin besteht ein zentraler Unterschied zu „normalen" Lernangeboten:

„Lernen bedeutet, etwas zu tun, was man noch nicht kann. Das Ziel des Lernens ist es, sich eine gewünschte Kompetenz anzueignen. Daraus speist sich die positiv geprägte Lernmotivation. Anders bei Menschen im Alphabetisierungskurs: Für sie bedeutet der Kursbesuch, sich mit einem Lerngegenstand auseinanderzusetzen, an dem sie bereits einmal gescheitert sind." (Nickel 2000, 87).

Da es sich beim Schreiben um einen sehr komplexen Prozess handelt, gehen Kursleiter in der Alphabetisierung nach „ganzheitlichen" Konzepten vor:

„Im Unterricht wird daher grundsätzlich (...) der Gebrauch von Schrift in den Mittelpunkt gestellt. Übungen (Teiloperationen) schließen sich an - nicht umgekehrt. Die Beherrschung der Kultur*technik* wird in der Regel als Voraussetzung für eine Teilhabe an der Schrift*kultur* (miss-)verstanden [Hervorhebungen im Original, B.E.]. Die geringen schriftkulturellen Erfahrungen der Lernenden geben einen Hinweis darauf, dass die Beherrschung der Kulturtechnik erst die Folge der Teilhabe an Schriftkultur sein kann." (ebd. 87).

Bewährt hat sich die Arbeit mit und an eigenen Texten, die Analphabeten mithilfe der Kursleiter zu Themen aus ihrem unmittelbaren Lebensumfeld, ihrem Alltag, ihren Vorstellungen und Träumen schreiben. Im Anschluss daran folgt systematisch und sukzessive, jedoch immer individuell auf den einzelnen Teilnehmer zugeschnitten, die Auseinandersetzung mit dem Text, etwa mit der Orthographie und der Grammatik. Auf diese Weise sollen funktionale Analphabeten nach und nach ein gewisses Gefühl für Schriftsprache entwickeln, auch für den „positiven Gebrauchswert" (ebd., 87) von Schrift, das sie dann im Idealfall nicht mehr verzweifeln lässt, wenn sie im Alltag mit schriftsprachlichen Anforderungen konfrontiert werden.

Wie lange brauchen Erwachsene, um lesen und schreiben zu lernen? Die meisten bleiben lange in den Kursen; zwei der von mir befragten Frauen waren bereits seit sieben bzw. neun Jahren im Kurs (vgl. Egloff 1997, 170). Die lange Verweildauer kann ein Hinweis darauf sein, dass das Lesen- und Schreiben-Lernen im Erwachsenenalter nicht mehr so einfach läuft wie noch im Kindesalter, obwohl die Analphabeten in der Regel über die kognitiven Fähigkeiten verfügen, die sie das Lesen und Schreiben lernen lässt. Es ist aber auch ein Hinweis darauf, dass der Kurs als sozialer Ort, als Lebensraum für viele ehemalige Analphabeten eine große Bedeutung hat.

4. Die Zukunft der Alphabetisierungsarbeit in Deutschland

Marion Döbert und Peter Hubertus (2000, 123) fragen im abschließenden Kapitel ihres Bandes „Ihr Kreuz ist die Schrift":
„Was muss anders werden, damit es besser wird?"
Sie geben darauf folgende Antwort:
„Das Bundesbildungsministerium fördert seit vielen Jahren Projekte im Bereich der Alphabetisierung und Elementarbildung bzw. Grundbildung, wodurch das Thema zunehmend mehr in das öffentliche Bewusstwein getreten ist und teilweise die Infrastruktur des Angebotes über einen gewissen Zeitraum verbessert werden konnte. Eine flächendeckende Alphabetisierung und Grundbildung wäre aber auf eine kontinuierliche finanzielle Absicherung durch Länder und Kommunen angewiesen. Nicht nur Kursangebote, sondern auch übergreifende Aufgaben wie Öffentlichkeitsarbeit und Serviceangebote brauchen eine organisierte Form mit finanzieller Absicherung. Neben der Verstetigung und Flächendeckung muss die Qualität der Alphabetisierungspraxis selber weiter professionalisiert werden".

Die beiden Protagonisten der Alphabetisierungsarbeit in Deutschland benennen damit die zentralen Themen und Herausforderungen, die sich allen denjenigen stellen, die professionell mit Bildung zu tun haben (vgl. auch Bernburger Thesen zur Alphabetisierung 2004). Der Kampf gegen den Analphabetismus wird weiterhin einen breiten Raum einnehmen müssen. Neben der konkreten Arbeit mit den Betroffenen und bildungspolitischen Aktionen und Maßnahmen, ist jedoch auch die erziehungswissenschaftliche Forschung gefragt, sich diesem Thema ausgiebiger als bisher zu widmen. Überlegungen, wie sie aktuell im Kontext eines „PISA für Erwachsene" (vgl. Report 4/2004) angestellt werden, weisen hier in die richtige Richtung.

Literatur

Alfa-Forum: Themenheft „Alphabetisierung und Analphabetismus in Wissenschaft und Forschung". 59/2005.
Alfa-Forum: Themenheft „Literale Kompetenz im Medienzeitalter". 40/1999.
Barton, D.; Hamilton, M (1998): Local Literacies. Reading and writing in one community. London.
Barz, H. (Hrsg.) (2000): Pädagogische Dramatisierungsgewinne. Jugendgewalt. Analphabetismus. Sektengefahr. Frankfurter Beiträge zur Erziehungswissenschaft. Frankfurt.
Bernburger Thesen zur Alphabetisierung. In: Genz, J.: 25 Jahre Alphabetisierung in Deutschland. Münster und Stuttgart 2004, S. 20-21.
Deutsches PISA-Konsortium (Hrsg.) (2001): PISA 2000. Basiskompetenzen von Schülerinnen und Schülern im internationalen Vergleich. Opladen.
Döbert-Nauert, M. (1985): Verursachungsfaktoren des Analphabetismus. Frankfurt.
Döbert, M.; Hubertus, P. (2000): Ihr Kreuz ist die Schrift. Analphabetismus und Alphabetisierung in Deutschland. Münster und Stuttgart.

Döbert, M.; Nickel, S.: Ursachenkomplex von Analphabetismus in Elternhaus, Schule und Erwachsenenalter (Graphik). In: Döbert, M.; Hubertus, P.: Ihr Kreuz ist die Schrift. Analphabetismus und Alphabetisierung in Deutschland. Münster und Stuttgart 2000, S. 52.

DPA-Pressemeldung vom 13.05.2004: „Elke Heidenreich löst unter Analphabeten Verstimmung aus".

Drecoll, F.: Funktionaler Analphabetismus - Begriff, Erscheinungsbild, psychosoziale Folgen und Bildungsinteressen. In: Drecoll, F./Müller, U. (Hrsg.): Für ein Recht auf Lesen. Analphabetismus in der Bundesrepublik Deutschland. Frankfurt 1981, S. 29-40.

Egloff, B. (1997): Biographische Muster funktionaler Analphabeten. Eine biographieanalytische Studie zu Entstehungsbedingungen und Bewältigungsstrategien von „funktionalem Analphabetismus". Frankfurt.

Egloff, B.: Biografisches Arbeiten in der Alphabetisierung. In: Alfa-Forum 40/1999, S. 29-31.

Egloff, B.: „Blind, taub und sprachlos: Der Analphabet" - Zur Konstruktion eines Phänomens. In: Barz, H. (Hrsg.): Pädagogische Dramatisierungsgewinne. Jugengewalt. Analphabetismus. Sektengefahr. Frankfurter Beiträge zur Erziehungswissenschaft. Frankfurt 2000, S. 131-153.

Egloff, B./Kade, J.: Erwachsenenbildungsforschung. In: Krüger, H.-H./Grunert, C. (Hrsg.): Wörterbuch Erziehungswissenschaft. Wiesbaden 2004, S. 135-141.

Eisenberg, P.: Arbeiterbildung und Alphabetisierung im 19.Jahrhundert. In: Analfabetismus in der BRD. Osnabrücker Beiträge zur Sprachtheorie 23/1983, S. 13-32.

Fiebig, Ch.: E-Alphabetisierung: mit dem Internet zur Schrift. In: Genz, J.: 25 Jahre Alphabetisierung in Deutschland. Münster und Stuttgart 2004, S. 69-72.

Forschung Frankfurt. Wissenschaftsmagazin der Johann Wolfgang Goethe-Universität Frankfurt am Main. 4/2001.

Fuchs-Brüninghoff, E.; Kreft, W.; Kropp, U. (1986): Alphabetisierung. Konzepte und Erfahrungen. Frankfurt.

Genuneit, J.: Analphabeten in Spielfilmen. Erster Versuch einer Filmographie. In: Alfa-Rundbrief 35/1997, S. 14-17

Graff, H. J.: Überlegungen zur Geschichte der Literarität: Übersicht, Kritik und Vorschläge. In: Stagl, G.; Dvorak, J.; Jochum, M. (Hrsg.): Litertur/Lektüre/Literarität. Vom Umgang mit Lesen und Schreiben. Wien 1991, S. 14-44.

Hofmann, Ch.: Wenn Lesen und Schreiben zur Qual werden. Die Karriere der funktionalen Analphabeten beginnt bereits in der zweiten Klasse - Möglichkeiten der Prävention. In: Forschung Frankfurt 4/2001, S. 46-51.

Hopf, Ch.: Qualitative Interviews - ein Überblick. In: Flick, U.; v.Kardoff, E.; Steinke, I. (Hrsg.): Qualitative Forschung. Ein Handbuch. Reinbek 2000, S. 349-360.

Hubertus, P. (1991): Alphabetisierung und Analphabetismus. Eine Bibliographie. Bremen.

Hubertus, P.: Zur Größenordnung des funktionalen Analphabetismus in Deutschland - Kommentar aus der Alphabetisierungspraxis. In: Stark, W.; Fitzner, Th.; Schubert, Ch. (Hrsg.): Wer schreibt, der bleibt! - Und wer nicht schreibt? Ein internationaler Kongress in Zusammenarbeit mit der Deutschen UNESCO-Kommission. Stuttgart 1998, S. 82-92.

Huck, G.: Alphabetisierung in den neuen Ländern der Bundesrepublik: Situation und Perspektiven. In: Knoll, J. H. (Hrsg.): Internationales Jahrbuch der Erwachsenenbildung. Köln 1992.

Jakob, G.: Das narrative Interview in der Biographieforschung. In: Friebertshäuser, B.; Prengel, A. (Hrsg.): Handbuch Qualitative Forschungsmethoden in der Erziehungswissenschaft. Weinheim und München 1997, S. 445-458.

Kade, J.; Nittel, D.; Seitter, W. (1999): Einführung in die Erwachsenenbildung/Weiterbildung. Stuttgart.

Kamper, G.: Analphabet/innen oder Illiterate. In: Tippelt, R. (Hrsg.): Handbuch Erwachsenenbildung/Weiterbildung. Opladen ^{2}1999, S. 626-636.

Lescure, E.de (1999): L'illettrisme en France. Problèmes politiques et sociaux. Paris.

Linde, A. (2001): Analphabetismus und Alphabetisierung in Deutschland: Kein Thema für die Erwachsenenbildung? Universität Hamburg.

Meisel, K: Editorial. In: Meisel, K. (Hrsg.): Alphabetisierung/Elementarbildung. Stand und Perspektiven. Frankfurt 1996, S. 5.

Namgalies, L.; Heling, B.; Schwänke, U. (1990): Stiefkinder des Bildungssystems. Lern- und Lebensgeschichten deutscher Analphabeten. Hamburg.

Nickel, S.: Wie lernen Erwachsene lesen und schreiben? In: Döbert, M.; Hubertus, P.: Ihr Kreuz ist die Schrift. Analphabetismus und Alphabetisierung in Deutschland. Münster und Stuttgart 2000, S. 86-98.

Nuissl, E.: Lesen- und Schreibenlernen in der Erwachsenenbildung. In: Franzmann, B. (Hrsg.): Handbuch Lesen. München 1999, S. 550-567.

OECD and Statistics Canada: Literacy, Economy and Society: Results of the First International Adult Literacy Survey. Paris and Ottawa 1995.

Oswald, M.-L.; Müller, H.-M. (1982): Deutschsprachige Analphabeten. Lebensgeschichte und Lerninteressen von erwachsenen Analphabeten. Stuttgart.

Ragg, M.: Das Internetportal APOLL: die Vernetzung der Alphabetisierungsarbeit. In: Genz, J.: 25 Jahre Alphabetisierung in Deutschland. Münster und Stuttgart 2004, S. 73-77.

Report. Literatur- und Forschungsreport Weiterbildung. Themenheft « PISA für Erwachsene ». 4/2004.

Rivière, J.-Ph. (2001): Illettrisme : la France cachée. Paris.

Schiersmann, Ch: Zielgruppenforschung. In: Tippelt, R. (Hrsg.): Handbuch Erwachsenenbildung/Weiterbildung. Opladen ^{2}1999, S. 557-565.

Schütze, F.: Prozessstrukturen des Lebensablaufs. In: Matthes, J.; Pfeiffenberg, A.; Stosberg, A. (Hrsg.): Biographie in handlungswissenschaftlicher Perspektive. Nürnberg 1981, S. 67-156.

Schütze, F.: Biographieforschung und narratives Interview. In: Neue Praxis, 3/1983, S. 283-293.

Schütze, F.: Verlaufskurven des Erleidens als Forschungsgegenstand der interpretativen Soziologie. In: Krüger, H.-H.; Marotzki, W. (Hrsg.): Erziehungswissenschaftliche Biographieforschung. Opladen 1995, S. 116-157.

Singh, M.: Alphabetisierung als plurales Konzept: Die Weltalphabetisierungsdekade der Vereinten Nationen. In: Genz, J.: 25 Jahre Alphabetisierung in Deutschland. Münster und Stuttgart 2004, S. 35-41.

Sting, St.: Stichwort: Literalität - Schriftlichkeit. In: Zeitschrift für Erziehungswissenschaft. 3/2003, S. 317-337.

Tröster, M. (Hrsg.) (2005): Neue Medien bewegen die Grundbildung. Lernprogramme - Konzepte - Erfahrungen. Bonn.
UNESCO: Statement of the International Committee of Experts on Literacy. Paris 1962.
UNESCO: Education for All Global Monitoring Report. Paris 2005.
Wikipedia: Stichwort „Analphabit". www.wikipedia.org. Zugriff am 22.07.2005.

Links

Agence nationale de lutte contre l'illettrisme	www.anlci.gouv.fr
Arbeitskreis Orientierungs- und Bildungshilfe	www.aobberlin.de
Bundesverband Alphabetisierung	www.alphabetisierung.de
Deutsche Gesellschaft für Lesen und Schreiben	www.dgls.de
Projekt APOLL	www.apoll-online.de
Stiftung Lesen	www.stiftunglesen.de
UNESCO-Institut für Pädagogik	www.unesco.org/education/uie
E-Learning-Projekt „ich will schreiben lernen"	www.ich-will-schreiben-lernen.de

Simone Straub

Schriftspracherwerb aus sonderpädagogischer Sicht – ein Erklärungsversuch zum professionellen Selbstverständnis von Sonderpädagoginnen und -pädagogen

Der Paradigmenwechsel in der Schriftspracherwerbsdidaktik hat dazu geführt, dass man sich den Erwerbsprozess der Schriftsprache näher anschaute. Dies war ein längst überfälliger Perspektivwechsel, der zu wichtigen Erkenntnissen für die didaktische Arbeit, insbesondere das Verständnis für subjektive kindliche Theorien und Schwierigkeiten beim Schriftspracherwerb, geführt hat.

Dabei wurde m.E. jedoch zu wenig beachtet, welche Schlüsselstellung der Lehrperson und ihrem professionellen Selbstverständnis zukommt und wie hilfreich es sein kann, sich mit den Perspektiven der Lehrerinnen und Lehrer zu beschäftigen. Von da aus kann das Thema der Schwierigkeiten beim Schriftspracherwerb besser verstanden werden, mit dem Ziel, die Sichtweisen der Kinder auch wirklich ernst nehmen zu können.

Ein interdisziplinärer Austausch, wie er von der Vortragsreihe „Schriftlichkeit - interdisziplinär" angestrebt wurde, regt dazu an, auf verschiedene Aspekte hinzuweisen, die für das Thema relevant sind. Ich nehme dies zum Anlass, den Fokus einmal auf die Seite der Professionellen zu lenken, der Lehrerinnen und Lehrer, die tagtäglich mit dem Problem der Schwierigkeiten beim Schriftspracherwerb konfrontiert sind.

Dieser Beitrag steht unter der Überschrift „Schriftspracherwerb aus sonderpädagogischer Sicht".

Ein Blick auf die Studienorganisation des Lehramtsstudiums für Sonderpädagogik in Frankfurt macht deutlich, dass die Bereiche - (sonder)pädagogisches Studium auf der einen Seite und fachwissenschaftliches bzw. -didaktisches auf der anderen Seite - zu wenig aufeinander bezogen sind. Die beteiligten Fachbereiche sind - obwohl doch beide an der Lehrerbildung beteiligt - nicht miteinander verschränkt. Dies gilt wohl vor allem für das sonderpädagogische Studium, aber in gewissem Maße auch für das grundschulpädagogische.

Der Bereich der sog. Kulturtechniken ist ein zentrales Lehr- und Lernfeld für angehende Lehrerinnen und Lehrer sowie Schülerinnen und Schüler. Und gerade hier lassen sich Lern- und Lehrschwierigkeiten festmachen. Wer

Probleme beim Lesen und Schreiben hat, hat diese meist auch in anderen Bereichen. Lesen- und Schreibenkönnen ist also eine zentrale Kompetenz für die Teilhabe an bzw. für das Bestehen in unserer Gesellschaft. Dennoch kann man das Lehramtsstudium - bisher zumindest noch gilt dies für sowohl das Grundschul- als auch das Sonderschulstudium - abschließen, mit nur einem oder auch keinem Seminar zur Schriftspracherwerbsdidaktik. Und damit soll man dann gerüstet sein, um Kinder bei ihrem Weg in die Schriftwelt zu begleiten oder sie bei ihren gescheiterten Erwerbsversuchen zu unterstützen!?

Mich interessiert, wie die Schriftspracherwerbsforschung auf der einen Seite und die Sonderpädagogik auf der anderen Seite sich dem Problem der schwierigen Schriftspracherwerbsverläufe annehmen. In diesem Zusammenhang habe ich Interviews mit Lehrerinnen und Lehrern von Lernhilfeschulen geführt, die im Anfangsunterricht im Grundstufenbereich tätig sind. Die Klientel, die ich also im engeren Sinne im Blick habe, bezieht sich auf die Lernhilfeschule.

Ich lege den Schwerpunkt nun also nicht so sehr auf die Frage der besonderen Schwierigkeiten oder Behinderungen auf Seiten der Klientel. Vielmehr interessieren mich die Einschätzungen und Erklärungen der Lehrerinnen und Lehrer und deren Schwierigkeiten bei ihrer alltäglichen Arbeit.

Mein Anliegen ist es, zur interdisziplinären Diskussion anzuregen, indem ich einen Gedanken skizzieren möchte, der zum einen über die Thematik des Schriftspracherwerbs hinaus grundsätzliche Fragen von Pädagogik und Didaktik betrifft. Zum anderen spreche ich damit am Beispiel des Schriftspracherwerbs das Thema der pädagogischen Professionalität an - und dies zwar am Beispiel der Sonderpädagogik, es handelt sich dabei jedoch um einen allgemeinpädagogischen Diskurs, der vor allem auch die Grundschulpädagogik tangiert.

Zum Aufbau in vier Schritten:

Zunächst werde ich auf die Diskussion um LRS und Legasthenie eingehen und dabei den Schwerpunkt auf die Veränderungen bezüglich der Frage nach den Ursachen von Schwierigkeiten beim Schriftspracherwerb lenken. Damit möchte ich sozusagen den Rahmen von Seiten der neueren Schriftspracherwerbsforschung sicherstellen (1). Im Anschluss daran werde ich anhand von Zitaten aus den Interviews illustrieren, was die „sonderpädagogische Sicht" ausmacht, d.h. wie Lehrerinnen und Lehrer ihre Arbeit und ihre Klientel beschreiben und zu welchen Schlussfolgerungen sie für sich und ihre Lehrerrolle kommen (2). Ich werde dann einen Erklärungsversuch anschließen, der sich mit dem professionellen Selbstverständnis der Lehrenden auseinandersetzt, das anscheinend auf einem dichotomen Verständnis von Bildung und Erziehung basiert und dem bestehenden normativen und somit separierenden Schulsystem geschuldet ist. Mögliche Konsequenzen aus diesen Befunden werden angedeutet - natürlich bei aller Bescheidenheit bezüglich der Repräsentativität der Aussagen und bei aller Vorsicht, da es sich um erste Ergebnisse handelt, also noch keine systematische Auswertung stattgefunden hat[46] (3). Die Analyse mündet schlussendlich in die Formulierung eines Desiderates, das sich an alle richtet, die an der Schriftspracherwerbsthematik beteiligt sind (4).

Die Diskussion um LRS und Legasthenie im Kontext der neueren Schriftspracherwerbsforschung

In der Schriftspracherwerbsforschung vollzog sich mit Beginn der 1980er Jahre eine Wende in zweifacher Hinsicht: zum einen bezüglich der Frage nach den Ursachen von Schwierigkeiten beim Schriftspracherwerb und zum anderen, damit verknüpft, in Bezug auf die Methodenfrage innerhalb der didaktischen Diskussion. Für den hier vorliegenden Zusammenhang werde ich nur auf den ersten Aspekt näher eingehen:

In den vergangenen Jahrzehnten ist über die verursachenden Bedingungen von Schwierigkeiten beim Schriftspracherwerb immer wieder konträr diskutiert worden; mit dem Ergebnis, dass die Erklärungsversuche der beobachteten Leistungsschere nicht minder streuen als die Leistungen von Schulanfängern und ihre Lernfortschritte im Lesen und Schreiben selbst. Die Forschungswende zeichnete sich nun durch eine Umorientierung aus: Man distanzierte sich von einer separaten, allein an einer kausal erklärbaren Ursachenzuschreibung interessierten Legasthenieforschung. Ziel waren, wie Schneider et al. (1990, 221) es formulierten, „umfassende Untersuchungen des Erwerbs der Schriftsprache und ihrer sachlogischen Schwierigkeiten". Motiviert war dieser Paradigmenwechsel durch Erkenntnisse, die aus der Kritik am Legastheniemodell entstanden waren. Die klassische Legastheniedefinition geht auf das Jahr 1951 zurück und lautet wie folgt: Legasthenie ist „eine spezielle und aus dem Rahmen der übrigen Leistungen fallende Schwäche im Erlernen des Lesens (und indirekt auch des selbstständigen orthografischen Schreibens) bei sonst intakter oder (im Verhältnis zur Lesefähigkeit) relativ guter Intelligenz." (Linder 1951, 100) Dieses Diskrepanzmodell, also die Unterscheidung einer schlechten Lese- und Schreibfähigkeit bei guter Intelligenz, stieß auf folgende Kritik (vgl. z.B. Valtin 2000): Es ließen sich bei-

---

46 Die Befragung fand im Rahmen meiner Doktorarbeit statt, die derzeit unter dem Arbeitstitel „Das Verhältnis zwischen Fachdidaktik und Lernhilfepädagogik am Beispiel des schriftsprachlichen Anfangsunterrichts" am Fachbereich Erziehungswissenschaften der JWG-Universität Frankfurt verfasst wird. Es handelt sich um leitfadenorientierte Interviews mit 11 Lehrerinnen und Lehrern von 6 verschiedenen hessischen Lernhilfeschulen.

spielsweise 1. keine typischen Fehlerbilder diagnostizieren, der Unterschied bezieht sich allein auf die Anzahl der Fehler. Des Weiteren stellte 2. das Intelligenzkriterium kein sinnvolles methodisches Kriterium dar, da je nach Verwendung unterschiedlicher Intelligenztests sich dementsprechend beliebige Resultate ergaben. Außerdem stellte sich 3. die Korrelation zwischen Intelligenzleistung und Lese- und Rechtschreibleistungen nicht als ausreichend aufschlussreich für die theoretische Annahme eines Bedingungszusammenhangs heraus. Und 4. erkannte man darüber hinaus die Schwierigkeit aus einem solchen Zwei-Klassen-Modell der Lese- Rechtschreibschwierigkeiten bezüglich der Förderkonsequenzen: Weder die Fördermaßnahmen noch die Erfolge sind abhängig vom Intelligenzfaktor und unterscheiden sich vor allem nicht in ihrer Qualität.

Diesen in zahlreichen Untersuchungen sich bestätigenden und nun schon seit nicht wenigen Jahren bekannten Fakten zum Trotz hält sich auch heute noch in der öffentlichen Diskussion hartnäckig die Vorstellung von legastheniespezifischen Fehlern, Raumlagelabilitäten, sog. Teilleistungsschwächen. Dies zeigt sich auf der einen Seite in der Ausrichtung von großen Interessenvertretungen wie dem Bundesverband Legasthenie, der offensiv das Diskrepanzmodell zwischen Intelligenz- und Lese-/Rechtschreibleistung vertritt und folglich die oben beschriebenen Forschungserkenntnisse negiert.

Auf der anderen Seite beobachtet man diese Ignoranz wissenschaftlicher Tatsachen gegenüber - anders lässt es sich meines Erachtens nicht bezeichnen - wenn man sich im Bereich der Diagnose- und Förderprogramme umschaut. Mit den Teilleistungskonzepten wird weiterhin die Vorstellung aufrecht erhalten, Schriftsprache sei zerlegbar in einzelne Teilkomponenten, die es allesamt zu beherrschen gelte, um der Schrift mächtig zu sein. Deshalb, so der logische Folgeschluss, führe ein gezieltes Training der optischen Wahrnehmungsfähigkeit beispielsweise bei Kindern, die Schwierigkeiten haben, Buchstaben wie ‚b' und ‚d', oder ‚p' und ‚q' zu unterscheiden, am besten zu Erfolgen. Diese Auffassung von einzelnen Teilleistungen ist recht beständig, wie zum Beispiel in der Diagnostik. Das weit verbreitete und anerkannte schuleingangsdiagnostische Verfahren zur Früherkennung von Lernschwierigkeiten im schriftsprachlichen Bereich von Breuer und Weuffen (2000) zielt mit seinen Differenzierungsproben explizit auf die Analyse von einzelnen Teilbereichen. Gerade im Falle der angesprochenen Verwechslung von ‚b' und ‚d', oder ‚p' und ‚q' sprechen die Autoren davon, dass dies zu Beginn des Schreiblernprozesses fast immer als Folge einer optischen Raum-Lage-Unsicherheit anzusehen sei. Gleichzeitig erkennen die Autoren jedoch, dass diese Unterscheidungsfähigkeit „eine neue Stufe der Abstraktion" (Breuer/Weuffen 2000, 27) vom Kind erfordert - und damit also vielmehr ein verändertes kognitives Niveau denn lediglich eine Strategiesicherheit voraussetzt.

Ich möchte diesen mir sehr wichtig erscheinenden Punkt an einem Beispiel erläutern. Es findet sich ausführlich bei Betz und Breuninger (1998), die den „Teufelskreis Lernstörung" eines Schülers namens Franz beschreiben. Ich beziehe mich hier nun auf den gerade angesprochenen Aspekt des veränderten kognitiven Niveaus: Franz verliest sich besonders bei bestimmten Buchstaben wie beispielsweise ‚b' und ‚d'. Die Autoren sprechen an dieser Stelle von einer Differenzierungsschwäche, „das ist die Tatsache, daß Franz noch in der Welt der Tassen lebt" (Betz/Breuninger 1998, 18). Mit der Metapher der Tassenwelt wird erklärt, dass es irrelevant für das alltägliche Zurechtfinden ist, „ob ein Henkel nach rechts oder nach links zeigt. Tasse ist Tasse. [...] Kein Mensch käme auf die Idee zu behaupten, daß das keine Tasse sei, weil sie anders herum steht oder anders bemalt ist. Keiner würde für diese Gegenstände verschiedene Namen benutzen wie: ‚Tisse' und ‚Tusse' " (ebd., 13). Diese ‚Welt der Tassen', in der wir uns übrigens auch als Erwachsene normalerweise bewegen, stößt nun aber mit der ‚Welt der Buchstaben' an ihre Grenzen. Hier funktioniert das Prinzip der Bedeutungsgleichheit bei Veränderungen von bestimmten Details nicht mehr. Im Gegenteil, bei einem Buchstaben ist es eben genau entscheidend, ob der ‚Henkel' nach links oder rechts zeigt und ob er oben oder unten angebracht ist. Dies wird im Falle von Franz und seinen Problemen mit ‚b' und ‚d' deutlich. Der Buchstabe wechselt seinen Namen und durch seine Verwendungsmöglichkeiten bei der Wortbildung die Bedeutung. Und diese Relevanz des augenscheinlichen doch so kleinen Details ist Franz noch nicht klar geworden. Für ihn bleibt die Form des Buchstabens ein und dieselbe - Tasse ist Tasse! Er hat also kein Problem mit der Differenzierung der Raumlage, sie hat für ihn einfach keine Bedeutung!

Welche widersinnigen Aufgabenstellungen durch die Fokussierung von Teilleistungen und der damit assoziierten Lernvorstellung zustande kommen, arbeitete sehr deutlich Claudia Osburg 1997 heraus. Diese Aufgaben legen zudem einen weiteren Schluss nahe, auf den auch schon Panagiotopoulou (2001) hingewiesen hat: Es wird nicht erkannt, dass bestimmte Differenzierungsprobleme dadurch auftreten, dass die Kinder ganz einfach die Bedeutung der präsentierten Wörter nicht verstehen können. Im folgenden Beispiel geht es um den akustischen Bereich. So sei es problematisch, so Osburg, „[...] ein Kind als ‚wahrnehmungsgestört' und ‚gefährdet für den Schriftspracherwerb' einzustufen, wenn es Wörter wie ‚Konsum-Komsum' oder ‚Postkutsche-Potzkusche' nicht auditiv differenzieren kann, oder Wörter wie ‚Konsumgenossenschaft' oder ‚Krambambuli' nicht ‚richtig' nachspricht, wie dies in der ‚Differenzierungsprobe' von Breuer/Weuffen (1993, 72) verlangt wird.

Vielmehr liegt die Vermutung nahe, daß dies dem Kind nicht gelingt, weil es die Bedeutungsunterscheidung von einzelnen Phonemen nicht erkannt hat oder benutzt oder - und dies ist ein weiteres zentrales Problem bei diesen Wörtern - vielleicht keinen semantischen Bezug herstellt, wodurch ihm die Differenzierung erschwert wird" (Osburg 1997, 74).

Die Förderung beschränkt sich in der Folge auf sogenannte Wahrnehmungstrainings, ob im akustischen oder visuellen Bereich. Diese sind aus zweierlei Gründen zu kritisieren. Zum einen verbessert sich beispielsweise die Fähigkeit, Schriftzeichen zu erkennen und zu differenzieren, nicht durch eine, wie Brügelmann es formuliert, „Präzisierung der Detailwahrnehmung an sich [...] Sie ist angewiesen auf die gedankliche Einsicht in die Bedeutung von Zeichenunterschieden innerhalb des Schriftsystems" (Brügelmann 1984, 71; Herv. i. O.). Hinzu kommt, dass hier oft mit Material gearbeitet wird, das völlig ohne Schriftsprache auskommt. So geht es beispielsweise bei der akustischen Differenzierung um die Identifizierung verschiedener Geräusche, also Geräusche mit geschlossenen Augen erraten, zuordnen etc. (vgl. Breuer/Weuffen 2000, 143ff.). Dass solche Übungen zur auditiven Differenzierung unabhängig von Sprachlauten oder visuellen Unterscheidung von geometrischen Figuren oder abstrakten Symbolen keine Rückschlüsse auf die Leseleistungen zulassen, diese Erkenntnisse sind nun schon seit den 1970er Jahren bekannt (vgl. Harris 1978, 442 sowie Röhr 1978, 77, zit. nach Brügelmann 1984, 70). Brügelmann folgert daraus schlüssig, „dass visuelle Wahrnehmung [und ich ergänze: ebenso die akustische] keine formale psychische Leistung, sondern abhängig vom Gegenstand ist" (ebd., 71).

Ausgangspunkt dieser Ausführungen war die Forschungswende bezüglich der Ursachenfrage von Schwierigkeiten beim Schriftspracherwerb. Zusammenfassend sei noch betont, dass das Zentrale dabei war, die Schwierigkeiten von Kindern beim Erwerb der Schriftsprache nicht als Indikatoren für ein Defizit anzusehen, sondern als Hinweis für ihren Entwicklungsstand. Mit Rückgriff auf die Entwicklungspsychologie Piagets beobachtete man verschiedene Phasen bei der Lese- und Schreibentwicklung. Diese bildete man in so genannten Stufenmodellen ab, mit denen man zeigen konnte, dass es sich beim kindlichen Schriftspracherwerb nicht um die Aneignung einer Summe von Teilfertigkeiten handelt. Vielmehr handelt es sich dabei um einen Prozess, der sich durch Strategiewechsel charakterisieren lässt, die eine qualitative und somit kognitive Veränderung bedeuten. Folglich ließ sich daraus ableiten, dass den (durchaus beteiligten und bedeutsamen) Sinnesfunktionen beim Schriftspracherwerb ihre Schlüsselstellung genommen werden konnte (vgl. Brügelmann 1984; Günther 1994). Es geht nicht in erster Linie um Wahrnehmungsleistungen, sondern um kognitive Erkenntnisprozesse.

Die „sonderpädagogische Sicht"

Welche Einschätzungen äußerten wohl Lehrerinnen und Lehrer, die mit Kindern konfrontiert sind, die Schwierigkeiten im Lesen und Schreiben haben? Die Sonderschule gilt als Sammelbecken für all die Kinder, die problematische Lernbiographien zeigen - da ist die Schriftsprache ein Hauptmerkmal, an dem dies festgemacht werden kann. Nun könnte man schlussfolgern, dass Sonderschullehrer dann doch wohl Experten auf dem Gebiet Schriftspracherwerb sein müssen. Ich habe also Sonderschullehrerinnen und -lehrer aus dem Grundstufenbereich von Lernhilfeschulen zum Thema befragt, um zu erfahren, was ihnen wichtig ist. Das Interview fokussierte folgende Bereiche: biographische Erinnerungen zur Deutschausbildung, Klientel, Didaktik des schriftsprachlichen Anfangsunterrichts, Schwierigkeiten beim Schriftspracherwerb, professionelles Selbstverständnis. Dabei wurde recht schnell deutlich, dass sich die Lehrer sehr intensiv mit ihren Kindern beschäftigen, dass sie sehr viel über ihre Kinder und deren Lebenswelten nachdenken, dass sie „immer wieder das Kind im Blick" haben und sich mit dem Menschenbild in der Pädagogik auseinander setzen. Selbstverständlich äußersten sich die Lehrerinnen und Lehrer ebenso zu deutschdidaktischen Fragen des Unterrichts einschließlich konkreter methodischer Vorgehensweisen. Das Thema Schriftspracherwerb stellte sich jedoch lediglich als Aufhänger für viel umfassendere, komplexere Themen heraus, mit denen die Pädagoginnen und Pädagogen beschäftigt sind. Aus diesem Grunde habe ich bei der Auswahl der folgenden Zitate bewusst den Fokus auf diese „sonderpädagogische Sicht" gelegt. Was ist damit also eigentlich gemeint?

Klientelbeschreibung

Zunächst einmal: Wie beschreiben Sonderschullehrerinnen und -lehrer ihre Klientel?
    Eine Lehrerin illustriert den häuslichen Hintergrund ihrer Schüler folgendermaßen:

[...] ich hab das Gefühl, dass ich in der Sonderschule schon mehr... oder geballter mit Kindern konfrontiert bin, die **diese Erfahrung zu Hause nicht machen.** [...] und auch wirklich dieses **in so einer lese- und schreibfernen Welt zu sein,** dass das einfach in der Sonderschule viel mehr auftaucht. Auch mit **analphabetischen Eltern oder mit Eltern, die gar kein Deutsch sprechen können und geschweige denn schreiben oder lesen,** also damit werden die Kinder in der Sonderschule mehr konfrontiert. Das ist mehr so diese **Lebenswelt,** in der sie halt aufwachsen als in der Grundschule [...]

Auch der folgende Lehrer betont:

Ich merke aber, dass der **Zugang** schwierig ist, ich merke, dass **keine Grundlagen..,** wenn ich hier aus Sachsenhausen die Schickimicki-Kinder mitkriege, ja, Gott, die haben da andere **Voraussetzungen**. Wir haben hier viel mit **brachliegenden Sachen** zu tun, ja, die erst aktiviert werden müssen, da ist die Sprache, spielt ja auch zu Hause bei den Schülern keine Rolle.

was die Lehrerin aus dem nächsten Beispiel so herleitet:

[...] aber da ist es auch so, dass die Mutter sagt, ich kann dem nicht helfen, ich kann selbst nicht Deutsch lesen.... Also die Kinder haben wirklich einfach **erschwerte Startbedingungen**.

An einem Vergleich macht das dieser Lehrer deutlich:

[...]ich denke nicht, dass wir andere Schüler haben, sondern, dass es, dass die einfach **anderes mitbringen** und **länger Zeit brauchen**. Also ich habe in der Zwischenzeit in einer Krabbelstube gearbeitet, zwischen Referendariat und meiner ersten Stelle, [...] und habe dann diese erste Klasse bekommen und habe denselben **Wortschatz** festgestellt von den Guten der Krabbelstube, das waren Dreijährige, und von meinen Schülern. Und auch **Interessen** und die Liedchen, die ich in der Krabbelstube gesungen habe, die singe ich auch mit meinen.

Hinzu kommt ein anderer, organisatorischer Aspekt, den diese Lehrerin anspricht:

Das ist ja auch irgendwie das Schwierige. [...] Zwei Mädchen sind noch aus der ersten Klasse da. Dann sind dieses Jahr...eins, zwei, drei, vier neue dazu gekommen. Und drei Kinder, vier Kinder sind weggegangen. [...] zwei Kinder [kommen] aus der Regelschule, ein Kind aus der Sprachheilschule [...] und ein Kind, was aus dem Gemeinsamen Unterricht jetzt hierher gekommen ist. Und vorher kam auch ein Kind aus der Sprachheilschule und einer kam noch mal aus einer anderen Lernhilfeschule irgendwann dann, weil er umgezogen ist, also...**es ist total bunt gemischt**.

Und eine Konsequenz daraus ist dann:

Das Problem ist ja immer in der Sonderschule oder an der Lernhilfeschule, dass die **Leistungsniveaus so unterschiedlich** sind.

Um die genannten Aspekte noch einmal zu bündeln: Es lassen sich drei Hauptthemen herausgliedern. Der Bereich der **Lebenswelt**, damit verbunden ist das Thema des **individuellen Entwicklungsstandes** und als drittes die **Heterogenität**:

Die Kinder kommen aus einer lese- und schreibfernen Welt, was oft mit einem analphabetischen Elternhaus einhergeht, oder eben die Eltern kein Deutsch können. Daran sind die individuellen Voraussetzungen geknüpft: Es fehlen ihnen die Erfahrungen, sie haben keine bzw. andere Grundlagen, da die Sachen einfach brachliegen. Sie haben andere Interessen, was sich auch am geringen Wortschatz zeige. Kurzum, die Kinder haben erschwerte Startbedingungen, die einfach mehr Zeit nötig machen. Die geringe Kontinuität in den Klassen führe zur bunten Mischung und die wiederum zu unterschiedlichen Leitungsniveaus, also einer extrem heterogenen Gruppe.

Soweit zur Klientelbeschreibung.

Professionelles Selbstverständnis - oder „typisch sonderpädagogisch"?

Ich habe die Lehrerinnen und Lehrer in den Interviews gefragt, was denn eigentlich das Spezielle in ihrer Arbeit sei. Auch dazu zwei typische Aussagen:

> Ich denke schon, dass der Sonderpädagoge auf **dieses Gesamte** schon den Blick richtet. [...] das unterscheidet einem auch ein Stück weit von der Grundschule, weil...ich glaub so in der Sonderschule man noch so **ein bisschen genauer hingucken** ...muss.

Und auf die Frage, was ihnen wichtig ist, worin sie also ihre Aufgabe sehen, antwortet eine Lehrerin:

> Also ich find einfach immer so diese **Sozialkompetenz** einfach immer sehr sehr wichtig. Also, dass es so eine **Klassengemeinschaft** gibt z.B., das ist mir sehr wichtig.

und dieselbe Lehrerin betont aufgrund der nicht selten vorhandenen Schulangst:

> [...] die haben so eine Schulangst entwickelt oder sonst irgendwas, dass das jetzt erst mal egal ist, ob die in Mathe oder Deutsch nicht gut sind, die sollen **einfach erst mal wieder irgendwo ankommen** und... so.

Zugespitzt kommt eine weitere Lehrerin zu dem Schluss:

> Hauptsache, die Kinder kommen **gerne und ohne Angst** in die Schule. Wenn das geschafft ist, bin ich absolut zufrieden. Alles, was sie darüber hinaus lernen, soll mir recht sein, wichtig ist aber, dass sie **keine Angst, sondern Spaß** in der Schule haben.

Und ein Lehrer bekennt im Zusammenhang mit Rechtschreibfragen:

> Thunfisch ohne „h" ist ok, aber handlungsfähig sein, selbstbewusst sein, ich will starke Schüler am Ende. **Ich möchte selbstbewusste, starke Schüler haben** [...]

Die Hauptpunkte lassen sich unter zwei Bereiche zusammenfassen: Der erste Bereich, der **sonderpädagogische Blick**, wurde damit beschrieben, dass man das Gesamte im Blick haben und generell im Vergleich zur Grundschule ein bisschen genauer hingucken müsse. Die **soziale Atmosphäre** überschreibt den zweiten Bereich. Hier seien die wichtigsten Ziele und Aufgaben im Unterricht, Sozialkompetenz und Gemeinschaftsgefühl bei den Schülern zu fördern. Grundlegend ist für dies aber, dass sie unabhängig von Leistungsansprüchen und ohne Angst überhaupt einfach erst mal irgendwo ankommen können, also gerne und mit Spaß in die Schule kommen, damit schlussendlich selbstbewusste und starke Schüler aus der Schule hervorgehen.

Das Dilemma: Erklärungsversuch und mögliche Konsequenzen

Wie lassen sich diese Aussagen nun deuten? Ich möchte einen Erklärungsversuch anschließen und auf die möglichen didaktischen Konsequenzen zu sprechen kommen.

Sonderschullehrerinnen und -lehrer stellen also etwas anderes in den Vordergrund, wenn sie auf die Thematik Schwierigkeiten beim Lesen und Schreiben angesprochen werden. Es beschäftigen sie Probleme auf einer anderen Ebene. Warum ist das so?

Anhand der Zitate über die Klientel und das sonderpädagogische Handeln wird deutlich, dass es sich um ein extrem vielschichtiges Problem handelt. Nicht nur, dass die Schülerinnen und Schüler mit äußerst unterschiedlichen Leistungsniveaus in einer Klasse zusammensitzen. Die Vielfalt und mit ihr die Komplexität geht weit über die schulische Leistungskomponente hinaus in die Bereiche der subjektiven Lebenswelten hinein. Eine Lehrerin sprach davon, dass diese Kinder in einer anderen Welt leben würden, die erst einmal an die Welt der Schule angepasst werden müsse.

Es sind also nicht grundsätzlich „andere Schüler", sie bringen nur „anderes" mit und brauchen „länger Zeit" - oder wie es Brügelmann (2005, in diesem Band) in seinem Vortrag formulierte: Die Leistungsschwächeren unterschieden sich nicht durch stabile Eigenschaften, sie seien nur zum falschen Zeitpunkt normal. Ich denke, bei aller Trefflichkeit dieser Einschätzung vor allem in Bezug auf den Aspekt der stabilen Eigenschaften - sie birgt meiner Ansicht nach ein grundsätzliches Problem: ob nun zum richtigen oder zum falschen Zeitpunkt „normal", was dabei „normal" ist, bestimmt eine normative Leistungsvorstellung, die in den Köpfen der Lehrerinnen und Lehrer wie der Erziehungswissenschaftler und Erziehungswissenschaftlerinnen tief verankert zu sein scheint. Es ist ein Richtmaß, an dem man sich orientiert, das erfüllt werden muss, das von Lehrplänen vorgegeben wird. Ob dieses Richtmaß überhaupt oder für einzelne Kinder sinnvoll ist, wird dabei nicht hinterfragt. Und daran knüpft sich ein weiterer Aspekt, den Brügelmann m.E. übersieht. Wenn er davon spricht, dass diese Leistungsschwächeren nur zum falschen Zeitpunkt normal seien, unterstellt er eine gewisse Eigendynamik von Lern- und Entwicklungsprozessen. Die ist aber eben gerade nicht vorhanden! Der Punkt ist ja gerade, dass Kinder massive Brüche in ihrer Lern- und Entwicklungsbiographie erlebt haben und sie sich also nicht einfach noch nicht in der „Welt der Tassen" befinden oder nicht pünktlich normal sind, sondern da vielleicht auch gar nicht ankommen. Zumindest werden sie das nicht, wenn ihnen die Bedeutung der Position des Henkels, um bei dem Beispiel zu bleiben, verschlossen bleibt.

An dieser Stelle möchte ich einen Blick auf die Grundschule werfen, da diese der Ort ist, an dem die Karrieren der Kinder entschieden werden.

Die Grundschule versucht, individuell auf jedes Kind einzugehen und es zu fördern. Wer sich jedoch nicht in die Struktur einfügt, wird eben aussortiert. Er ist für das System nicht weiter tragbar. Eine Institution, die die Möglichkeit hat auszusortieren, die Schüler abgeben kann an eine andere, wird dies auch tun. Sie muss die Gefühle der Überforderung und Ohnmacht, die durch die Komplexität der heterogenen Leistungsgruppen bei der Lehrperson ausgelöst werden können, nur bedingt an sich heranlassen. Es gibt ja eine institutionelle, staatlich legalisierte und weitgehend anerkannte Lösung für die Probleme: die Sonderschulüberweisung! Diese Möglichkeit haben die Sonderpädagogen nicht, bzw. nur noch systemimmanent. d.h. sie können innerhalb des Sonderschulsystems wieder sortieren nach spezifischen Behinderungsarten. Auch darin zeigt sich das große Bedürfnis nach homogenen Gruppen. Panagiotopoulou (2005, in diesem Band) wies in ihrem Vortrag darauf hin, dass in all den Differenzierungsversuchen - sie bezog sich auf innere Differenzierung, aber dies lässt sich ebenso auf die Gliedrigkeit des Schulsystems übertragen - dass also in all diesen Differenzierungsversuchen eine Homogenisierungstendenz deutlich werde. Der Umgang mit Heterogenität bestehe darin, Heterogenität zu umgehen. Und ich möchte dies zuspitzen, indem ich meine, dass das Ziel ist, Heterogenität nicht nur zu umgehen, sondern ihr massiv entgegenzuwirken. Und dabei spielt der normative Leistungsanspruch die Hauptrolle. D.h., eine homogene Gruppe wird definiert über eine normative Leistungsgröße oder eben in der Sonderschule noch mal vorgeschaltet über ein körperliches oder psychisches Merkmal (Köperbehindertenschulen, Erziehungshilfeschulen etc.).

Die Sonderschule als Aufnahmeinstitution bildet quasi das letzte Glied in der Kette. Da ist Endstation, höchste Besonderungsstufe. Da kommen sie alle hin, die in der Regelschule nicht standhalten, die „ihre Welt nicht an die Welt der Schule anpassen konnten" (inhaltlich zitiert aus Interview Nr. 5, 610-612).

Und wie reagieren die Sonderschullehrerinnen und -lehrer? Sie befinden sich meiner Ansicht nach in einer Dilemma-Situation. Da sie am Ende der Segregationsreihe stehen, besteht für sie nicht die Möglichkeit, die Schüler einfach an die nächste Institution weiterzuschicken. Dennoch sind diese normativen Leistungsvorstellungen vorhanden. D.h. die Orientierung am Heterogenitätsgedanken hat sich noch nicht durchgesetzt. Im Gegenteil, sie wird in aktuellen Diskussionen gerade wieder kritisch betrachtet mit dem Argument, die Kinder selbst forderten homogene Gruppen ein. Doch dies nur als Randbemerkung.

Fest steht, die Kinder sind an der Schule gescheitert und nicht die Schule an den Kindern! Und mit diesem ‚Scheiterhaufen' muss nun die Sonderschullehrerin zurecht kommen.

Die Crux liegt m.E. in den komplexen Anforderungen, wie die Zitate verdeutlichen sollten, die als diffus wahrgenommen werden und die solche Ohnmachtsgefühle erzeugen. Den Anforderungen nicht gewachsen zu sein, nicht zu wissen, wo man anfangen soll, so viel nachholen zu müssen, was vielleicht die Aufgabe anderer hätte sein müssen, dringenden ganz konkreten Problemlagen der Schüler gegenüberzustehen sowie mit tiefsitzenden Krisensituationen konfrontiert zu sein - dies stellt eine verständliche Überforderung dar und mündet in der Konzentration auf allgemeinpädagogische Themen. Das Thema des Scheiterns wird zu einem zentralen, allgegenwärtigen und lässt Fragen der Bildung hinter denen von Erziehung zurückstehen.

Diese dichotome Auffassung von Bildung und Erziehung erscheint verständlich vor dem Hintergrund, dass Sonderschullehrerinnen und -lehrer tatsächlich mit der Tatsache konfrontiert sind: Viele ihrer Schüler wollen und können auch nicht mehr lernen. Daraus den Schluss zu ziehen, den Blick hauptsächlich auf das Kind zu richten, und zwar so, dass man sich dabei abwendet vom Lerngegenstand Schriftsprache - das übersieht, welche Anteile an diesem so genannten Scheitern der Kinder dem vorausgegangenen Bildungsprozess selbst zukommen.

Um auf die Ebene der Lehreraussagen zurückzukommen, noch einmal zurück zum „Thunfisch ohne h". Ich stimme dem Lehrerurteil durchaus zu: „Thunfisch ohne h ist ok" - nach den neuen Rechtschreibregelungen sowieso! Der Stellenwert der Rechtschreibung ist im Prozess des Schriftspracherwerbs in der Tat nachrangig. Ihr Sinn sei an dieser Stelle einmal dahingestellt. Der Lehrer möchte „handlungsfähige", „selbstbewusste" Schüler. Zweifelsohne ein Ziel, hinter das man sich stellen sollte. Die Frage ist aber doch: warum wird dies als separates Thema betrachtet, das im Gegensatz zum Thema Schriftsprache steht? Ist nicht die Handlungsfähigkeit angewiesen auf die Ressource Lesen- und Schreibenkönnen, vielleicht sogar orthographisch richtig schreiben zu können?

Die angesprochene Dichotomie hat Folgen für die pädagogische Praxis:

Es findet eher eine Unterforderung als eine wirkliche Förderung statt. Bei der Konzentration auf allgemeinpädagogische Fragen geht die fachdidaktische Perspektive im alltäglichen Lernkontext verloren. Somit werden meiner Ansicht nach Lernchancen vorenthalten. Man möchte die „schlechten Startbedingungen", die „fehlenden Voraussetzungen", die „andere Lebenswelt" kompensieren. Dabei wird dieser Bereich, der eher dem allgemeinpädagogischen erzieherischen Handeln zugeordnet wird, von dem, was gemeinhin unter Wissensvermittlung verstanden wird, abgekoppelt. Und man kommt zur traditionellen Gegenüberstellung: Pädagogisches Handeln ist eine Sache, Bildung eine andere!

Was ist das Desiderat? Ein abschließendes Plädoyer:

Hartmut v. Hentig stellte vor gut zehn Jahren seine Ideen zur Schule zur Diskussion, die er zwei Jahre später in einer Rückschau jedoch nicht in seinem Sinne verstanden sieht:

„[...] vor 2 Jahren habe ich meine Vorstellungen von der Schule als Lebens- und Erfahrungsraum zusammengefaßt (in: „Die Schule neu denken"); an den Reaktionen hierauf habe ich mit Schrecken gemerkt, wie bereitwillig man diesem Programm zuliebe (mit dem man dem Erziehungsnotstand in der Schule beizukommen hofft) die Sache der ‚Bildung' aufzugeben bereit ist; ich nahm wahr, wie viele Mitmenschen und Pädagogen das Heil ausschließlich in der anderen Richtung suchten: beim offenen, freien, situativen Lernen, bei Sinnlichkeit, Ästhetik, Spiel, im Projekt, in der ‚Produktionsschule', in Outward-bound-Abenteuern."

Die Intention seiner neu gedachten Schule war vielmehr von einem anderen Gedanken getragen:

„Der Gegensatz, die Ausschließlichkeit, mit der die eine Schule meint, das notwendige Wissen und Können, die Welt der Kulturgüter vermitteln zu sollen, und die andere Schule entschlossen ist, die Person zu stärken, sich entfalten und erproben zu lassen, ist falsch - ist unbegründet, sachwidrig und verführerisch einfach. [...] ‚Die Menschen stärken *und* die Sachen klären' - so, mit der Kopula statt eines Kommas, hätte man meine Formulierung des Auftrags der Schule vielleicht richtig verstanden" (von Hentig 1996, 54ff., Herv. i. O.).

Es kann demnach nicht um eine Entweder-oder-Entscheidung gehen. M.E. aber auch nicht um ein bloßes „Sowohl-als-auch", wie man bei v. Hentigs und-Formulierung assoziieren könnte. Die beiden Aspekte müssen aufeinander bezogen werden. Und dafür muss geklärt werden, was Bildung, was die Sache denn eigentlich sein soll. Und für diese Aufgabe bedarf es des Austausches der Fachdidaktik mit der Pädagogik, um gemeinsam dem Kind einen subjektiven Sinn im Lesen und Schreiben zu ermöglichen. In diesem Sinne möchte ich von Hentigs Formulierung zuspitzen auf folgende Formel: Die Sachen klären, *um* die Menschen zu stärken.

Wenn ein Kind also im schulischen Rahmen auffällig bezüglich seiner Leistungen beim Lesen und Schreiben wird, lässt sich Folgendes beobachten: Die Erkenntnisse der neueren Schriftspracherwerbsforschung geraten aus dem Blickfeld vieler PädagogInnen. Es zeigt sich an der Stelle ein Phänomen, das Röber-Siekmeyer (2002) in der Überschrift eines Artikels mit der Formulierung paraphrasierte: „Schrifterwerbskonzepte zwischen Pädagogik und Sprachwissenschaft". Sie beschreibt in diesem Aufsatz das Dilemma, dass es sich mit dem Schriftspracherwerb offenbar um eine Thematik handelt, deren Disziplinzugehörigkeit ungeklärt ist. Sowohl die Erkenntnisse der

Sprachwissenschaft und -didaktik als auch die der Pädagogik, insbesondere der Kindheitsforschung, und der Entwicklungspsychologie sind relevant für die Vermittlung von Schriftsprache. Der institutionelle Rahmen, in dem der Schriftspracherwerb platziert ist, ist die Schule. Lehrerinnen und Lehrer bewegen sich also innerhalb dieser Institution und sind durch sie mit dem Auftrag konfrontiert, bestimmten Bildungsanforderungen nachzukommen. Hierzu zählt die Verantwortung, den Schülerinnen und Schülern Lesen und Schreiben beizubringen, sie aus ihrer schriftfernen Welt herauszuholen. Die Aufgabe der Lehrperson ist es, die Aneignung des Lerngegenstandes so zu gestalten, dass dessen Relevanz aus der Perspektive des Lernenden erkannt, verstanden und genutzt werden kann. Leider zeigt uns die Praxis des separierenden Schulsystems immer wieder, dass die Schule nicht in der Lage ist, dieser Aufgabe zufriedenstellend gerecht zu werden. Man spricht viel lieber davon, dass eine bestimmte Klientel an den Leistungserwartungen der Schule scheitert und deswegen einer Sonderschulkarriere nicht entkommen kann. Und dort richtet man den Blick dann endlich „auf das Gesamte", schaut „ein bisschen genauer" hin und ist so erschlagen von der Komplexität, dass man froh ist, wenn die Kinder wenigstens „gerne in die Schule" kommen. - Es kann und darf m.E. jedoch nicht bei dieser einseitigen Ausschließlichkeit, wie sie auch v. Hentig beklagt hat, bleiben. Was ist also das Desiderat?

Kinder wollen lesen und schreiben lernen, wenn sie in die Schule kommen. Die Verweigerung, Ablehnung, der Unmut oder Unwille kommt erst auf, wenn das Kind eine Erfahrung macht, die es in irgendeiner Art und Weise bedroht in seinem Lernen. Kinder kommen gerne in die Schule, wenn sie ernst genommen werden und von ihnen etwas gefordert wird, was sie ja erwarten, aber was sie auch im Stande sein müssen zu erfüllen. Dies hat Folgen für das professionelle Handeln von Lehrerinnen und Lehrern:

Gerade im Zusammenhang mit Schwierigkeiten beim Schriftspracherwerb ist eine fundierte, kompetente Analyse des Lerngegenstandes unerlässlich, um wirklich substantiell und nachhaltig fördern zu können. Diagnostische Kompetenz zeichnet sich dadurch aus, dass explizites Wissen über Schriftspracherwerbsprozesse, über die verschiedenen Schreib- und Lesestrategien und ihre kritischen Phasen vorhanden ist. Nur dann können die richtigen Analysen zu Lernstand und Lernprozessen vorgenommen und daraufhin die passenden Fördervorschläge abgeleitet werden.

Zudem kann die Förderung nur am Lerngegenstand selbst ansetzen und sollte nicht entfremdet mit schriftfernem Material irgendwelche Teilleistungen trainieren. So wie man Lesen und Schreiben nur durch Lesen und Schreiben lernt, bewältigt man die Schwierigkeiten dabei auch nur durch die Auseinandersetzung mit der Struktur und Funktion der Sprache. Und dies gilt sowohl für die Lehrenden als auch die Lernenden. Wenn ich nicht verstanden habe, was die Funktion eines Graphems oder eines Phonems ist, nämlich dass sie im Rahmen eines Wortes für Bedeutungsunterschiede verantwortlich sind, dann kann ich nicht begreifen, warum es wesentlich sein soll, ob bei der graphischen Darstellung der Bogen an dem Strich nun rechts oder links verläuft. Dann befinde ich mich noch in der ‚Welt der Tassen'. Und dies muss ein Lehrer, eine Lehrerin wissen, um die Probleme der Schüler richtig einschätzen zu können, d. h. eine professionelle Diagnose abgeben zu können, die auf längst widerlegte Teilleistungskonzepte verzichten kann.

Schriftspracherwerb aus „sonderpädagogischer Sicht", und damit komme ich zur Ausgangsfrage zurück, sollte auch und gerade Schriftspracherwerb aus fachdidaktischer Sicht sein. Jedoch muss die Fachdidaktik sich dafür auch an den Perspektiven der Kinder orientieren, damit mehr und mehr die Welt der Schule sich für die Welt der Kinder öffnen lernt.

Literatur

Betz, D.; Breuninger, H. (1998): Teufelskreis Lernstörungen. Theoretische Grundlegung und Standardprogramm. Weinheim, Basel: Beltz.
Breuer, H.; Weuffen, M. (2000): Lernschwierigkeiten am Schulanfang. Schuleingangsdiagnostik zur Früherkennung und Frühförderung. Weinheim, Basel: Beltz
Brügelmann, H. (1984): Lesen- und Schreibenlernen als Denkentwicklung. Voraussetzungen eines erfolgreichen Schriftspracherwerbs. In: Zeitschrift für Pädagogik, Jg. 30, S. 69-91.
Brügelmann, H. (2005): Entwicklung der Lesekompetenz - ihre Prognose und Förderung Vortrag im Rahmen der Ringvorlesung „Schriftlichkeit - interdisziplinär" an der JWG-Universität Frankfurt, am 14.01.2005, veröffentlicht in diesem Band.
Günther, K.-B. (1994): Vergleich der symbolisch visuellen Wahrnehmungs- und visomotorischen Produktionsfähigkeit von sprachentwicklungsgestörten, gehörlosen und nichtbehinderten Kindern (VIS). Eine empirische Grundlagenuntersuchung zu den wahrnehmungsmäßigen und feinmotorisch-koordinativen Voraussetzungen für den Schriftspracherwerb. Frankfurt am Main: Peter Lang.
Hentig von, H. (1999, 1996[1]): Bildung. Ein Essay. Weinheim, Basel: Beltz.
Linder, M. (1951): Über Legasthenie (spezielle Leseschwäche). 50 Fälle, ihr Erscheinungsbild und Möglichkeiten der Behandlung. In: Zeitschrift für Kinderpsychiatrie, Jg. 18, S. 97-143.
Osburg, C. (1997): Gesprochene und geschriebene Sprache. Aussprachestörungen und Schriftspracherwerb. Hohengehren: Schneider Verlag.
Panagiotopoulou, A. (2001): Analphabetismus in literalen Gesellschaften am Beispiel Deutschlands und Griechenlands. Frankfurt am Main: Peter Lang.
Panagiotopoulou, A. (2005): Umgang mit schriftkultureller Heterogenität im Anfangsunterricht, Vortrag im Rahmen der Ringvorlesung „Schriftlichkeit - interdisziplinär" an der JWG-Universität Frankfurt, am 26.11.2004, veröffentlicht in diesem Band.

Röber-Siekmeyer, C. (2002): Schrifterwerbskonzepte zwischen Pädagogik und Sprachwissenschaft - Versuch einer Standortbestimmung. In: Röber-Siekmeyer, C.; Tophinke, D. (Hrsg.): Schriftsprach-erwerbskonzepte zwischen Sprachwissenschaft und Pädagogik. Hohengehren: Schneider.

Schneider, W.; Brügelmann, H.; Kochan, B. (1990): Lesen- und Schreibenlernen in neuer Sicht. In: Brügelmann, H.; Balhorn, H. (Hrsg.): Das Gehirn, sein Alfabet und andere Geschichten. Konstanz: Faude.

Valtin, R. (2000): Von der klassischen Legasthenie zu LRS - notwendige Klarstellungen. In: Naegele, I. M.; Valtin, R. (Hrsg.) (2000): LRS - Legasthenie in den Klassen 1-10, Bd. 2. Weinheim, Basel: Beltz

Christian Rachner

Leseentwicklung und Mehrsprachigkeit
Was wir nach PISA und IGLU nicht wissen

Absicht des vorliegenden Beitrags ist es, zum Aufbau eines theoretischen Rahmens beizutragen, in dem das, was wir (bisher) nicht über die Literaltätsentwicklung mehrsprachiger Lerner/innen mit Migrationshintergrund wissen, untersucht werden kann. Um diesem Ziel näher zu kommen, werde ich mich mit einigen offenen Fragen beschäftigen, die erkennbar werden bei der Betrachtung des Forschungsdesigns der PISA- und IGLU-Studien zur Leseentwicklung und der Auswertung durch deren Autorinnen und Autoren, soweit es die Gruppe der Kinder mit Migrationshintergrund (m.Mh.) betrifft. Dafür soll geprüft werden,

– ob die Annahme, dass die Befunde zur Lesekompetenz von Kindern und Jugendlichen m.Mh. im Wesentlichen der Bildungsferne der Herkunftsmilieus dieser Gruppe zuzuschreiben sind, tragfähig ist (a),
– ob die Konzepte, mit denen die PISA- und IGLU-Studien „Lesefähigkeit" als Teil von Literalität erhoben haben, angemessen sind; untersucht werden die Begriffe „Lesekompetenz", „(Lese)kompetenzstufen", „Förderung durch Training von Lesestrategien" (b).

In einem nächsten Schritt wird das Hintergrundmodell zur Beschreibung des Textverstehens, auf das sich PISA/IGLU beziehen, und Ansätze der Kritik daran vorgestellt; es wird problematisiert, ob sich in einem solchen Modell der Stand der Erkenntnisse zu Prozessen des Verstehens von Texten darstellen lassen, die in einer Zweit/Fremdsprache rezipiert werden (c).
Abschließend wird auf einen Aspekt der Literalität, den der „Medialität" des Rezipierens und Produzierens, hingewiesen, der m.E. insgesamt, aber auch für ein Verständnis des Leseverstehens Mehrsprachiger stärker zu berücksichtigen sein wird (d).

a) „Bildungsferne" als Ursachenvermutung

Eine der Annahmen zur Platzierung der Schülerinnen und Schüler m.Mh. in Vergleichen mit anderen Schülergruppen geht davon aus, dass schlechte Leistungen im Bereich des Lesens und Schreibens ein Resultat der sozialen Herkunft seien.

So kommen auch Krohne/Meier/Tillmann (2004, 373-391) bei einer Re-Analyse der Daten der PISA-Studie hinsichtlich des Risikos der einbezogenen Jugendlichen bezogen auf die Faktoren „Sitzenbleiben", „Geschlecht" und „Migrationshintergrund" zunächst zu dem folgenden Befund:

„Das Risiko, im Verlauf ihrer Schulzeit, nicht versetzt zu werden, ist für 15-Jährige mit Migrationshintergrund 2,76 mal höher (als das der deutschen Gleichaltrigen, C.R). Eine Differenzierung nach Geschlecht bestätigt das zuvor gezeichnete Bild: 15-jährige Migrantenmädchen tragen - verglichen mit ihren deutschen Mitschülerinnen - ein 3,25 mal so hohes Sitzenbleiberrisiko. Demgegenüber ist das Sitzenbleiberrisiko der Migranten-Jungen „nur" 2,4 mal so hoch wie das ihrer deutschen Mitschüler. Aber auch dann werden Jugendliche aus Zuwandererfamilien mehr als doppelt so häufig nicht versetzt wie „Einheimische"" (ebd., 388)

Dieser Befund, der der Überrepräsentanz von Jugendlichen m.Mh. unter den Sitzenbleibern, kann Resultat dessen sein, was Gomolla/Radtke (2002) unter der Bezeichnung „institutionelle Diskriminierung" analysiert haben, dass nämlich das Argument der „ausreichenden oder nicht ausreichenden Sprachkenntnisse" gemäß den Opportunitätskalkülen der Organisation Schule eingesetzt wird. Gomolla/Radtke beschreiben anhand der Behandlung der Situation der Einschulung bzw. Rückstufung in eine Vorklasse/Schulkindergarten etwas, was ähnlich verläuft bei der Entscheidung darüber, ob die Möglichkeit der Nicht-Versetzung wahrgenommen werden kann, um Probleme der Organisation Schule zu bearbeiten:

„Eine weitere Form der Institutionalisierung solcher Normalitätserwartungen erfolgt bezogen auf die Sprachkenntnisse. (...) In deren (der Vor-Klassen, C.R.) bloßer Möglichkeit ist das Wissen sedimentiert, daß „Ausländerkinder (für die Schule) ein Problem sind", für das die Grundschule/Regelklasse (oder, so füge ich hinzu: diese gegenwärtig besuchte Klassenstufe, C.R) eigentlich nicht zuständig ist. Ausreichende Sprachkenntnisse werden als von den Kindern selbstverständlich zu erbringende Vorleistung vorausgesetzt. Sonst kann die Schule nicht so arbeiten, wie sie gewohnt ist zu arbeiten. Sie müsste z.B. didaktisch-methodisch differenzieren. Um ihre Gewohnheiten (Arbeitsweisen, -tempo) beibehalten zu können, hat sie Vorklassen eingerichtet (oder, so füge ich hinzu: die Möglichkeit der Nicht-Versetzung eingeführt oder aufrechterhalten, C.R.) (...) Wenn Sprachprobleme, die den Kern der Mitgliedschaftsrolle „Schüler" betreffen kein Abweisungsgrund (wie im Falle der zulässigen Gründe für eine Überweisung in eine Sonderschule, C.R.) sind bzw. dafür keine Lösung verfügbar ist, wird das Problem umgedeutet. Es kann dann als Motivations- oder Entwicklungsrückstand erscheinen, also den u.U. vorhandenen Optionen des Schulkindergartens oder der Sonderschule (oder den Begründungen für eine Nicht-Versetzung, C.R.) angepasst werden" (ebd., 260ff.).

Man würde aber die Faktoren der Fehlanpassung verkürzen (was nicht bei Gomolla/Radtke geschieht, jedoch bei anderen Autoren), behandelte man die - für Selektionsentscheidungen funktionalisierte - Entwicklung der Zweitsprache bei diesen Kindern und Jugendlichen nun ersatzweise als eine Konsequenz des Aufwachsens in einem bildungsfernen Umfeld, das ebenfalls den Erwartungen der Schule nicht entspricht und auf das sie sich in Deutschland notorisch nicht einzustellen vermag.

Bereits Daten der PISA-Studie selbst lassen erkennen, dass das Bildungsklima in den verschiedenen Migrantengruppen, gemessen über den Berufsstatus des Vaters der getesteten Jugendlichen, keineswegs homogen „bildungsfern" ist: Die Werte liegen im Durchschnitt zwischen 39,7 (bei den Vätern mit griechischem oder italienischen Hintergrund) und 34,1 (Väter mit türkischem Hintergrund); zum Vergleich: der Durchschnittswert der Väter deutscher Herkunft beträgt 44,3, der für Norwegen ermittelte 48,8, für Lettland 40,1 (ref. nach Deutsches PISA-Konsortium 2001, S. 340-345, 360-365)

Eine weitere, genauere Analyse der PISA/IGLU-Daten kann ebenfalls zeigen: das im Vergleich schlechte Abschneiden ist nicht geradlinig auf das soziale Umfeld, bzw. die Zugehörigkeit zu sog. „bildungsfernen Schichten" und die dort vermuteten sprachlichen Praxen zurückzuführen.

Krohne/Meier/Tillmann fahren im oben begonnenen Zitat fort:

„Die nicht selten vertretene These, dass sich die strukturelle Benachteiligung von Migrantenkindern „stärker aus ihrer sozialen Herkunft als aus ihrer ethnischen Zugehörigkeit erklären lässt" (Klemm 1994), wird somit durch unsere Daten nicht bestätigt. (...) Es (ein Berechnungsmodell, C.R.) zeigt, dass die Lesekompetenz den größten Erklärungswert für diese Unterschiede besitzt. Vergleicht man 15-jährige Migranten und Nicht-Migranten mit gleichen Lesefähigkeiten so schrumpft der Unterschied im Sitzenbleiberisiko deutlich. Für Migrantenjungen liegt dann das Risiko einer Nichtversetzung nur noch um das 1,39-fache höher. Auch bei Migranten-Mädchen sinkt das Sitzenbleiberisiko kräftig (von 3,25 auf 1,79), wenn eine gleich gute Lesekompetenz vorhanden ist. Dennoch bleibt der Unterschied zu den deutschen Mädchen beträchtlich" (dies., in Z.f.Päd 3 /2004, 388ff.).

So müsste man dann das, was in den von Gomolla/Radtke analysierten schulischen Bearbeitungsformen als „Problem" oder „Defizit in der Beherrschung der Zweitsprache" auf Seiten der Schüler m.Mh. erscheint, als Ausdruck einer Fehlanpassung der deutschen Unterrichtsorganisation in dreifacher Hinsicht analysieren: als Unfähigkeit, die Heterogenität in und zwischen den verschiedenen Migrantengruppen zu berücksichtigen, die Unfähigkeit, mit der sozialen Distanz der Schulen zu den Bedingungen des Aufwachsens in so genannten „bildungsfernen Umwelten" umzugehen und als Unfähigkeit, die besonderen Bedingungen des Zweitspracherwerbsprozesses angemessen zu berücksichtigen, hier: die Entwicklung der Lesefähigkeit in der Zweitsprache (L2).

Ein weiterer Hinweis darauf, dass es sinnvoll ist, in dieser Richtung zu suchen, sei mit dem folgenden Befund gegeben:

Selbst bei Lernprozessen unter den optimalen Bedingungen des bilingualen Unterrichts in den kanadischen Schulen, die den Immersion-Modellen folgen und die zu einem erheblichen Teil mit einer Schülerschaft aus den Mittelschichten arbeiten, zeigt sich, dass es eines Zeitraums von ca. 3 - 4, teilweise 5 Jahren bedarf, bis die Leistungen von Schülern, die bilingual unterrichtet werden, denen entsprechen, die von vergleichbaren Schülern erbracht werden, die nur in ihrer Herkunftssprache unterrichtet werden (vgl. Wode 1995, Wesche 2002).

Heintze (2001) referiert die Ergebnisse einer neuen Studie von Hakuta/Butler/Witt aus dem Jahre 2000, in der diese Autoren zu dem Schluss kommen, „dass selbst in Schulbezirken, die als besonders erfolgreich im Bereich Englisch als Zweitsprache gelten, Englischlerner drei bis fünf Jahre für den Erwerb mündlicher Kommunikationsfähigkeit auf Englisch („oral proficiency") und vier bis sieben Jahre für den Erwerb des schulsprachlichen Englisch („academic proficiency") benötigen" (ebd., 35).

Feststellungen zum Stand des Erwerbs einer Zweitsprache, hier: der Lesefähigkeit in der L2, müssten also - das sei festgehalten - in einem Modellrahmen getroffen werden, der einen *mehrjährigen Erwerbsprozess* zugrunde legt.

Wenn die Ergebnisse der Schülerinnen und Schüler m.Mh. aus IGLU/PISA der Ausgangslage des Lesens in der *Zweit*sprache zuzuschreiben sind, ist nach dem Verlauf und den Bedingungsfaktoren von Prozessen des Zweitspracherwerbs, hier: der Lesefähigkeit in der L2 zu fragen, bzw. zu rekapitulieren, was wir darüber wissen (können) und was wir nicht wissen, d.h. in welchem theoretischen Rahmen diese Fragen bearbeitet werden könnten.

In einem nächsten Schritt soll daher untersucht werden, was die Konzepte und Modelle, die den PISA- und IGLU-Studien zugrunde liegen, dazu beitragen können oder auch nicht (oder womöglich auch nicht diesen Anspruch erheben). Zu fragen ist also:

Ist das Modell, mit dem IGLU/PISA den Stand der „Lesefähigkeit" bestimmen, geeignet,

Aufschluss darüber zu geben, in welchen Schritten die Lerner - jenseits der einzelnen natürlichen Sprache, in der dies geschieht - ihre Lesefähigkeiten entwickeln?

Kann es Aufschluss geben über den Stand der Entwicklung der Lesefähigkeiten in einer Zweitsprache?

Und, über den theoretischen Rahmen von PISA und IGLU hinausgehend:

Welche Bedeutung haben die Arten des Lesens, mit denen Lerner m.Mh. vertraut (oder nicht vertraut) sind und auf deren Hintergrund sie Lesepraxis erwerben?

Schließlich: Gibt es Aspekte, die - nicht nur im Modell der IGLU/PISA-Studien - gar nicht erfasst werden als bedingende Faktoren des Leseverstehens?

b) Konzeptualisierung von „Lesekompetenz" und „Leseverstehen"

Von der OECD wird „literacy" als ein Ziel nationaler und internationaler Bildungsanstrengungen formuliert, in das erhöhte und umfangreichere Ansprüche im Sinne ausreichender Teilnahme an einer Mediennutzung, die schriftsprachliche Anteile einschließt, eingehen. So lautet das Bildungsziel der OECD - das zugleich Definition von „Reading literacy" ist -, die Fähigkeit zu erwerben, „gedruckte oder aufgeschriebene Informationen zu nutzen, um Aufgaben in der Gesellschaft zu übernehmen und die eigenen Ziele zu verwirklichen sowie sein Wissen zu erweitern und seine Begabung zu entfalten" (OECD/Statistics Canada 1995, 14, zit. nach Lehmann 1999, 67).

In diesem Begriff wird versucht, Reading literacy als ein *Niveau der Lesefähigkeit* zu definieren, das den Zugang zu vorgegebenen und selbstgewählten Anwendungsbereichen ermöglicht, also entsprechend gesellschaftlichen und individuellen Ansprüchen anpassbar sein muss.

Einem ähnlichen Verständnis folgt - als Studie im Auftrag der OECD - die PISA-Studie: „Literacy" wird verstanden als „Basisqualifikation" oder „Basiskompetenz", die eines spezifizierenden Zusatzes bedarf, eine Bezeichnung dessen nämlich, auf welchen „zentralen Gegenstand unserer Kultur" sich die jeweilige „Basiskompetenz" bezieht (Baumert/Stanat/Demmrich 2001 20ff.). So unterscheidet PISA eine Reihe von Kompetenzen, nämlich eine „Reading Literacy" und eine „Mathematic" bzw. „Sience Literacy".

Allerdings akzentuieren PISA (und IGLU) in besonderer Weise den instrumentellen Aspekt des Lesens:

„Neben dem Hineinwachsen in die Kultur im Rahmen der Lesesozialisation ist hier vor allem auch die Relevanz des Lesens als Voraussetzung für schulische und berufliche Erfolge zu nennen. Lesen als kulturelle Schlüsselqualifikation eröffnet die Teilhabe am gesellschaftlichen Leben und bietet die Möglichkeit der zielorientierten und flexiblen Wissensaneignung" (PISA 2001, 70).

Soweit der generelle Kompetenz-Begriff von PISA und IGLU.

„Aspekte des Lesens", „Dimensionen der Lesekompetenz" und „Kompetenzstufen"

Im Folgenden sei kurz rekapituliert, wie in PISA und IGLU Lesekompetenz in sich ausdifferenziert wird.

Die eine Skala der Differenzierung beschreibt „Aspekte des Lesens" (in PISA 2001, 82ff.) bzw. „Dimensionen der Lesekompetenz" (in IGLU 2003, 51):
Unterschieden werden dabei zwei „Leseintentionen", eine, die auf den „Erwerb und Gebrauch von Informationen" abzielt, und eine andere, die das „Lesen literarischer Texte" zum *Inhalt* hat, also begrifflich unpassend als „In-

tention" geführt wird. Diesen Leseintentionen werden vier „Aspekte der Verstehensleistung" zugeordnet: „Erkennen und Wiedergeben explizit angegebener Informationen" - „Einfache Schlussfolgerungen ziehen" - „Komplexe Schlussfolgerungen ziehen und begründen, Interpretieren des Gelesenen" - „Prüfen und Bewerten von Inhalt und Sprache" .

Die andere Skala differenziert „Kompetenzstufen des Leseverständnisses"; zur Vereinfachung sei hier nur das vierstufige Modell der IGLU-Studie vorgestellt - das von PISA unterscheidet fünf Stufen, die jeweils komplexer als IGLU Textverstehensvorgänge beschreiben, aber ebenfalls und ähnlich die Anforderungen beschreiben, die in einem Schema „Von Leichter zu Schwerer" konzipiert bzw. gedacht sind (IGLU 2003, 54):

„I: Gesuchte Wörter in einem Text erkennen" - „II: Angegebene Sachverhalte aus einer Textpassage erschließen" - „II: Implizit im Text enthaltene Sachverhalte aufgrund des Kontextes erschließen" - „IV: Mehrere Textpassagen sinnvoll miteinander in Beziehung setzen"

Es wird m.E. erkennbar, dass bereits die „Aspekte der Verstehensleistung" in einer Linie des vermuteten „Vom Einfachen zum Schweren" angeordnet sind.

Kritik an einem Kompetenzmodell, wie es dem „literacy"-Konzept von PISA/IGLU zugrunde liegt, wird in Deutschland - teilweise vergleichbar, und teilweise darüber hinausgehend - über die kritische Aufnahme des Begriffs der „Medienkompetenz" (die ja die Kompetenz zur Rezeption und Produktion von literalen Medien einschließt) geübt, und am Konzept von IGLU/PISA selber:

Vollbrecht (1999) verwirft die (beabsichtigte oder nicht beabsichtigte) Nähe eines Verständnisses von „(Medien)kompetenz" zum Kompetenzbegriff in Chomskys Kompetenz-Performanz-Modell von Sprache, in dem diese Kompetenz für eine gattungsspezifische, allgemeine Sprachfähigkeit steht. Vollbrecht votiert dagegen für ein Verständnis von „(Medien)kompetenz" als „Erschließungspotenzial" im Umgang mit Medien und wendet sich damit zugleich auch gegen eine Verkürzung auf „die nur instrumentell-qualifikatorische Funktion und Dimension der Medien-Nutzung" (ders., 14 ff.).

Sutter/Charlton (2002) argumentieren gegen die Konstruktion einer „Kompetenz"-Entwicklung vom Ende eines (stufenförmigen) Prozesses her und gegen den Rahmen einer Kompetenz-Performanz-Unterscheidung im Sinne Kohlbergs (d.h. in der Piaget-Tradition); stattdessen votieren sie für eine Beschreibung von Medienkompetenz als „konstruktive Eigentätigkeit der Subjekte" und im Rahmen des „sozialen Umgangs mit Medien in Gleichaltrigengruppen" (ebd., 144).

Zu problematisieren wäre also, wenn man diesen Kritikansatz auf das „reading literacy"-Verständnis von IGLU/PISA anwendet, dass deren Begriff von „Lesekompetenz" in einer Folge von Stufen konzipiert ist, für die es ein höchstes, entwicklungslogisch zu erreichendes Niveau gibt.

Schließlich die Position von Petra Wieler (2003), die sich mit der IGLU/PISA-Fassung von Lesekompetenz bei jungen Lesern auseinandersetzt. Wieler kritisiert das Kompetenz-Modell von PISA auf dem Umweg der Kritik an vergleichbaren Positionen in der deutschdidaktischen Diskussion: Mit Blick auf B. Hurrelmann stellt sie fest, dass im zugrunde gelegten Begriff von Lesekompetenz

„das Komplexitätsniveau der Fertigkeiten und Lesestrategien des *ausgebildeten* (Hervorhebung von Hurrelmann) Lesers" (Wieler 2003, 61)

beschrieben wird, nicht jedoch der Prozess erfasst ist, der für junge Rezipienten zunächst vorrangig

- an nur einen Teil der Textualität von Schriftlichkeit, nämlich literarische Texte, gebunden sei und dabei
- auch angewiesen sei auf etwas, was nicht schon zum „Kernbereich der *Kompetenz*dimensionen des Lesens" (Hurrelmann 2002a) gehöre, nämlich lesebegleitende Gespräche und Anschlusskommunikationen, also etwas, was dem jungen Rezipienten/Leser erst zur Verfügung gestellt werden müsse (Wieler 2003, 63).

Auch Wieler kritisiert also, dass im Kompetenz-Begriff von IGLU/PISA Entwicklung - auch als biographische Ungleichzeitigkeit der Beschäftigung mit unterschiedlichen Textsorten - und soziale Einbindung des Leseverstehens nicht abgebildet wird.

Die o.g. Aspekte des IGLU/PISA-Kompetenzmodells und Ansätze der Kritik sollen hinsichtlich zweier Beobachtungen weiterverfolgt werden:

- die Ausrichtung der Erhebungs- und Interpretationsmodelle auf einen bestimmten, funktionalistischen Aspekt des Lesens (der von den Autoren auch offen als zentraler, aber reduzierender Fokus gesetzt wird)
- die Art der Differenzierung von „Aspekten der Verstehensleistung", die widersprüchlich gehandhabt wird, zumindest diffus ist: Sind sie als gleichberechtigte Dimensionen innerhalb eines Verstehensvorgangs gedacht

oder

- sind sie als Entwicklungsstufen konzipiert, die in einem zeitlichen, auch biographischen Prozess der Herausbildung von Lesefähigkeit aufeinander aufbauen?

Diese impliziten oder expliziten Annahmen sind insofern wichtig, weil sie zu Effekten der Studien, bzw. zu didaktisch problematischen Konsequenzen führen: Dies soll an den „Bildungsstandards Deutsch" der Kultusministerkonferenz (KMK) und Empfehlungen zum „Training von Lesestrategien" gezeigt werden.

Legitim ist, dass Testkonstruktionen sich auf einen bestimmten, hier als „funktionalistisch" bezeichneten, Aspekt konzentrieren, vorausgesetzt die Interpretation der Ergebnisse bezieht sich dann auch nur auf diesen Aspekt. So gehen die Fragen und Interpretationsmöglichkeiten der PISA- und IGLU-Tests z.B. nicht ein auf ästhetische Aspekte der Texte und auf intertextuelle und intermediale Bezüge, die die Testpersonen als Leserinnen und Leser herstellen können. Abgesehen von grundsätzlichen Problematisierungen der Aussagefähigkeit von Tests für Bildungsprozesse ist, wie erwähnt, eine solche Beschränkung, wie sie IGLU und PISA vornehmen, legitim. Verblüffend ist allerdings, wenn in den „Bildungsstandards Deutsch" der KMK eben diese Beschränktheit als Bildungsziel des Deutsch-Unterrichts auftaucht (vgl. Bildungsstandards 2005, 12).

So werden in diesen „Bildungsstandards" Beispielfragen angeboten und verbindlich gemacht, die eben nur die Aspekte und Prozeduren des Leseverstehens umfassen, die In IGLU/PISA als Fragen zu den Testaufgaben vorgefertigt sind (ebd., 24ff.). Der Verdacht, dass hier ein „teaching to the test" vorbereitet wird, drängt sich auf. Auch die Fragen der Hessischen „Orientierungsarbeiten - Deutsch" reduzieren die Quintessenz eines anzustrebenden Deutschunterrichts auf eben diesen Fragenkatalog, der nur auf Informationsentnahme, auch bei den literarischen Texten, abstellt, ästhetische und intermediale Aspekte aber ausblendet (vgl. Hess. Kult.min.: Orientierungsarbeiten - Informationen zum zweiten Durchgang, S. 5 u. 9).

Zur Ausdifferenzierung von „Kompetenzstufen":

Die Autoren der deutschen PISA-Studie verweisen explizit darauf, dass die Stufenfolge nicht missverstanden werden solle als „didaktisches Modell" zur Formulierung einer Abfolge „von leichteren zu schwereren Aufgaben im Unterricht" (PISA-Konsortium 2001, 88). Auch verweisen diese Autoren auf den Befund,

„dass es Schülerinnen und Schüler gibt, die beim Ermitteln von Informationen auf Kompetenzstufe I, beim Reflektieren und Bewerten hingegen auf der höchsten Kompetenzstufe (V) liegen, und vice versa" (ebd., 96).

Dies gilt auch für das Auftreten anderer Kombinationen von Kompetenzstufen.

Dennoch bleiben Zweifel, ob die Autoren selber nicht doch ihr Modell als didaktisches Vorbild für die Schwerpunktsetzung innerhalb eines Trainings von „Strategien" missverstehen. Der Begriff der „Strategien" bezeichnet im Textverstehensmodell von v.Dijk/Kintsch (1983), auf das einzugehen sein wird, weil dieses Verstehensmodell zentraler Bestandteil der theoretischen Begründung der Konstruktion von „Lesefähigkeit" bei den PISA-

Autoren ist, Verfahren, die *dem prozeduralen Verstehen inhärent* sind. In der Empfehlung der PISA-Autoren zur Förderung von Lesefähigkeit wird als „Strategie" etwas definiert, was hingegen als *Bestandteil des deklarativen Wissens über Verstehensprozesse* gelten kann, also metakognitives Wissen, dessen Aufbau auch noch als pädagogisch-didaktisch verfügbar betrachtet wird (s. PISA-Konsortium 2001, 132ff.).

Als „prozedurales Wissen" (knowing how) bezeichnet man im Spracherwerb solches Wissen, das Sprecher z.B. in die Lage versetzt, grammatikalisch richtige Sätze zu bilden, ohne dass sie die entsprechende Regel formulieren könnten. Als „deklaratives Wissen" (knowing that) wird hingegen solches Wissen bezeichnet, das Sprecher einsetzen, um z.B. in einem mündlichen oder schriftlichen Text ein Wort, ein Lexem, als nicht ganz passend einzuschätzen und durch ein anderes zu ersetzen. Natürlich kann „prozedurales Wissen" als Regel oder Satz von Regeln, z.B. grammatische Regeln, formuliert werden - in dieser oder jener Form: denn bekanntlich gibt es durchaus unterschiedliche Modelle, um das zu beschreiben, was wir als „Grammatik einer Sprache" bezeichnen. Allerdings versetzt die Fähigkeit von Sprechern, grammatische Regeln zu formulieren, diese noch nicht in die Lage, sich ihrer sprechend auch tatsächlich zu bedienen. „Deklaratives Wissen" ist also nicht umstandslos in „prozedurales Wissen" beim Erwerb natürlicher Sprachen zu transformieren.

Zweifel sind daher auch an einer didaktischen Verfügbarkeit von „Strategien des Leseverstehens" angebracht:

Bremerich-Vos (2004) bezieht sich auf zuvor beschriebene Strategien so gen. „guter Leser", nämlich das Planen; das bedeutet z.B., sich Lernziele zu setzen, das bewusste schrittweise Überwachen des Verstehensprozesses und das Regulieren, indem solche Leser z.B. die Lesegeschwindigkeit herabsetzen.

Er fährt fort:

„Anders als Propagandisten des „Lernens des Lernens" nahe legen, soll man im Hinblick auf den Transfer des einmal Gelernten auf neue Situationen eher skeptisch sein. Denn das bereichs*spezifische* Vorwissen spielt eine entscheidende Rolle. Deshalb ist vielfach von einem „Breitband-Genauigkeits-Dilemma" die Rede: Je allgemeiner die gelehrten Strategien sind, um so weniger helfen sie im konkreten (Aufgaben-)Kontext; je spezifischer sie sind, um so weniger sind sie für vielfältige Kontexte geeignet. Trainiert man Lesestrategien, hat man darüber hinaus damit zu rechnen, dass Schüler/innen sich zwar Strategie*wissen* aneignen, es dann aber nicht nutzen. Und - besonders ärgerlich: Es kann sein, dass das Training Schüler/innen, die bereits über (andere) Strategien verfügen, besonders unsicher macht" (ebd., 109ff.).

Bremerich-Vos verweist dann auf teilweise *entmutigende* Resultate von Lesestrategie-Trainings, teilweise sieht er Möglichkeiten. Auch diese stellt Bremerich-Vos jedoch unter einen generellen Vorbehalt:

„In der Institution Schule stellen wir Lese*aufgaben.* Ob Schüler/innen diese Aufgaben im Sinne von *Problemen* ansehen, die sie selber lösen *wollen*, entzieht sich letztlich der Macht der Lehrenden. Über Technologien, Schüler/innen verlässlich entsprechend zu „motivieren", verfügen wir nicht, allen einschlägigen didaktischen Versprechungen zum Trotz" (ebd., 112, Hervorhb. durch Br.-V.).

c) Kritikansätze an Theoriebezügen von PISA und IGLU

Die Autorinnen und Autoren der PISA/IGLU-Tests versehen ihr Vorgehen mit einem theoretischen Unterbau. Die von ihnen unterlegte Modellierung des Leseverstehens orientiert sich am Textmodell von v.Dijk und Kintsch (1983). Zentrales Element dieses Modells ist die Zerlegung von sprachlichen Einheiten, i.e. einfach: die Verbindung einzelner Wörter, komplexer: ganze Sätze, in kognitive Einheiten, so gen. „Propositionen", die - von der konkreten sprachlichen Form abstrahierend - in einer bestimmten Struktur Informationen repräsentieren.

Fundamentale Kritik am Begriff der „Proposition" sensu Kintsch (der den Begriff der „Proposition", den er im gemeinsamen Textverstehensmodell mit v.Dijk 1983 formuliert hatte, weiterentwickelt und auf den sich die PISA/IGLU-Autoren ebenfalls beziehen) und damit an diesem Teil der theoretischen Fundierung der PISA/IGLU-Untersuchungen übt Grzesik (2003):

Die „Proposition" fungiere als „universale Analyseeinheit für nahezu die gesamte Realität des kognitiven Systems", damit erfolge ein Verwischen der Unterschiedenheit von linguistischen Einheiten und anderen, z.B. weltwissenbezogenen, psychischen Einheiten des Textverstehens (ebd., 158ff.)

Zudem sei die theoretische Verknüpfung von Testdesign (von Kirsch) und dem Textverstehensmodell von Kintsch nicht tragfähig (ebd., 158).

Eine Weiterentwicklung des Modells von v.Dijk/Kintsch findet statt bei Strohner (1990). Auch Strohner bedient sich des Modells von v.Dijk/Kintsch; er differenziert es jedoch erheblich und ergänzt es dadurch, dass er Textverstehen bindet an ein Subjekt, den Textprozessor, und an eine je wechselnde Umwelt, die konstitutiv auf das Textverstehen Einfluss nimmt:

Das Konstrukt „Proposition" behält eine zentrale Funktion, auch Strohner greift auf das Textmodell der Ebenen von Wort - Satz - Text zurück, die allerdings in sich jeweils stark differenziert sind. Z.B. wird die Konstruktion eines jeweils komplexeren Bedeutungszusammenhangs nicht erst auf der Ebene einer gewissen Textmenge angenommen, wie sie das reduzierte Modell in PISA/IGLU auf der obersten Ebene als „Situation" vorsieht, sondern bereits auf der Ebene des einzelnen Wortes (und so fort im Ebenen-Modell). Die potenzielle Vieldeutigkeit (oder Kontingenz der Deutbarkeit) eines Textes erhöht sich dadurch natürlich erheblich. Unterlegt man dieses Modell, so ergibt sich: Die Deutungen, die mehrsprachige Leser einführen, müssen nicht nur als Defizite behandelt werden, sie können auch als Bestand zusätzlicher semantischer Bezüge behandelt werden, die die Deutungsmöglichkeiten erweitern. Hier zeigt sich Forschungsbedarf.

Das Modell von Strohner (ebd., 85ff.) differenziert das Subjekt des Textinputs/intakes in „Textsensor" und „Texteffektor", wobei durch die Annahme eines „Texteffektors" Lesen immer auch als motorischer und vegetativer, d.h. auch emotionaler Prozess konzipiert wird, also fortlaufend z.B. Aufmerksamkeitsunterschiede integraler Bestandteil des Lesevollzugs sind. Auch solche Aufmerksamkeitsfokussierungen oder -indifferenzen heften sich bei mehrsprachigen Leser/innen in anderen Verteilungen an den Text, wie die Befunde zu Abbrüchen und Wiederaufnahmen im Prozess des Verstehens von Texten in einer anderen als der Herkunftssprache zeigen (Wolff 2002, Ehlers 2003). Auch hier liegen bisher nur Darstellungen vor, die diese Vorgänge als Defizite gegenüber herkunftssprachlichen Lesern beschreiben (ebd.), nicht jedoch als erweiterte Deutungsmöglichkeiten, die z.B. aus anderen Erwartungen an Texte resultieren, die in anderen Sprachen rezipiert wurden/werden.

Fundamentale Kritik an Modellen wie dem von v.Dijk/Kintsch als traditionalistisch trägt Ehlich (2005) vor, weil es dem Grammatik-Modell „Wort + Satz als Text konstituierend" verhaftet sei, nicht wirklich textlinguistisch im Sinne einer Orientierung an pragmatischen und diskursiven Bezügen:

Ehlich konstatiert einen Mangel an Forschung zum „Lesen als Handlungsmuster" bei 6 - 12jährigen Kindern. So sei die Forschung bereits mangelhaft/defizitär für das Lesen in der L1 (s. dazu: ders., ebd., 41), für die Theorie und die Empirie der Verfahren zur Feststellung des Sprachstands von L2-Lernern, insbesondere hinsichtlich der literalen Qualifikationen, und zum Zusammenwirken von Herkunfts- und Zweitsprache gelte dies in noch viel höherem Maße (ebd., 48)

Einem vergleichbaren Ansatz folgt auch Rosebrock, wenn sie Forschungsbedarf zur Lesesozialisation von Kindern durch ihre Einbindung in peer groups feststellt, um so über Muster ihres Lesens Aufschluss zu erhalten (vgl. Rosebrock 2004).

Textlinguistische Modellbildungen liegen zwar vor zum Verfassen von Geschichten (Boueke et al. 1995) und zur Struktur mündlichen Erzählens bei Kindern (Hausendorf/Quasthoff 1996). Problematisch ist aber, solche Modelle der Textproduktion auf den Bereich der Rezeption zu übertragen, zumal für Mehrsprachige.

d) Ein anderes Verständnis von „literacy" und „Literalität"

Eine weitere Überlegung spricht gegen die umstandslose Übertragung des „literacy"-Begriffs der PISA/IGLU-Studien auf das hier zu entwickelnde Verständnis von Schriftlichkeit (zum Folgenden vgl. auch Rachner 2004).

Im angelsächsischen Gebrauch von „literacy" findet nicht nur der vom PISA-Konsortium unterlegte, als „Basiskompetenz" gefasste Begriff Verwendung, sondern auch ein anderer, der insbesondere von Barton und einigen anderen Soziolinguisten in die Beobachtung und Beschreibung von schriftsprachlichen Aktivitäten eingebracht worden ist.

Ungeeignet in der Sache erscheint auch ihnen die Begründung von „literacy" (hier als Lese- und Schreibpraxis) auf der Annahme von Kompetenzen, die als Eigentümlichkeiten konzipiert werden, die Personen - ob erworben oder angelegt - zuschreibbar sind (als „set of properties residing in individuals" , wie Barton/Hamilton (2000, 8) in kritischer Absicht bemerken), und als unabhängig von materialen und situativen Realisierungsbedingungen.

Sie führen aus, dass und wie Lese- und Schreibaktivitäten stattfinden in konkreten, gesellschaftlichen und zeitlichen Zusammenhängen, als „situated literacies". Literale Praxen sind danach nicht nur Teil des soziokulturellen Zusammenhangs derer, die schriftsprachlich aktiv werden, sie beziehen sich auch auf je unterschiedliche institutionelle Rahmenbedingungen. Z.B. macht es einen Unterschied, ob Kinder für einen schulischen Zweck eine Darstellung verfassen oder für einen anderen Verwendungszusammenhang (vgl. Ossner 1996).

Und schließlich sind literale Praxen in einem Bezug zu unterschiedlichen Gelegenheiten („literacy events") zu sehen (vgl. Barton, D./Hamilton, M./Ivanic, R. 2000).

In der Beobachtung schriftsprachlichen Handelns, was das Lesen einschließt, sollten also auch der soziokulturelle Zusammenhang der Akteure, die institutionelle Einbindung und der situative Anlass mit berücksichtigt werden.

Bedeutung der „Medialität" im Literalitätskonzept

Als ein theoretisches Defizit ist festzuhalten, dass im PISA/IGLU- Modell die Seite der Medialität nicht genügend entwickelt ist. So bleibt im Hintergrundmodell des Textverstehens wie auch im Textverständnis, wie es sich in der Konstruktion der Testaufgaben zeigt, unberücksichtigt, dass mit der Verbreitung des PC eine neue Textform, nämlich die des „Hypertext", zu anderen Rezeptionsweisen führt, deren Auswirkungen mitbedacht werden müssen.

Zwei Vertiefungen sollen die nicht zu vernachlässigende Bedeutung dieser Veränderung in der Medialität literalen Handelns erkennbar machen.

Zur Rezeption linearer und nicht-linearer Texte

Unterschieden werden „lineare" und „nicht-lineare" Texte; dabei sind *lineare Texte* solche, die in der Regel als ausgedruckte Texte für Printmedien wie Buch und Zeitung/Zeitschrift produziert, darin präsentiert und darüber rezipiert werden. Als *nicht-lineare Texte* werden solche Texte bezeichnet, die in einem elektronischen Medium, meist dem PC, erstellt und über ein solches

Medium auch rezipiert werden. Üblich ist auch die Unterscheidung von „linearem Text" (LT) und „Hypertext" (HT). Die beiden medialen Präsentationsformen von Texten stellen unterschiedliche Anforderungen an Rezipienten:
So

„... können sich Rezipienten/innen von LT an der vorgegebenen und inhaltlich explizit begründeten Reihenfolge der Textteile orientieren. Sie können dabei auf vertraute Überblicks- und Orientierungshilfen (z.B. fortlaufende Seitenzählung, Ressort- und Bucheinteilung, Inhaltsverzeichnis, C.R.) sowie auf zahlreiche (z.b. typographische) Meta-Informationen zurückgreifen, die den Aufbau einer übergreifenden kohärenten Textstruktur erleichtern; zudem sind kohärenzfördernde Signale an der Textoberfläche verfügbar, beispielsweise einführende Sätze, zusammenfassende Aussagn oder auch vergleichende Rückbezüge" (Flenders/Christmann 2002, 208ff.).

Demgegenüber gilt für Hypertexte:

„Die Textinhalte sind üblicherweise auf zahlreiche kleine Textmodule (etwa in der Größe eines Textabschnitts) verteilt. Diese Textmodule sind inhaltlich autonom und nicht-linear miteinander vernetzt, d.h. die Textteile sind im Unterschied zu LT nicht in einer vom Autor/von der Autorin festgelegten Reihenfolge organisiert. (...)" (ebd., 208). Dies erwartet von den Rezipienten von HT, „dass Textteile explizit unter Benutzung geeigneter Überblicks- und Navigationshilfen ausgewählt und selbständig sequenziert werden und dass darüber hinaus der inhaltliche Zusammenhang zwischen den ausgewählten, inhaltlich autonomen Textteilen selbständig generiert wird. Dies muss unter Beachtung der jeweiligen Verarbeitungsziele geschehen, was praktisch bedeutet, dass permanent medienseitige Angebote, insbesondere Verknüpfungsangebote wahrgenommen, überprüft und in vielen Fällen ausgeschlagen werden müssen" (ebd., 208).

Die Autoren verknüpfen also die Bedingungen, unter denen „Kohärenz" hergestellt wird, mit dem Medium, in dem ein Text produziert und rezipiert wird. Textualität ist demnach nicht indifferent gegenüber dem Medium, in dem sie realisiert wird, insofern „Kohärenz" als zentrales Element von Textualität ein Ergebnis ist, das sich verändert je nachdem, in welchem Medium die Akteure diese, die Kohärenz, herstellen.

Für die Aspekte „Schrift" und „Schriftsprache" ist ebenfalls zu erkennen, dass die Medien, in denen sie realisiert werden, Einfluss nehmen: Als Beispiele seien hier das Chatten und das Simsen genannt: beide haben zum variierenden Spiel mit (Recht)Schreibweisen geführt. PC-Programme stellen zudem vielfältige Möglichkeiten zur typographischen Gestaltung der Schrift eigener und fremder Texte zur Verfügung, führen also zu einer Variationsbreite, die die Bindung an die Schrifttypen von traditionellen Schreibmaschinen oder die persönliche Schreibschrift aufhebt, die - wenn überhaupt noch erworben - höchstens zwei Schrifttypen umfasst.

Beispiele für andere, jenseits der Beziehung zur „Medialität" liegende, gegenseitige Wechselwirkungen der Aspekte „Schrift", „Schriftsprache" und „Textualität" untereinander lassen sich leicht erbringen. Erinnert sei hier nur an die Befunde zum Zusammenhang von persönlich bedeutsamen Texten und Rechtschreibentwicklung.

Zur medialen Fundierung von Begründungsformen

Folgt man der Argumentation einer anderen Autorin, so könnte der Wechsel zum neuen, digitalen Medium PC sogar historisch über einen langen Zeitraum erworbene und sich ausbreitende Denkformen verändern, da sie diese an den epochalen Übergang zur Schriftlichkeit in den traditionellen Medien der Textproduktion und -rezeption, denen der Handschrift und des Drucks, gebunden sieht. S. Krämer (2002) schreibt:

„Das Argument, verstanden als ein logisch konsistenter Satzzusammenhang, mit dem die Wahrheit einer Aussage durch Rückgang auf in ihrem Wahrheitsanspruch schon verbürgte Aussagen ausgewiesen wird, ist eine deduzierende Leistung der Schriftsprache, so wie auch die Wissenschaften, darin eingeschlossen Logik und Grammatik, sich erst im Medium des Textes als kulturelle Institution zu etablieren vermochten. (...) Das Argument - so ist zu vermuten - erweist sich als eine Rede- und Denkform, die erst im Umgang mit verschrifteten Gedanken ihr besonderes Profil gewinnt: Die Trennung zwischen der Wahrhaftigkeit der Person und der Wahrheit einer Aussage bedarf, um die wissenschaftliche Diskurspraktik zu fundieren, der Vergegenständlichung des fluiden Wortes im Medium von Wörtern und Sätzen eines Textes" (dies., ebd.).

Die hier angesprochene „Fluidität des Wortes" jedoch hält wieder Einzug in eine Textform, die in Module zerlegt, wechselnde Verknüpfungen nicht nur ermöglicht, sondern nahe legt, und an die Stelle der Bestimmtheit der Beziehungen, als temporale, kausale oder kontradiktive den Knoten setzt.

Bisher sind verschiedene Akzentsetzungen und Einseitigkeiten beschrieben worden, die begründen, warum das Modell, das IGLU/PISA der Beschreibung von „Lesefähigkeit" zugrunde legen, weder systematisch noch für die Beobachtung individueller Entwicklungsprozesse ausreichend geeignet ist.

Demgegenüber wird ein anderes Rahmenmodell zur Erfassung von Lesefähigkeit: vorgeschlagen (vgl. für das Folgende Rachner 2004). „Lesefähigkeit" soll darin als Teil von „Literalität" verstanden werden; „Literalität" bildet dabei ein Modell,

- das die individuelle und /oder soziale Gesamtheit literaler Praxen - also auch solcher in unterschiedlichen Sprachen - bezeichnet,
- das nicht normativ, sondern deskriptiv verfährt, so dass Kompetenzqualitäten und -quantitäten - wenn sie denn Gegenstand von Untersuchungen sind - als abhängig von diskursiven Prozessen kenntlich werden, die sich nach Ort, Zeit und
- soziokulturellem Bezugsfeld (oder systemtheoretisch: nach Funktionssystemen) unterscheiden,
- das die Unterschiedlichkeit ihrer medialen Realisierungsweisen erfasst.

Literatur

Barton, D.; Hamilton, M. (2000): Literacy practices. In: Barton, D.; Hamilton, M.; Ivanic, R. (2000): Situated Literacies. Reading and Writing in Context, London u.a.

Barton, D.; Hamilton, M.; Ivanic, R. (2000): Situated Literacies. Reading and Writing in Context, London u.a.

Baumert, J.; Stanat, P.; Demmrich, A. (2001): PISA 2000: Untersuchungsgegenstand, theoretische Grundlagen und Durchführung der Studie. In: Deutsches PISA-Konsortium (Hrsg.)(2001): PISA 2000. Basiskompetenzen von Schülerinnen und Schülern im internationalen Vergleich, Opladen.

Beschlüsse der Kultusministerkonferenz: Bildungsstandards im Fach Deutsch für den Primarbereich. Beschluss vom 15.10.2004; Quelle: http://www.kmk.org/schul/bildungsstandards/Grundschule_Deutsch_BS307KMK.pdf

Bos, W. et al. (Hrsg.) (2004) : IGLU. Einige Länder der Bundesrepublik Deutschland im nationalen und internationalen Vergleich, Münster u.a.

Boueke et al. (1995): Wie Kinder erzählen. Untersuchungen zur Erzähltheorie und zur Entwicklung narrativer Fähigkeiten, München.

Bremerich-Vos, A. (2004): Lesekompetenz trainieren. In: Dräger, M. et al. (Hrsg.) (2004): Lesen ist Verstehen. Schriften auf Wegen zu Kindern (DGLS-Beiträge 1), FfM., S. 104-114.

Deutsches PISA-Konsortium (Hrsg.) (2001): PISA 2000. Basiskompetenzen von Schülerinnen und Schülern im internationalen Vergleich, Opladen.

Ehlers, S. (2003): Das Leseverständnis von Migrantenkindern/ L2-Lesefähigkeit. In: Abraham, U. et al. (Hrsg.) (2003): Deutschdidaktik und Deutschunterricht nach PISA, Freiburg i.B.

Ehlich, K. (2005): Sprachaneignung und deren Feststellung bei Kindern mit und ohne Migrationshintergrund - Was man weiß, was man braucht, was man erwarten kann. In: BMBF (Hrsg.) (2005): Anforderungen an Verfahren regelmäßiger Sprachstandsfeststellung als Grundlage für die frühe und individuelle Förderung von Kindern mit und ohne Migrationshintergrund (Schriftenreihe „Bildungsreform", Bd. 11), Bonn, Berlin.

Flender, J.; Christmann, U. (2002): Zur optimalen Passung von medienspezifischen Randbedingungen und Verarbeitungskompetenzen/Lernstrategien bei linearen Texten und Hypertexten. In: Groeben, N.; Hurrelmann, B. (Hrsg.) (2002): Medienkompetenz, Weinheim u.a.

Grzesik, J. (2003): Was testet der PISA-Test des Lesens? In: Abraham et al. (2003): Deutschdidaktik und Deutschunterricht nach PISA, Freiburg i.B.

Gomolla, M.; Radtke, F.-O. (2002): Institutionelle Diskriminierung. Die Herstellung ethnischer Differenz in der Schule, Opladen.

Hausendorf, H.; Quasthoff, U. (1996): Sprachentwicklung und Interaktion. Eine linguistische Studie zum Erwerb von Diskursfähigkeiten, Opladen.

Heintze, A. (2001): Erfolgsstory oder Sackgasse. Zur Kontroverse um zweisprachige Erziehung in den USA. In: DJI. Projekt Kulturvielfalt aus de Perspektive von Kindern (Hrsg.) (2001): Treffpunkt deutsche Sprache, München.

Hessisches Kultusministerium: Orientierungsarbeiten für den dritten Schuljahrgang der hessischen Grundschulen. Informationen zum zweiten Durchgang der Pilotphase; Quelle: http://www.hessischeskultusministerium.de/downloads/Orientierungsarbeiten_2003-04.pdf

Krämer, S. (2002): Sprache - Stimme - Schrift: Sieben Gedanken über Performativität als Medialität. In: Wirth, U. (Hrsg.) (2002): Performanz. Zwischen Sprachphilosophie und Kulturwissenschaften, Frankfurt a.M.

Krohne, J.; Meier, U.; Tillmann, K.-J. (2004): Sitzenbleiben, Geschlecht und Migration - Klassenwiederholungen im Spiegel der PISA-Daten. In: Zs. f. Pädagogik, Jg.50, 3/2004, S. 373-391.

Lehmann, R. (1999): Qualifikationsdefizite in der erwerbsfähigen Bevölkerung in Deutschland. In: Stark, W. et al. (Hrsg.) (1999): Junge Menschen in der berufsorientierten Alphabetisierung. Eine internationale Fachtagung, Stuttgart, S. 66-72.

OECD & Statistics Canada (1995): Literacy, Economy ans Society. Resukts of the first International Adult Literacy Survey. Paris, Ottawa.

Ossner, J. (1996): Gibt es Entwicklungsstufen beim Aufsatzschreiben? In: Feilke, H.; Portmann, P. R. (Hrsg.) (1996): Schreiben im Umbruch. Schreibforschung und schulisches Schreiben, Stuttgart.

Rachner, Chr. (2004): Zur Konzeptualisierung von „Literalität" (Schriftenreihe der Arbeitsstelle „Sprachentwicklung und Medienkompetenz" am Inst. f. Päd. d. Elementar- u. Primarstufe d. J.W.Goethe-Univ., Bd.1).

Rosebrock, C. (2004): Informelle Sozialisationsinstanz peer group. In: Groeben, N.; Hurrelmann, B. (Hrsg.) (2004): Lesesozialisation in der Mediengesellschaft, Weinheim u.a.

Sutter, T.; Charlton, M. (2002): Medienkompetenz - einige Anmerkungen zum Kompetenzbegriff. In: Groeben, N.; Hurrelmann, B. (Hrsg.) (2002): Medienkompetenz. Voraussetzungen, Dimensionen, Funktionen, Weinheim.

v. Dijk, T. A.; Kintsch, W. (1983): Strategies of discourse comprehension, London.

Vollbrecht, R. (1999): Medienkompetenz als kommunikative Kompetenz. Rückbesinnung und Neufassung des Konzepts. In: medien und erziehung 43. Jg., 1/99.

Wesche, M. B. (2002): How has the original Canadian model stood the test of time? In: Burmeister/Piske/Rohd (Hrsg.) (2002): An integrated View of Language Development, Trier.

Wieler, P. (2003): Varianten des Literacy-Konzepts und ihre Bedeutung für die Deutschdidaktik. In: Abraham, U. et al. (Hrsg.) (2003): Deutschdidaktik und Deutschunterricht nach PISA, Freiburg/Br., S. 60-65.

Wode, H. (1995): Lernen in der Fremdsprache: Grundzüge von immersion und bilingualem Unterricht, Ismaning.

Wolff, D. (2002): Fremdsprachenlernen als Konstruktion. Grundlagen für eine konstruktivistische Fremdsprachendidaktik, Frankfurt a.M. u.a.

Frankfurter Beiträge zur Erziehungswissenschaft
Fachbereich Erziehungswissenschaften der
Johann Wolfgang Goethe-Universität

Reihe Monographien:

Matthias Proske
Pädagogik und Dritte Welt - Eine Fallstudie zur Pädagogisierung sozialer Probleme
Frankfurt am Main 2001

Thomas Höhne
Schulbuchwissen - Umrisse einer Wissens- und Medientheorie des Schulbuchs
Frankfurt am Main 2003

Thomas Höhne/Thomas Kunz/Frank-Olaf Radtke
Bilder von Fremden. Was unsere Kinder aus Schulbüchern über Migranten lernen sollen
Frankfurt am Main 2005

Wolfgang Meseth
Aus der Geschichte lernen. Über die Rolle der Erziehung in der bundesdeutschen Erinnerungskultur
Frankfurt am Main 2005

Elke Wehrs
Verstehen an der Grenze - Erinnerungsverlust und Selbsterhaltung von Menschen mit dementiellen Veränderungen
Frankfurt am Main 2006

Reihe Kolloquien:

Frank-Olaf Radtke (Hrsg.)
Die Organisation von Homogenität - Jahrgangsklassen in der Grundschule
Kolloquium anläßlich der 60. Geburtstage von Gertrud Beck und Richard Meier, Frankfurt am Main 1998

Frank-Olaf Radtke (Hrsg.)
Lehrerbildung an der Universität - Zur Wissensbasis pädagogischer Professionalität
Dokumentation des Tages der Lehrerbildung an der Johann Wolfgang Goethe-Universität, Frankfurt am Main 1999 (vergriffen)

Heiner Barz (Hrsg.)
Pädagogische Dramatisierungsgewinne - Jugendgewalt. Analphabetismus. Sektengefahr
Frankfurt am Main 2000

Gertrud Beck, Marcus Rauterberg, Gerold Scholz, Kristin Westphal (Hrsg.)
Sachen des Sachunterrichts
Dokumentation einer Tagungsreihe 1997 - 2000
Frankfurt am Main 2001
Korrigierte Neuauflage 2002

Brita Rang und Anja May (Hrsg.)
Das Geschlecht der Jugend - Dokumentation der Vorlesungsreihe Adoleszenz: weiblich/männlich? im Wintersemester 1999 / 2000
Frankfurt am Main 2001

Dagmar Beinzger und Isabell Diehm (Hrsg.)
Frühe Kindheit und Geschlechterverhältnisse. Konjunkturen in der Sozialpädagogik
Frankfurt am Main 2003

Vera Moser (Hrsg.)
Behinderung - Selektionsmechanismen und Integrationsaspirationen
Frankfurt am Main 2003

Gisela Zenz (Hrsg.)
Traumatische Kindheiten - Beiträge zum Kinderschutz und zur Kindesschutzpolitik aus erziehungswissenschaftlicher und rechtswissenschaftlicher Perspektive
Frankfurt am Main 2004

Tanja Wieners (Hrsg.)
Familienbilder und Kinderwelten – Kinderliteratur als Medium der Familien- und Kindheitsforschung
Frankfurt am Main 2005

Micha Brumlik und Benjamin Ortmeyer (Hrsg.)
Erziehungswissenschaft und Pädagogik in Frankfurt - eine Geschichte in Portraits
Frankfurt am Main 2006

Argyro Panagiotopoulou und Monika Wintermeyer (Hrsg.)
Schriftlichkeit – Interdisziplinär - Voraussetzungen, Hindernisse und Fördermöglichkeiten
Frankfurt am Main 2006

Reihe Forschungsberichte:

Thomas Höhne/Thomas Kunz/Frank-Olaf Radtke
Bilder von Fremden - Formen der Migrantendarstellung als der „anderen Kultur" in deutschen Schulbüchern von 1981-1997
Frankfurt am Main 1999 (vergriffen)
http://www.uni-frankfurt.de/fb/fb04/personen/radtke/Publikationen/Bilder_von_Fremden.pdf

Uwe E. Kemmesies
**Umgang mit illegalen Drogen im ‚bürgerlichen' Milieu (UMID).
Bericht zur Pilotphase**
Frankfurt am Main 2000 (vergriffen)

Oliver Hollstein/Wolfgang Meseth/Christine Müller-Mahnkopp/Matthias Proske/Frank-Olaf Radtke
Nationalsozialismus im Geschichtsunterricht. Beobachtungen unterrichtlicher Kommunikation
Bericht zu einer Pilotstudie
Frankfurt am Main 2002
http://www.uni-frankfurt.de/fb/fb04/personen/radtke/Publikationen/
Forschungsbericht_3_Nationalsozialismus_im_Geschichtsunterricht.pdf

Andreas Gruschka/Martin Heinrich/Nicole Köck/Ellen Martin/
Marion Pollmanns/Michael Tiedtke
**Innere Schulreform durch Kriseninduktion?
Fallrekonstruktion und Strukturanalysen zu den Wirkungen administeriell verordneter Schulprogrammarbeit**
Frankfurt am Main 2003

Andreas Gruschka
Auf dem Weg zu einer Theorie des Unterrichtens - Die widersprüchliche Einheit von Erziehung, Didaktik und Bildung in der allgemeinbildenden Schule
Vorstudie
Frankfurt am Main 2005

Frank-Olaf Radtke/Maren Hullen/Kerstin Rathgeb
Lokales Bildungs- und Integrationsmanagement. Bericht der wissenschaftlichen Begleitforschung im Rahmen der Hessischen Gemeinschaftsinitiative Soziale Stadt (HEGISS)
Frankfurt am Main 2005

www.ingramcontent.com/pod-product-compliance
Lightning Source LLC
Chambersburg PA
CBHW051052230426
43667CB00013B/2269